全国优秀教材二等奖  “十二五”普通高等教育本科国家级规划教材

 中国电力教育协会高校电气类专业精品教材

# 电机学

## （第三版）

戈宝军　梁艳萍　温嘉斌　编著

赵荣祥　主审

中国电力出版社
CHINA ELECTRIC POWER PRESS

## 内 容 提 要

本书为“十二五”普通高等教育本科国家级规划教材，主要内容包括基础理论、变压器、交流电机理论的共同问题、感应电机、同步电机、直流电机等。书中强调基础性与实用性相结合，并体现“少、精、宽”的编写原则，同时十分注意课程本身的完整性和系统性，还适度增加了电机新技术。

本书适用于60～80学时的电气工程及其自动化专业和其他强、弱电结合或机、电结合类专业本科教学使用，也可供有关的工程技术人员参考学习。

**图书在版编目（CIP）数据**

电机学/戈宝军，梁艳萍，温嘉斌编著．—3版．—北京：中国电力出版社，2016.2（2025.6重印）

“十二五”普通高等教育本科国家级规划教材

ISBN 978-7-5123-8427-9

Ⅰ.①电…　Ⅱ.①戈…②梁…③温…　Ⅲ.①电机学-高等学校-教材　Ⅳ.①TM3

中国版本图书馆CIP数据核字（2015）第243239号

---

出版发行：中国电力出版社
地　　址：北京市东城区北京站西街19号（邮政编码100005）
网　　址：http://www.cepp.sgcc.com.cn
责任编辑：雷　锦（010－63412530）
责任校对：黄　蓓
装帧设计：郝晓燕
责任印制：吴　迪

---

印　　刷：三河市航远印刷有限公司
版　　次：2016年2月第三版
印　　次：2025年6月北京第十八次印刷
开　　本：787毫米×1092毫米　16开本
印　　张：19.75
字　　数：474千字
定　　价：39.00元

---

# 前 言

本书于2014年被评为"十二五"普通高等教育本科国家级规划教材，2021年获得首届全国优秀教材二等奖。本书是第三版，对第二版在细节上进行了修订和完善。

本书强调基础性与实用性相结合，去枝强干，体现"少、精、宽"的编写原则，以适应"宽口径、厚基础"的大学本科培养模式，本书共分六篇二十五章，在绪论中介绍了电机的概念、主要作用、分类、发展概况和本课程的任务，使学生对电机学建立初步的认识。第一篇为基础理论，用两章八节的篇幅介绍了磁场、磁路、能量守恒与转换中的基本概念、基本定律及基本特性，以便与后续内容建立良好衔接。第二篇至第六篇为电机学的核心部分。其中，第二篇为变压器，介绍变压器的结构，分析变压器的运行原理与特性等。第三篇为交流电机理论的共同问题，对交流电机绕组的结构形式、感应电动势、磁动势及电机的温升限值等进行分析。第四篇为感应电机，主要介绍感应电机的结构、工作原理、运行特性和感应电动机的起动、制动与调速等内容。第五篇为同步电机，主要介绍同步电机的结构、工作原理、运行特性，以及同步发电机的并联运行、同步电动机和同步补偿机等内容。第六篇为直流电机，主要介绍直流电机的工作原理、直流绕组、直流发电机和直流电动机的运行特性等。本书仅保留了少量的常用特种变压器、特种感应电动机和永磁同步电动机，其他特种电机、电机的不对称运行分析和瞬态分析全部移出，整合到高年级课程或研究生课程当中。

本书编写时十分注意电机学本身内容的完整性和系统性，文字流畅，概念清晰，叙述深入浅出，内容循序渐进。每章均有小结和习题，每篇后还增附了自测题，方便学生的学习和自我测试。

本书由国家级精品课和国家级精品资源共享课主讲教师戈宝军教授、梁艳萍教授、温嘉斌教授编著。戈宝军教授负责组织并对全书进行规划、统稿，修订了变压器篇和交流电机理论的共同问题篇；梁艳萍教授修订了基础理论篇和同步电机篇；温嘉斌教授修订了感应电机篇和直流电机篇。在本版修订中得到了白红哲、魏静微、韩雪松、陶大军、吕德刚和丁树业等老师的帮助，天津理工大学尹金良老师、王国刚工程师提供电机动画与工程延伸资料，在此一并表示衷心感谢。对本书及其前两版的主审、参考文献的作者和参与文字录入的研究生，表示衷心的感谢。

本书对应课程为国家级精品资源共享课，课程网址为：http：//www.icourses.cn/coursestatic/course_3361.html；本书配套的多媒体课件可在中国电力出版社教材服务网（jc.cepp.sgcc.com.cn）或上述网址中下载；配套的《电机学学习指导与习题解答》978-7-5123-9454-4已由中国电力出版社出版发行。

限于编著者学识水平，书中难免会有错误和疏漏之处，恳请广大读者批评指正。

编 著 者

2022年于哈尔滨理工大学

# 第一版前言

为贯彻落实教育部《关于进一步加强高等学校本科教学工作的若干意见》和《教育部关于以就业为导向深化高等职业教育改革的若干意见》的精神，加强教材建设，确保教材质量，中国电力教育协会组织制订了普通高等教育"十一五"教材规划。该规划强调适应不同层次、不同类型院校，满足学科发展和人才培养的需求，坚持专业基础课教材与教学急需的专业教材并重、新编与修订相结合。本书为新编教材。

在大众化教育的条件下，专业口径不断拓宽，专业课程学时逐渐减少。"电机学"是电气工程及其自动化专业的一门主干专业基础课，该课程的特点是理论性强，概念多，电磁、时空、能量关系复杂，而且与工程实际联系密切，即便在"精英"教育时期，学生学起来也感觉比较吃力。而大多数学校"电机学"课程学时几乎都从"精英"教育时期的100多学时减到目前的60～80学时，另外，随着高校的连年扩招，质量标准也应有所调整，以适应大众化教育发展的要求。因此，"电机学"课程教学改革和教材建设都需要较大的变革和更新。

哈尔滨理工大学电气工程及其自动化专业十分重视"电机学"教材建设。1978年"电机学"课程组汤蕴璆教授、史乃教授编著了电机学教材——《电机学—机电能量转换》，由机械工业出版社出版。随着教学内容和课程体系的改革，该教材也不断修订，共出版了9个版本，并先后被列为国家"九五"重点教材，面向21世纪教材和"十五"、"十一五"国家级规划教材，该系列教材具有取材精、科学性强、概念清晰、适用面宽和便于教学等特点。另外，课程组李哲生教授、戈宝军教授和南京航空航天大学刘迪吉教授合编了高等学校教材《电机学》，于1997年由哈尔滨工业大学出版社出版，该教材讲解详细、深入浅出。经过30多年的发展与建设，"电机学"课程已经成长为国家级精品课，并且在整个电气工程及其自动化专业的教学中占有举足轻重的地位。

本书就是在这样的背景下提出编写的，书中强调基础性与实用性相结合，并注重基础、去枝强干，体现"少、精、宽"的编写原则，以适应"宽口径、厚基础"的大学本科培养模式。本书分为6篇共25章。在绪论中介绍了电机的概念、主要作用、分类、发展概况和本课程的任务，使学生对电机学建立初步的认识。第一篇为基础篇，用2章共8节的篇幅介绍了磁场、磁路、能量守恒与转换中的基本概念、基本定律及基本特性，以便与后续内容建立较好的衔接。第二篇至第六篇为电机学的核心部分，其中：第二篇为变压器，介绍变压器的结构，分析变压器的运行原理与特性等。第三篇为交流电机理论的共同问题，对交流电机绕组的结构形式、感应电动势、磁动势及电机的温升限值等进行分析。第四篇为感应电机，主要介绍感应电机的结构、工作原理、运行特性、感应电机的起动、制动与调速等内容。第五篇为同步电机，主要介绍同步电机的结构、工作原理、运行特性、同步发电机的并联运行、同步电动机和同步补偿机等内容。第六篇为直流电机，主要介绍直流电机的工作原理、直流绕组、直流发电机和直流电动机的运行特性等。本教材仅保留了少量的常用特种变压器和特种感应电机，其他特种电机、电机的不对称运行分析和瞬态分析全部移出，整合到高年级课程或研究生课程当中。

本书编写时十分注意电机学本身内容的完整性和系统性，同时也注意文字流畅，概念清晰，叙述深入浅出，内容循序渐进。每章均有小结和习题，每篇后还增附了自测题，方便学生的学习和自我测试。

本书由国家级精品课主讲教师戈宝军教授、梁艳萍教授、温嘉斌教授编著。梁艳萍教授编写了基础理论篇和同步电机篇，温嘉斌教授编写了感应电机篇和直流电机篇，戈宝军教授编写了其余部分并对全书进行统稿。博士研究生陶大军、林鹏，硕士研究生张建、谷凤玲、赵金石、李翠翠、刘超、陈晶、郝福刚等在文字录入和稿件整理中付出了辛勤劳动，在此表示感谢。在编写过程中，主要参考了汤蕴璆教授和李哲生教授主编的两部电机学教材及其他兄弟院校编写的电机学教材，同时对于本书所用参考文献的所有作者，在此一并深表谢意。本书由浙江大学赵荣祥教授主审，赵荣祥教授对全书进行了认真审阅，提出了许多宝贵意见，在此表示衷心的感谢。

限于编著者学识水平有限，书中难免会有不足和疏漏之处，恳请广大读者批评指正。

**编 著 者**

2009 年 12 月于哈尔滨理工大学

# 第二版前言

为贯彻落实《国家中长期教育改革和发展规划纲要（2010～2020）》和教育部《关于进一步加强高等学校本科教学工作的若干意见》的精神，加强教材建设，确保教材质量，中国电力教育协会组织制订了普通高等教育“十二五”教材规划。该规划强调适应不同层次、不同类型院校，满足科学发展和人才培养的需要，坚持专业基础课教材与教学急需的专业教材并重、新编与修订相结合。本书为修订教材。

在大众化教育的条件下，随着社会进步，专业口径不断拓宽，专业课程学时逐渐减少。“电机学”是本科电气工程及其自动化专业的一门主干专业基础课，该课程的特点是理论性强，概念多，电磁、时空、能量关系复杂，而且与工程实际联系密切，即便在“精英”教育时期，学生学起来也感觉比较吃力。而大多数学校“电机学”课程学时几乎都从“精英”教育时期的100多学时减少到目前的60～80学时，另外，随着高校的毛入学率不断增加，质量标准也应有所调整，以适应大众化教育发展的需要。因此，“电机学”课程教学改革和教材建设都需要较大的变革和更新。

哈尔滨理工大学电气工程及其自动化专业十分重视“电机学”教材建设。1978年《电机学》课程组汤蕴璆教授、史乃教授等编著了《电机学—机电能量转换》。随着教学内容和课程体系的改革，该教材也不断修订，共出版了10个版本，并先后被列为国家“九五”重点教材、面向21世纪教材和“十五”“十一五”国家级规划教材。该教材具有取材精，科学性强，概念清，适用面宽和便于教学等特点。另外，课程组李哲生教授、戈宝军教授和南京航空航天大学刘迪吉教授合编了高等学校教材《电机学》，于1997年由哈尔滨工业大学出版社出版，该教材讲解详细，深入浅出。经过30多年的发展与建设，哈尔滨理工大学“电机学”课程已经成长为国家级精品课，并且在整个电气工程及其自动化专业的教学中占有举足轻重的地位。

本书第一版就是在这样的背景下提出编写的，书中强调基础性与实用性相结合，并注重基础、去枝强干，体现“少、精、宽”的编写原则，以适应“宽口径、厚基础”的大学本科培养模式，本书是第二版，对第一版仅在细节上进行了修订和完善。本书共分6篇25章，在绪论中介绍了电机的概念、主要作用、分类、发展概况和本课程的任务，使学生对电机学建立初步的认识。第一篇为基础篇，用2章共8节的篇幅介绍了磁场、磁路、能量守恒与转换中的基本概念、基本定律及基本特性，以便与后续内容建立良好衔接。第二篇至第六篇为电机学的核心部分。其中，第二篇为变压器，介绍变压器的结构，分析变压器的运行原理与特性等。第三篇为交流电机理论的共同问题，对交流电机绕组的结构形式、感应电动势、磁动势及电机的温升限值等进行分析。第四篇为感应电机，主要介绍感应电机的结构、工作原理、运行特性、感应电机的启动、制动与调速等内容。第五篇为同步电机，主要介绍同步电机的结构、工作原理、运行特性、同步发电机的并联运行、同步电动机和同步补偿机等内容。第六篇为直流电机，主要介绍直流电机的工作原理、直流绕组、直流发电机和直流电动机的运行特性等。本书仅保留了少量的常用特种变压器和特种感应电机，其他特种电机、电机的不对称运行分析和瞬态分析全部移出，整合到高年级课程或研究生课程当中。

本书编写时十分注意电机学本身内容的完整性和系统性，同时也注意文字流畅，概念清晰，叙述深入浅出，内容安排循序渐进。每章均有小结和习题，每篇后还增附了自测题，方便学生的学习和自我测试。

本书由国家级精品课主讲教师戈宝军教授、梁艳萍教授、温嘉斌教授编著。梁艳萍教授编写了基础理论篇和同步电机篇，温嘉斌教授编写了感应电机篇和直流电机篇，戈宝军教授编写了其余部分并对全书进行统稿。博士研究生陶大军、林鹏，硕士研究生张建、谷凤玲、赵金石、李翠翠、刘超、陈晶、郝福刚等在文字录入和稿件整理中付出了辛勤劳动，在此表示感谢。在编写过程中，主要参考了汤蕴璆教授和李哲生教授主编的两部电机学教材及其他兄弟院校编写的电机学教材，同时对于本书所用参考文献的所有作者，在此一并深表谢意。本书由浙江大学赵荣祥教授主审，赵荣祥教授对全书进行了认真审阅，提出了许多宝贵意见，在此表示衷心的感谢。

本书对应课程为国家级精品资源共享课，网址：http：//www.icourses.cn/coursestatic/course_3361.html。

限于编著者学识水平有限，书中难免会有错误和疏漏之处，恳请广大读者批评指正。

**编 著 者**

2013 年 6 月于哈尔滨理工大学

# 主 要 符 号 表

$A$ 面积，A 相，电负荷
$a$ 交流绕组并联支路数，a 相
$a_=$ 直流电机并联支路对数
$B$ 磁通密度（磁密），B 相
$B_\delta$ 气隙磁密
$B_{ad}$ 直轴电枢磁场磁密
$B_{aq}$ 交轴电枢磁场磁密
$B_\sigma$ 漏磁磁密
$B_{av}$ 平均磁密
$b$ 宽度，b 相，磁通密度瞬时值
$C$ C 相
$C_T$ 转矩常数
$C_e$ 电动势常数
$c$ 比热容，c 相
$D_a$ 电枢外径
$D_i$ 定子内径
$E$ 电动势（交流表示有效值）
$E_m$ 交流电动势幅值
$E_\varphi$ 相电动势
$E_0$ 空载电动势
$E_1$ 变压器一次绕组（电机定子绕组）由主磁通感应的电动势有效值
$E_2$ 变压器二次绕组（电机转子绕组）由主磁通感应的电动势有效值
$E'_2$ $E_2$ 的归算值
$E_c$ 线圈电动势有效值
$E_q$ $q$ 个线圈的合成电动势
$e$ 电动势瞬时值
$e_c$ 换向电动势
$e_r$ 电抗电动势
$F$ 磁动势，力
$F_a$ 电枢磁动势
$F_f$ 励磁磁动势
$F_m$ 感应电机的励磁磁动势
$F_{ad}$ 直轴电枢磁动势
$F_{aq}$ 交轴电枢磁动势
$F_{\varphi 1}$ 单相绕组所产生的基波磁动势
$F_{\varphi\nu}$ 单相绕组所产生的 $\nu$ 次谐波磁动势
$F_q$ $q$ 个线圈所产生的磁动势
$F_c$ 线圈磁动势，换向极绕组磁动势
$F_{c1}$ 线圈基波磁动势
$f$ 频率，力，磁动势的瞬时值
$f_1$ 定子频率
$f_2$ 转子频率
$f_N$ 额定频率
$f_\nu$ $\nu$ 次谐波频率
$H$ 磁场强度
$h$ 高度
$I$ 电流（交流表示有效值），直流电机的端电流
$I_a$ 同步电机的电枢电流，直流电机的电枢电流
$I_m$ 交流励磁电流
$I_f$ 直流励磁电流
$I_d$ 直轴电枢电流
$I_q$ 交轴电枢电流
$I_\mu$ $I_m$ 中的磁化分量
$I_{Fe}$ $I_m$ 中的铁耗分量
$I_N$ 额定电流
$I_0$ 空载电流
$I_k$ 短路电流，堵转电流
$I_{st}$ 启动电流
$I_1$ 变压器一次侧（感应电机定子绕组）电流
$I_2$ 变压器二次侧（感应电机转子绕组）电流
$I'_2$ $I_2$ 的归算值
$i$ 电流瞬时值
$i_a$ 直流电机的电枢导体电流
$J$ 转动惯量
$j$ 电流密度，虚数符号
$K$ 换向片数，比例系数
$k$ 常数，变压器的电压比
$k_i$ 电流比

$k_e$ 电动势比
$k_{d1}$ 基波分布因数
$k_{p1}$ 基波节距因数
$k_{w1}$ 基波绕组因数
$k_{d\nu}$ $\nu$ 次谐波的分布因数
$k_{p\nu}$ $\nu$ 次谐波的节距因数
$k_{w\nu}$ $\nu$ 次谐波的绕组因数
$K_c$ 短路比
$K_\sigma$ 主极漏磁通系数
$L$ 自感
$L_{1\sigma}$ 变压器一次侧（感应电机定子绕组）漏感
$L_{2\sigma}$ 变压器二次侧（感应电机转子绕组）漏感
$l$ 长度
$M$ 互感
$m$ 相数
$m_1$ 交流电机定子相数
$m_2$ 交流电机转子相数
$N$ 交流电机每相串联匝数
$N_c$ 每个线圈的匝数
$N_1$ 变压器一次绕组匝数
$N_2$ 变压器二次绕组匝数
$n$ 转子转速
$n_N$ 额定转速
$n_0$ 空载转速
$n_s$ 同步转速
$n_\nu$ $\nu$ 次谐波旋转磁场的转速
$n_2$ 转子基波磁动势相对转子的转速
$\Delta n$ 转差
$P$ 功率
$P_N$ 额定功率
$P_e$ 电磁功率
$P_\Omega$ 感应电机的总机械功率
$P_k$ 堵转功率，短路功率
$P_1$ 输入功率
$P_2$ 输出功率
$P_0$ 空载功率
$p$ 损耗，极对数
$p_{Cu}$ 铜损耗（铜耗）
$p_{Fe}$ 铁损耗（铁耗）
$p_k$ 短路损耗
$p_0$ 空载损耗
$p_\Delta$ 杂散损耗
$p_\Omega$ 机械损耗
$Q$ 热量，槽数，无功功率
$Q_u$ 电枢虚槽数
$q$ 每极每相槽数
$R$ 电阻，直流电机电枢绕组电阻
$R_m$ 励磁电阻，磁阻
$R_1$ 变压器一次侧（感应电机定子绕组）电阻
$R_2$ 变压器二次侧（感应电机转子绕组）电阻
$R_2'$ $R_2$ 的归算值
$R_f$ 励磁绕组电阻
$R_a$ 直流电机电枢绕组总电阻（包括电枢绕组的电阻和电刷的接触电阻）
$R_R$ 端环电阻
$R_B$ 导条电阻
$R_k$ 变压器或感应电机的短路电阻
$R_\Omega$ 旋转阻力系数
$S$ 视在功率
$S_N$ 额定视在功率
$s$ 转差率
$s_N$ 额定转差率
$s_m$ 临界转差率
$s_+$ 转子对正序磁场的转差率
$s_-$ 转子对负序磁场的转差率
$T$ 转矩，时间常数，周期
$T_c$ 换向周期
$T_N$ 额定转矩
$T_0$ 空载转矩
$T_e$ 电磁转矩
$T_{max}$ 最大转矩
$T_{st}$ 启动转矩
$T_2$ 输出转矩
$T_L$ 负载转矩
$t$ 时间
$U$ 电压（交流表示有效值）
$U_N$ 额定电压
$U_\varphi$ 相电压

$U_1$ 电源电压，定子端电压

$U_{1+}$ 定子端的正序电压

$U_{1-}$ 定子端的负序电压

$U_0$ 空载电压

$U_k$ 短路电压，堵转电压

$u$ 电压的瞬时值

$\Delta U^*$ 电压变化率

$2\Delta U_s$ 每对电刷的电压降

$v$ 线速度

$W$ 功，能

$X$ 电抗

$X_a$ 电枢反应电抗

$X_{ad}$ 直轴电枢反应电抗

$X_{aq}$ 交轴电枢反应电抗

$X_\sigma$ 定子漏抗

$X_s$ 同步电抗

$X_d$ 直轴同步电抗

$X_q$ 交轴同步电抗

$X_m$ 励磁电抗

$X_k$ 短路电抗

$X_{1\sigma}$ 变压器一次绕组（感应电机定子绕组）漏抗

$X_{2\sigma}$ 变压器二次绕组（感应电机转子绕组）漏抗

$X'_{2\sigma}$ $X_{2\sigma}$ 的归算值

$y$ 绕组合成节距

$y_1$ 第一节距

$y_2$ 第二节距

$y_c$ 换向器节距

$Z$ 阻抗

$Z_a$ 电枢总导体数

$Z_m$ 励磁阻抗

$Z_k$ 短路阻抗

$Z_{1\sigma}$ 变压器一次绕组（感应电机定子绕组）漏阻抗

$Z_{2\sigma}$ 变压器二次绕组（感应电机定子绕组）漏阻抗

$Z'_{2\sigma}$ $Z_{2\sigma}$ 的归算值

$\alpha$ 角度，相邻两槽间的电角度（槽距角）

$\beta$ 夹角，$q$ 个线圈的总夹角

$\delta$ 气隙，功率角

$\eta$ 效率

$\eta_N$ 额定效率

$\eta_{max}$ 最大效率

$\theta$ 温度，角度

$\Delta\theta_0$ 初始温升

$\Delta\theta_\infty$ 稳态温升

$\Lambda$ 磁导

$\Lambda_\sigma$ 漏磁导

$\lambda$ 比漏磁导

$\mu$ 磁导率

$\mu_0$ 空气磁导率

$\mu_{Fe}$ 铁芯磁导率

$\nu$ 谐波次数

$\rho$ 电阻率

$\tau$ 极距

$\Phi$ 磁通

$\Phi_0$ 空载磁通

$\Phi_a$ 电枢反应磁通

$\Phi_m$ 变压器或感应电机的主磁通

$\Phi_\sigma$ 漏磁通

$\Phi_{ad}$ 直轴电枢反应磁通

$\Phi_{aq}$ 交轴电枢反应磁通

$\Phi_\nu$ $\nu$ 次谐波磁通

$\phi$ 磁通的瞬时值

$\varphi$ 相角，功率因数角

$\varphi_0$ 空载功率因数角

$\varphi_k$ 短路功率因数角

$\psi$ 磁链，$\dot{E}$ 和 $\dot{I}$ 间的夹角

$\Psi_0$ 内功率因数角

$\psi_2$ 感应电机转子的内功率因数角

$\Psi_d$ 直轴磁链

$\Psi_q$ 交轴磁链

$\Omega$ 机械角速度

$\Omega_s$ 同步机械角速度

$\omega$ 电角速度，角频率

# 目　　录

## 第三篇　交流电机理论的共同问题

## 第四篇　感　应　电　机

## 第五篇　同　步　电　机

## 第六篇　直　流　电　机

# 绪　　论

## 一、电机的概念

电机是以电磁感应定律为基础，实现机械能与电能之间的转换以及电能特性变换的机械装置，包括旋转电机和变压器两大类。旋转电机是机电能量转换装置，主要用作发电机，把机械能转换成电能；或者作为电动机，把电能转换成机械能；有的电机还用作调相机，用于改善电网的功率因数；此外，还有微特电机，广泛应用在自动控制系统中。变压器是各部件间无相对运动的电能变换装置，广泛应用在电能传输，电压、电流、阻抗的变换和电路隔离中。

人类的生产劳动离不开各种能源，电能在生产、传输、分配、管理、使用、控制和能量转换等方面都极为方便。电机是电能生产与转换的机电装置，在工业、农业、交通运输、国防及日常生活等方面得到广泛的应用。

## 二、电机的主要作用

电机的主要作用表现在三个方面：

（1）电能的生产、传输和分配。在发电厂，通过汽轮机、燃气轮机、柴油机、水轮机、风（轮）机等的驱动，将煤、油等燃料燃烧和原子核裂变产生的能量，或水的势能、风的动能等转化为机械能，由发电机进行机电能量转换，生产电能，然后经变压器升高电压，通过输电线把电能传送到各用电地区，再经变压器降低电压供用户使用。

（2）驱动各种生产机械和装备。在工农业、交通运输、国防等部门和日常生活中，电动机广泛用于驱动生产机械、设备和器具。例如机床驱动，电力给排水，农副产品加工，矿石采掘和传送，电驱动车的牵引，鼓风设备、起重设备、轧钢机械、造纸设备、化工机械及家用电器的驱动等一般都采用电动机来驱动。

（3）自动控制系统中的控制元件。控制电机在控制系统、自动化系统中作为执行、检测、放大和解算元件。这类电机的功率一般都比较小，但品种繁多、用途广泛。

## 三、电机的分类

电机的种类很多，结构和用途也各不相同，分类方法也很多，电机学中常采用以下分类方法。

（1）按照所应用的电流种类，可以分为直流电机和交流电机。

（2）按能量转换功能和用途可分为：

1）将机械能转换成电能的发电机。

2）将电能转换成机械能的电动机。

3）将一种交流电压等级改变成另一种交流电压等级的变压器。

4）在控制系统中起执行和测量作用的控制电机。

另外，还有变流机、变频机和移相机等，分别用来改变电流、频率和相位。发电机和电动机仅是电机的两种运行方式，电机本身是可逆的。

(3) 按运行转速的特点，电机又可以分为：

1) 静止设备的变压器。

2) 没有固定同步转速的直流电机。

3) 转子转速与同步转速有差异的感应电机。

4) 转速恒为同步转速的同步电机。

随着电力电子技术和电工材料的发展，出现了其他不属于上述传统类型的电机，如步进电机、无刷电机、超声波电机等，这些电机通常被称为特种电机。

本书按工作原理对电机进行介绍，主要包括变压器、感应电机、同步电机和直流电机四大类电机的基本原理与应用。

**四、电机的发展**

英国物理学家法拉第（M. Faraday）于1821年发现了载流导体在磁场中会受到力的作用的现象，1831年又发现了电磁感应定律，并很快就出现了原始模型电机。从此，电机的研究和应用迅速发展起来，至今已近200年。

电机发展的历史大体上可以分成四个时期：①直流电机的产生和发展时期；②交流电机的发展时期；③电机理论、设计和制造工艺逐步达到完善化的时期；④新技术、新材料等与电机相结合发展的新时期。

电机发展的初期主要是直流电机发展的历史。1869年法国电气工程师格拉姆（Z. T. Gramme）制成了第一台实用的直流发电机，对电力发展起到了重要的推动作用。1882年，美国发明家爱迪生（T. A. Edison）用4年时间指挥建造了第一个用于商业中心的直流照明系统，并在纽约曼哈顿市区投入运行。在直流电机的发展过程中，电枢和励磁方面出现了重大的改进，随着直流电机的广泛应用，直流电机很快暴露出其固有的缺点，就是不能解决远距离输电以及电压高低变换的问题。随着单机容量的日益增大，直流电机的换向也越来越困难，于是交流电机获得了迅速发展。1883年，塞尔维亚裔美国发明家特斯拉（N. Tesla）研制出来第一台两相感应电机，1888年，俄国电气工程师多利沃·多勃罗夫斯基研制成一台三相感应电机。到20世纪初叶，在电力工业中，交流三相制已占据了绝对统治地位。从19世纪90年代初期始，三相同步电机按结构逐渐划分为高速和低速两类，高速的以汽轮发电机为代表，低速的以水轮发电机为代表。由于工业和运输方面的需要，19世纪90年代还出现了由交流变换为直流的旋转变流机，以及变流换向器电机。总的来讲，至19世纪末，直流电机、感应电机、同步电机、变压器等常规电机都已得到迅速发展和应用，相应的基本理论和设计方法也已初步建立。

20世纪是电机发展的新时期，由于工业的高速发展对电机提出了各种新的和更高的要求，人们对电机内部的电磁过程、发热过程进行了深入的研究，对材料和冷却技术进行了不断的改进，电机的单机容量、功率密度、材料利用率等都得到很大提高，电机的性能也得到明显改进和完善。20世纪80年代以后，由于永磁材料、电力电子技术和自动控制技术的发展，使永磁无刷电机和开关磁阻电机等新型电机得到较快的发展，并且关于交流电机的计算也取得了长足的进步。

进入21世纪，电机工业面临巨大的机遇和挑战。超导技术的实用化将有助于大容量电机的研制；使用新原理、新结构、新材料、新工艺的各种新型特种电机将使电机的应用范围进一步扩大；电力电子技术、微电子技术、计算机技术和电机的结合将使电机从单机到系统，并趋向智能化。电机是已有近200年历史的电气装备，若将其技术与现代最新的科学技术相结合，电机工业将会得到更大的发展，在国民经济中将起到更为重要的作用。目前，就单机容量来说，水轮发电机的最大单机容量在20世纪初不超过1MW，而到现在已达到1000MW。汽轮发电机的单机容量在20世纪初不超过5MW；1930年提高到100MW；20世纪40年代和50年代，由于采用了氢冷、氢内冷、油冷和水冷等冷却方法，单机容量进一步提高，目前汽轮发电机的单机容量已超过1000MW。大型交、直流电机的制造工业也得到快速发展，特别是结合“西气东输”项目，研发了大型高速无刷励磁防爆型同步电动机，其转速在5000r/min左右，单机容量最大超过30MW。在中小型和微型电机方面，已开发和制成上百个系列，上千个品种，几千个规格的各种电机。在特殊电机方面，由于新的永磁材料的出现，制成了许多高效节能、维护简单的永磁电机。由于电机和电力电子装置、单片机相组合，出现了各种性能和形态迥异的“一体化电机”。同时，随着电工科学、计算机科学与控制技术的发展，电机的发展又进入了新的阶段。其中，交流调速电机、风力发电机、核电电机和高效节能电机等方面的发展最为令人瞩目。

**五、本课程的任务**

本课程是一门专业基础课。通过本课程的学习，可获得电机的基本理论、基本知识和基本技能，为学习专业课做好准备，也为今后从事有关的专业工作打下基础。

学习本课程后，应达到下列基本要求：

（1）对磁路的基本概念、基本定律、计算方法及交流铁芯线圈的励磁特性有基本的了解。

（2）对变压器和三种主要电机（感应电机、同步电机和直流电机）的基本结构，交流三相单层、双层绕组和直流单叠、单波绕组的连接规律，要有一定认识。对各种电机中定、转子的磁动势和气隙磁场的性质和时间、空间关系，要有深入的了解。

（3）对变压器和三种主要电机正常稳态运行时的分析方法和运行性能，要牢固掌握。能正确地建立变压器和三种主要电机的基本方程，弄清电机中的能量传递和能量转换关系。对稳态运行时变压器和电机的参数要有清晰的物理概念，能熟练地运用等效电路来计算变压器和交流电机的性能。

（4）了解电机的有关工程性问题，如发热、冷却、温升、励磁系统和各种电机的应用范围。掌握电机的额定值、变压器和电机的主要性能数据及范围等。

（5）了解常用的特殊变压器，特殊感应电机和同步永磁电动机的基本结构、特点与应用。

（6）通过实验，熟练掌握电机的基本实验方法和操作技能，如运行性能、损耗、稳态参数的求取和测定方法等，能对实验结果进行分析和评定，并初步具有检查电机故障的能力等。

总之，要通过认真学习、解算习题和实验课的训练，逐步使学到的知识融会贯通，并初步具有分析、解决电机实际问题的能力。

# 第一篇 基 础 理 论

以电磁感应定律为基础进行能量转换或传递的机电装置主要包括：将机械能转换为电能的发电机；将电能转换为机械能的电动机；实现电能传递的变压器。这些机电装置在进行能量传递或转换的过程中均以电磁场为媒介，因此，电磁场在电机和变压器工作中起到了非常重要的作用，其强弱和分布不仅影响电机和变压器的性能，也决定着电机和变压器的体积和质量。为了深入理解和掌握电机的工作原理和运行性能，就必须先学习和掌握电磁学的基本理论。

电磁场问题的求解一般有两种方法：

（1）场的分析方法。它在给定区域用离散点物理量的数值定义其电磁特性，这是一种离散的或微观的分析方法。其特点是计算准确，但计算难度和计算量较大，特别是当给定区域的结构复杂时，计算往往难以完成。

（2）路的分析方法。它从宏观的角度出发，将给定区域的场量与电路中的物理量进行类比，用集总参数等效离散参数，将磁场问题简化成磁路问题。该方法的计算准确度低于场的分析方法，但由于计算简单，从工程角度而言，其准确度能够满足通常的工程实际需要，因此得到了广泛应用。

本书主要采用路的分析方法，本篇首先介绍磁路分析的基础理论，然后简述机电能量转换的基本定律。

## 第一章 磁 路 和 磁 性 材 料

### 第一节 磁场中基本物理量和磁路的概念

#### 一、磁场中常用物理量

1. 磁感应强度

当闭合导体中通入电流时，在导体的周围就会产生磁场，磁场的强弱和方向用物理量磁感应强度 $\boldsymbol{B}$ 来描述。它的大小可由毕奥—萨伐尔定律求得，如图 1-1 所示，设导体中的电流为 $I$，每一线元 $\mathrm{d}\boldsymbol{l}$ 在点 $P$ 所产生的磁感应强度为

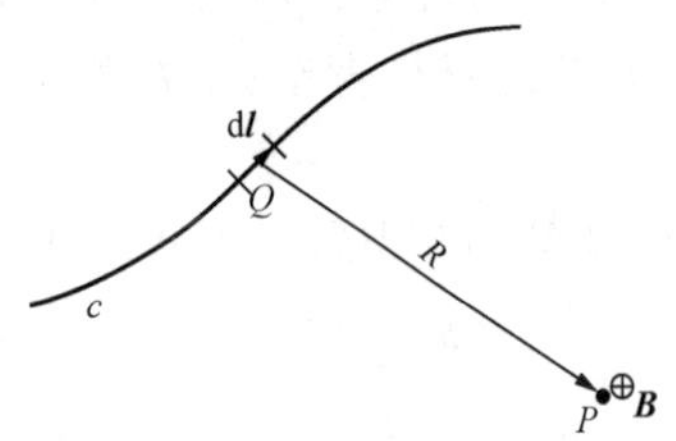

图 1-1 由 $Q$ 点电流元在 $P$ 点产生的磁感应强度

$$\mathrm{d}\boldsymbol{B}=k\frac{I\mathrm{d}\boldsymbol{l}\times\boldsymbol{a}_{\mathrm{R}}}{R^2} \tag{1-1}$$

式中：$\mathrm{d}\boldsymbol{B}$ 为磁感应强度元；$\mathrm{d}\boldsymbol{l}$ 为沿电流方向的导线线元；$\boldsymbol{a}_{\mathrm{R}}$ 为由 $\mathrm{d}\boldsymbol{l}$ 指向点 $P$ 的单位矢量；$R$ 为从 $\mathrm{d}\boldsymbol{l}$ 到点 $P$ 的距离；$k$ 为比例常数。

磁感应强度 **B** 的方向也可以用闭合的磁感应矢量线（磁力线）来描述，通电导体中的电流与所产生的磁场的磁感应矢量线之间符合右手螺旋定则，如图 1-2 所示。

磁感应强度 **B** 是一个矢量，在国际单位制中的单位为 T（特斯拉）。

2. 磁通量

磁感应强度 **B** 描述的是空间每一个点上磁场的大小和方向，如果要描述一个给定面上的磁场情况，则需要引入磁通量的概念，磁通量简称磁通。图 1-3 表示通过开表面 $A$ 的磁力线，当磁感应强度在给定表面上不均匀分布时，穿过开表面 $A$ 的磁通量 $\Phi$ 可表示为

$$\Phi = \int_{A} \boldsymbol{B} \cdot \mathrm{d}\boldsymbol{A} \tag{1-2}$$

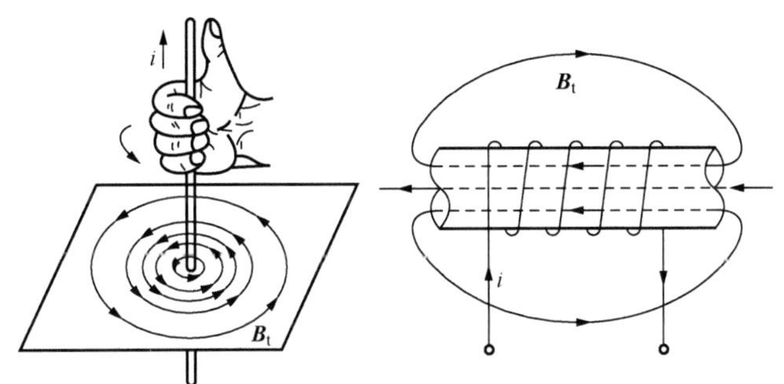


图 1-2　磁力线与电流之间的右手关系

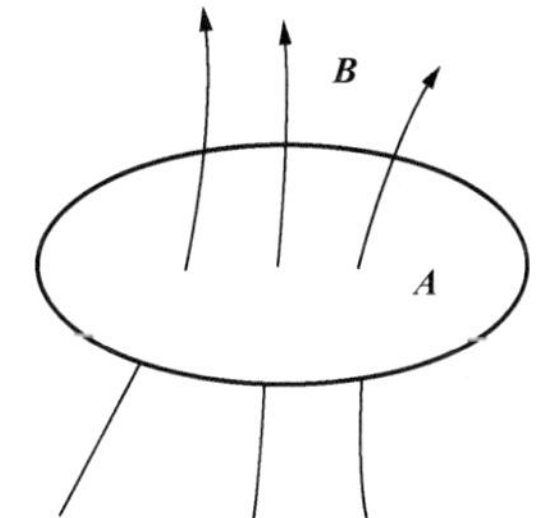


图 1-3　通过一个开表面的磁力线

当磁感应强度在给定表面上均匀分布且磁力线垂直穿过表面时，则磁通 $\Phi$ 可表示为

$$\Phi = BA \tag{1-3}$$

在国际单位制中，$\Phi$ 的单位为 Wb（韦伯），$A$ 的单位为 $\mathrm{m}^2$（米$^2$），所以 $1\mathrm{T}=1\mathrm{Wb/m^2}$。工程中，有时 **B** 的单位采用 Gs（高斯），$\Phi$ 的单位用 Mx（麦克斯韦），$A$ 的单位用 $\mathrm{cm}^2$（厘米$^2$），它们之间的关系是 $1\mathrm{Mx}=10^{-8}\mathrm{Wb}$，$1\mathrm{Gs}=10^{-4}\mathrm{T}$。显然，式（1-3）也可写成

$$B = \frac{\Phi}{A} \tag{1-4}$$

也就是说，磁感应强度可以看成是穿过单位面积内的磁通量，所以磁感应强度又称为磁通密度，在工程中常简称为磁密。

3. 磁导率

通电导体所产生磁场的强弱与导体周围介质的磁性能密切相关，有些介质会使磁场显著增强，而另一些介质则可能使磁场略有削弱。表示介质磁性能的物理量称作磁导率，用符号 $\mu$ 来表示，它表征介质的导磁性能。

磁导率的单位是 H/m（亨利/米），真空的磁导率 $\mu_0=4\pi\times10^{-7}\mathrm{H/m}$，铁磁材料的磁导率 $\mu \gg \mu_0$。

磁场计算时常采用相对磁导率 $\mu_r$，即

$$\mu = \mu_r \mu_0 \tag{1-5}$$

对于各种硅钢片材料，$\mu_r=5000\sim6000$；对于铸钢，$\mu_r\approx1000$。

4. 磁场强度

表征磁场性能的另一个基本物理量是磁场强度 **H**，定义为

$$H = \frac{B}{\mu} \quad 或 \quad B = \mu H \tag{1-6}$$

磁场强度反映了单位长度磁路上所消耗的磁动势，又称作单位长度上的磁压降。磁场强度 $\boldsymbol{H}$ 也是矢量，在国际单位制中的单位为 A/m（安培/米）。

**二、磁路的概念**

在电路中，将电流流过的路径称为电路。与之相类比，研究磁场问题时，将磁通所经过的路径称为磁路。在电机和变压器中，为了使磁通按设定的路径通过，磁路一般由铁磁材料组成，图 1-4（a）是简单的变压器磁路，图 1-4（b）是直流电机磁路。

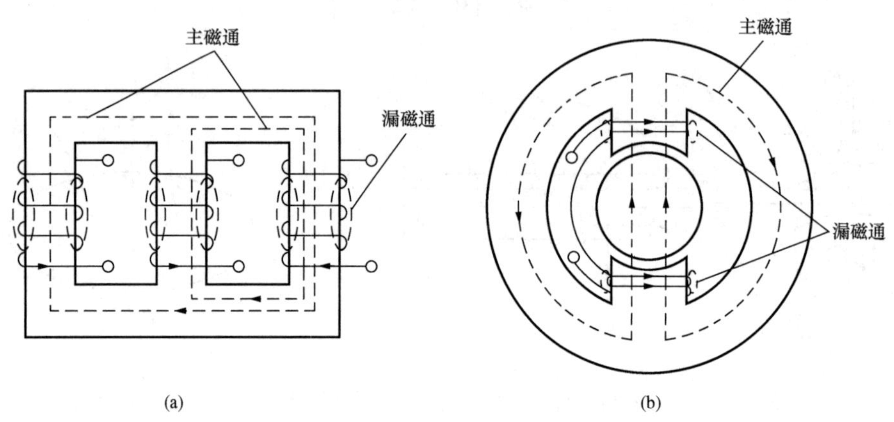


图 1-4　常见的两种磁路

（a）变压器磁路；（b）直流电机磁路

磁路可类比于电路，但两者之间又有着本质的区别。电路中电流是由带电粒子的定向运动而产生的，磁路中没有任何物质沿着闭合回路流动；物质世界中存在电的导体和绝缘体，电流只在导体中流动，但不存在磁的绝缘体，磁通可以存在于任何介质之中。因此，在图 1-4 所示的磁路中，由于铁磁材料的磁导率远大于空气的磁导率，所以绝大部分磁通将在铁芯内通过，由于铁芯的路径是设定的磁路，因此其中的磁通一般称为主磁通，所通过的路径称为主磁路；又因为铁芯外非铁磁材料的磁导率不为零，因此总有少量磁通通过铁芯外的路径闭合，这部分磁通称为漏磁通，所经过的路径称为漏磁路。在电机和变压器中，能量转换和传递通过主磁通完成，因此主磁通又称工作磁通。

图 1-4 中产生磁通的载流线圈称为励磁线圈（或励磁绕组），其中的电流称为励磁电流。直流励磁电流产生的磁通不随时间变化，这种磁路称为直流磁路；交流励磁电流产生的磁通随时间变化，相应的磁路称为交流磁路。有时，为了区别交、直流激励，对于交流的情况，励磁电流称为激磁电流，励磁线圈称为激磁线圈（或激磁绕组）。

## 第二节　磁路的基本定律

**一、安培环路定律**

沿着任何一条闭合回路 $l$，磁场强度 $\boldsymbol{H}$ 的线积分等于该闭合回路所包围的总电流值（代数和），用公式可表示为

$$\oint_l \boldsymbol{H} \cdot \mathrm{d}\boldsymbol{l} = \sum_{k=1}^{N} i_k \tag{1-7}$$

其中，若电流正方向与闭合回路上磁场强度的方向之间符合右手螺旋关系，电流 $i_k$ 取正值，否则 $i_k$ 取负值。

对于图 1-5（a）所示的多组电流方向，$i_1$ 和 $i_2$ 取正值，$i_3$ 取负值，即

$$\oint \boldsymbol{H} \cdot \mathrm{d}\boldsymbol{l} = i_1 + i_2 - i_3 \tag{1-8}$$

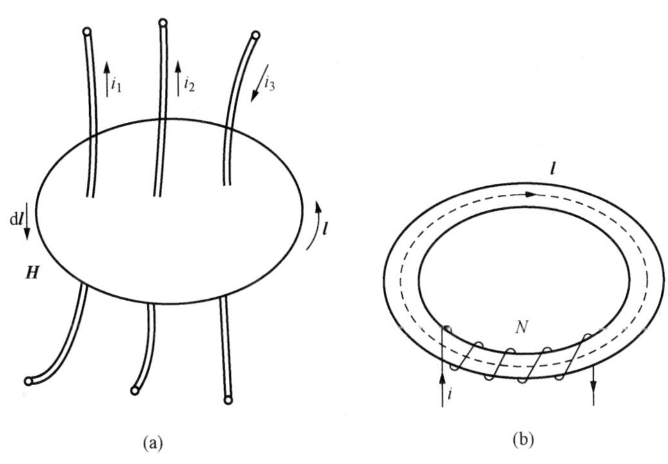


图 1-5 安培环路定理

（a）多组电流；（b）绕线结构

若沿回路 $l$ 磁场强度的大小处处相等，且闭合回路所包围的总电流是由通有电流为 $i$ 的 $N$ 匝线圈所提供［见图 1-5（b）］，当 $Hl$ 的回路方向与电流方向符合右手螺旋定则时，式（1-8）可简写成

$$Hl = Ni \tag{1-9}$$

## 二、磁路的欧姆定律

设一等截面无分支的铁芯磁路如图 1-6（a）所示，铁芯截面积为 $A$，磁路平均长度为 $l$，铁芯材料的磁导率为 $\mu$；其励磁绕组的匝数为 $N$，通入的电流为 $i$。若不计漏磁通，并认为各截面上磁通密度均匀分布，且垂直于各截面，则通过铁芯截面的磁通可表示为 $\Phi = BA$，进一步考虑式（1-6）和式（1-9），经推导可得

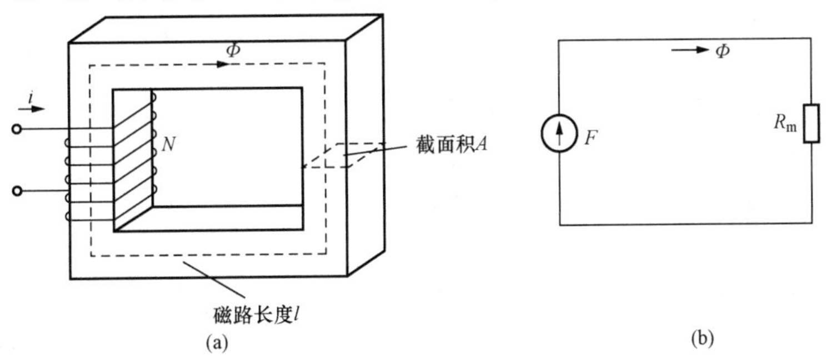


图 1-6 无分支铁芯磁路

（a）等截面无分支铁芯磁路；（b）模拟电路图

$$Ni = \frac{B}{\mu}l = \Phi\frac{l}{\mu A} \tag{1-10}$$

或

$$F = Ni = \Phi R_m = \frac{\Phi}{\Lambda_m} \tag{1-11}$$

式中：$F$ 为作用在铁芯磁路上的安匝数，称为磁路的磁动势，A（安培）；$R_m$ 为磁路中的磁阻，A/Wb（安/韦伯）或者 1/H（1/亨）；$\Lambda_m$ 为磁阻的倒数，称为磁导，Wb/A（韦伯/安）或者 H（亨）。

式（1-11）与电路中的欧姆定律的形式相似，故称之为磁路的欧姆定律。这里，将磁路中的磁动势 $F$ 类比于电路中的电动势 $E$，磁通量 $\Phi$ 类比于电流 $I$，磁阻 $R_m$ 类比于电阻 $R$，由此可得到磁路的模拟电路图，如图 1-6（b）所示。

由于磁阻 $R_m = \frac{l}{\mu A}$，所以磁路的磁阻主要取决于磁路的几何尺寸和所用材料的磁导率。铁磁材料的磁导率 $\mu$ 不是一个常数，故铁磁材料的磁阻是非线性的。也就是说，由铁磁材料组成的磁路具有非线性，这也是磁路和电路的本质区别之一。

**三、磁路的基尔霍夫第一定律**

如果铁芯是带有分支的磁路，如图 1-7 所示，若不计漏磁通，当中间铁芯柱的线圈通以电流时，任取一闭合面 $A$，根据磁通的连续性原理可知：穿过 $A$ 闭合面磁通的代数和必为零，即进入该闭合面的磁通等于离开该闭合面的磁通，故

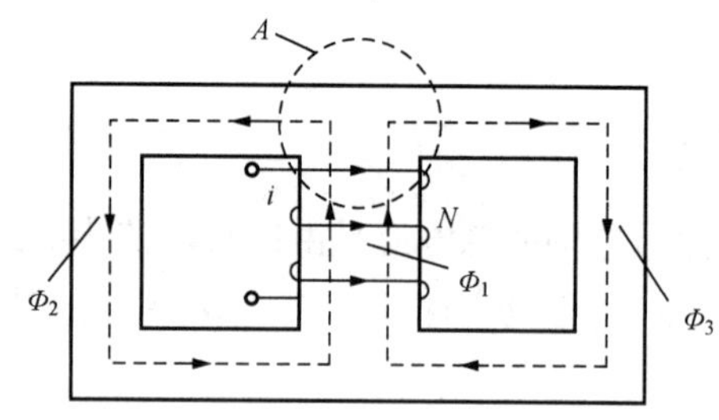

图 1-7 磁路基尔霍夫第一定律

$$\Phi_1 = \Phi_2 + \Phi_3 \tag{1-12}$$

若把穿出闭合面的磁通取为正值，进入闭合面的磁通为负值，则式（1-12）可写为

$$-\Phi_1 + \Phi_2 + \Phi_3 = 0$$

或

$$\sum\Phi = 0 \tag{1-13}$$

这就是磁路的基尔霍夫第一定律。

**四、磁路的基尔霍夫第二定律**

在磁路计算中，通常将磁路分成若干段，凡是材料和横截面积均相同且磁通也相等的磁路作为一段。在每一段中，各点的磁场强度是相同的。例如图 1-8 所示的磁路，它是由铁芯和空气隙两部分构成，而铁芯部分的横截面积又不同，分别为 $A_1$ 和 $A_2$，故整个磁路应分成三段。设各段磁路的长度分别为 $l_1$、$l_2$ 和 $l_3$，磁场强度分别为 $H_1$、$H_2$ 和 $H_3$。若铁芯上的励磁磁动势为 $Ni$，根据安培环路定律可得

$$H_1l_1 + H_2l_2 + H_3l_3 = Ni$$

或

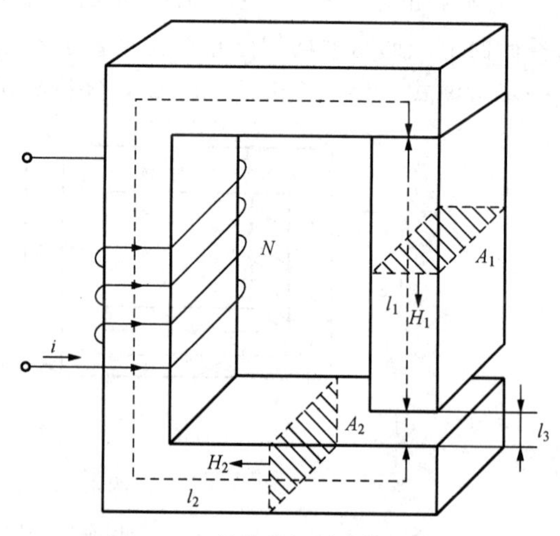

图 1-8 磁路基尔霍夫第二定律

$$\sum_{k=1}^{3} H_k l_k = Ni \tag{1-14}$$

式中，若 $H_k$ 的正方向与闭合回路 $l_k$ 的方向一致，$H_k l_k$ 前取“+”号，否则 $H_k l_k$ 前取“—”号；若电流 $i$ 的正方向与 $l$ 的方向符合右手螺旋关系，则 $Ni$ 前取“+”号，否则 $Ni$ 前取“—”号。

$H_k l_k$ 称为第 $k$ 段磁路上的磁位降，$Ni$ 表示作用在磁路上的总磁动势，式（1-14）表示作用在任何闭合磁路的总磁动势恒等于各段磁路磁压降的代数和。其关系可类比于电路中的基尔霍夫第二定律，所以称为磁路的基尔霍夫第二定律。此定律实际上是安培环路定律的另一种表达形式。

## 第三节　磁性材料及其特性

磁性材料按其磁性能来分，主要有顺磁材料、反磁材料和铁磁材料三种。顺磁材料的磁导率 $\mu$ 略大于真空磁导率 $\mu_0$，反磁材料的磁导率 $\mu$ 略小于真空磁导率 $\mu_0$。在工程上顺磁材料和反磁材料的磁导率一般按等于 $\mu_0$ 来计算，如空气、变压器油、铜和铝等。而铁磁材料的磁导率 $\mu \gg \mu_0$，一般大到几千倍，如铁、镍、钴和其他合金等。电机和变压器的磁路通常都由铁磁材料制成，下面对常用铁磁材料及其特性作简要说明。

### 一、铁磁材料的磁化

铁磁材料被放入磁场中会呈现出很强的磁性，这种现象称为铁磁材料的磁化，能够被磁化是铁磁材料的基本特性之一。普遍认为，铁磁材料的内部存在着许多很小的被称为磁畴的天然磁化区，每一个磁畴均可以看做一个微型磁针，如图1-9所示。如果没有外磁场作用，各磁畴任意排列，铁磁材料不显磁性［见图1-9（a）］；若将铁磁材料放入外磁场中，在外磁场的作用下，磁畴受到磁力的作用发生旋转，并沿磁场的方向排列整齐，铁磁材料就显示出较强的磁性［见图1-9（b）］。由此形成的磁化磁场与外磁场叠加，使合成磁场显著增强。非铁磁材料中则不含有这种磁畴，所以非铁磁材料在同样磁场强度下其磁场亦不会显著增强，这就是铁磁材料的磁导率要比非铁磁材料大很多的原因。

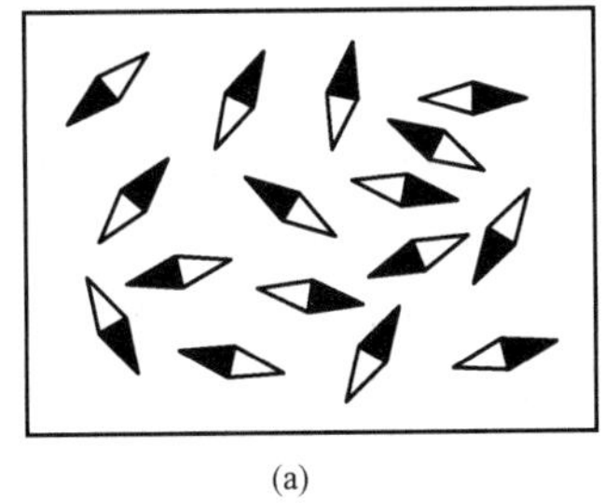
(a)

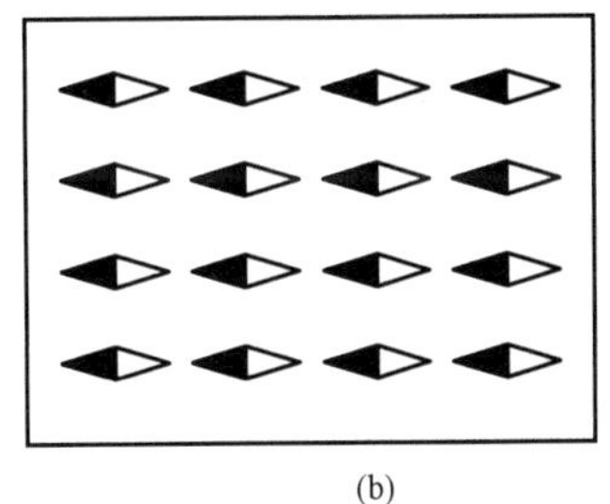
(b)

图1-9　磁畴

（a）未磁化；（b）磁化后

### 二、铁磁材料的磁化曲线

1. 原始磁化曲线

将一块尚未磁化的铁磁材料进行磁化，当磁场强度 $H$ 由零开始逐渐增加时，磁感应强度 $B$ 也随之增加，如图1-10所示，这条 $B=f(H)$ 曲线称之为原始磁化曲线。从这条曲线可

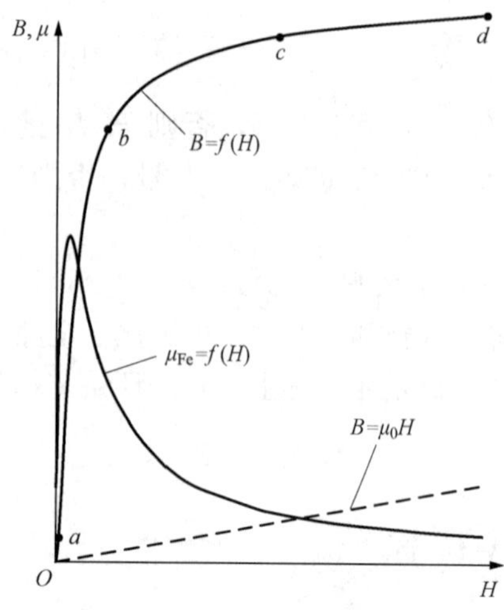


图 1-10　铁芯材料的原始磁化曲线

以看出，当外磁场由零逐渐增大时，开始磁感应强度 $B$ 随着磁场强度 $H$ 增加较慢，如图中 $Oa$ 段；然后磁感应强度 $B$ 随着 $H$ 的增大而迅速增长，如图中的 $ab$ 段所示；之后增长放慢，并逐渐趋向于饱和，如图中的 $bc$ 段所示；达到饱和以后，磁化曲线基本上成为与非铁磁材料的 $B=\mu_0 H$ 特性相平行的直线，如图中 $cd$ 段所示。工程上将 $Oa$ 段称为起始段，$ab$ 段称为直线段，$bc$ 段称为饱和段，$cd$ 段称为过饱和段。称 $b$ 点为膝点，$c$ 点为饱和点。

由于铁磁材料的磁化曲线不是一条直线，所以 $\mu=B/H$ 也随 $H$ 的变化而变化，如图 1-10 中的 $\mu=f(H)$ 曲线。可以看出，在磁化曲线的直线段，铁磁材料的磁导率随磁场强度的增加迅速增大；进入饱和区后，磁场强度增加，磁导率急剧下降；至过饱和区，磁导率基本不再随磁场强度的变化而变化，保持为一常数。因此铁磁材料的磁阻不是常数，而是随铁磁材料饱和程度的增加而增大。

2. 磁滞回线

将铁磁材料在 $-H_m$ 到 $+H_m$ 之间反复进行周期性磁化，就可以得到如图 1-11 所示的对称原点的闭合曲线 $abcdefa$。可以看出，当 $H$ 从零增加到 $+H_m$，相应的 $B$ 从零增加到 $B_m$，然后，如逐渐减小磁场强度 $H$，$B$ 值将沿 $ab$ 曲线下降，当 $H=0$ 时，$B$ 值并不等于零，而是等于 $B_r$。这种去掉外加磁场之后，在材料内部仍然保留一定磁感应强度的现象称为顽磁性，$B_r$ 称为材料的剩余磁感应强度，简称剩磁。要使 $B$ 值从 $B_r$ 减小到零，必须加上反向的外磁场，反向磁场强度（$Oc$ 段或 $Of$ 段）称为矫顽力，用 $H_c$ 表示。$B_r$ 和 $H_c$ 是铁磁材料的两个重要参数。

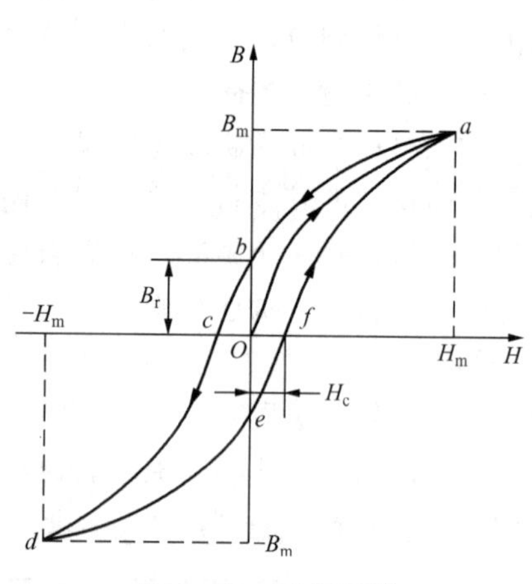


图 1-11　磁滞回线

从上述磁化过程可以看出，磁感应强度 $B$ 的变化总是落后于磁场强度 $H$ 的变化，这种现象称为磁滞。呈现磁滞现象的 $B-H$ 闭合曲线 $abcdefa$ 称为磁滞回线。磁滞现象是铁磁材料的另一个基本特性。

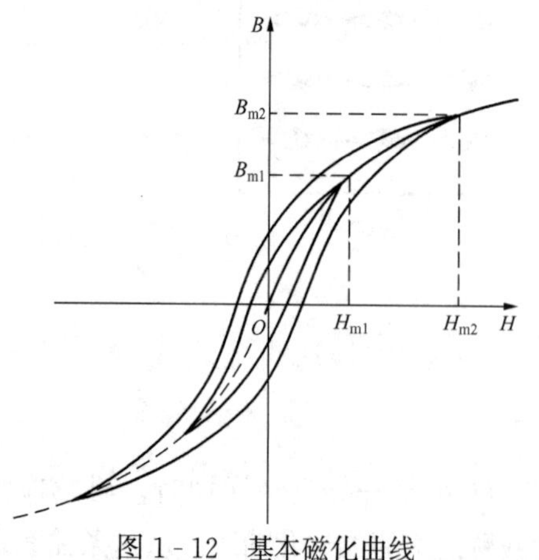


图 1-12　基本磁化曲线

3. 基本磁化曲线

对于同一铁磁材料，用不同的 $H_m$ 值进行周期性磁化，可以得到一系列大小不同的磁滞回线，如图 1-12 所示。将各磁滞回线的顶点连接起来，所得到的曲线称为基本磁化曲线。工程上进行磁路计算时采用的都是基本磁化曲线。图 1-13 给出了电机中常用铁磁材料的基本磁化曲线。

由于磁感应强度 $B$ 正比于磁通 $\Phi$，磁场强度 $H$ 正比于励磁磁动势 $F$ 或励磁电流 $i$，所以只要适当地改变 $B=f(H)$ 曲线的尺标，磁化曲线就可以用 $\Phi=f(F)$ 或 $\Phi=f(i)$ 来表示。在电机和变压器的磁路设计中，为了用较少的磁动势获得较大的磁通，通常把铁磁材料的工作点选在膝点附近。

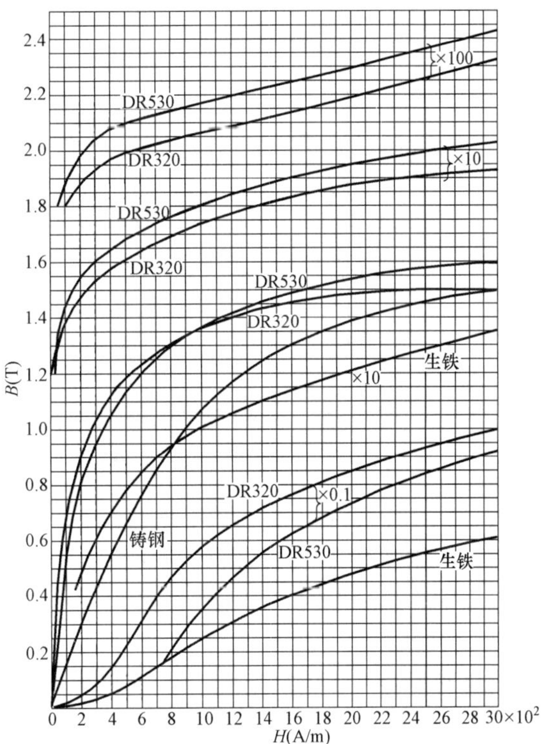


图 1-13　电机中常用铁磁材料的基本磁化曲线

## 三、铁磁材料分类

根据材料磁滞回线形状的不同，铁磁材料可分为软磁材料和硬磁材料两类。其中，磁滞回线窄、剩磁和矫顽力都小的材料，称为软磁材料，如图 1-14（a）所示，如铸铁、铸钢、硅钢片和坡莫合金等。软磁材料的磁滞损耗小，磁导率高，常用来制造变压器和电机的铁芯。另一类磁滞回线宽、剩磁和矫顽力都大的材料，称为硬磁材料，如图 1-14（b）所示，如铝镍钴合金和稀土合金等。由于硬磁性材料的剩磁大，常用来制造永久性磁铁，所以硬磁材料又称作永磁材料。

## 四、铁芯损耗

铁芯损耗（简称铁耗）是铁芯磁路中由于磁滞和涡流而引起的功率损耗的总称，只存在于交流磁路中，对于直流磁路没有功率损耗，现分述如下。

### 1. 磁滞损耗

在外磁场的作用下，铁磁材料内部的磁畴为了保持其磁场方向与外磁场方向一致会发生转动。如外磁场是交变的，铁磁材料中的磁畴在交变磁化过程中，就要来回翻转，彼此之间相互摩擦而引起损耗，这种损耗称为磁滞损耗。实验证明，磁滞损耗正比于交变磁场的频率 $f$、磁滞回线的面积和铁磁材料的体积 $V$，而磁滞回线的面积又正比于最大磁感应强度 $B_m$ 的 $n$ 次方，$n$ 的值取决于材料。对于一般硅钢片，$n=1.6\sim2.3$，于是，磁滞损耗 $p_h$ 可表示为

$$p_h=C_h f B_m^n V \tag{1-15}$$

式中：$C_h$ 为磁滞损耗系数，取决于材料的性质。

### 2. 涡流损耗

当通过铁芯的磁通交变时，由电磁感应定律可知，铁芯内将产生感应电动势和电流。这些电流在铁芯内部围绕磁通形成环流，称为涡流，如图 1-15 所示。涡流在铁芯中所引起的电阻损耗称为涡流损耗。通过推导，可得涡流损耗的表达式为

$$p_e=C_e\Delta^2 f^2 B_m^2 V \tag{1-16}$$

式中：$C_e$ 为涡流损耗系数，反比于材料的电阻率；$\Delta$ 为硅钢片厚度。

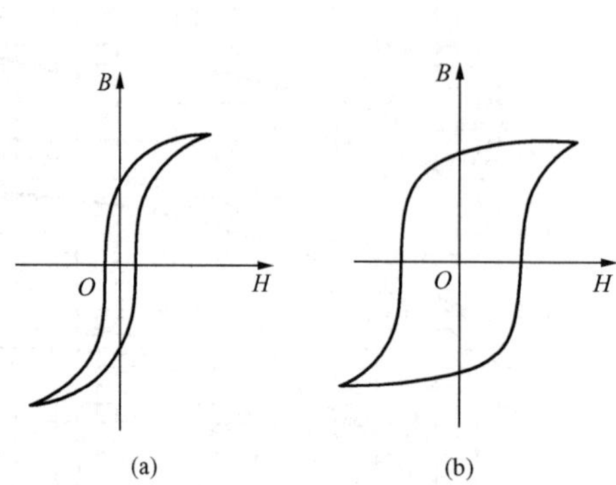


图 1-14 软磁和硬磁材料的磁滞回线

(a) 软磁材料；(b) 硬磁材料

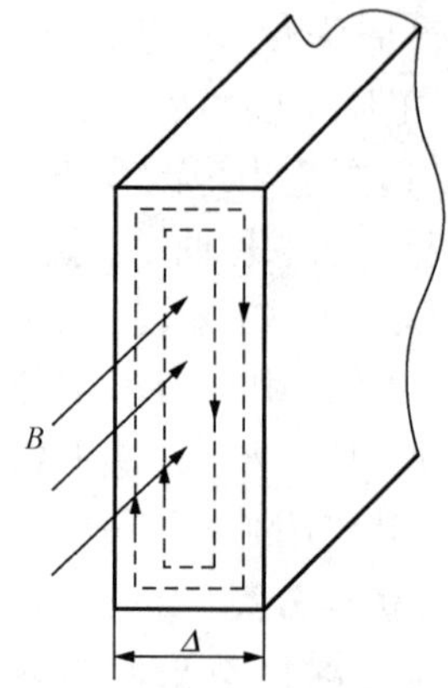


图 1-15 硅钢片中的涡流

式（1-16）表明，为了减小涡流损耗，可以在钢材中加入少量的硅以增加铁芯材料的电阻率，用相互绝缘的许多薄硅钢片叠起来的铁芯来代替整块铁芯，变压器和电机的铁芯就是采用硅钢片来制作的。

3. 铁芯损耗

将磁滞损耗和涡流损耗相加便得到铁芯损耗，即

$$p_{Fe}=p_h+p_e=(C_h fB_m^n+C_e\Delta^2 f^2 B_m^2)V \tag{1-17}$$

对于一般的硅钢片，在正常的工作磁感应强度范围内（$1T<B_m<1.8T$），式（1-17）可以近似写成

$$p_{Fe}\approx C_{Fe} f^{1.3} B_m^2 G \tag{1-18}$$

式中：$C_{Fe}$ 为铁芯损耗系数；$G$ 为铁芯质量。

式（1-18）表明，铁芯损耗近似与频率的 1.3 次方成正比，与铁芯中最大磁感应强度的二次方及铁芯质量成正比。

## 第四节 简 单 磁 路 计 算

**【例 1-1】** 在图 1-16 所示的无分支磁路中，磁路尺寸图上已注明（尺寸单位为 mm），铁芯磁导率 $\mu_{Fe}=3000\mu_0$，励磁绕组匝数 $N=120$，试求在该磁路中获得 $\Phi=1.5\times10^{-3}$Wb 时所需要的励磁电流。

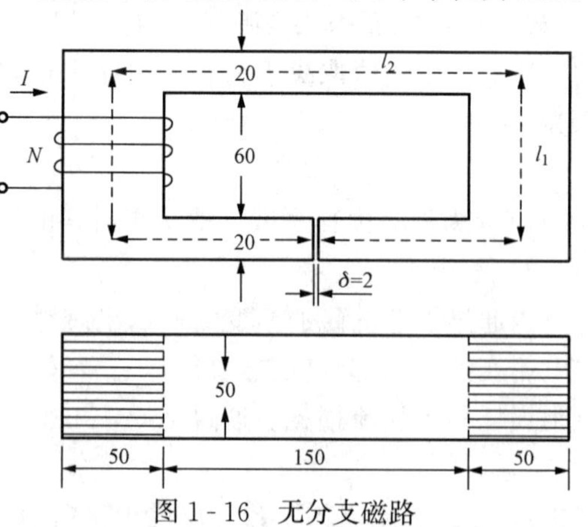


图 1-16 无分支磁路

**解** 该磁路为无分支磁路，虽然只由铁芯和空气两种材料构成，但铁芯部分有两种截面积，因此应分成三段。在每一段，磁压降既可以按 $F=Hl$ 的方法计算，也可以按 $F=R_m\Phi$ 的方法计算。

(1) $F=Hl$ 方法。

1) 每段的中心线长度和横截面积（注意：在计算空气隙的有效面积时，通常在长、宽方

向各增加一个气隙长）为

$$l_1 = (60+20)\times 2\times 10^{-3} = 0.16(\mathrm{m})$$
$$l_2 = (150+50)\times 2\times 10^{-3} - 2\times 10^{-3} = 0.398(\mathrm{m})$$
$$l_\delta = \delta = 2\times 10^{-3}(\mathrm{m})$$
$$A_1 = 50\times 50\times 10^{-6} = 2.5\times 10^{-3}(\mathrm{m}^2)$$
$$A_2 = 50\times 20\times 10^{-6} = 1.0\times 10^{-3}(\mathrm{m}^2)$$
$$A_\delta = (50+2)\times(20+2)\times 10^{-6} = 1.14\times 10^{-3}(\mathrm{m}^2)$$

2）每段的磁感应强度为

$$B_1 = \frac{\Phi}{A_1} = \frac{1.5\times 10^{-3}}{2.5\times 10^{-3}} = 0.6(\mathrm{T})$$
$$B_2 = \frac{\Phi}{A_2} = \frac{1.5\times 10^{-3}}{1.0\times 10^{-3}} = 1.5(\mathrm{T})$$
$$B_\delta = \frac{\Phi}{A_\delta} = \frac{1.5\times 10^{-3}}{1.14\times 10^{-3}} = 1.316(\mathrm{T})$$

3）每段的磁场强度为

$$H_1 = \frac{B_1}{\mu_{Fe}} = \frac{0.6}{3000\times 4\pi\times 10^{-7}} = 159.2(\mathrm{A/m})$$
$$H_2 = \frac{B_2}{\mu_{Fe}} = \frac{1.5}{3000\times 4\pi\times 10^{-7}} = 397.9(\mathrm{A/m})$$
$$H_\delta = \frac{B_\delta}{\mu_0} = \frac{1.316}{4\pi\times 10^{-7}} = 1.047\times 10^{6}(\mathrm{A/m})$$

4）每段的磁压降为

$$F_1 = H_1 l_1 = 159.2\times 0.16 = 25.5(\mathrm{A})$$
$$F_2 = H_2 l_2 = 397.9\times 0.398 = 158.4(\mathrm{A})$$
$$F_\delta = H_\delta l_\delta = 1.047\times 10^{6}\times 2\times 10^{-3} = 2094(\mathrm{A})$$

5）励磁磁动势为

$$F = NI = F_1 + F_2 + F_\delta = 25.5 + 158.4 + 2094 = 2277.9(\mathrm{A})$$

所以励磁电流为

$$I = \frac{F}{N} = \frac{2277.9}{120} = 19.0(\mathrm{A})$$

(2) $F = R_m\Phi$ 方法。

1）每段的磁阻为

$$R_{m1} = \frac{l_1}{\mu_{Fe}A_1} = \frac{0.16}{3000\times 4\pi\times 10^{-7}\times 2.5\times 10^{-3}} = 1.70\times 10^{4}(\mathrm{A/Wb})$$
$$R_{m2} = \frac{l_2}{\mu_{Fe}A_2} = \frac{0.398}{3000\times 4\pi\times 10^{-7}\times 1.0\times 10^{-3}} = 10.557\times 10^{4}(\mathrm{A/Wb})$$
$$R_{m\delta} = \frac{l_\delta}{\mu_0 A_\delta} = \frac{2\times 10^{-3}}{4\pi\times 10^{-7}\times 1.14\times 10^{-3}} = 1.396\times 10^{6}(\mathrm{A/Wb})$$

2）每段磁阻的磁压降为

$$F_1 = R_{m1}\Phi = 1.7\times 10^{4}\times 1.5\times 10^{-3} = 25.5(\mathrm{A})$$

$$F_2 = R_{m2}\Phi = 10.557\times10^4\times1.5\times10^{-3} = 158.4(\text{A})$$
$$F_\delta = R_{m\delta}\Phi = 1.396\times10^6\times1.5\times10^{-3} = 2094(\text{A})$$

3）励磁磁动势及励磁电流为

$$F = F_1 + F_2 + F_\delta = 2277.9(\text{A})$$
$$I = \frac{F}{N} = 19.0(\text{A})$$

从以上计算可以看出，空气隙虽然很短，仅占磁路平均长度的 0.36%，但它的磁阻及磁压降却占整个磁路的 92%。

**【例 1-2】** 在［例 1-1］的磁路中，若铁芯材料为硅钢片 DR530。其叠片系数为 0.9，试求在该磁路中获得磁通 $\Phi=1.5\times10^{-3}$Wb 所需要的励磁电流。

**解** 由于硅钢片的磁导率 $\mu_{Fe}$ 不是常值，磁路为非线性，通常采用 $F=Hl$ 方法计算。

（1）求每段的中心长度和横截面积。每段的中心长度计算同［例 1-1］，$l_1=0.16$m，$l_2=0.398$m，$l_\delta=2\times10^{-3}$m。在计算硅钢片横截面积时，应除去叠片间绝缘的厚度，即在［例 1-1］算得的面积上再乘以叠片系数，则

$$A_1 = 50\times50\times0.9\times10^{-6} = 2.25\times10^{-3}(\text{m}^2)$$
$$A_2 = 50\times20\times0.9\times10^{-6} = 0.9\times10^{-3}(\text{m}^2)$$
$$A_\delta = 1.14\times10^{-3}(\text{m}^2)$$

（2）求每段的磁感应强度，即

$$B_1 = \frac{\Phi}{A_1} = \frac{1.5\times10^{-3}}{2.25\times10^{-3}} = 0.667(\text{T})$$
$$B_2 = \frac{\Phi}{A_2} = \frac{1.5\times10^{-3}}{0.9\times10^{-3}} = 1.667(\text{T})$$
$$B_\delta = \frac{\Phi}{A_\delta} = \frac{1.5\times10^{-3}}{1.14\times10^{-3}} = 1.316(\text{T})$$

（3）求每段的磁场强度。由图 1-13 中查得

$$H_1 = 180(\text{A/m}),\quad H_2 = 4500(\text{A/m}),\quad H_\delta = \frac{B_\delta}{\mu_0} = 1.047\times10^6(\text{A/m})$$

（4）求每段的磁压降，即

$$F_1 = H_1 l_1 = 180\times0.16 = 28.8(\text{A})$$
$$F_2 = H_2 l_2 = 4500\times0.398 = 1791(\text{A})$$
$$F_\delta = H_\delta l_\delta = 2094(\text{A})$$

（5）求励磁磁动势及励磁电流，即

$$F = F_1 + F_2 + F_\delta = 28.8 + 1791 + 2094 = 3913.8(\text{A})$$
$$I = \frac{F}{N} = \frac{3913.8}{120} = 32.6(\text{A})$$

在本例中，$l_2$ 部分已处于饱和状态，使这部分硅钢片的 $\mu$ 值显著下降，故这一段的磁阻较大，磁压降增大。即使这样，空气隙的磁压降仍占励磁磁动势的 53.4%。

## 第五节 交流磁路中的励磁电流和磁通

在交流铁芯磁路中，由于铁芯磁化曲线的非线性，励磁电流 $i_m$ 和主磁通 $\phi$ 的波形会产

生畸变。下面以图 1-17 所示单一铁芯材料的交流铁芯磁路为例，分析励磁电流和磁通的性质与波形。为分析方便，铁芯材料的磁化特性使用 $\phi=f(i)$ 的形式。

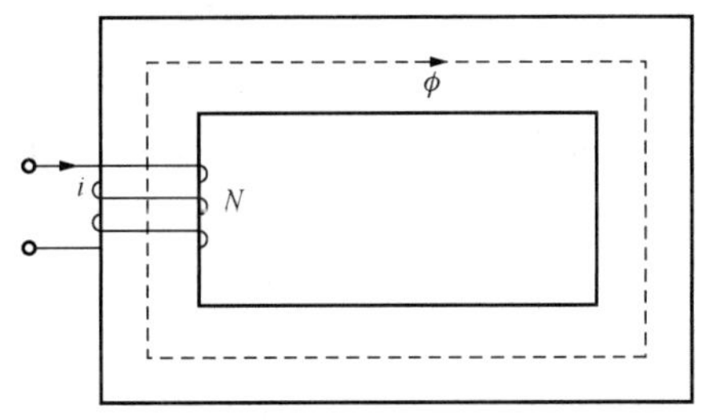


图 1-17　交流铁芯磁路

## 一、铁磁材料的磁化特性为基本磁化曲线

当磁路内的磁通较小时，磁路不饱和，磁通与励磁电流之间的关系基本上是线性关系。在这种情况下，如果磁通随时间按正弦规律变化，则励磁电流随时间也按正弦规律变化；磁通到达最大值时，励磁电流也到达最大值。因此，励磁电流与磁通在时间上同相位，随时间变化的波形也相同。

当磁通较大时，磁路出现饱和，磁通与励磁电流之间呈非线性关系。这时励磁电流和磁通的特性与波形可以用图解法进行分析，下面分两种情况讨论。

1. 磁通为正弦波时励磁电流的波形

当磁通随时间作正弦变化时，设时间为 $t_1$ 时的磁通瞬时值为 $\phi_1$，此时由 $\phi=f(i)$ 曲线可以查出产生该磁通所需的励磁电流 $i_{m1}$，由此可以得到励磁电流曲线上的一点，如图 1-18 所示。同理，可以求出其他瞬间的励磁电流值，并进而可画出整条励磁电流 $i_m$ 随时间变化的曲线 $i_m=f(t)$。

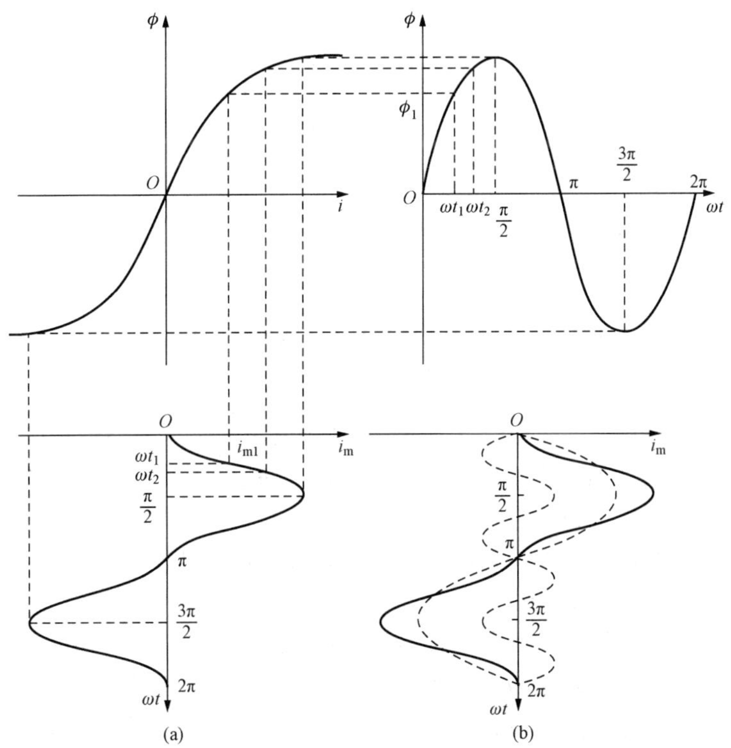


图 1-18　磁通为正弦波时磁路饱和对电流波形的影响

(a) 电流波形；(b) 电流波形分解

分析图 1-18 可以看出，当磁通随时间正弦变化且磁路饱和时，由于磁路的非线性，励

磁电流波形发生畸变，成为尖顶波。如果将励磁电流波形进行分解，除了基波外，还包含有其他奇次谐波，其中以 3 次谐波为最大。磁路越饱和，励磁电流 $i_m$ 的波形尖顶越严重，谐波也越显著。但无论励磁电流 $i_m$ 波形尖顶有多严重，它的基波相位始终与磁通 $\phi$ 的相位相同。

2. 励磁电流为正弦波时磁通的波形

当励磁电流 $i_m$ 随时间作正弦变化时，利用上述的作图法，同样可以求出磁通 $\phi$ 随时间变化的曲线 $\phi=f(t)$，如图 1-19 所示。

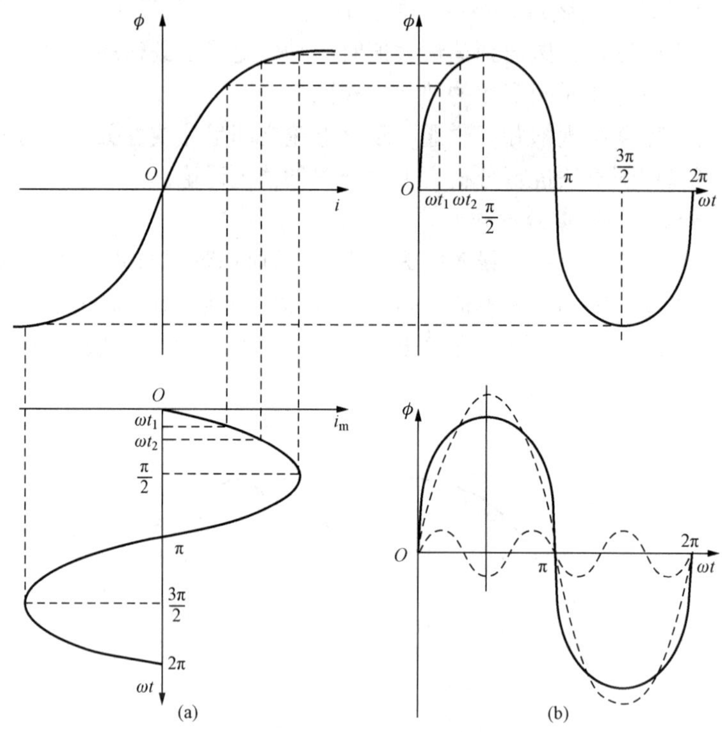


图 1-19 励磁电流为正弦波时磁路饱和对磁通波形的影响

（a）磁通波形；（b）磁通波形分解

分析图 1-19 可以看出，当励磁电流 $i_m$ 随时间正弦变化且磁路饱和时，磁通的波形也发生畸变，成为平顶波。如果将磁通波形进行分解，除了基波外，亦包含有其他奇次谐波，其中也以 3 次谐波为最大。磁路越饱和，磁通 $\phi$ 的波形平顶越严重，谐波也越显著。但无论波形平顶有多严重，它的基波相位始终与励磁电流 $i_m$ 的相位相同。

综上分析可知，励磁电流和磁通的波形是否畸变，决定于磁路是否饱和。磁路不饱和时，磁化曲线基本上是线性的，两者的波形非常接近。磁路饱和后，磁化曲线呈非线性，磁通与励磁电流的波形不同，磁通为正弦波时励磁电流畸变成尖顶波，励磁电流为正弦波时磁通畸变成平顶波。但无论是尖顶波还是平顶波，如果将其进行分解，主要成分都是基波和 3 次谐波。磁通基波和励磁电流基波的相位始终相同，与磁路是否饱和及饱和程度无关。

## 二、铁磁材料的磁化特性为磁滞回线

考虑磁滞现象时，铁磁材料的磁化特性为磁滞回线。当磁通为正弦波时，通过磁滞回线，利用图解法求取励磁电流 $i_m=f(t)$ 的曲线，如图 1-20 所示。可以看出，当磁通 $\phi$ 为正弦波时，励磁电流 $i_m$ 为非正弦波。把 $i_m$ 分解成两个分量，即 $i_m = i_\mu + i_{Fe}$。其中 $i_\mu$ 分量为和 $\phi$ 同相位的尖顶波，与忽略磁滞现象、只考虑饱和时图 1-18 中的尖顶波完全一致；或者说，$i_\mu$ 是不考虑磁路有磁滞现象时的励磁电流，与基本磁化曲线相对应，称为磁化电流。另一分量 $i_{Fe}$ 波形近似为正弦波，相位超前于磁通 $\phi$90°、幅值为 $I_c$（与 $H_c$ 相对应）。$i_{Fe}$ 是反映磁滞损耗和涡流损耗的有功电流，$i_{Fe} = i_h + i_e$。$i_h$ 是由于考虑了磁滞现象才存在的，称为磁滞损耗电流，不计磁滞现象时 $i_h$ 为零。交流磁路中除了磁滞损耗外，同时还有涡流损耗，$i_e$ 称为涡流损耗电流。由于 $i_h$ 和 $i_e$ 都反映了磁路中的铁耗，因此把它们合在一起，称为铁耗电流，用 $i_{Fe}$ 表示。在各种变压器和电机中，由于铁芯选用的都是较好的软磁性材料，同时又采用叠片方式，因此铁耗很小。励磁电流中铁耗电流要比磁化电流 $i_\mu$ 小得多。

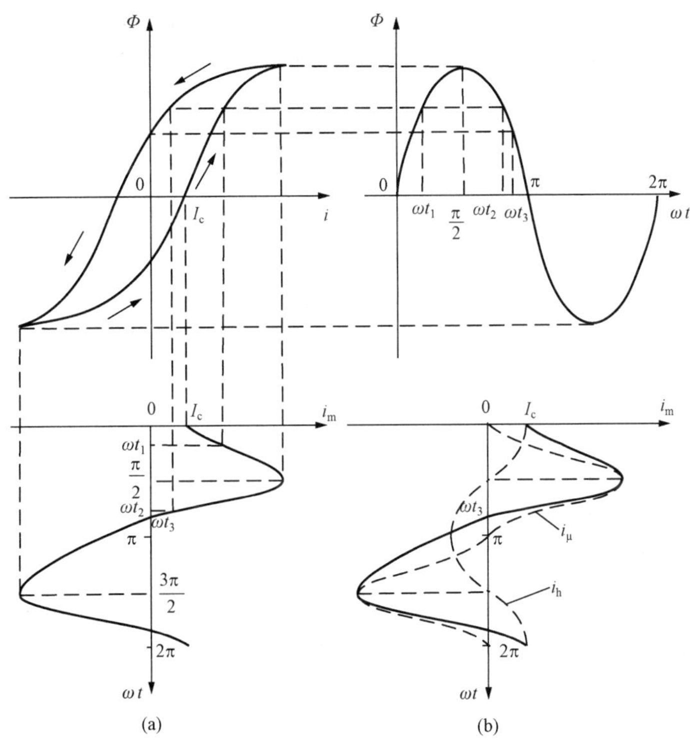


图 1-20　磁滞现象对励磁电流波形的影响

（a）电流波形；（b）电流波形分解

综合上述分析可知：

（1）激励产生磁通 $\phi$ 的电流是磁化电流 $i_\mu$，它的基波与磁通 $\phi$ 波形同相位。由于磁路的非线性，$i_\mu$ 与磁通 $\phi$ 的波形不一样。当 $\phi$ 为正弦波时，$i_\mu$ 为尖顶波；当 $i_\mu$ 为正弦波时，$\phi$ 为平顶波。

（2）铁芯中具有磁滞和涡流损耗。励磁电流中除了磁化电流外，同时还存在铁芯损耗电流，铁芯损耗电流接近于正弦波，其相位超前于磁通 90°。

（3）励磁电流是磁化电流和铁芯损耗电流的合成，即 $i_m = i_{Fe} + i_\mu$。由于变压器和电机的铁芯损耗很小，所以 $i_{Fe}$ 很小，通常仅为 $i_m$ 的 10%左右，因此励磁电流 $i_m$ 主要由 $i_\mu$ 决定。

## 小 结

本章介绍了磁场分析计算的基本物理量，说明了计算磁路的基本定律、铁磁材料的磁性能以及简单磁路的计算方法。

磁路的计算与电路在形式上有类比关系。在磁路计算中，不仅可以“引进”电路中的基尔霍夫第一定律、基尔霍夫第二定律和欧姆定律，还可以“引进”电路中的“节点电压法”和“回路电流法”。但要注意磁路与电路在物理本质上是不相同的。电路中的漏电现象在通常情况下是极小的，计算中不考虑。磁路中的漏磁现象远比电路中的漏电现象严重，在不需要精确计算或为了简单计算时才不考虑漏磁的影响。在电机和变压器的设计中，为了提高计算准确度，通常都考虑漏磁的影响，甚至放弃路的方法而用场的方法进行计算。

磁路计算问题一般分为两类。在磁路材料和尺寸给定的条件下，一类是给定磁通求磁动势，此时，由于铁磁材料为非线性，必须首先计算磁感应强度 $B$ 的值，然后针对每一个 $B$ 值在基本磁化曲线上查出相应的 $H$ 值，最后算出磁动势；另一类是给定的磁动势求磁通，这种情况下，由于 $\mu$ 不等于常值，通常要先假设磁通，然后用迭代法求解。

在电机和变压器的铁耗计算时，通常不单独考虑磁滞损耗或涡流损耗，而是考虑总铁芯损耗。式（1-18）是铁耗分析与计算最常用的表达式。

## 习 题

1-1 磁滞损耗和涡流损耗是什么原因引起的？它们的大小与哪些因素有关？

1-2 试比较磁路和电路的相似点和不同点。

1-3 电机和变压器的磁路常采用什么材料制成？这种材料有哪些主要特征？

1-4 在图1-21所示的闭合铁芯磁路中，铁芯的横截面积为 $3\times4\times10^{-4}\text{m}^2$，磁路的平均长度为0.05m，励磁线圈为400匝。试分别计算铁芯的磁导率 $\mu_{\text{Fe}}=5000\mu_0$，以及铁芯为DR530型钢片两种情况下，在铁芯中产生的磁感应强度 $B=1.35\text{T}$ 时所需要的励磁电流(不考虑铁芯的叠片系数)。

1-5 在习题1-4的铁芯磁路中开一个 $1.0\times10^{-3}\text{m}$ 长的气隙，如图1-22所示。分别计算习题1-4两种情况下的励磁电流，并比较铁芯和气隙两部分磁压降的大小。考虑到气隙磁场的边缘效应，在计算气隙的有效面积时，可在长和宽方向上各增加一个气隙长度。

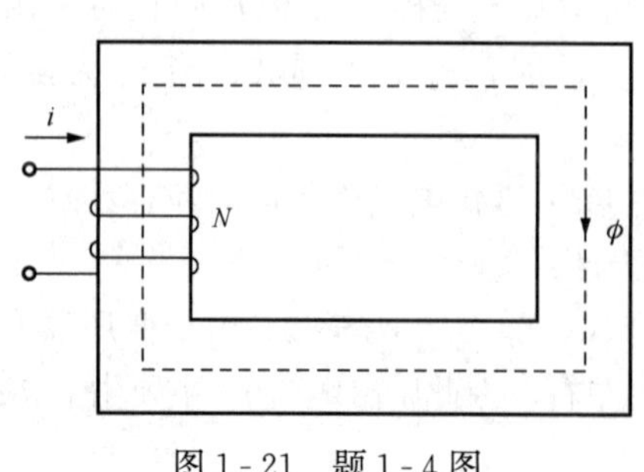

图1-21 题1-4图

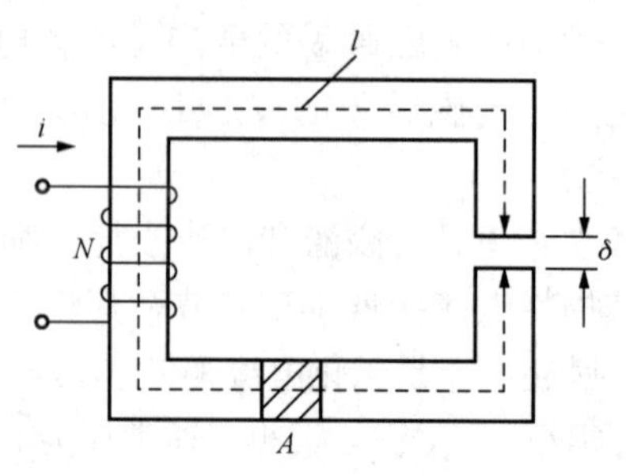

图1-22 题1-5图

1-6　图1-23所示的磁路由两种材料制成（铸钢和DR320型硅钢片）。若要铸钢中的磁感应强度为1.2T，试求所需的磁动势（铸钢为整块，DR320型硅钢片的叠片系数为0.93）。

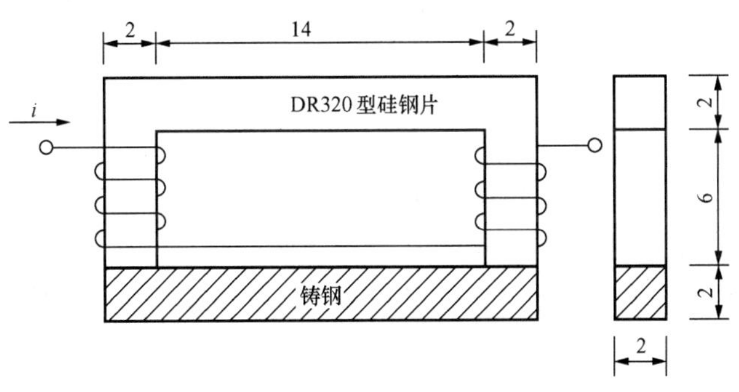


图1-23　题1-6图

1-7　在图1-22中，若铁芯材料为DR320型硅钢片，叠片系数为0.94。试求线圈通入2.1A电流时气隙中的磁通。

# 第二章 能量转换基本定律

## 第一节 电磁感应定律

电磁感应定律描述的是磁变生电的电磁感应现象，于 1831 年由法拉第提出，又称法拉第电磁感应定律。它指出，交变的磁场会产生电场，并在导体中感应电动势。如图 2-1 所示，当规定感应电动势正方向与磁通的正方向符合右手螺旋关系时，则感应电动势与磁通对时间的变化率的负值成正比，即

$$e=-N\frac{\mathrm{d}\phi}{\mathrm{d}t}=-\frac{\mathrm{d}\Psi}{\mathrm{d}t} \tag{2-1}$$

$$\Psi=N\phi$$

式中：$e$ 为回路中的感应电动势；$N$ 为绕组匝数；$\phi$ 为通过该回路面积的磁通；$\Psi$ 为交链回路的磁链，它表示 $N$ 匝线圈所匝链的总磁链。

根据法拉第定律可以导出，当磁场恒定，而导体在磁场中运动时，如图 2-2（a）所示，导体中的感应电动势可表示为

$$e=\int(\boldsymbol{v}\times\boldsymbol{B})\cdot\mathrm{d}\boldsymbol{l} \tag{2-2}$$

式中：$\boldsymbol{B}$ 为磁感应强度；$\boldsymbol{l}$ 为导体的长度；$\boldsymbol{v}$ 为导体的运动速度。

感应电动势的方向可用图 2-2（b）所示的右手定则确定。

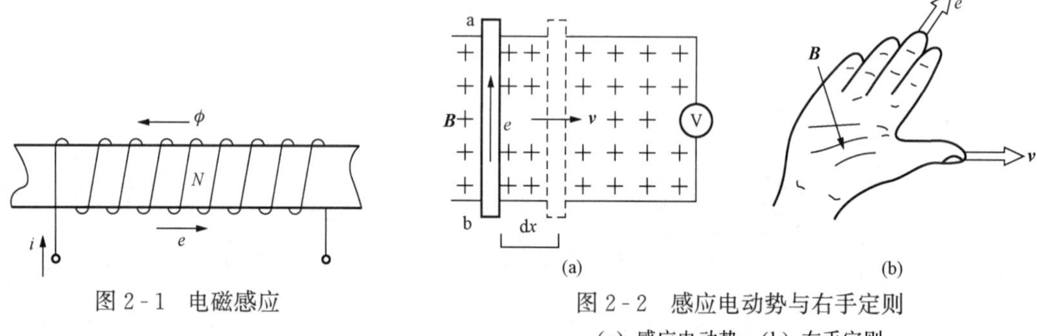


图 2-1 电磁感应

图 2-2 感应电动势与右手定则
（a）感应电动势；（b）右手定则

若磁场方向、导体长度方向和导体运动方向三者相互垂直时，式（2-2）简化为

$$e=Blv \tag{2-3}$$

式（2-3）适用于计算恒定、均匀磁场中运动导体的切割电动势，是法拉第电磁感应定律的另一种有约束条件的表示形式，在电机学中经常使用。

## 第二节 毕奥—萨伐尔电磁力定律

磁场最基本的特性是对场域中的载流导体有力的作用，电磁力定律是描述电与磁之间相

互作用产生力的基本定律。如图 2-3 (a) 所示，取有效长度为 $l$ 的导体，导体中流过的电流为 $i$，导体所处的磁场为 $\boldsymbol{B}$，则导体所受的作用力 $\boldsymbol{f}$ 可表示为

$$\boldsymbol{f} = i\int \mathrm{d}\boldsymbol{l} \times \boldsymbol{B} \tag{2-4}$$

式中：$\mathrm{d}\boldsymbol{l}$ 为导体 ab 上的长度微元。

若磁场均匀且与导体相互垂直，则式 (2-4) 可简化为

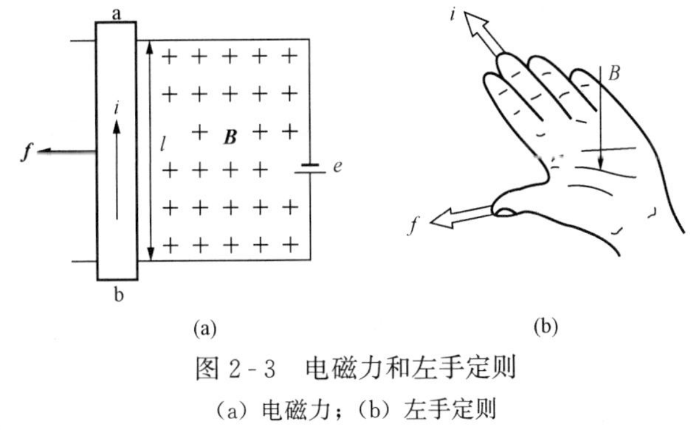


图 2-3　电磁力和左手定则
(a) 电磁力；(b) 左手定则

$$f = Bil \tag{2-5}$$

电磁力的方向可用左手定则判定，如图 2-3 (b) 所示。

## 第三节　能量守恒原理

能量守恒原理是物理学中的基本原理。该原理可表述为：在质量不变的物理系统内，能量是守恒的，即能量不会凭空产生，亦不会凭空消灭，仅能变换其存在形式。

在电机中，能量转换包括四种能量形式，即电能、机械能、磁场储能和热能。根据能量守恒原理，对于电动机，其能量关系为

电源输入的电能＝磁场储能的增量＋转换为热能的能量损耗＋输出的机械能

对于发电机，其能量关系为

输入的机械能＝磁场储能的增量＋转换为热能的能量损耗＋输出的电能

转换为热能的能量主要包括三部分：导体中的电流在电阻中引起的电气损耗（亦称铜耗）；消耗于轴承摩擦及通风中的机械损耗；电机内的磁场在铁芯中产生的磁滞损耗和涡流损耗。这些能量均转换为热能，并且是不可逆的，也就是说这部分能量很难或根本不可能再转换为电能或机械能。

## 小结

各种机电能量转换装置的用途和结构虽然各有差别，但其基本原理是相同的。载流导体在磁场中要受到力的作用是电动机工作的基本原理；变化的磁场在导体中要感应电动势是发电机工作的基本原理。本章主要阐述机电能量转换过程中的基本定律和能量关系，在后续各章的内容中，这些定律将贯穿始终。

## 习题

2-1　简述发电机的能量转换关系。

2-2　简述电动机的能量转换关系。

2-3　机电能量转换装置的能量损耗通常分为哪几类？

# 基础理论篇自测题

## 一、填空题

1. 磁通恒定的磁路称为________，磁通随时间变化的磁路称为________。

2. 电机和变压器常用的铁芯材料为________。

3. 铁磁材料的磁导率为________，非铁磁材料的磁导率为________。

4. 在磁路中，与电路中的电动势源作用相同的物理量是________。

5. 当外加电压大小不变而铁芯磁路中的气隙增大时，对直流磁路，则磁通________，电感________，电流________。

## 二、选择题

1. 交流铁芯磁路中，当外加电压大小不变时，如果增大气隙，则磁通________，电感________，电流________。

A. 增加，减少，增加

B. 基本不变，增加，减少

C. 基本不变，减少，增加

2. 若硅钢片的叠片接缝增大，则其磁阻________。

A. 增加　　B. 减小　　C. 基本不变

3. 在电机和变压器铁芯材料周围的气隙中________磁场。

A. 存在　　B. 不存在　　C. 不好确定

4. 磁路计算时如果存在多个磁动势，则对________磁路可应用叠加原理。

A. 线性　　B. 非线性　　C. 所有的

5. 铁芯叠片越厚，其损耗________。

A. 越大　　B. 越小　　C. 不变

## 三、简答题

1. 电机和变压器的磁路常采用什么材料制成？这种材料有哪些主要特性？

2. 磁滞损耗和涡流损耗是什么原因引起的？它们的大小与哪些因素有关？

3. 什么是软磁材料？什么是硬磁材料？

4. 试说明磁路和电路的不同点。

5. 磁路的基本定律有哪几条？当铁芯磁路上有几个磁动势同时作用时，磁路计算能否用叠加原理，为什么？

## 四、计算题

1. 在图 2 - 4 中，如果电流 $i_1$ 在铁芯中建立的磁通是 $\phi=\Phi_m \sin\omega t$，二次绕组匝数是 $N_2$，试求二次绕组内感应电动势有效值的计算公式。

2. 磁路结构如图 2 - 5 所示，如果铁芯用 DR320 型硅钢片叠成，截面积 $A_{Fe}=12.25\times 10^{-4}\text{m}^2$，铁芯的平均长度 $l_{Fe}=0.4\text{m}$，空气隙 $\delta=0.5\times10^{-3}\text{m}$，绕组的匝数为 600 匝，试求

产生磁通 $\phi=11\times10^{-4}$ Wb 时，所需的励磁磁动势和励磁电流。

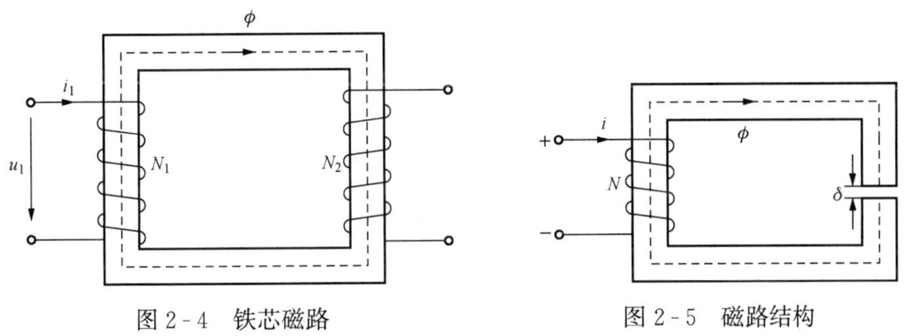


图 2-4 铁芯磁路

图 2-5 磁路结构

3. 有一铸钢材料铁环的平均半径为 0.3m，铁环的横截面积为一直径等于 0.05m 的圆形，在铁环上绕有线圈，当线圈中电流为 5A 时，在铁芯中产生的磁通为 0.003Wb，试求线圈应有匝数。若保持该匝数不变，欲将铁芯中的磁通减少 1/2，问此时线圈中应流过多少电流？如果线圈中的电流为 4A，线圈的匝数不变，铁芯磁通应是多少？

# 第二篇　变　压　器

## 第三章　变压器概述

### 第一节　变压器的分类

变压器是电力系统输电与配电的主要设备，也是测量、控制及通信等装置的重要元件，被广泛应用在各个领域，因此变压器的种类很多。根据用途分类，变压器主要有下列几种：

（1）电力变压器，在电力系统中传送和分配电能。这种变压器容量大（从几十千伏安到百万伏安），电压高（从几百伏到兆伏），应用范围广。

（2）调压变压器，在电网或实验室中用于调节电压。

（3）测量变压器，如电流互感器和电压互感器等。

（4）专用变压器，如电炉变压器、电焊变压器、整流变压器、高压试验变压器以及无线电通信、自动控制系统和各种仪器用的小功率变压器等。

除此分类方式外，变压器还可以按照绕组数目、结构、相数和冷却方式来进行分类。按照绕组数目可分为双绕组变压器、三绕组变压器等；按铁芯结构可分为心式变压器和壳式变压器两类；根据相数可分为单相变压器、三相变压器和多相变压器（如电力电子装置中的六相、十二相等变压器）；按冷却方式可分为油浸式变压器和干式变压器等。

变压器的种类虽多，但它们的基本工作原理是一致的。本书将着重讨论电力变压器。

### 第二节　变压器的基本结构

变压器是通过套装在同一铁芯柱上的两个或两个以上的绕组来进行工作的。因此变压器的基本结构件是铁芯和绕组。对于油浸式电力变压器，还有油箱、变压器油、绝缘套管和其他结构附件。铁芯和绕组合称为变压器的器身。下面以常用的油浸式电力变压器为例，重点介绍变压器的铁芯和绕组。

**一、铁芯**

铁芯是变压器的磁路，又是变压器的机械骨架。它由铁芯柱和铁轭两部分组成，铁芯柱上套装绕组，铁轭把各个铁芯柱连接起来，形成闭合铁芯磁路，如图 3-1 和图 3-2 所示。为了减少铁芯中的磁滞和涡流损耗，铁芯通常选用厚度为 0.23～0.35mm 的两面涂绝缘漆的硅钢片叠成。硅钢片的铁芯损耗小、磁导率高。

按照铁芯结构，变压器有心式和壳式两种。心式结构的特点是绕组包围铁芯柱，如图 3-1所示。壳式结构的特点是铁芯包围绕组，如图 3-2 所示。心式结构简单，绕组套装和绝缘比较容易，应用比较广泛。壳式铁芯机械强度高，但制造复杂，通常只有低压大电流的变压器或小容量的电信变压器采用这种结构。

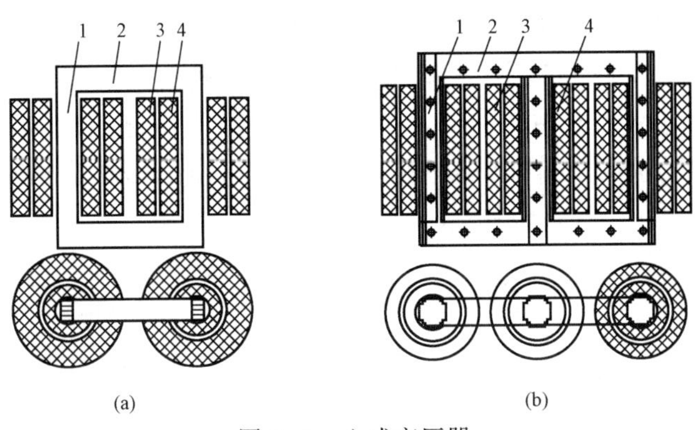


图 3-1　心式变压器

(a) 单相；(b) 三相

1—铁芯柱；2—铁轭；3—高压绕组；4—低压绕组

铁芯叠片通常是将硅钢片剪成一定尺寸的长方形，再按照要求叠装成铁芯。铁芯叠片交错叠装，以便使相邻两层的接缝互相错开，这样叠积成的铁芯接缝气隙小，磁路的导磁性能好。硅钢片有热轧和冷轧两种。热轧硅钢片的导磁方向性不明显，叠积铁芯可采用直接缝，如图 3-3 所示。冷轧硅钢片有更好的导磁性，损耗亦小，变压器几乎都采用冷轧硅钢片，但变压器用的冷轧硅钢片都具有很强的方向性，为了避免磁通转向时在拐角处增加磁阻，冷轧硅钢片通常采用斜接缝，如图 3-4 所示。由于直接缝比斜接缝的材料利用率高，在变压器中直接缝和斜接缝混合使用也较普遍。

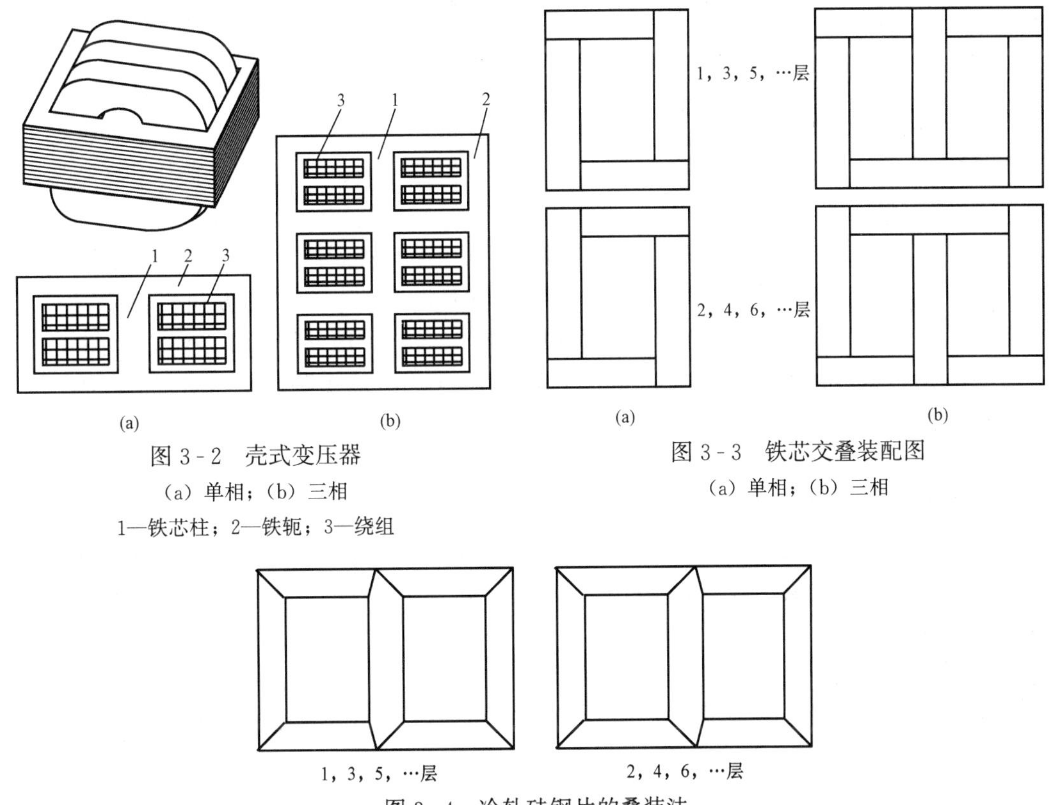


图 3-2　壳式变压器

(a) 单相；(b) 三相

1—铁芯柱；2—铁轭；3—绕组

图 3-3　铁芯交叠装配图

(a) 单相；(b) 三相

图 3-4　冷轧硅钢片的叠装法

小型变压器铁芯柱的横截面是正方形，如图 3-5（a）所示。容量较大的变压器，为了充分利用绕组的内圆空间，一般采用多级梯形横截面，如图 3-5（b）所示。当铁芯柱横截面外接圆直径大于 500mm 时，中间还应留出油道以改善铁芯内部的散热条件，如图 3-6 所示。铁轭的横截面形状一般为矩形，面积比铁芯柱的横截面积大 5%～10%，以减少励磁电流和铁芯损耗。

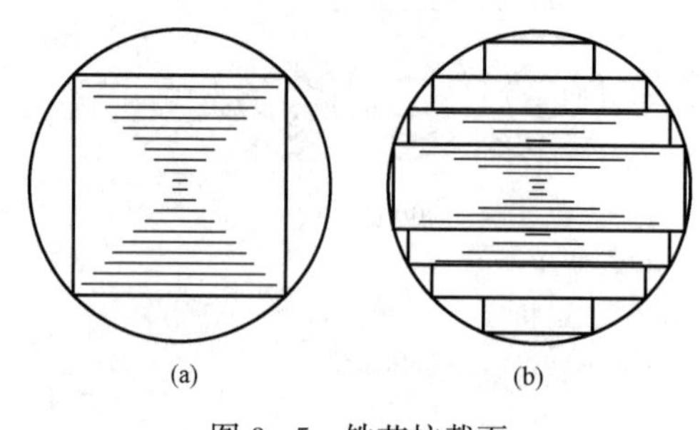


图 3-5　铁芯柱截面
（a）正方形；（b）阶梯形

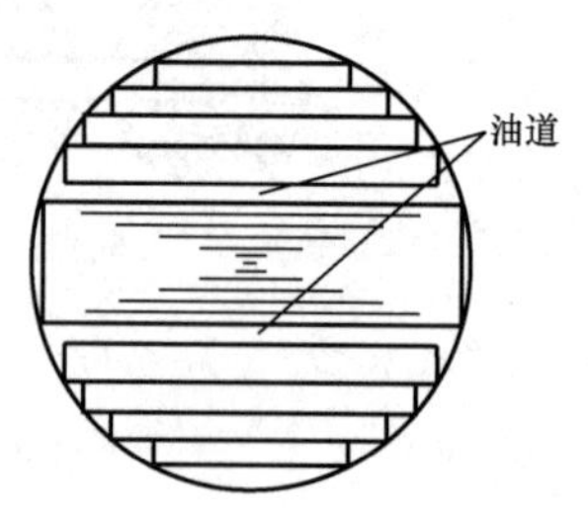


图 3-6　具有油道的铁芯柱截面

## 二、绕组

绕组是变压器的电路部分，通常用纸包的绝缘扁导线或漆包的圆导线绕制而成。导线通常为铜线，过去有时也用铝线。

根据高、低压绕组在铁芯柱上的相对位置，变压器绕组的排列方式可分为同心式和交叠式两种。同心式的高、低压绕组同心地套装在铁芯柱上，如图 3-1 所示。低压绕组在里面，高压绕组在外面。这样可使绝缘距离小，绕组和铁芯的尺寸都可以做得小些，同时也便于引出高压绕组的分接头。同心式绕组制造方便，国产变压器多采用这种结构。交叠式绕组的高、低压线圈都做成饼状，并且沿着铁芯柱高度方向交替放置。靠近上下铁轭的位置一般放置低压绕组，如图 3-7 所示。交叠式绕组漏抗较小，机械强度较高，易于接成多条并联支路，主要用于低电压、大电流的电焊变压器和电炉变压器。

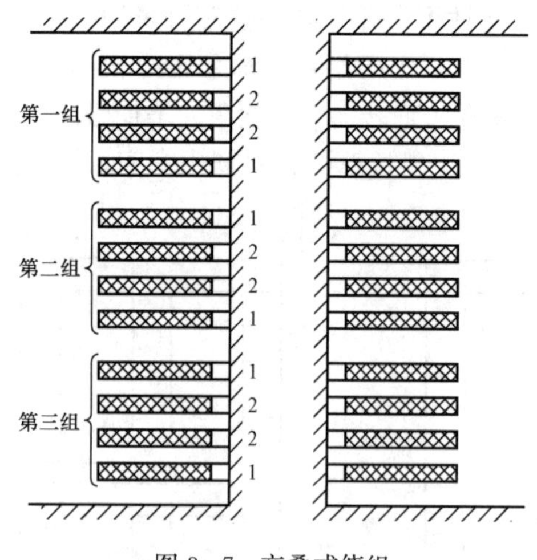


图 3-7　交叠式绕组
1—低压绕组；2—高压绕组

绕组有电流流通时要发热，中大型变压器的绕组之间、一个绕组的各层之间，有时甚至各匝之间都垫上绝缘块，形成油路，以利散热。

在配电变压器中，高压绕组一般都引出几个分接头，在电网电压有波动时，可以通过分接开关接通不同的分接头，调节高压绕组的匝数，改变变压器的实际匝数比，使低压侧输出电压保持相对稳定。图 3-8 为高压分接示意图。

变压器输入电能一侧的绕组称为一次绕组，输出电能一侧的绕组称为二次绕组。一、二次绕组的匝数不等，通过电磁感应作用，一、二次绕组能得到不同的电压和电流，使电能从一次绕组传递到二次绕组。

## 三、油箱及变压器油

油箱是变压器的外壳，由钢板焊接而成。油箱内盛变压器油，器身浸在变压器油中。变压器油有绝缘和散热两个作用。绕组和铁芯所产生的热量由变压器油传递给油箱壁、散热管或散热器，从而冷却器身。

## 四、绝缘管套

绝缘管套是变压器绕组的引出线之间以及引出线与油箱之间的绝缘，并起固定引出线的作用。绝缘管套用陶瓷制成，有多种形式。

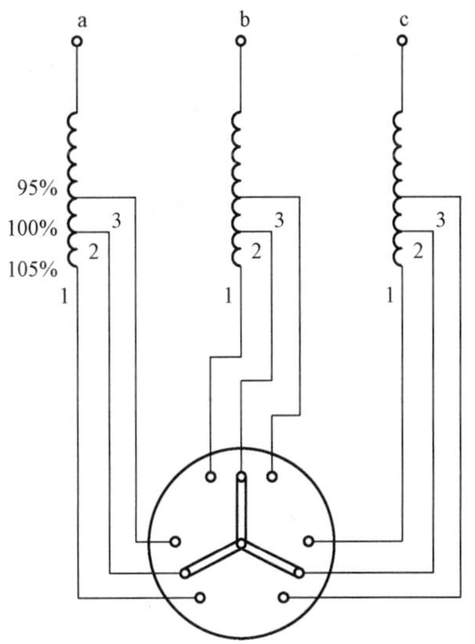

图 3-8 高压分接示意图

除此之外，通常油浸式电力变压器中还有储油柜、散热器和继电保护装置等附件，油浸式电力变压器结构示意图如图 3-9 所示。

需要指出，自 20 世纪 80 年代开始，干式变压器在我国得到了迅速发展。干式变压器的铁芯和绕组不浸在任何液体中，所以具有运行安全可靠，维护简单，可深入负荷中心等优点。但由于空气的绝缘强度和散热性能都比油差，以空气绝缘的干式变压

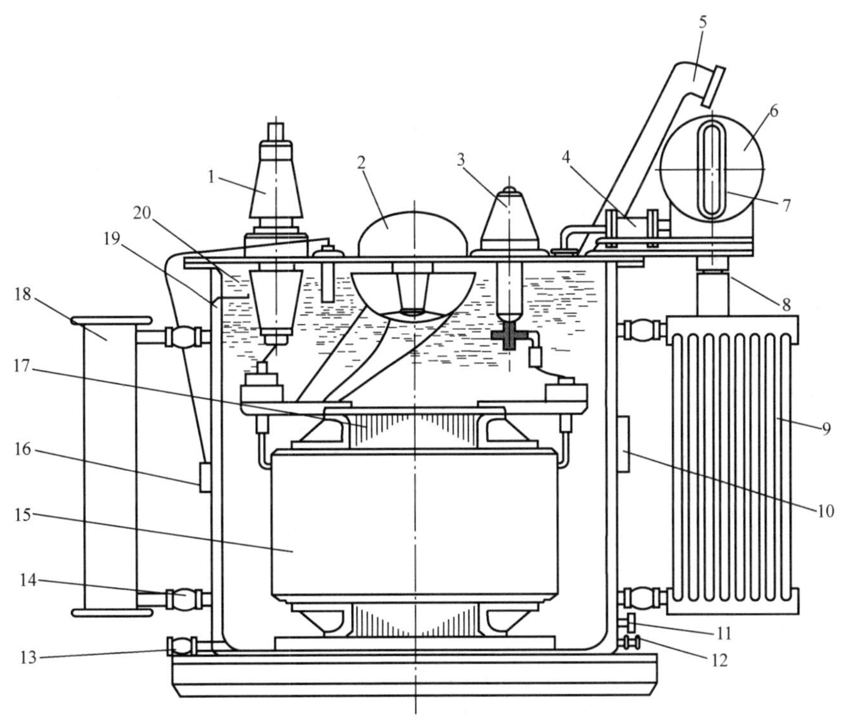

图 3-9 油浸式电力变压器结构示意图

1—高压套管；2—分接开关；3—低压套管；4—气体继电器；5—安全气道；6—储油柜；7—油位计；8—吸湿器；9—散热器；10—铭牌；11—接地螺栓；12—油样阀门；13—放油阀门；14—活门；15—绕组；16—信号温度计；17—铁芯；18—净油器；19—油箱；20—变压器油

器，有效材料消耗比油浸式的多，承受冲击电压的能力也比油浸式的差。干式变压器主要适用于高层建筑、机场和地铁等安全防火要求较高的配电场所。

干式变压器主要由铁芯和绕组组成，铁芯及其夹件充当机壳。干式变压器的铁芯结构与油浸式基本相同，绕组通常用纱包的绝缘扁铜导线绕制而成，排列方式与油浸式大同小异，为了增强绝缘性能，通常进行树脂浇注。较大容量的干式变压器有时配装风冷装置和罩壳。

## 第三节 变压器的型号与额定值

为了便于用户了解变压器的结构特点和运行性能，变压器一般装有铭牌。铭牌上标注着型号、额定数据及其他数据。

### 一、变压器的型号

变压器的型号包括说明结构特点的基本代号、额定容量和额定电压。例如，型号为 S-500/10 的变压器为三相油浸自冷式、双绕组电力变压器，其额定容量为 500kV·A，额定电压为 10kV。

### 二、变压器的额定值

变压器的额定值是制造厂对变压器正常运行时所作的使用规定，亦是设计、使用和试验变压器的依据。在额定状态下运行时，可以保证变压器长期可靠地工作，并具有优良的性能。

变压器的额定值主要有：

(1) 额定容量 $S_N$。在规定的额定状态下变压器输出的视在功率，单位为 kV·A。对于双绕组电力变压器，一、二次绕组的额定容量设计值相同。

(2) 额定电压 $U_{1N}$ 和 $U_{2N}$。在规定的额定状态下，一次绕组所加的电压值，称为一次绕组的额定电压，用 $U_{1N}$ 表示。当变压器一次绕组加额定电压 $U_{1N}$ 时，二次绕组所得到的空载电压称为二次绕组的额定电压，用 $U_{2N}$ 表示。额定电压的单位是 V 或 kV。三相变压器的额定电压是指线电压。

(3) 额定电流 $I_{1N}$ 和 $I_{2N}$。根据额定容量和额定电压所算出的线电流，单位为 A。

对于单相变压器，一、二次绕组的额定电流为

$$I_{1N}=\frac{S_N}{U_{1N}},\qquad I_{2N}=\frac{S_N}{U_{2N}}$$

对于三相变压器

$$I_{1N}=\frac{S_N}{\sqrt{3}U_{1N}},\qquad I_{2N}=\frac{S_N}{\sqrt{3}U_{2N}}$$

(4) 额定频率 $f_N$。我国额定工频为 50Hz。

此外，额定工作状态下变压器的效率、温升等数据均属于额定值。由于额定值都标注在变压器外壳的铭牌上，所以额定值也称为铭牌值。

## 小 结

本章主要介绍了变压器的分类、基本结构和额定值。

变压器的分类方式很多，按用途分类，包括电力变压器、调压变压器、测量变压器和专

用变压器等。

变压器的基本结构件是铁芯和绕组。铁芯是变压器的磁路，又是器身的机械骨架。它由铁芯柱和铁轭两部分组成，铁芯柱上套装绕组，铁轭把各个铁芯柱连接起来，形成闭合铁芯磁路。为了减少铁芯中的磁滞和涡流损耗，铁芯通常选用厚度为 0.30mm 的两面涂绝缘漆的冷轧硅钢片叠成。冷轧硅钢片通常采用斜接缝或直接缝和斜接缝混合使用来叠积铁芯。绕组是变压器的电路部分，通常用纸包的或纱包的绝缘扁铜导线或漆包的圆铜导线绕制而成。根据高、低压绕组在铁芯柱上的相对位置，变压器绕组的排列方式可分为同心式和交叠式两种。同心式的高、低压绕组同心地套装在铁芯柱上，低压绕组在里面，高压绕组在外面，这样可使绝缘距离小，绕组和铁芯的尺寸都可以做得小些，同时也便于引出高压绕组的分接头。同心式绕组制造方便，国产变压器多采用这种结构。交叠式绕组的高、低压线圈都做成饼状，并且沿着铁芯柱高度方向交替放置，靠近上下铁轭的位置一般放置低压绕组。

除此之外，典型的油浸式电力变压器中还有油箱、变压器油、储油柜、散热器、高压分接开关和继电保护装置等附件。

变压器的额定值是制造厂对变压器正常运行时所作的使用规定，亦是设计、使用和试验变压器的依据。在额定状态下运行时，可以保证变压器长期可靠地工作，并具有优良的性能。变压器的额定值主要有额定容量 $S_N$、额定电压 $U_{1N}$ 和 $U_{2N}$、额定电流 $I_{1N}$ 和 $I_{2N}$、额定频率 $f_N$，以及额定效率、额定温升等数据。值得注意的是，对于双绕组电力变压器，一、二次绕组的额定容量设计值相同，变压器二次绕组的额定电压是指一次绕组加额定电压时二次绕组的空载电压。三相变压器的额定电压是指线电压。由于额定值都标注在变压器外壳的铭牌上，额定值也称为铭牌值。

## 习　题

3-1　变压器的铁芯为什么要做成闭合的？如果铁芯回路中有间隙，对变压器有什么影响？在叠片时，通常用什么方法来减小铁芯叠片间隙？

3-2　变压器铁芯为什么不用普通薄钢片，而采用硅钢片？

3-3　铁芯的作用是什么？为什么变压器铁芯要用表面涂绝缘漆的硅钢片制造？过去选用的硅钢片厚度通常为 0.35mm，目前硅钢片厚度通常选 0.30mm 或低于 0.30mm，又是为什么？

3-4　变压器主要有哪些额定值？它们是怎样定义的？采用这样的定义有什么好处？

3-5　有一台 S-5000/10 型三相电力变压器，$S_N=5000\text{kV}\cdot\text{A}$，$U_{1N}/U_{2N}=10.5/6.3\text{kV}$，Yd 接法，试求一、二次绕组的额定电流。

# 第四章 变压器的基本理论

本章主要介绍变压器的基本原理和分析方法。首先从变压器内部的电磁关系出发，得出变压器的基本方程式；然后通过归算得到变压器的等效电路和相量图。

## 第一节 变压器的空载运行

变压器空载运行是指变压器的一次绕组接到交流电源上，二次绕组开路，二次绕组没有电流流通的运行情况。下面就从这种最简单的运行情况出发，说明变压器的运行原理。

### 一、空载运行的物理情况和变压原理

图 4-1 为单相变压器空载运行的示意图，图中 $N_1$ 和 $N_2$ 分别表示一、二次绕组的匝数。当二次绕组开路、一次绕组接上交流电源时，在外加电源电压 $u_1$ 的作用下，一次绕组中便流过一个交变电流，这个电流称为空载电流，用 $i_{10}$ 表示。$i_{10}$ 产生磁动势 $f_0=N_1i_{10}$，磁动势 $f_0$ 产生磁通，建立变压器的空载磁场。由于铁芯磁路的磁导率远远大于周围空气或油的磁导率，所以 $f_0$ 所产生随时间交变的磁通绝大部分通过铁芯，并与一次和二次绕组同时交链。这部分磁通是联系一、二次绕组的媒介，称为主磁通，用 $\phi$ 表示。另有一小部分仅和一次绕组相交链，并主要经过铁芯外面空气或油而闭合的磁通，这部分磁通称为一次绕组的漏磁通，用 $\phi_{1\sigma}$ 表示。

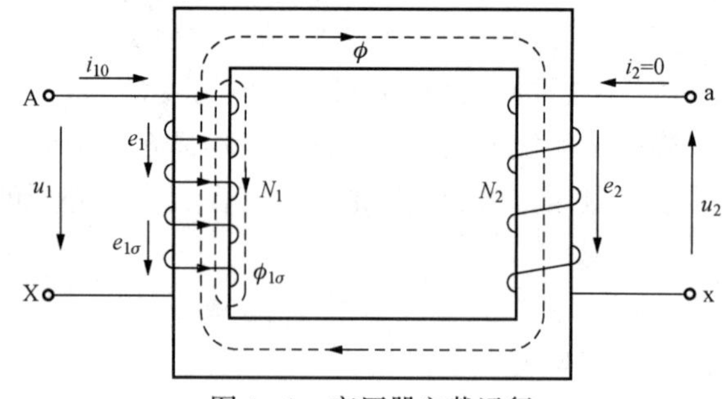

图 4-1 变压器空载运行

由于主磁通同时与一、二次绕组相交链，根据电磁感应定律，主磁通在一、二次绕组中都将感应电动势。在图 4-1 所示正方向的规定下，磁通正方向与感应电动势正方向符合右手螺旋定则时，一、二次绕组的感应电动势 $e_1$ 和 $e_2$ 分别为

$$\left.\begin{aligned} e_1 &= -N_1\frac{\mathrm{d}\phi}{\mathrm{d}t} \\ e_2 &= -N_2\frac{\mathrm{d}\phi}{\mathrm{d}t} \end{aligned}\right\} \tag{4-1}$$

漏磁通 $\phi_{1\sigma}$ 仅与一次绕组相交链，因此只在一次绕组中感应电动势，称为一次绕组的漏磁电动势，用 $e_{1\sigma}$ 表示，故

$$e_{1\sigma} = -N_1\frac{\mathrm{d}\phi_{1\sigma}}{\mathrm{d}t} \tag{4-2}$$

由于漏磁通 $\phi_{1\sigma}$ 主要是沿非铁磁材料空气或油而闭合，基本不受铁芯磁路饱和的影响，所以漏磁链 $N_1\phi_{1\sigma}$ 与 $i_{10}$ 成正比，即 $N_1\phi_{1\sigma}=L_{1\sigma}i_{10}$，其中 $L_{1\sigma}$ 为一次绕组的漏磁电感（简称

漏感），为一常值。于是式（4-2）可改写为

$$e_{1\sigma}=-L_{1\sigma}\frac{\mathrm{d}i_{10}}{\mathrm{d}t} \tag{4-3}$$

根据基尔霍夫定律，一、二次绕组的电压方程为

$$\left.\begin{aligned}u_1&=R_1i_{10}-e_{1\sigma}-e_1=R_1i_{10}+L_{1\sigma}\frac{\mathrm{d}i_{10}}{\mathrm{d}t}-e_1\\u_2&=e_2\end{aligned}\right\} \tag{4-4}$$

式中：$R_1$ 为一次绕组的电阻。

由于漏磁通远远小于主磁通，所以 $|e_{1\sigma}|\ll|e_1|$。电阻压降 $R_1i_{10}$ 更小，在电力变压器中通常约占一次绕组电压的 0.1%。二者均可以忽略不计，因此一、二次绕组的电压比为

$$\left|\frac{u_1}{u_2}\right|\approx\frac{e_1}{e_2}=\frac{N_1}{N_2}=k \tag{4-5}$$

式中：$k$ 为变压器的变比。

式（4-5）表明，空载运行时，变压器一、二次绕组的电压之比等于一、二次绕组的匝数比。因此要使一、二次绕组具有不同的电压，只要使它们具有不同的匝数即可，这就是变压器变压的原理。

**二、主磁通与感应电动势**

如前所述，一次绕组的漏磁电动势 $-e_{1\sigma}$ 和电阻压降 $R_1i_{10}$ 的数值都很小（二者之和小于 $0.4\%U_{1N}$），可以忽略不计。因此式（4-4）中一次绕组的电压方程可以近似为 $u_1\approx-e_1$，即一次绕组的感应电动势 $e_1$ 近似地与外加电源电压 $u_1$ 相平衡。若外加电源电压按正弦规律变化，感应电动势 $e_1$ 也按正弦规律变化。从式（4-1）可知，产生正弦变化的电动势，磁通必须按正弦规律变化。设铁芯中的主磁通为

$$\phi=\Phi_m\sin\omega t \tag{4-6}$$

式中：$\Phi_m$ 为主磁通的幅值；$\omega$ 为磁通交变的角频率，$\omega=2\pi f$。

将式（4-6）代入式（4-1）中的第一个表达式，便可以得到主磁通所感应的电动势为

$$e_1=-N_1\frac{\mathrm{d}\phi}{\mathrm{d}t}=\omega N_1\Phi_m\sin\left(\omega t-\frac{\pi}{2}\right)=\sqrt{2}E_1\sin\left(\omega t-\frac{\pi}{2}\right) \tag{4-7}$$

于是可得一次绕组感应电动势的有效值 $E_1$ 与主磁通 $\Phi_m$ 之间的大小关系为

$$E_1=\frac{\omega N_1\Phi_m}{\sqrt{2}}=\frac{2\pi}{\sqrt{2}}fN_1\Phi_m=4.44fN_1\Phi_m \tag{4-8}$$

或

$$\Phi_m=\frac{E_1}{4.44fN_1}\approx\frac{U_1}{4.44fN_1} \tag{4-9}$$

式（4-8）表明，感应电动势的大小与绕组匝数以及主磁通变化的频率与幅值成正比。由于 $U_1\approx E_1$，对式（4-9），当外加电源电压不变时，对于已制好的变压器，空载运行时的主磁通 $\Phi_m$ 基本不变。

比较式（4-6）和式（4-7），可以得出一次绕组的感应电动势 $\dot{E}_1$ 落后于主磁通 $\dot{\Phi}_m 90°$，它们的相位关系如图 4-2 所示。

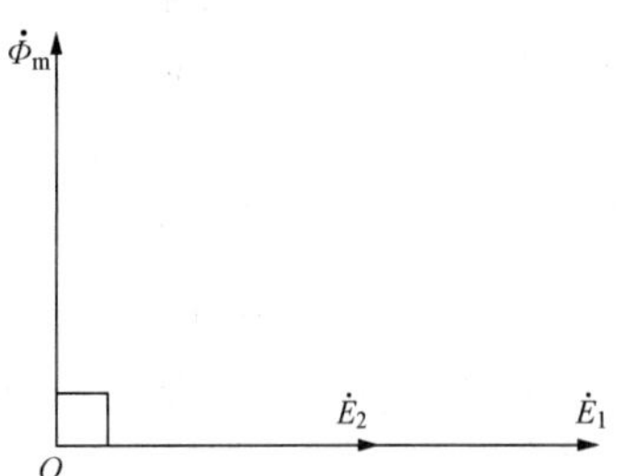


图 4-2　感应电动势与主磁通的相位关系

同理，可以得到二次绕组感应电动势的大小为

$$E_2 = 4.44 f N_2 \Phi_m \tag{4-10}$$

它的相位与 $\dot{E}_1$ 相同，亦落后于主磁通 $\dot{\Phi}_m 90°$。

**【例 4-1】** 有一台 180kV·A 的变压器，$U_{1N}/U_{2N}=10000/400$V，$f_N=50$Hz，连接方式为 Yyn，铁芯有效截面积 $A_{Fe}=0.015\text{m}^2$，取铁芯最大磁密 $B_m=1.60$T。

（1）试求一、二次绕组的匝数；

（2）按电力变压器标准要求，二次绕组电压能在额定值上、下调节±5%，希望在高压绕组边抽头以调节低压绕组边的电压，试问如何抽头？

**解** （1）先计算出 $B_m=1.60$T 时铁芯内的主磁通值，再由式（4-9）算出所需匝数。

$$\Phi_m = B_m A_{Fe} = 1.60 \times 0.015 = 0.024 \text{ (Wb)}$$

$$N_1 = \frac{U_{1N}}{\sqrt{3} \times 4.44 f \Phi_m} = \frac{10000}{\sqrt{3} \times 4.44 \times 50 \times 0.024} = 1084(\text{匝})$$

$$k = \frac{U_{1N\varphi}}{U_{2N\varphi}} = \frac{U_{1N}}{U_{2N}} = \frac{10000}{400} = 25$$

$$N_2 = \frac{N_1}{k} = \frac{1084}{25} = 43(\text{匝})$$

（2）高压绕组抽头匝数。设高压绕组抽头匝数为 $N_1'$，因为

$$\frac{N_1'}{N_2} = \frac{U_{1N}}{U_{2N}(1 \pm 5\%)} = \frac{k}{1 \pm 5\%}$$

所以

$$N_1' = \frac{kN_2}{1 \pm 5\%} = \frac{N_1}{1 \pm 5\%} = \frac{1084}{1 \pm 5\%} = 1032/1141(\text{匝})$$

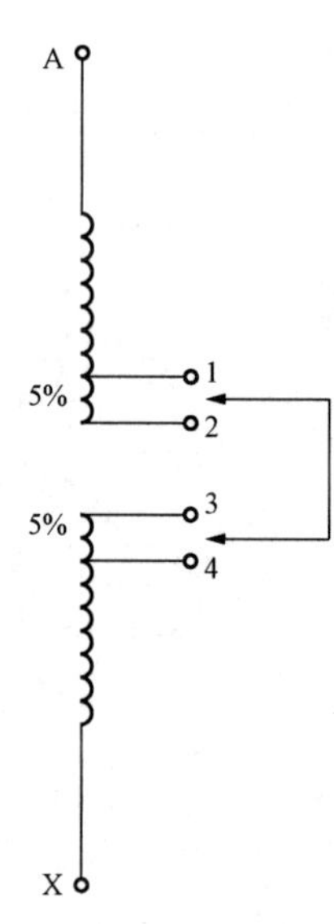

图 4-3 变压器高压绕组接头

如图 4-3 所示，通过分接开关把 1 与 3 相连，为正常位置（即额定匝数 1084 匝）；1 与 4 相连，对应的匝数 $N'_1=1032$ 匝，此时二次绕组电压增高 5%；2 与 3 相连，对应于匝数 $N'_1=1141$ 匝，此时二次绕组电压降低 5%。

## 三、励磁电流与励磁阻抗

变压器空载运行时，空载电流产生的磁动势 $f_0=N_1 i_{10}$ 用来建立空载磁场，空载电流基本就是励磁电流，即 $i_{10}=i_m$。在第一章第五节中已经说明，当铁芯中的主磁通为正弦波时，励磁电流为非正弦波，它可以分解成两个分量，一个是产生主磁通的磁化电流 $i_\mu$，另一个是铁芯损耗电流 $i_{Fe}$。$i_\mu$ 是一个尖顶波，由于它的数值与变压器额定电流相比是一个很小的量，所以常用一个等效的正弦波来代替。所谓等效正弦波是指该正弦波的有效值、频率和相位都与该尖顶波的有效值、频率和相位相同。

经过等效以后，励磁电流可以用相量来表示，即

$$\dot{I}_m = \dot{I}_\mu + \dot{I}_{Fe} \tag{4-11}$$

根据图 1-19 以及磁通与电动势的相位关系，可得图 4-4 所示的相量图。可见，$\dot{I}_{\mu}$ 和 $\dot{\Phi}_{m}$ 同相，超前于 $\dot{E}_1$ 90°，为一无功电流；$\dot{I}_{Fe}$ 超前于 $\dot{\Phi}_{m}$ 90°，与 $\dot{E}_1$ 反相，为一有功电流。励磁电流超前于磁通 $\dot{\Phi}_{m}$ 角度很小，这个角度用 $\alpha_{Fe}$ 表示，通常称为铁耗角。因此铁芯损耗还可以表示为

$$p_{Fe}=|E_1 I_m \cos(90+\alpha_{Fe})|=E_1 I_m \sin\alpha_{Fe}=E_1 I_{Fe} \tag{4-12}$$

因此，若将励磁电流 $\dot{I}_m$ 与感应电动势 $\dot{E}_1$ 直接联系起来，其关系应为

$$\begin{aligned}\dot{I}_m&=\dot{I}_{\mu}+\dot{I}_{Fe}\\&=-\dot{E}_1\left(\frac{1}{R_{Fe}}+\frac{1}{jX_{\mu}}\right)\end{aligned} \tag{4-13}$$

$$p_{Fe}=I_{Fe}^2 R_{Fe}=E_1^2/R_{Fe}$$

$$X_{\mu}=\omega L_{\mu}$$

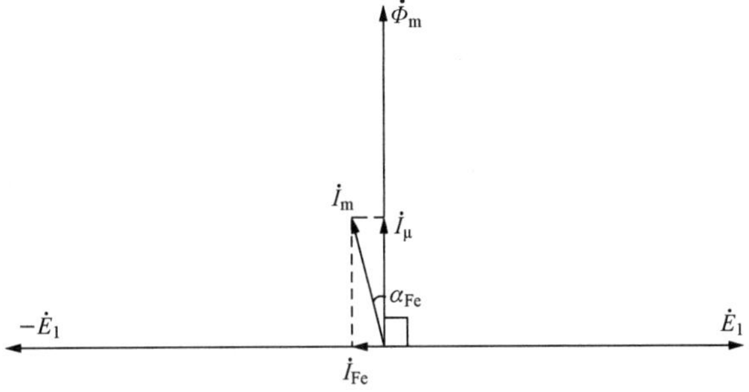

图 4-4　励磁电流相量图

式中：$R_{Fe}$ 为表征铁耗的参数，称为铁耗电阻；$X_{\mu}$ 为表征铁芯磁化性能的参数，称为磁化电抗；$L_{\mu}$ 为对应铁芯绕组的磁化电感。

与式（4-13）相对应的等效电路由图 4-5（a）所示，此电路由铁耗电阻 $R_{Fe}$ 和磁化电抗 $X_{\mu}$ 并联构成。若进一步用一个等效的串联阻抗 $Z_m$ 去等效代替这两个并联支路，如图 4-5（b）所示，则式（4-13）可改写成

$$\dot{I}_m=-\frac{\dot{E}_1}{Z_m} \tag{4-14}$$

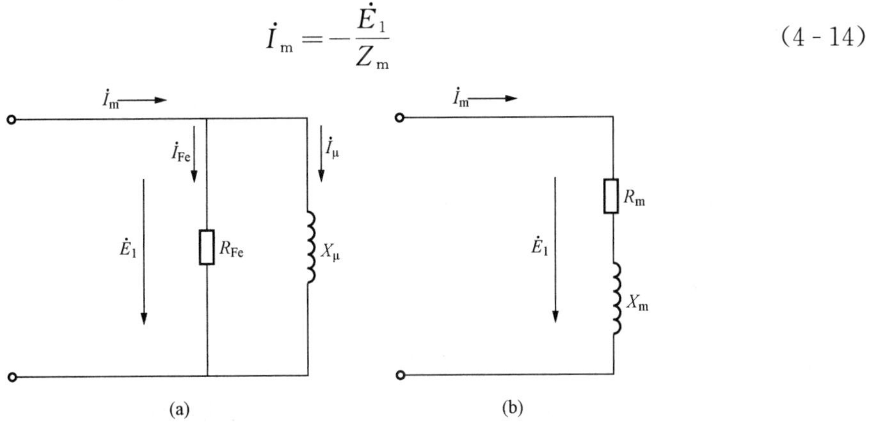


图 4-5　励磁回路的等效电路

（a）并联电路；（b）串联电路

或

$$\dot{E}_1=-\dot{I}_m Z_m=-\dot{I}_m(R_m+jX_m) \tag{4-15}$$

$$R_m=\frac{p_{Fe}}{I_m^2}$$

$$Z_m=R_m+jX_m$$

式中：$Z_m$ 为变压器的励磁阻抗，是用串联阻抗形式表征铁芯磁化性能和铁芯损耗的一个综合参数；$R_m$ 为励磁电阻，是表征铁芯损耗的一个等效参数；$X_m$ 为励磁电抗，是表征铁芯

磁化性能的等效参数。

可以推得 $R_m$、$X_m$ 与 $R_{Fe}$、$X_\mu$ 之间的关系为

$$\left.\begin{aligned} R_m &= R_{Fe}\frac{X_\mu^2}{R_{Fe}^2+X_\mu^2} \\ X_m &= X_\mu\frac{R_{Fe}^2}{R_{Fe}^2+X_\mu^2} \end{aligned}\right\} \tag{4-16}$$

通常 $R_{Fe}$ 比 $X_\mu$ 大很多，由式（4-16）可得

$$X_m \approx X_\mu = 2\pi f N_1^2 \Lambda_m \tag{4-17}$$

式中：$\Lambda_m$ 为铁芯磁路的磁导。

将励磁电流等效成正弦波电流，式（4-3）可以写成相量形式

$$\dot{E}_{1\sigma} = -\mathrm{j}X_{1\sigma}\dot{I}_{10} \tag{4-18}$$

式中：$X_{1\sigma}$ 为一次绕组的漏磁电抗，可简称为一次绕组的漏抗，$X_{1\sigma}=\omega L_{1\sigma}$。

式（4-4）电压方程的相量形式为

$$\left.\begin{aligned} \dot{U}_1 &= \dot{I}_{10}(R_1+\mathrm{j}X_{1\sigma})-\dot{E}_1 = \dot{I}_{10}Z_{1\sigma}-\dot{E}_1 \\ \dot{U}_2 &= \dot{E}_2 \end{aligned}\right\} \tag{4-19}$$

$$Z_{1\sigma} = R_1 + \mathrm{j}X_{1\sigma}$$

式中：$Z_{1\sigma}$ 为一次绕组的漏阻抗。

应该指出，由于磁化曲线是非线性的，在磁路饱和情况下，$X_m$ 是一个变值，它随着饱和的增加而减小。但通常电源电压变化很小，磁通 $\Phi_m$ 的变化范围很小，此时可以近似认为 $Z_m$ 为一常值。

## 第二节 变压器的负载运行

### 一、变压器负载运行时的物理过程

变压器空载运行时，由 $i_{10}$ 产生磁动势 $f_0=N_1 i_{10}$，建立主磁通 $\phi$，在一、二次绕组中分别感应电动势 $e_1$ 和 $e_2$。电网电压 $u_1$ 与感应电动势 $e_1$ 以及一次绕组的漏阻抗压降相平衡，维持 $i_{10}$ 在一次绕组内流通，使变压器中的电磁关系处于平衡状态。

如图 4-6 所示，当二次绕组接上负载 $Z_L$，在 $e_2$ 的作用下，二次绕组中就有电流 $i_2$ 流通，$i_2$ 建立磁动势 $f_2=N_2 i_2$ 作用在铁芯磁路上，引起主磁通发生变化，主磁通的变化又同时引起感应电动势 $e_1$ 和 $e_2$ 的变化。在电网电压 $u_1$ 不变的情况下，$e_1$ 的变化将引起一次绕组电流的变化，即从空载的 $i_{10}$ 过渡到负载时的 $i_1$，这时磁动势 $N_1 i_1$ 和 $N_2 i_2$ 同时作用在铁芯磁路上共同建立主磁通，在一次绕组和二次绕组中产生新的感应电动势 $e_1$ 和 $e_2$，以使一、二次绕组达到新的

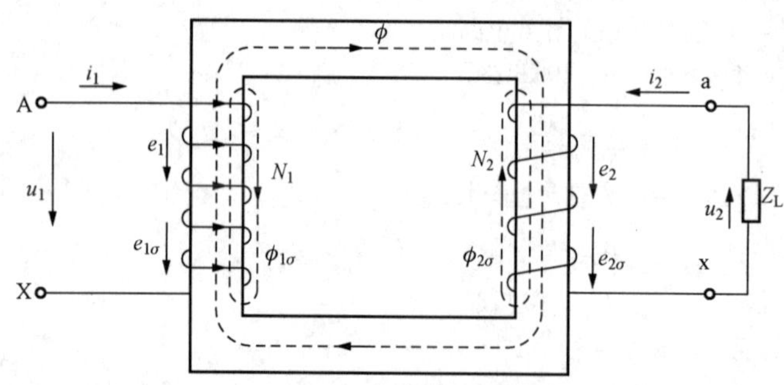

图 4-6 变压器负载运行

电压平衡，维持一、二次绕组电流 $i_1$ 和 $i_2$ 流通。

为便于分析，假设一次绕组的漏阻抗 $Z_{1\sigma}=0$，则 $u_1=-e_1$。当电网电压有效值 $U_1$ 保持不变时，由式（4-9）可知，磁路中的主磁通 $\Phi_m$ 亦将保持不变。因此一次绕组电流从空载 $i_{10}$ 过渡到负载 $i_1=i_{10}+i_{1L}$ 时，励磁磁动势 $N_1i_{10}$ 将保持不变，故一次绕组电流增加部分产生的磁动势应完全与二次绕组的磁动势 $N_2i_2$ 抵消，即 $N_1i_{1L}+N_2i_2=0$ 或 $i_{1L}=-i_2N_2/N_1$。考虑到 $e_1/e_2=N_1/N_2$，可得

$$i_{1L}e_1=-i_2e_2 \tag{4-20}$$

注意二次绕组电流的参考方向，由式（4-20）可知，一次绕组从电网增加输入的电功率传递到二次绕组变成二次绕组获得的电功率。

综上分析表明，变压器负载运行时，通过电磁感应关系，一、二次绕组的电流是紧密联系在一起的。二次绕组电流的增加或减小必然同时引起一次绕组电流的增加或减小；相应地，二次绕组输出的功率增加或减小时，一次绕组从电网吸收的功率必然同时增加或减小。

**二、磁动势方程**

根据图4-6所规定的电流和磁通正方向，可得作用在磁路上的合成磁动势，也就是励磁磁动势。如果用一次绕组的电流 $\dot{I}_m$ 所产生的磁动势来表征励磁磁动势，则磁动势方程为

$$N_1\dot{I}_m=N_1\dot{I}_1+N_2\dot{I}_2 \tag{4-21}$$

或

$$N_1\dot{I}_1=N_1\dot{I}_m+(-N_2\dot{I}_2) \tag{4-22}$$

若用电流表示，式（4-22）可写成

$$\dot{I}_1=\dot{I}_m+\left(-\frac{N_2}{N_1}\dot{I}_2\right)=\dot{I}_m+\left(-\frac{1}{k}\dot{I}_2\right)=\dot{I}_m+\dot{I}_{1L} \tag{4-23}$$

$$\dot{I}_{1L}=-\dot{I}_2/k$$

式中：$\dot{I}_{1L}$ 称为一次绕组的负载分量。

式（4-23）表明，变压器负载运行时，一次绕组电流 $\dot{I}_1$ 有两个分量：一个是励磁电流 $\dot{I}_m$，用于建立变压器负载运行时的主磁通；另一个是负载分量 $\dot{I}_{1L}$，产生磁动势 $N_1\dot{I}_{1L}$，用以抵消二次绕组磁动势 $N_2\dot{I}_2$，即 $N_1\dot{I}_{1L}+N_2\dot{I}_2=0$。这与分析变压器负载运行物理情况时所得的结论相同。由于一次绕组漏阻抗 $Z_{1\sigma}$ 很小，从空载运行过渡到额定负载运行，$E_1$ 的变化很小，因此主磁通 $\Phi_m$ 和励磁磁动势 $N_1I_m$ 变化都不大，故 $I_m$ 和 $I_{10}$ 差别不大。

**三、电压方程**

变压器负载运行时的磁通包括三部分，励磁电流产生的主磁通 $\Phi_m$，$N_1I_1$ 在一次绕组中产生的漏磁通 $\Phi_{1\sigma}$ 和 $N_2I_2$ 在二次绕组中产生的漏磁通 $\Phi_{2\sigma}$。主磁通在一、二次绕组中感应电动势 $E_1$ 和 $E_2$。漏磁通 $\Phi_{1\sigma}$ 在一次绕组中感应漏磁电动势 $E_{1\sigma}$，漏磁通 $\Phi_{2\sigma}$ 在二次绕组中感应漏磁电动势 $E_{2\sigma}$。漏磁通与产生它的电流成正比，故利用与第四章第一节分析漏磁电动势相同的方法，可得

$$\dot{E}_{1\sigma}=-\mathrm{j}\dot{I}_1X_{1\sigma} \tag{4-24}$$

$$\dot{E}_{2\sigma}=-\mathrm{j}\dot{I}_2X_{2\sigma} \tag{4-25}$$

$$X_{2\sigma}=\omega L_{2\sigma}$$

式中：$X_{2\sigma}$ 称为二次绕组的漏磁电抗，简称为二次绕组的漏抗。

从一次电路来看，负载运行与空载运行时的区别仅是把电流 $\dot{I}_{10}$ 改变为 $\dot{I}_1$，所以一次电路的电压方程为

$$\dot{U}_1=-\dot{E}_1+\dot{I}_1(R_1+\mathrm{j}X_{1\sigma})=-\dot{E}_1+\dot{I}_1Z_{1\sigma} \tag{4-26}$$

从二次电路看，与空载运行时相比较，二次绕组中有了电流 $\dot{I}_2$，二次绕组中的感应电动势不再等于二次绕组的端电压，按图 4-6 规定的正方向，根据基尔霍夫第二定律，可得二次电路的电压方程为

$$\dot{E}_2+\dot{E}_{2\sigma}=\dot{U}_2+\dot{I}_2R_2 \tag{4-27}$$

或

$$\dot{U}_2=\dot{E}_2-\dot{I}_2(R_2+\mathrm{j}X_{2\sigma})=\dot{E}_2-\dot{I}_2Z_{2\sigma} \tag{4-28}$$

$$Z_{2\sigma}=R_2+\mathrm{j}X_{2\sigma}$$

式中：$R_2$ 为二次绕组的电阻；$Z_{2\sigma}$ 称为二次绕组的漏阻抗。

归纳起来，变压器负载运行时的基本方程组为

$$\left.\begin{aligned}&\dot{U}_1=-\dot{E}_1+\dot{I}_1Z_{1\sigma}\\&\dot{U}_2=\dot{E}_2-\dot{I}_2Z_{2\sigma}\\&\frac{\dot{E}_1}{\dot{E}_2}=\frac{N_1}{N_2}=k\\&N_1\dot{I}_\mathrm{m}=N_1\dot{I}_1+N_2\dot{I}_2\\&\dot{E}_1=-\dot{I}_\mathrm{m}Z_\mathrm{m}\end{aligned}\right\} \tag{4-29}$$

应该说明，按照磁路性质的不同，把磁通分成主磁通和漏磁通两部分，把不受铁芯饱和影响的漏磁通分离出来，用常值参数 $X_{1\sigma}$ 和 $X_{2\sigma}$ 来表征，而把受铁芯饱和影响的主磁路及其参数 $Z_\mathrm{m}$ 作为局部的非线性问题，再加以线性化处理。这是分析变压器和电机的重要方法之一。这样做，一方面可以简化分析，另一方面可以提高测试和计算准确度。

## 第三节 变 压 器 的 归 算

原则上，应用式（4-29）的基本方程组便可以进行变压器的运行分析与计算，但由于一、二次绕组的匝数不等，给计算带来了麻烦，尤其是 $N_1$ 和 $N_2$ 相差比较大时，一、二次绕组相对应的量值相差比较大，运行计算和相量图绘制都比较困难，解决这个问题通常采用归算法。

所谓归算法就是把各绕组的匝数变换成相同匝数的方法。值得注意的是，归算法仅仅是分析变压器的一种方法，在归算时不改变变压器原有的电磁关系和电磁过程。也就是说，归算前后的磁平衡关系、功率传递、损耗和漏磁场储能等均应保持不变。在变压器的分析中通常的归算方法是用一个匝数亦为 $N_1$ 的新绕组来代替原来的二次绕组，而一次绕组匝数不变。这种归算称为将二次绕组归算到一次侧，归算后，二次侧各物理量的数值称为归算值，并在原来符号的右上角加“′”来表示，以区别于未归算的量值。

### 一、二次绕组电流的归算

因为归算前后二次绕组的磁动势不能改变，即

$$I'_2 N_1 = I_2 N_2$$

故

$$I'_2 = \frac{N_2}{N_1} I_2 = \frac{1}{k} I_2 \tag{4-30}$$

**二、二次绕组电动势的归算**

在归算前后，作用在磁路上的磁动势没有改变，因此主磁通 $\Phi_m$ 不会改变，根据式（4-8）可知，感应电动势与匝数成正比，于是有

$$\frac{E'_2}{E_2} = \frac{N_1}{N_2} = k \tag{4-31}$$

或

$$E'_2 = kE_2 = E_1 \tag{4-32}$$

归算以后，从一次绕组传输到二次侧的视在功率为

$$E'_2 I'_2 = (kE_2)\left(\frac{1}{k} I_2\right) = E_2 I_2 \tag{4-33}$$

它与归算前从一次绕组传输到二次侧的视在功率相等，因此满足功率不变的原则。

同理

$$E'_{2\sigma} = kE_{2\sigma} \tag{4-34}$$

**三、二次绕组端电压的归算**

根据功率不变的原则，归算前后二次绕组输出的视在功率也不应该改变，即

$$U'_2 I'_2 = U_2 I_2$$

故

$$U'_2 = \frac{I_2}{I'_2} U_2 = kU_2 \tag{4-35}$$

**四、二次绕组阻抗的归算**

根据归算前后的损耗不变原则，可得

$$I'^2_2 R'_2 = I^2_2 R_2$$

所以

$$R'_2 = \left(\frac{I_2}{I'_2}\right)^2 R_2 = k^2 R_2 \tag{4-36}$$

同理，根据归算前后的漏磁场储能不变原则，得

$$X'_{2\sigma} = \left(\frac{I_2}{I'_2}\right)^2 X_{2\sigma} = k^2 X_{2\sigma} \tag{4-37}$$

综合上述分析，若把二次绕组归算到一次侧，归算后的二次侧各量，凡是单位为 V 的量（电动势和电压），归算值等于其原值乘以 $k$；凡是单位为 Ω 的量（电阻、电抗、阻抗），归算值等于其原值乘以 $k^2$，电流的归算值则等于原值乘以 $1/k$。

将式（4-29）中第二个方程式两边同乘以 $k$，第四个方程式两边同除以 $N_1$，便可以得到归算以后变压器的基本方程组为

$$
\left.\begin{aligned}
\dot{U}_1 &= -\dot{E}_1 + \dot{I}_1 Z_{1\sigma} \\
\dot{U}'_2 &= \dot{E}'_2 - \dot{I}'_2 Z'_{2\sigma} \\
\dot{I}_m &= \dot{I}_1 + \dot{I}'_2 \\
\dot{E}_1 &= \dot{E}'_2 = -\dot{I}_m Z_m
\end{aligned}\right\} \tag{4-38}
$$

在变压器中有时也将一次侧各量归算到二次侧，用上述相同的分析方法可得二次侧的各量保持不变，一次侧电动势、电压的归算值等于原值乘以 $1/k$；一次侧电阻、电抗和阻抗的归算值等于原值乘以 $1/k^2$；电流的归算值等于原值乘以 $k$。这与从二次侧各量归算到一次侧各量的归算方法正好相反。

## 第四节　变压器的等效电路和相量图

归算的目的不仅仅是为了使变压器的计算与相量图的绘制变得方便，更重要的是可以把既有电关系又有磁关系的实际变压器，用一个单纯的电路来表示，这种电路称为等效电路。

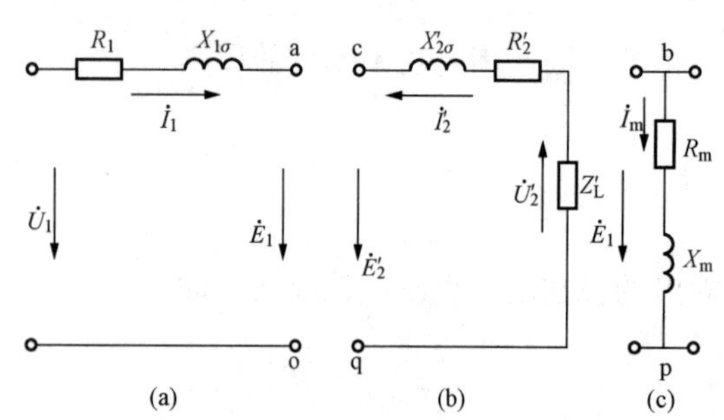


图 4-7　根据折算后的基本方程式画出的部分等效电路图
(a) 一次侧电压方程对应的电路；
(b) 二次侧电压方程对应的电路；
(c) 励磁回路的等效电路

### 一、T型等效电路

分析式（4-38），由第一个方程式可得到与它相对应的电路，如图 4-7（a）所示；对应于第二个方程式的电路，如图 4-7（b）所示；对应于第四个方程式的电路，如图 4-7（c）所示，它是反应变压器铁芯励磁特征的等效电路。不妨先将三个电路的尾端 o、p、q 连接起来，这样做不会改变各自电路的特性。由于感应电动势 $\dot{E}_1$ 和 $\dot{E}'_2$ 的大小和相位均相等（$\dot{E}_1=\dot{E}'_2$），所以 a、b、c 三点等电位。根据式（4-38）第三个方程式，a、b、c 三个节点所在的支路同时又满足电流分配关系，故将 a、b、c 三个节点直接连起来，完全满足式（4-38）的基本方程组。这一连接的电路图就是变压器的 T 型等效电路，如图 4-8 所示。运用 T 型等效电路，可以很精确地进行变压器的运行分析与计算。

### 二、相量图

变压器的分析与计算通常应用等效电路和基本方程组，但也可以使用相量图。相量图是根据基本方程组画出来的，其特点是可以直观地看出变压器基本方程组中各物理量的大小和相位关系。图 4-9 表示感性负载时的相量图。

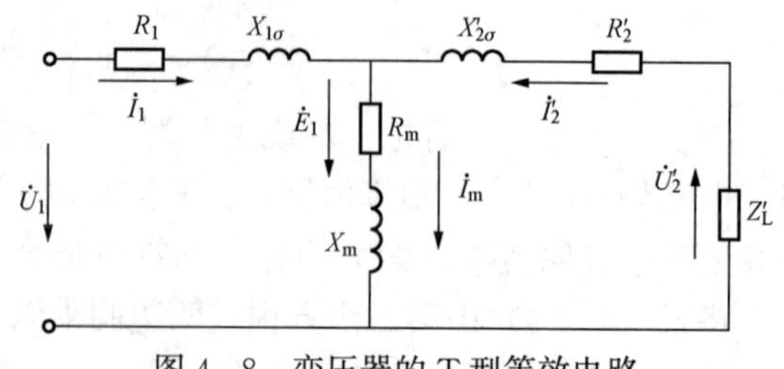


图 4-8　变压器的 T 型等效电路

画相量图时，认为参数 $R_1$、$R'_2$、$X_{1\sigma}$、$X'_{2\sigma}$ 和 $Z_m$ 均为已知，负载阻抗 $Z'_L$（或负载电流 $\dot{I}'_2$）亦给定。具体作图步骤为：先以负载端电压 $\dot{U}'_2$ 作为参考相量，根据给定的负载阻

抗 $Z'_L$ 画出负载电流 $\dot{I}'_2$，$\dot{I}'_2=\dot{U}'_2/Z'_L$；然后按式（4-38）第二式，将 $\dot{U}'_2$ 加上阻抗压降 $\dot{I}'_2R'_2+j\dot{I}'_2X'_{2\sigma}$，即可得到相量 $\dot{E}'_2=\dot{E}_1$。其中 $\dot{I}'_2R'_2$ 平行于相量 $\dot{I}'_2$，$j\dot{I}'_2X'_{2\sigma}$超前于相量 $\dot{I}'_2 90°$。主磁通 $\dot{\Phi}_m$ 超前于 $\dot{E}_1$（或 $\dot{E}'_2$）90°。再根据式（4-38）第四式，可画出励磁电流 $\dot{I}_m$，$\dot{I}_m$ 应滞后于$(-\dot{E}_1)\psi_0$角，$\psi_0=\arctan(X_m/R_m)$。将 $\dot{I}_m$ 与（$-\dot{I}'_2$）相加，可得到一次绕组电流 $\dot{I}_1$，最后根据式（4-38）第一式，把$-E_1$ 加上阻抗压降 $\dot{I}_1R_1+j\dot{I}_1X_{1\sigma}$，便可得到一次绕组的电压 $\dot{U}_1$。其中 $\dot{I}_1R_1$ 与 $\dot{I}_1$ 平行，$j\dot{I}_1X_{1\sigma}$ 超前于 $\dot{I}_1 90°$。

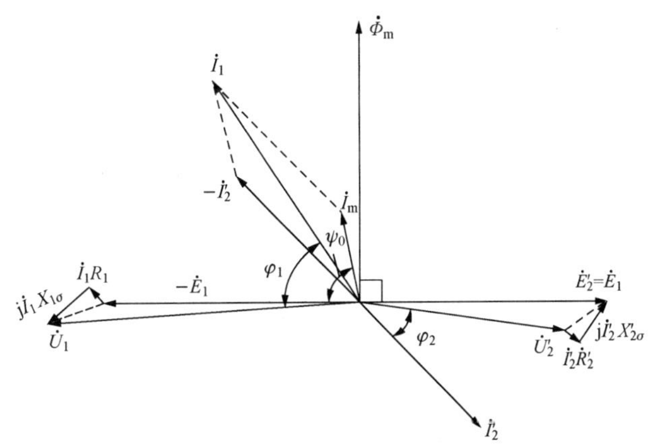


图 4-9　感性负载时变压器的相量图

相量图主要用以直观反映变压器基本方程组各量之间的大小和相位关系，具体计算一般还是利用等效电路。

## 三、近似和简化等效电路

对于普通的电力变压器，由于励磁电流与额定电流相比是很小的，通常励磁电流占额定电流的千分之几至百分之几，它在 $Z_{1\sigma}$ 上引起的压降很小，即使是额定电流在 $Z_{1\sigma}$ 上引起的压降 $I_{1N}Z_{1\sigma}$ 也不超过额定电压的百分之几。因此，把 T 型等效电路中的励磁分支从中间位置移到电源端，对变压器的运行计算仍然很精确。这样就可以得到图 4-10 所示的变压器近似等效电路。

如果进一步忽略励磁电流，则可得到变压器的简化等效电路，如图 4-11 所示，此时变压器表现为一串联阻抗 $Z_k$，即

$$Z_k=Z_{1\sigma}+Z'_{2\sigma}=R_k+jX_k \tag{4-39}$$

$$R_k=R_1+R'_2$$

$$X_k=X_{1\sigma}+X'_{2\sigma}$$

式中：$Z_k$ 为变压器的短路阻抗；$R_k$ 为变压器的短路电阻；$X_k$ 为变压器的短路电抗。

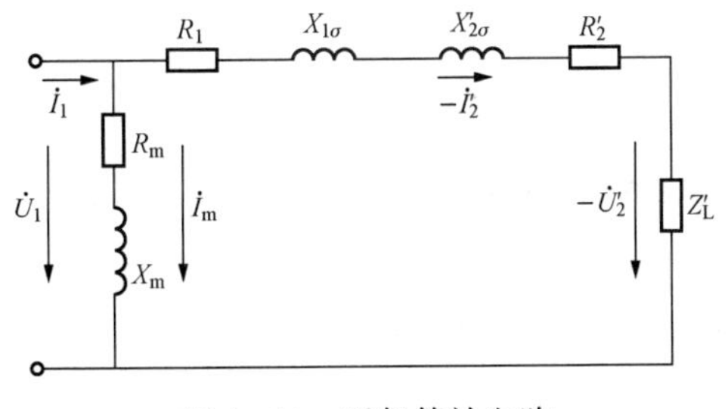


图 4-10　近似等效电路

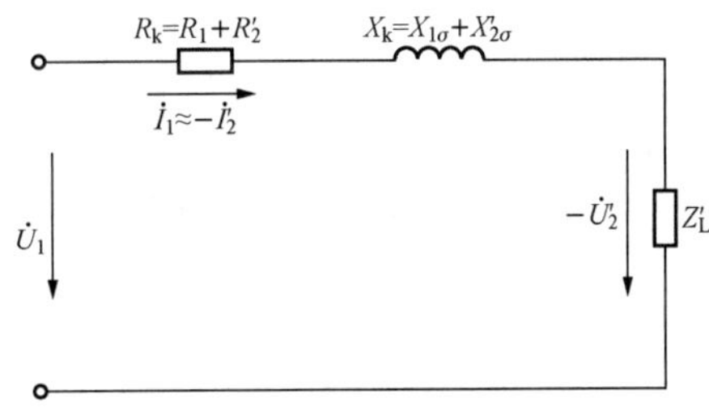


图 4-11　简化等效电路

工程上常用简化等效电路来进行定性分析和简化计算。在电力系统计算中，变压器的等效电路几乎都采用简化等效电路。

**【例 4-2】**　一台单相变压器，$U_{1N}/U_{2N}=35/10$kV，参数 $R_1=0.845\Omega$，$X_{1\sigma}=9.64\Omega$，$R_2=0.069\Omega$，$X_{2\sigma}=0.787\Omega$，$R_m=500\Omega$，$X_m=6430\Omega$。当一次（高压）绕组加额定电压，

二次（低压）绕组接一个感性负载 $Z_L=16+j12\Omega$，试求一次侧电流 $I_1$ 和二次侧电压 $U_2$ 的大小。

**解**　首先计算变比，参数及归算值

$$k=\frac{U_{1N}}{U_{2N}}=\frac{35\times10^3}{10\times10^3}=3.5$$

$$Z_{1\sigma}=R_1+jX_{1\sigma}=0.845+j9.64=9.677\angle84.99^\circ(\Omega)$$

$$Z_m=R_m+jX_m=500+j6430=6449\angle85.55^\circ(\Omega)$$

$$R'_2=k^2R_2=3.5^2\times0.069=0.845(\Omega)$$

$$X'_{2\sigma}=k^2X_{2\sigma}=3.5^2\times0.787=9.64(\Omega)$$

$$Z'_{2\sigma}=R'_2+jX'_{2\sigma}=0.845+j9.64=9.677\angle84.99^\circ(\Omega)$$

$$Z'_L=k^2Z_L=3.5^2\times(16+j12)=245\angle36.87^\circ(\Omega)$$

$$Z'_2=Z'_{2\sigma}+Z'_L=9.677\angle84.99^\circ+245\angle36.87^\circ=251.56\angle38.51^\circ(\Omega)$$

取 $\dot{U}_1$ 相量为参考相量，即 $\dot{U}_1=\dot{U}_{1N}\angle0^\circ=35000\angle0^\circ\text{V}$，以下分别用 T 型等效电路，近似等效电路和简化等效电路来计算 $I_1$ 和 $U_2$。

（1）T 型等效电路。各量计算为

$$\dot{I}_1=\frac{\dot{U}_1}{Z_{1\sigma}+\dfrac{Z_mZ'_2}{Z_m+Z'_2}}=\frac{35000\angle0^\circ}{9.677\angle84.99^\circ+\dfrac{6449\angle85.55^\circ\times251.56\angle38.51^\circ}{6449\angle85.55^\circ+251.56\angle38.51^\circ}}$$
$$=138.94\angle-41.66^\circ(\text{A})$$

$$\dot{I}'_2=-\dot{I}_1\frac{Z_m}{Z_m+Z'_2}=-138.94\angle-41.66^\circ\times\frac{6449\angle85.55^\circ}{6449\angle85.55^\circ+251.56\angle38.51^\circ}$$
$$=135.29\angle139.93^\circ(\text{A})$$

$$\dot{U}'_2=Z_L\dot{I}'_2=245\angle36.87^\circ\times135.29\angle139.93^\circ$$
$$=33146.05\angle176.8^\circ(\text{V})$$

$$\dot{U}_2=\frac{\dot{U}'_2}{k}=\frac{33146.05\angle176.8^\circ}{3.5}=9470.3\angle176.8^\circ(\text{V})$$

即 $I_1=138.94\text{A}$，$U_2=9470.3\text{V}$。

（2）近似等效电路。各量计算为

$$R_k=R_1+R'_2=0.845+0.845=1.69(\Omega)$$

$$X_k=X_{1\sigma}+X'_{2\sigma}=9.64+9.64=19.28(\Omega)$$

$$Z_k=R_k+jX_k=1.69+j19.28=19.35\angle84.99^\circ(\Omega)$$

$$\dot{I}'_2=-\frac{\dot{U}_1}{Z_k+Z'_L}=-\frac{35000\angle0^\circ}{19.35\angle84.99^\circ+245\angle36.87^\circ}$$
$$=135.49\angle139.93^\circ(\text{A})$$

$$\dot{I}_m=\frac{\dot{U}_1}{Z_m}=\frac{35000\angle0^\circ}{6449\angle85.55^\circ}=5.43\angle-85.55^\circ(\text{A})$$

$$\dot{I}_1=\dot{I}_m-\dot{I}'_2=5.43\angle-85.55°-135.49\angle139.93°$$
$$=139.35\angle-41.66°(A)$$
$$\dot{U}'_2=Z_L\times\dot{I}'_2=245\angle36.87°\times135.49\angle139.93°$$
$$=33195.05\angle176.8°(V)$$
$$\dot{I}_2=k\dot{I}'_2=3.5\times135.49\angle139.93°$$
$$=474.215\angle139.93°(A)$$
$$\dot{U}_2=\frac{\dot{U}'_2}{k}=\frac{33195.05\angle176.8°}{3.5}=9484.3\angle176.8°(V)$$

故 $I_1=139.35$A，$U_2=9484.3$V。

（3）简化等效电路。各量计算为

$$\dot{I}'_2=-\frac{\dot{U}_1}{Z_k+Z'_L}=-\frac{35000\angle0°}{19.35\angle84.99°+245\angle36.87°}=135.49\angle139.93°(A)$$
$$\dot{I}_1=-\dot{I}'_2=135.49\angle-40.07°(A)$$
$$\dot{U}'_2=Z_L\dot{I}'_2=245\angle36.87°\times135.49\angle139.93°=33195.05\angle176.8°(V)$$
$$\dot{I}_2=k\dot{I}'_2=3.5\times135.49\angle139.93°=474.215\angle139.93°(A)$$
$$\dot{U}_2=\frac{\dot{U}'_2}{k}=\frac{33195.05\angle176.8°}{3.5}=9484.3\angle176.8°(V)$$

也就是 $I_1=135.49$A，$U_2=9484.3$V。

## 第五节　变压器的参数测定

变压器的参数可以通过空载试验和短路试验测定。

### 一、空载试验

空载试验的目的是测定变压器的变比、空载电流特性、空载损耗特性和励磁阻抗。为了安全和便于试验，变压器空载试验通常在低压端加电压，高压端开路，接线图如图 4-12 所示。

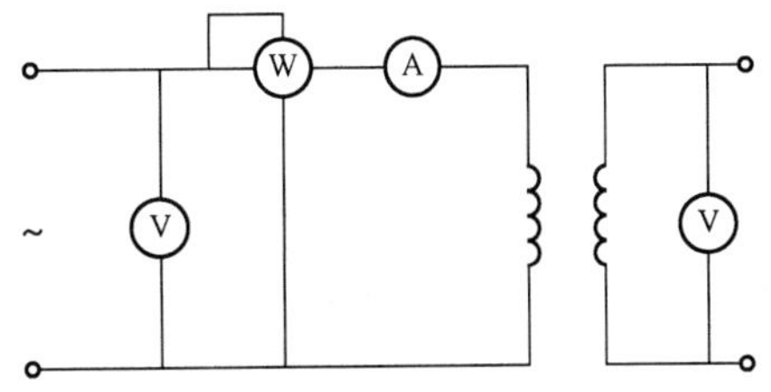

图 4-12　变压器空载试验接线图

1. 变比

低压绕组加上电源电压，用电压表分别测出低压端的外加电压 $U_1$ 和高压端的开路电压 $U_{20}$，便可算出变比为

$$k=\frac{N_{(高压)}}{N_{(低压)}}=\frac{U_{20}}{U_1} \tag{4-40}$$

2. 空载特性

用调压器将电源电压调整到变压器低压端额定电压的 1.2 倍左右，然后将电压逐步降低，同时测量空载电流 $I_0$，外加电压 $U_1$ 和相应的空载功率 $p_0$，得到空载特性曲线 $I_0=f(U_1)$ 和 $p_0=f(U_1)$，如图 4-13 所示。

在第四章第一节中已经说明，空载时的漏阻抗压降相当小。电压 $U_1$ 与主磁通 $\Phi_m$ 成正

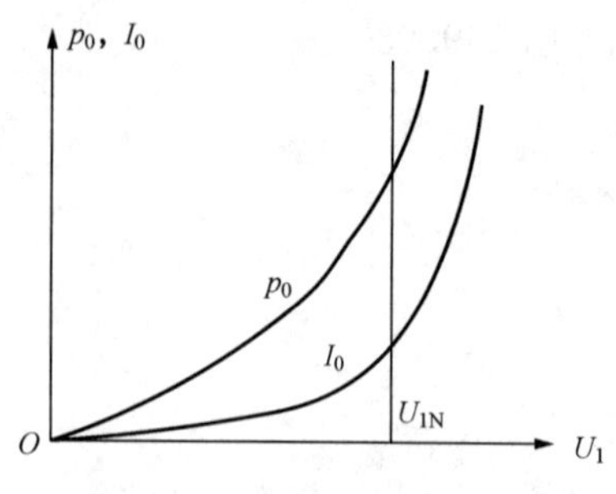

图 4-13 变压器空载特性曲线

比，且空载电流就是励磁电流，所以空载电流特性 $I_0=f(U_1)$ 实质上是反映了变压器铁芯的基本磁化曲线。可以看出，当电压较低时，$\Phi_m$ 较小，$I_0=f(U_1)$ 是线性关系。电压增高时，磁路逐渐饱和，$I_0$ 迅速增加。

空载时，变压器从电网吸收的功率 $p_0$ 为铁芯损耗 $p_{Fe}$ 和空载绕组损耗 $p_{Cu0}$ 之和。$p_{Cu0}(=I_0^2R_1)$ 与空载电流的二次方成正比。由式（1-18）可知，铁芯损耗 $p_{Fe}$ 正比于铁芯磁密 $B_m$（或 $\Phi_m$）的二次方，或者说，$p_{Fe}$ 与外加电压 $U_1$ 的二次方成正比。空载时 $I_0=I_m$ 非常小，可认为 $p_{Cu0}\approx 0$，所以 $p_0\approx p_{Fe}$，与外加电压 $U_1$ 的二次方成正比，故空载损耗特性 $p_0=f(U_1)$ 基本上是抛物形曲线。

3. 励磁参数

在空载特性曲线上查出额定电压时的 $I_0$ 和 $p_0$ 值，便得到额定电压下的励磁参数为

$$\left.\begin{aligned} Z_m &\approx \frac{U_{1N}}{I_0} \\ R_m &\approx \frac{p_0}{I_0^2} \\ X_m &= \sqrt{Z_m^2-R_m^2} \end{aligned}\right\} \tag{4-41}$$

式中：$U_{1N}$ 为一次绕组的额定相电压。

注意，此时的励磁参数为低压侧的值，若归算到高压侧，各参数均应乘以 $k^2$。

## 二、短路试验

短路试验时，把二次绕组短路，一次绕组外加可调的低电压。为了便于测量，通常将高压侧作为一次侧，低压侧作为二次侧。试验线路图如图 4-14 所示。通过短路试验，可以确定变压器的短路特性和短路参数。

1. 短路特性

用调压器升高外加电压 $U_k$，使短路电流达到高压绕组额定电流的 1.2 倍止，然后再逐渐降低电压 $U_k$，同时测量外加电压 $U_k$、短路电流 $I_k$ 和相应的短路功率 $p_k$，得到短路特性曲线，如图 4-15 所示。

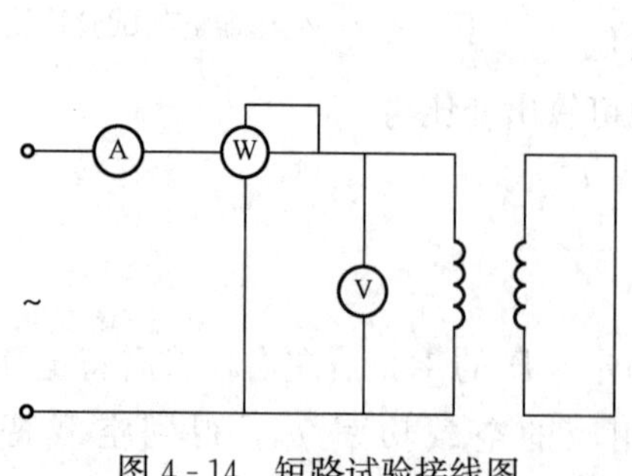

图 4-14 短路试验接线图

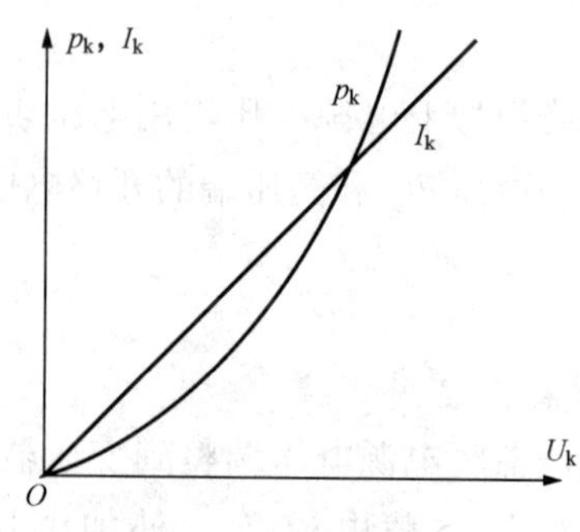

图 4-15 短路特性曲线

短路试验时，外加电压很低，一般小于额定电压的 10%，磁路不饱和，$I_k=f(U_k)$ 为直

线。由于电压低，短路时的铁芯损耗很小，可以忽略不计，故短路功率约等于一、二次绕组的电阻损耗之和，即 $p_k \approx I_1^2 R_1 + I_2'^2 R'_2 \approx I_k^2 R_k$，而 $I_k$ 与 $U_k$ 为线性关系，于是 $p_k = f(U_k)$ 为抛物形曲线。

2. 短路参数

在短路特性曲线上查出短路电流为额定电流时的 $U_k$ 和 $p_k$，可得短路参数为

$$\left.\begin{aligned} Z_k &\approx \frac{U_k}{I_k} \\ R_k &\approx \frac{p_k}{I_k^2} \\ X_k &= \sqrt{Z_k^2 - R_k^2} \end{aligned}\right\} \tag{4-42}$$

注意，此时所得到的结果是折算到高压侧的值。由于 $X_{1\sigma}$ 和 $X'_{2\sigma}$ 从 $X_k$ 中分离开是极其困难的，对于近似等效电路和简化等效电路可直接使用式（4-42）的短路参数，无需将各参数分开；对于T型等效电路，假设 $X_{1\sigma} = X'_{2\sigma} = X_k/2$，$R_1 = R'_2 = R_k/2$，这对于工程计算已足够精确。

3. 热态电阻

由于绕组电阻随温度的变化而变化，而短路试验通常在室温下进行，故测量的电阻值必须换算到规定工作温度的条件下。我国国家标准规定，油浸式电力变压器的短路电阻须换算到75℃时的值，对于铜线绕组，可用下式换算

$$\left.\begin{aligned} R_{k(75℃)} &= R_{k\theta} \frac{235 + 75}{235 + \theta} \\ Z_{k(75℃)} &= \sqrt{R_{k(75℃)}^2 + X_k^2} \end{aligned}\right\} \tag{4-43}$$

式中：$\theta$ 为试验时的室温，℃；$R_{k\theta}$ 为 $\theta$ 温度时的绕组电阻。

**【例4-3】**　一台单相变压器，$S_N = 20000\text{kV·A}$，$U_{1N}/U_{2N} = \frac{220}{\sqrt{3}}/11\text{kV}$，50Hz，绕组由铜线制成。在15℃时做空载试验，电压加在低压侧，测得 $U_0 = 11\text{kV}$，$I_0 = 45.4\text{A}$，$p_0 = 47\text{kW}$。在15℃时做短路试验，电压加在高压侧，测得 $U_k = 9.24\text{kV}$，$I_k = 157.3\text{A}$，$p_k = 129\text{kW}$。设归算到同一侧后，高、低压绕组的电阻和漏电抗分别相等，试求T型等效电路中的各参数。

**解**　变压器变比为

$$k = \frac{U_{1N}}{U_{2N}} = \frac{220 \times 10^3}{\sqrt{3} \times 11 \times 10^3} = 11.55$$

由空载试验数据，可算出归算到低压侧的励磁参数为

$$Z''_m = \frac{U_0}{I_0} = \frac{11 \times 10^3}{45.4} = 242.3(\Omega)$$

$$R''_m = \frac{p_0}{I_0^2} = \frac{47 \times 10^3}{45.4^2} = 22.8(\Omega)$$

$$X''_m = \sqrt{Z''^2_m - R''^2_m} = \sqrt{242.3^2 - 22.8^2} = 241.2(\Omega)$$

归算到高压侧，励磁参数为

$$Z_m = k^2 Z''_m = 11.55^2 \times 242.3 = 32323.4(\Omega)$$

$$R_m = k^2 R''_m = 11.55^2 \times 22.8 = 3041.6(\Omega)$$

$$X_m = k^2 X''_m = 11.55^2 \times 241.2 = 32176.7(\Omega)$$

由短路试验数据可算出归算到高压侧的短路参数为

$$Z_k = \frac{U_k}{I_k} = \frac{9.24 \times 10^3}{157.3} = 58.7(\Omega)$$

$$R_k = \frac{p_k}{I_k^2} = \frac{129 \times 10^3}{157.3^2} = 5.2(\Omega)$$

$$X_k = \sqrt{Z_k^2 - R_k^2} = \sqrt{58.7^2 - 5.2^2} = 58.5(\Omega)$$

依题设，有

$$R_1 = R'_2 = \frac{R_k}{2} = \frac{5.2}{2} = 2.6(\Omega)$$

$$X_{1\sigma} = X'_{2\sigma} = \frac{X_k}{2} = \frac{58.5}{2} = 29.25(\Omega)$$

$$Z_{1\sigma} = Z'_{2\sigma} = \frac{Z_k}{2} = \frac{58.7}{2} = 29.35(\Omega)$$

换算到 75℃时的各参数为

$$R_{1(75℃)} = R'_{2(75℃)} = 2.6 \times \frac{235+75}{235+15} = 3.22(\Omega)$$

$$R_{k(75℃)} = R_{1(75℃)} + R'_{2(75℃)} = 6.44(\Omega)$$

$$Z_{k(75℃)} = \sqrt{R_{k(75℃)}^2 + X_k^2} = \sqrt{6.44^2 + 58.5^2} = 58.9(\Omega)$$

## 小　结

(1) 根据变压器内部磁场的实际分布和所起的不同作用，把磁通分成主磁通和漏磁通。主磁通在铁芯内闭合，在一、二次绕组中感应电动势 $\dot{E}_1$ 和 $\dot{E}_2$。因此主磁通是变压器能量传递的中间媒介与桥梁。漏磁通只交链一侧绕组，然后经过空气（或油）闭合，不参与一、二次绕组间的能量传递，在绕组中起电抗压降作用，它的大小影响变压器的运行性能。

(2) 变压器的感应电动势 $\dot{E} = -\mathrm{j}4.44fN\dot{\Phi}_m$，即感应电动势的大小与频率 $f$、匝数 $N$ 和主磁通 $\Phi_m$ 成正比，相位滞后于 $\dot{\Phi}_m 90°$。由于一次绕组的漏阻抗压降很小，在电源电压恒定时，$E_1$ 和 $\Phi_m$ 的变化不大。

(3) 主磁通由于受电源电压的制约，基本上随时间正弦变化。在磁路饱和时，迫使励磁电流波形畸变，其中磁化电流为尖顶波。将尖顶波用正弦波等效时，励磁电流可用相量表示，励磁电流超前于主磁通一个铁耗角。

(4) 铁芯的励磁性能和漏磁通的压降作用可以用励磁阻抗和漏磁电抗来表示。励磁电抗为 $X_m \approx X_\mu = 2\pi f N_1^2 \Lambda_m$；漏电抗为 $X_\sigma = \omega L_\sigma = 2\pi f N^2 \Lambda_\sigma$，其中 $\Lambda_m$ 为铁芯磁路的磁导，$\Lambda_m = 1/R_m = \mu A/l$，随着铁芯的饱和变化而变化。$\Lambda_\sigma$ 为漏磁路的磁导，基本上等于常值。若参数归算到一次侧，则 $N=N_1$，若参数为归算到二次侧的值，则 $N=N_2$。总之，电抗的大小与频率、磁路磁导以及匝数的二次方成正比。励磁电阻是表征铁芯损耗的，即 $R_m =$

$p_{Fe}/I_m^2$。值得注意，本书中 $R_m$ 在磁路中代表磁阻，等效电路中代表励磁电阻，它们是截然不同的概念，不要混淆。

（5）在不考虑一次绕组的漏阻抗压降时，$E_1=U_1$。$U_1$ 恒定，磁通 $\Phi_m$ 及产生 $\Phi_m$ 的磁动势 $N_1I_m$ 均保持不变。因此二次侧负载电流发生变化时，一次侧的电流会同时发生变化，故磁动势平衡是一、二次绕组电流联系的纽带。当考虑一次绕组的漏阻抗压降时，感应电动势及主磁通略有变化，但它们不影响磁动势方程的作用。

（6）理论上可以把一、二次绕组的匝数归算到任意相同的匝数下，但为方便，通常将二次绕组归算到一次侧，有时也将一次绕组归算到二次侧。通过归算，一次和二次绕组的感应电动势相等，磁动势间的关系也变成了电流关系，从而可以得到等效电路。

（7）基本方程、等效电路和相量图都表示了变压器中的电磁关系。基本方程是变压器内部电磁关系的数学表达方式，等效电路是基本方程的模拟电路，而相量图是基本方程的图形方式。变压器的运行计算通常借助于等效电路，而定性分析各量的大小和相位关系通常使用相量图。它们是分析变压器物理过程和运行性能的重要工具。

（8）无论是空载运行分析还是负载运行分析都需要得出电压方程和磁动势方程，各物理量的正方向（或参考方向）可以任意假定，本章的规定在图 4-1 和图 4-6 中标出，以图 4-6为例说明其规律如下：$u_1$ 的正方向由变压器首端 A 到末端 X，$i_1$ 由 $u_1$ 产生，$i_1$ 与 $u_1$ 同方向；磁动势 $f_1=N_1i_1$ 由 $i_1$ 产生，$i_1$ 为电量，$f_1$ 为磁场量，有属性改变，为“电生磁”，$i_1$ 与 $f_1$ 为右手螺旋定则关系；$\phi_1$ 由 $f_1$ 产生，$\phi_1$ 与 $f_1$ 同方向；$\phi_1$ 在一、二次绕组中感应电动势 $e_1$ 和 $e_2$，为“磁生电”，有属性改变，$\phi_1$ 与感应电动势 $e_1$ 和 $e_2$ 仍然满足右手螺旋定则关系；负载后，$e_2$ 作用产生电流 $i_2$，$i_2$ 与 $e_2$ 同方向；$i_2$ 在负载 $Z_L$ 上产生压降 $u_2$，$u_2$ 与 $i_2$ 同方向；同理，$i_2$ 产生 $f_2$，属性改变，它们之间仍然按右手螺旋定则关系确定；$f_1$ 与 $f_2$ 叠加成 $f_m$ 产生主磁通 $\phi$，它们亦同方向。变压器漏磁回路各物理量的正方向规定以及后续交流电机课程物理量的正方向规定也符合这种规律。

（9）本章的内容是变压器最基本的部分，是分析变压器的基础。它们不仅适合于单相变压器，同时也适合于三相变压器。对于三相对称系统，可抽出一相作单相问题来研究。本章的内容也是分析交流电机的基础，必须熟练掌握。

## 习　题

4-1　为了得到正弦感应电动势，当铁芯不饱和与铁芯饱和时，变压器空载电流各呈何种波形？为什么？

4-2　当一次绕组匝数比原设计值减小而其余不变时，试分析铁芯饱和程度、空载电流大小、铁芯损耗大小、二次侧空载端电压和变比将如何变化。

4-3　变压器能否接入直流电压？如果把变压器的一次绕组接入与额定交流电压相同的直流电源上会有什么后果？为什么？

4-4　一台单相变压器、额定容量为 10kV·A。高、低压绕组分别有两个匝数相等的线圈，高压绕组每个线圈的额定电压为 3300V，低压绕组每个线圈的额定电压为 110V，现将它们进行不同方式的连接，试问可得几种不同的变比？每种连接的高、低压侧的额定电流为多少？

4-5 （1）变压器的主磁通和漏磁通有哪些区别？

（2）电抗 $X_m$ 和 $X_{1\sigma}$ 的物理意义是什么？

（3）$X_m$ 和 $X_{1\sigma}$ 的值大好还是小好？

（4）若将铁芯抽出，$X_m$ 和 $X_{1\sigma}$ 的值将如何变化？

（5）一次绕组匝数增加 5%，其余不变，则 $X_m$ 和 $X_{1\sigma}$ 将如何变化？

（6）如果一、二次绕组匝数各增加 5%，$X_m$ 和 $X_{1\sigma}$ 又将如何变化？

（7）如果仅将频率增加 5%，$X_m$ 和 $X_{1\sigma}$ 将怎样变化？

（8）若将铁芯截面积增大 5%，其余不变时，则 $X_m$、$X_{1\sigma}$ 大致如何变化？

（9）铁芯叠片松散、片数不足时，$X_m$、$X_{1\sigma}$ 将如何变化？

（10）若铁芯硅钢片接缝间隙较大时，对 $X_m$、$X_{1\sigma}$ 又有何影响？

4-6 一台额定电压为 220/110V 的单相变压器，如果不慎将低压绕组误接到 220V 的交流电源上，变压器将会发生什么现象？

4-7 如图 4-16 所示的变压器，试按图中标注的参考方向写出瞬时值形式和相量形式的电压方程和磁动势方程。

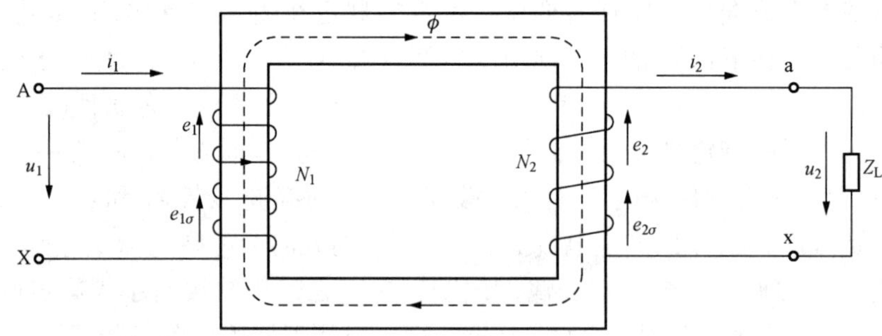


图 4-16 变压器运行示意图

4-8 分析变压器时，为何要进行归算？归算的物理意义是什么？在归算前后，一、二次侧的电压、电流、功率和参数是怎样变化的？试将一次绕组归算到二次侧，并写出归算后的基本方程。

4-9 试画出变压器二次绕组接容性负载时的相量图。

4-10 为什么可以把变压器的空载损耗近似地看成是铁芯损耗，而把短路损耗近似地看成绕组电阻损耗？变压器负载时实际的铁芯损耗和绕组电阻损耗与空载损耗和短路损耗有无差别？为什么？

4-11 有一台单相变压器，铁芯导磁截面积为 $0.9\times10^{-2}\mathrm{m}^2$，取其磁密幅值为 1.5T，电源频率为 50Hz，现要用它制成额定电压为 1100/220V 的单相变压器，试计算一、二次绕组的匝数。

4-12 一台单相降压变压器的额定容量为 200kV·A，额定电压为 1000/230V，一次侧参数 $R_1=0.1\Omega$、$X_{1\sigma}=0.16\Omega$、$R_m=5.5\Omega$、$X_m=63.5\Omega$。其带额定负载运行时，已知 $\dot{I}_{1N}$ 落后 $\dot{U}_{1N}30°$，求空载与额定负载时的一次侧漏阻抗压降及电动势 $E_1$ 的大小，并比较空载与额定负载的数据，由此说明空载和负载运行时有 $U_1\approx-E_1$，$E_1$ 不变，$\Phi_m$ 不变。

4-13 有一台单相变压器，额定容量 $S_N=10\mathrm{kV\cdot A}$，额定电压 $U_{1N}/U_{2N}=380/220\mathrm{V}$，

额定频率 $f_N=50$Hz。已知 $R_1=0.14\Omega$，$X_{1\sigma}=0.22\Omega$，$X_{2\sigma}=0.055\Omega$，$R_2=0.035\Omega$，$X_m=370\Omega$，$R_m=80\Omega$。今在高压侧加 380V 电压，低压侧接一个感性负载，$Z_L=3+j4\Omega$。试求：

(1) 归算到高压侧的参数；

(2) 归算到低压侧的参数；

(3) 用 T 型等效电路计算 $U_2$、$I_2$；

(4) 用简化等效电路计算 $U_2$、$I_2$。

4-14　一台单相变压器的数据如下：额定容量 $S_N=1000$kV·A，额定电压 $U_{1N}/U_{2N}=66000/6300$V，$f_N=50$Hz。空载试验在低压侧进行，测得 $U_0=6300$V，$I_0=19.1$A，$p_0=9300$W；短路试验在高压侧进行，测得 $U_k=3240$V，$I_k=I_N=15.15$A，$p_k=7490$W。

(1) 若 $R_1=R'_2=R_k/2$，$X_{1\sigma}=X'_{2\sigma}=X_k/2$，试画出归算到高压侧的 T 型等效电路并标出参数值；

(2) 若试验时的环境温度 $\theta=20$℃，试计算基准温度时的短路阻抗 $R_{k(75℃)}$，$Z_{k(75℃)}$ 和 $X_{k(75℃)}$。

4-15　一台 250kV·A 的单相电力变压器，额定电压为 $10000/\sqrt{3}/400$V。室温为 30℃ 时做空载和短路试验，测得的数据见表 4-1。试求：

**表 4-1　变压器短路试验和空载试验数据**

| 试验名称 | 电压 (V) | 电流 (A) | 功率 (W) | 电源加载侧 |
|---|---|---|---|---|
| 空载 | 400 | 37.5 | 1233 | 低压侧 |
| 短路 | 260 | 35 | 2500 | 高压侧 |

(1) T 型等效电路中各参数（设 $X_{1\sigma}=X'_{2\sigma}$，$R_1=R'_2$）；

(2) 若该变压器带 $\cos\varphi_2=0.8$（滞后）负载，且二次侧电压和电流皆为额定值时一次绕组的电压 $U_1$ 和电流 $I_1$。

# 第五章　三 相 变 压 器

由于电能的产生、传输和分配绝大部分采用三相制，所以三相变压器的应用十分广泛。在实际运行时，三相变压器的电压和电流基本上是对称的。对称的三相电压或电流大小相等，相位互差120°，因此可取三相中的一相来分析计算，即将三相问题简化成单相问题。这样，第四章中所讨论的基本方程、等效电路和相量图等对三相变压器仍然适用，故本章只介绍三相变压器中的几个特殊问题。

## 第一节　三相变压器组和三相心式变压器

三相变压器按铁芯结构分类通常有三相变压器组和三相心式变压器两种。

### 一、三相变压器组

三相变压器组是由三个相同的单相变压器按一定的连接方式组合而成，如图5-1所示。三相变压器组的三相磁路各自独立。当一次绕组外加三相对称电压时，三相磁路中的主磁通和三相绕组中的励磁电流基波都是三相对称的。

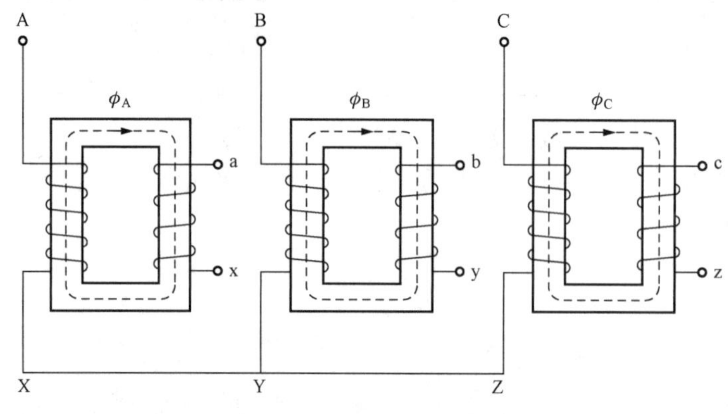


图5-1　三相变压器组

### 二、三相心式变压器

如果把图5-1所示的三个单相变压器的铁芯合并成5-2（a）所示的结构形式，每相的高、低压绕组放在一起，并将三相绕组分别套装在外侧的三个铁芯柱上，则磁路仍然保持三相对称。当三相绕组外接对称三相电压时，三相磁通亦为三相对称。三相磁通之和为零，即

$$\phi_A+\phi_B+\phi_C=0 \tag{5-1}$$

也就是说，中间的铁芯柱中没有磁通经过，可以将它省去，如图5-2（b）所示。如果再使三个铁芯柱布置在同一平面上，如图5-2（c）所示，便得到了三相心式变压器的铁芯。

由图5-2（c）可见，三相心式变压器的磁路是相互联系的，相当于电路中的Y形连

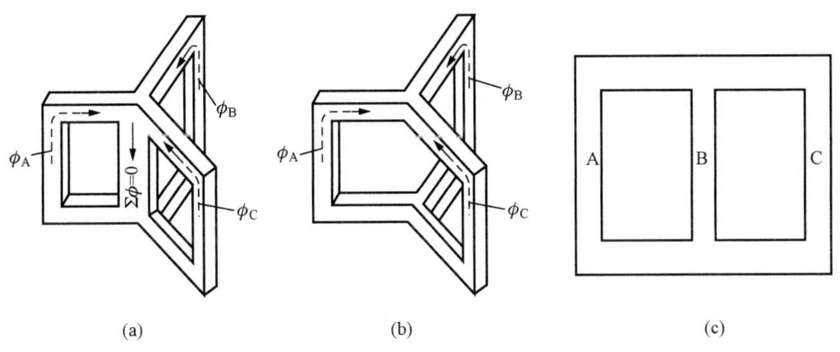


图 5-2　三相心式变压器的构成

接，任一相的磁通都要借助另外两相的磁路闭合。由于三相磁路的长度不同，中间芯柱的磁路较短，磁阻较小，所以三相磁路的磁阻不同。在三相对称电压作用下，三相磁路中的主磁通相同，但产生主磁通所需要的励磁电流却不同，中间的励磁电流稍小一些。工程上常取它们的平均值作为实际的励磁电流。

由于磁路的不对称程度很小，三相励磁电流差别不大，对变压器的运行性能影响也很小，通常可不予考虑。

心式变压器的优点是：硅钢片用量少，质量轻，造价便宜，应用比较广泛。三相变压器组便于制造和运输，也可使用户的备用容量降低，故多用于巨型大容量的变压器。

## 第二节　三相变压器的联结组

### 一、绕组标记和三相绕组连接方法

变压器高、低压绕组出线端的标记，国家标准有统一规定。单相变压器的高压绕组出线端以大写字母 A、X 标记，而低压绕组的出线端则以小写字母 a、x 标记。其中 A、a 表示绕组的首端，X、x 表示绕组的末端。三相变压器的高压绕组首端标以 A、B、C，末端标以 X、Y、Z；而低压绕组的首端标以 a、b、c，末端标以 x、y、z。三相绕组连接方法很多，最常用的有两种，即星形接法和三角形接法。星形接法是把三相绕组的末端连在一起，而把它们的首端引出来，如图 5-3（a）所示。三角形接法又可分为两种接线方式：一种是按 ax-by-cz 的顺序连接，称为顺序三角形接法，如图 5-3（b）所示；另一种是按 ax-cz-by 的

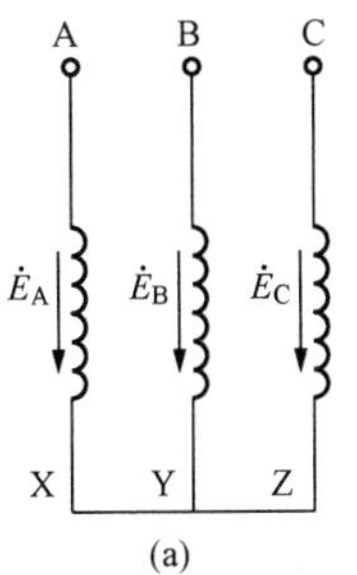

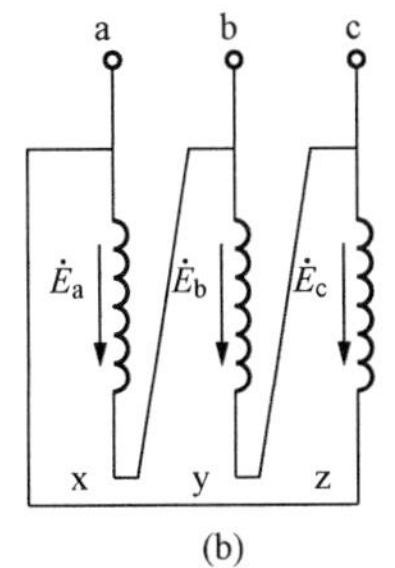

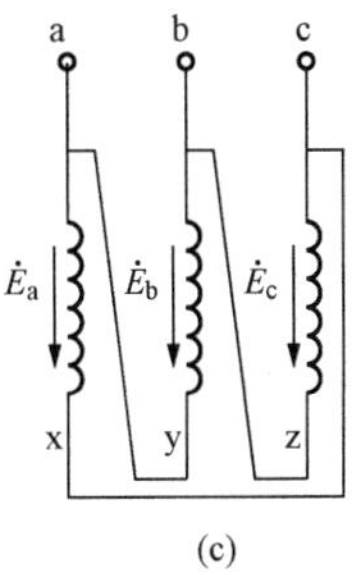


图 5-3　三相绕组连接方法及相量图

（a）星形；（b）三角形（顺序连接）；（c）三角形（逆序连接）

顺序连接，称为逆序三角形接法，如图 5-3（c）所示。GB 1094.1—1996《电力变压器 第 1 部分：总则》规定：对于星形接法，高压绕组用大写字母 Y 表示，低压绕组用小写字母 y 表示，如有中性线引出，用 YN 或 yn 表示；对于三角形接法，高压绕组用大写字母 D 表示，低压绕组用小写字母 d 表示。高压侧接法写在前面，低压侧接法写在后面。

将高、低压绕组进行不同接法的组合，可得到变压器的四种基本联结组，即 Yy、Yd 、Dy 和 Dd 联结组，其中 Y（y）联结组也包括有中性线引出的 YN（yn）联结组。前两种是国产变压器最常用的联结组，最后一种在国产变压器中基本不用。不同联结组，高、低压绕组电动势可有不同的相位关系，在使用变压器时必须注意。

**二、单相变压器高、低压绕组电动势之间的相位关系**

在单相变压器中，高、低压绕组的电动势要么同相，要么反相，它取决于两个绕组的绕制方向和标记方法。由于高、低压绕组被同一磁通 $\dot{\Phi}_m$ 所交链，故高、低压绕组的感应电动势有一定的极性关系，即当高压绕组某一端瞬时电位为正时，低压绕组也有一电位为正的对应端，这两个对应的同极性端点称为同名端，用符号“·”表示。高、低压绕组的绕制可以同向，也可以反向；绕组的任一出线端可以作为首端，也可以作为末端。设绕组电动势的正方向均规定为从首端指向末端，则根据绕组的绕制方向和标记方法，可有四种不同的组合，如图 5-4 所示。高、低压绕组的绕向相同时，同名端在两个线圈的相同端，如图 5-4（a）、(b) 所示；高、低压绕组的绕向相反时，同名端在两个线圈的不同端，如图 5-4（c）、（d）所示。

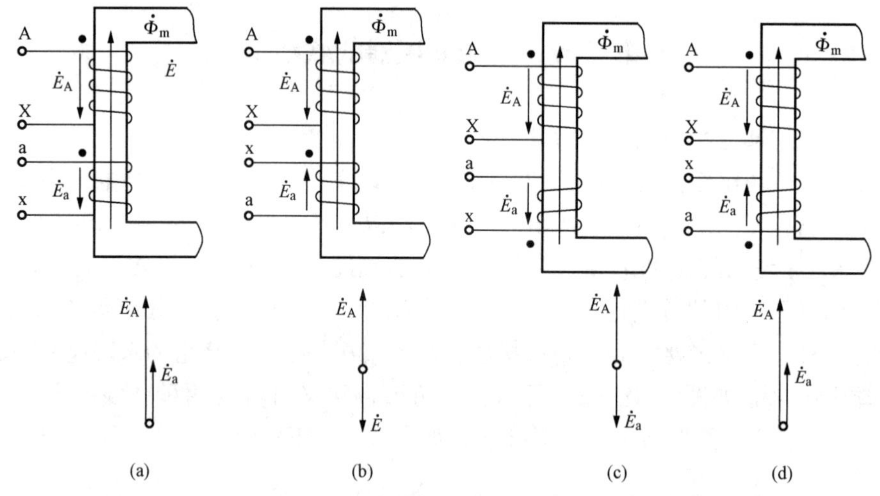


图 5-4 高、低压绕组相电动势的相位关系

（a）绕向相同、标记相同；（b）绕向相同、标记相反；

（c）绕向相反、标记相同；（d）绕向相反、标记相反

从图 5-4 可以看出，当标注同名端后，若高、低压绕组的首—首（或末—末）为同名端，则 $\dot{E}_A$ 和 $\dot{E}_a$ 同相；若高、低压绕的首—末（或末—首）为同名端，则 $\dot{E}_A$ 与 $\dot{E}_a$ 反相。在变压器中，通常用时钟法来表示高、低压绕组电动势的相位关系。高压绕组电动势大，代表时钟的长针，并且认为它始终指向 0 点钟的位置，低压绕组电动势小，代表时钟的短针，则当高、低压绕组的电动势同相时，相当于时钟的 0 点钟，如图 5-4（a）、(d) 所示；当电

动势反向时便相当于时钟的 6 点钟，如图 5-4（b）、（c）所示。可以看出，对单相变压器而言，只有两种情况，0 点钟和 6 点钟，分别用 Ii0 和 Ii6 表示。其中 I（或 i）表示单相变压器，后面的数字表示高、低压绕组电动势的相位关系。国家标准规定 Ii0 为标准联结组。

**三、三相变压器高、低压绕组线电动势之间的相位关系**

三相变压器与单相变压器相比较，除了有相电动势的相位关系外，还有线电动势的相位关系。高、低压绕组线电动势之间的相位关系，除了决定于高、低压绕组的绕向和标记方法外，还决定于三相绕组的连接方法。现分别以 Yy 和 Yd 联结组为例，说明三相变压器高、低压绕组线电动势之间的相位关系。

1. Yy 联结组高、低压绕组线电动势之间的相位关系

图 5-5（a）表示一 Yy 联结组的接线图，图中高压绕组 A、B、C 相首端分别与低压绕组的 a、b、c 相首端为同名端，所以高压绕组的相电动势 $\dot{E}_A$、$\dot{E}_B$、$\dot{E}_C$ 分别与低压绕组相对应的相电动势 $\dot{E}_a$、$\dot{E}_b$、$\dot{E}_c$ 同相位，如图 5-5（b）所示。由于高、低压绕组的接法相同，都为 Y 接，相对应的相电动势又是同相位，所以相对应的线电动势也是同相位。画出任一对相对应的高、低压绕组的线电动势相量，例如 $\dot{E}_{BC}$ 和 $\dot{E}_{bc}$，由图 5-5（a）可得 $\dot{E}_{BC}=\dot{E}_B-\dot{E}_C$，如图 5-5（b）所示，$\dot{E}_{BC}$ 相量为由 $\dot{E}_C$ 相量的箭头指向 $\dot{E}_B$ 的箭头；同理，$\dot{E}_{bc}=\dot{E}_b-\dot{E}_c$，其方向为由 $\dot{E}_c$ 相量的箭头指向 $\dot{E}_b$ 的箭头；两电动势相量平行，显然它们之间的夹角为零，具有相同的相位。用时钟法表示时，在三相系统中，高压绕组的线电动势表示时钟的长针，并且是指向 0（或 12）；低压绕组的线电动势表示时钟的短针，因此线电动势 $\dot{E}_{BC}$ 和 $\dot{E}_{bc}$ 之间的相位关系相当于 0 点钟，故图 5-5 所示的联结组别为 Yy0。

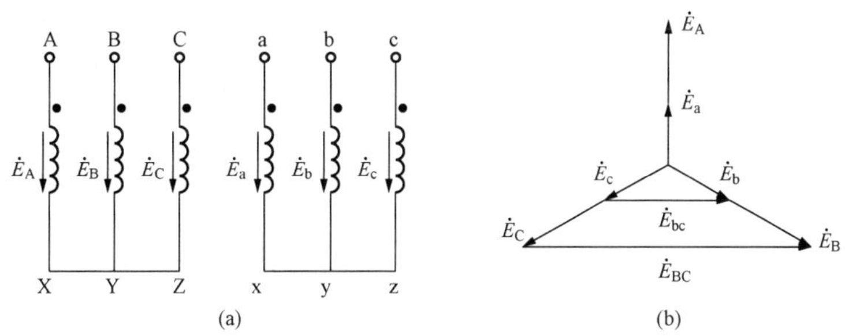


图 5-5　Yy0 联结组

（a）绕组接线图；（b）相量图

如果将图 5-5 改为高压绕组 A、B、C 相首分别与低压绕组的 a、b、c 相尾为同名端，则联结组别将变成 Yy6。

2. Yd 联结组高、低压绕组线电动势之间的相位关系

图 5-6（a）表示一个 Yd 联结组的接线图。根据同名端标定，可知高压绕组的相电动势 $\dot{E}_A$、$\dot{E}_B$、$\dot{E}_C$ 分别与低压绕组相对应的相电动势 $\dot{E}_a$、$\dot{E}_b$、$\dot{E}_c$ 同相位，但由于高压绕组为 Y 接，线电动势与相电动势之间有 30°的相位移；低压绕组为 d 接，线电动势等于相电动势，因此虽然相电动势之间的相位相同，但由于接法不同，高、低压绕组相对应线电动势的相位不会相同，如图 5-6（b）所示。图中仍然以对应的 $\dot{E}_{BC}$ 和 $\dot{E}_{bc}$ 为例，画出了它们的相

量。由于高压绕组为Y接，$\dot{E}_{BC}$ 相量与图5-5（b）同，有差别的在于低压绕组的 $\dot{E}_{bc}$，由图5-6（a）可得 $\dot{E}_{bc}=-\dot{E}_c$，$\dot{E}_{bc}$ 相量与 $\dot{E}_c$ 相反，超前 $\dot{E}_{BC}30°$，相当于超前一个钟点。按照时钟表示法，它们之间的相位关系为11点钟，故图5-6所示的联结组别为Yd11。

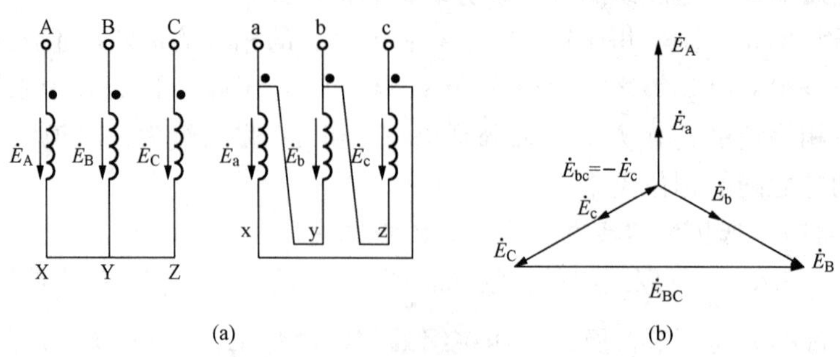


图5-6 Yd11联结组

（a）绕组接线图；（b）相量图

如果将图5-6高、低压绕组相对应的同名端改为非同名端，则联结组别将变成Yd5。如果其他不变，仅将图5-6低压绕组由逆接改为顺接，则联结组的组别将变成Yd1。

除了上述说明的联结组之外，三相变压器的联结组还有很多，共有12个，相邻两个联结组相位差30°，12个联结组构成圆的一周，和时钟的12个整点相同，这实质上是变压器的联结组用时钟法表示的原因。对于Yy0（或Yy6）联结组，如果高压绕组的三相标号AX、BY、CZ保持不变，把低压绕组的三相标号ax、by、cz按顺时针方向旋转120°（即图5-5中ax取代by，by取代cz，cz取代ax），相当于短针顺时针转动4个钟点，便得到Yy4（或Yy10）联结组；反过来，ax、by、cz按逆时针旋转120°（即图5-5中ax取代cz，cz取代by，by取代ax），可得到Yy8（或Yy2）联结组，也就是Yy联结组具有0、4、8、6、10、2这6个偶数组别。同理，可以得出Yd联结组具有11、3、7、5、9、1这6个奇数组别。Yy联结组的某一组号通常只有一种连接方式；而Yd（或Dy）联结组的某一组别通常有顺接和逆接两种方式。为了制造和使用方便，国家标准规定，我国只生产Yyn0、Yd11、YNd11、YNy0以及Yy0共五种标准联结组，其中前三种最常用。

## 第三节 三相变压器中励磁电流、主磁通和感应电动势波形

在第一章第五节中已经说明，由于磁路的饱和影响，当铁芯中的磁通为正弦波时，励磁电流为尖顶波。尖顶波的主要成分是基波分量和3次谐波分量。3次谐波电流 $i_{m3}$ 的频率为基波频率的3倍，在三相系统中，它们同相位，即

$$\left.\begin{aligned} i_{m3A} &= I_{m3}\sin 3\omega t \\ i_{m3B} &= I_{m3}\sin 3(\omega t-120°)=I_{m3}\sin 3\omega t \text{❶} \\ i_{m3C} &= I_{m3}\sin 3(\omega t-240°)=I_{m3}\sin 3\omega t \end{aligned}\right\} \tag{5-2}$$

式中：$I_{m3}$ 为3次谐波电流的幅值。

❶ 由于 $\omega t$ 的单位为弧度，所以式(5-2)中的120°和240°应该写成弧度形式，但为了阅读方便，习惯上写成角度的形式。

当励磁电流为正弦波时，铁芯中的磁通便为平顶波。平顶波的主要成分也是基波分量和3次谐波分量。同样，在三相系统中，3次谐波磁通也为同相位。对于单相变压器，由于3次谐波电流可以流通，因此在正弦电源电压作用下，单相变压器的主磁通及其感应电动势都接近为正弦波。但在三相变压器中，3次谐波的电流和3次谐波的磁通能否流通，分别要由绕组的联结方式和磁路的结构来决定。因此三相变压器中励磁电流、主磁通及其感应电动势的波形与三相绕组的联结方式和磁路的结构有关。

**一、YNy联结组**

变压器绕组YNy联结组如图5-7所示。由于高压绕组有中性线，按图中的参考方向，中性线上的电流为 $i_0=i_{mA}+i_{mB}+i_{mC}$。由于励磁电流中三相基波分量之和为零（基波电流仅在三相绕组内流通，不经过中性线），所以中性线上的电流只有3次谐波电流，即 $i_N \approx i_{m3A}+i_{m3B}+i_{m3C}=3I_{m3}\sin 3\omega t$。也就是说，励磁电流中的3次谐波分量在三相绕组与中性线之间形成闭合回路，在绕组中可以流通。此时的情况与单相变压器相似。当变压器外接正弦三相电压时，即使磁路饱和，铁芯中的磁通波形和绕组中的感应电动势波形仍接近正弦波。由于中性线上的谐波电流会产生损耗和通信干扰，YNy联结组很少采用。

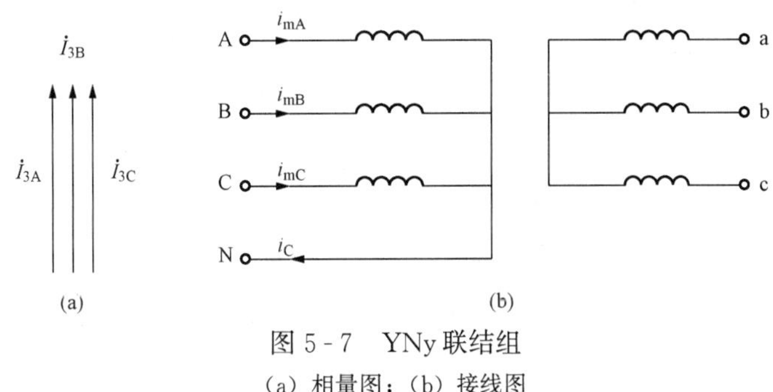


图5-7　YNy联结组
(a) 相量图；(b) 接线图

**二、Yy联结组**

如果将图5-7高压绕组的中性线去掉，励磁电流中的3次谐波分量将不能流通。因而在变压器接上三相正弦电源电压时，励磁电流中因没有3次谐波分量，因此其波形接近于正弦波。这样，主磁通将被迫发生畸变，成为平顶波。平顶波的主要成分是基波和3次谐波，3次谐波磁通能否流通将由变压器的磁路结构来决定。

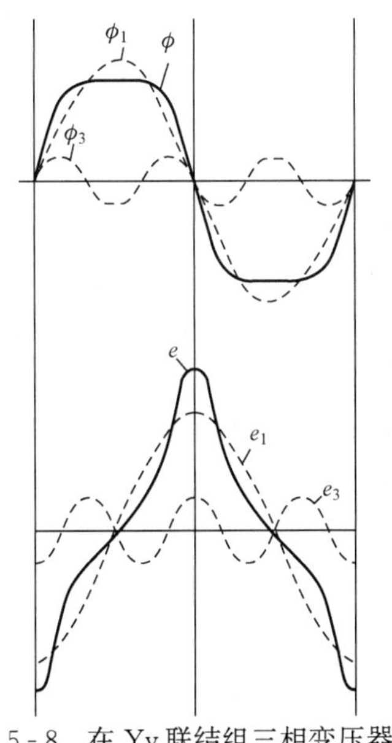


图5-8　在Yy联结组三相变压器组中的主磁通和感应电动势波形

1. 三相变压器组

由于三相变压器组的磁路是分开的，各自独立，3次谐波磁通 $\phi_3$ 可以和基波磁通一样在铁芯内闭合。基波磁通 $\phi_1$ 产生基波感应电动势 $e_1$，3次谐波磁通 $\phi_3$ 产生3次谐波感应电动势 $e_3$，它们的相位都滞后于各自的磁通90°。虽然 $\Phi_{m3}<\Phi_{m1}$，但 $f_3=3f_1$，所以3次谐波感应电动势比较大，可以达到基波电动势的45%～60%。因此，将 $e_1$ 和 $e_3$ 叠加以后，得到的每相绕组的合成电动势发生了较大的畸变，成为尖顶波，如图5-8所示。尖顶波使相电动势出现相当大的尖峰值，对绕组的绝缘不利。因此，三相变压器组不宜采用Yy联结组。在三相线电动势中，由于3次谐波电动势相互抵消，故仍为正弦波。

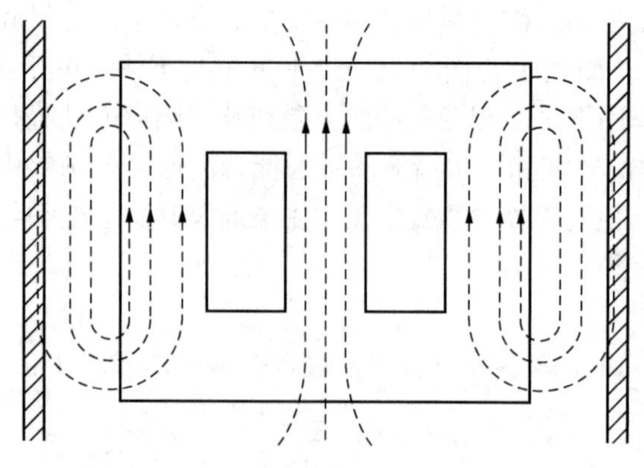

图 5-9 心式变压器中的 3 次谐波磁通路径

2. 三相心式变压器

三相心式变压器的铁芯磁路是相互联系的，相当于星形接法的磁路。因此 3 次谐波磁通在铁芯磁路中受到抑制，使得 3 次谐波磁通不得不从空气（或油）、油箱壁等漏磁路中闭合，如图 5-9 所示。漏磁路磁阻比较大，$\Phi_{m3}$ 值很小，因而感应电动势 $E_3$ 也很小。在三相正弦电压作用下，主磁通和感应电动势仍接近于正弦波。

由于 3 次谐波磁通流经漏磁路的油箱壁等铁磁部件，$\phi_3$ 会引起附加的涡流损耗，产生局部发热并使变压器的效率降低。所以采用 Yy 联结组的三相心式变压器，其容量不宜做得太大，通常不超过 1800kV·A。

**三、Dy 和 Yd 联结组**

当三相变压器采用 Dy 联结组时，一次绕组为三角形连接，3 次谐波电流可以流通，于是在正弦三相电源电压作用下，变压器的励磁电流为尖顶波，主磁通 $\phi$ 及其感应电动势 $e_1$ 和 $e_2$ 皆为正弦波，与单相变压器的情况相似。

当三相变压器采用 Yd 联结组时，一次绕组为星形连接，3 次谐波电流不能流通。在外加三相正弦电源电压时，一次绕组中的励磁电流接近于正弦波。故在铁芯磁路中产生的主磁通中含有 3 次谐波分量 $\phi_3$，$\phi_3$ 在二次绕组中感应 3 次谐波的相电动势 $e_{23}$，由于二次绕组为三角形连接，三相的 3 次谐波电动势 $e_{23}$ 将在闭合的三角形连接的绕组中产生 3 次谐波环流 $i_{23}$，如图 5-10 所示。由于一次绕组为星形连接，3 次谐波电流不能流通，因此不可能产生 3 次谐波磁动势与 $N_2 i_{23}$ 相平衡，故二次绕组中的电流 $i_{23}$ 就起到了励磁电流的作用。

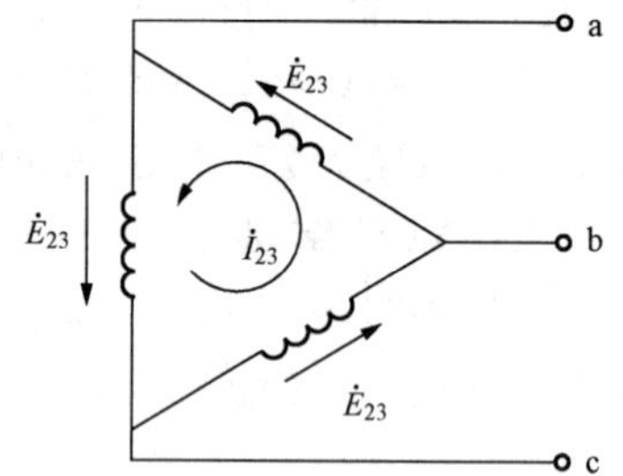


图 5-10 三角形联结回路中的 3 次谐波电动势和电流

由于磁路中的主磁通是由与它相交链的合成磁动势产生的，而合成磁动势并不一定非由一个绕组来提供。同样，产生正弦波主磁通所必须的基波励磁电流和 3 次谐波电流由一、二次绕组共同提供与单独由一次绕组提供的效果是一样的，因此 Yd 联结组与 Dy 联结组的效果也是一样的，主磁通和每相绕组的感应电动势仍接近于正弦波形。

应该指出，在三角形联结组中的 3 次谐波环流甚小，对变压器的运行影响不大，且能改善主磁通和感应电动势波形，因此在较大容量的变压器中常将其中一侧绕组接成三角形。

## 第四节 标 幺 值

在变压器和电机中，电压、电流、阻抗和功率等物理量可用实际值，还常常用标幺值来表示与计算。

标幺值也称为相对值，是同单位的实际物理量与其基值之比，即

$$标幺值=\frac{实际值}{基值} \tag{5-3}$$

本书中基值用下角标“b”表示，标幺值用右上角标“*”表示。标幺值乘以100%，便得百分值。

**一、基值**

应用标幺值时，先要选定基值。在变压器和电机的工程计算中，通常选定额定值作为基值。

对于单相系统

$$U_b=U_N,\quad I_b=I_N \tag{5-4}$$

$$S_b=P_b=Q_b=U_bI_b=U_NI_N=S_N \tag{5-5}$$

$$Z_b=R_b=X_b=\frac{U_b}{I_b}=\frac{U_N}{I_N}=\frac{U_N^2}{S_N} \tag{5-6}$$

对于三相系统

$$U_{\varphi b}=U_{N\varphi},\quad I_{\varphi b}=I_{N\varphi} \tag{5-7}$$

$$U_{Lb}-U_{NL}=U_N,\quad I_{Lb}=I_{NL}=I_N \tag{5-8}$$

$$\begin{aligned}S_b&=P_b=Q_b=3U_{\varphi b}I_{\varphi b}=\sqrt{3}U_{Lb}I_{Lb}\\&=3U_{N\varphi}I_{N\varphi}\\&=\sqrt{3}U_{NL}I_{NL}=S_N\end{aligned} \tag{5-9}$$

$$Z_b=R_b=X_b=\frac{U_{\varphi b}}{I_{\varphi b}}=\frac{U_{N\varphi}}{I_{N\varphi}}=\begin{cases}\dfrac{U_N^2}{S_N}(星形接法)\\[2ex]\dfrac{3U_N^2}{S_N}(三角形接法)\end{cases} \tag{5-10}$$

式（5-4）～式（5-10）中：下标 $\varphi$ 表示相值，L 表示线值。

将各物理量的实际值与相对应的基值之比，便可得到各物理量的标幺值。注意，一次绕组和二次绕组的基值分别选取各自的基值。例如单相变压器一次绕组电压和电流的标幺值分别为 $U_1^*=U_1/U_{1N}$，$I_1^*=I_1/I_{1N}$；三相变压器一次绕组线电压的标幺值为 $U_{1L}^*=U_{1L}/D_{1N}$，二次绕组的相电流标幺值为 $I_{2\varphi}^*=I_{2\varphi}/I_{2\varphi N}$。

**二、标幺值特点**

1. 额定电压、电流和容量的标幺值为1

由于电压、电流和容量的基值都选为额定值，所以

$$U_N^*=I_N^*=S_N^*=1 \tag{5-11}$$

2. 在三相系统中，相、线标幺值相等

在三相系统中，无论是电压还是电流，其相、线标幺值相等。以星形接法为例，有

$$U_L^*=\frac{U_L}{U_N}=\frac{\sqrt{3}U_\varphi}{\sqrt{3}U_{N\varphi}}=U_\varphi^* \tag{5-12}$$

$$I_L^*=\frac{I_L}{I_N}=\frac{I_\varphi}{I_{N\varphi}}=I_\varphi^* \tag{5-13}$$

3. 单、三相功率计算公式相同

可以证明，用标幺值表示时，单相与三相系统的视在功率，有功功率和无功功率的表达

式相同，且不存在线的概念。

$$S^*=I^*U^* \tag{5-14}$$

$$P^*=I^*U^*\cos\varphi \tag{5-15}$$

$$Q^*=I^*U^*\sin\varphi \tag{5-16}$$

式中：$\varphi$ 为功率因数角。

4. 归算前后的值相等

以二次绕组的电压和阻抗为例来说明。

$$U_2'^*=\frac{U_2'}{U_{1N\varphi}}=\frac{kU_2}{kU_{2N\varphi}}=\frac{U_2}{U_{2N\varphi}}=U_2^* \tag{5-17}$$

$$Z_{2\sigma}'^*=\frac{Z_{2\sigma}'}{U_{1N\varphi}/I_{1N\varphi}}=\frac{k^2Z_{2\sigma}}{kU_{2N\varphi}/\dfrac{1}{k}I_{2N\varphi}}=\frac{Z_{2\sigma}}{U_{2N\varphi}/I_{2N\varphi}}=Z_{2\sigma}^* \tag{5-18}$$

同样，$I_2'^*=I_2^*$，$R_2'^*=R_2^*$，$X_{2\sigma}'^*=X_{2\sigma}^*$。

5. 变压器基本方程组的表达形式不变

可以证明，用标幺值表示，变压器基本方程组的表达形式保持不变，并且归算值上角标的“′”可以保留，也可以去掉。

从上述分析可知，用标幺值表示或进行计算非常方便。除此之外，对于不同容量的变压器或电机，用标幺值表示时，各参数和典型性能数据通常都在一定的范围之内，因此便于比较和分析。例如，对于电力变压器，漏阻抗的标幺值 $Z_k^*=4\%\sim8\%$，空载电流的标幺值 $I_0^*=1\%\sim4\%$。

**【例 5-1】** 试将［例 4-3］算得的励磁参数和短路参数表示成标幺值。

**解** 由式（5-6）可算出高、低压侧阻抗的基值为

$$Z_{1b}=\frac{U_{1N}^2}{S_N}=\frac{\left(\dfrac{220}{\sqrt{3}}\times10^3\right)^2}{20000\times10^3}=806.67(\Omega)$$

$$Z_{2b}=\frac{U_{2N}^2}{S_N}=\frac{(11\times10^3)^2}{20000\times10^3}=6.05(\Omega)$$

由低压侧的励磁参数计算标幺值为

$$Z_m^*=\frac{Z_m''}{Z_{2b}}=\frac{242.3}{6.05}=40.0$$

$$R_m^*=\frac{R_m''}{Z_{2b}}=\frac{22.8}{6.05}=3.77$$

$$X_m^*=\frac{X_m''}{Z_{2b}}=\frac{241.2}{6.05}=39.9$$

根据归算到高压侧的励磁参计算其标幺值为

$$Z_m^*=\frac{Z_m}{Z_{1b}}=\frac{32320}{806.67}=40.0$$

$$R_m^*=\frac{R_m}{Z_{1b}}=\frac{3040}{806.67}=3.77$$

$$X_m^*=\frac{X_m}{Z_{1b}}=\frac{32180}{806.67}=39.9$$

可以看出，用标幺值表示时归算前后的励磁参数相等，故用标幺值计算时，可不必再进行归算。短路参数的标幺值为

$$Z_k^* = \frac{Z_k}{Z_{1b}} = \frac{58.7}{806.67} = 0.0728$$

$$R_k^* = \frac{R_k}{Z_{1b}} = \frac{5.2}{806.67} = 0.00645$$

$$X_k^* = \frac{X_k}{Z_{1b}} = \frac{58.5}{806.67} = 0.0725$$

以上为室温（15℃）下的短路参数标幺值，基准温度下的短路参数标幺值可同样计算。

## 小结

（1）三相变压器按其磁路结构不同可分为两大类，即各相磁路彼此无关的三相变压器组和各相磁路彼此有关的三相心式变压器。

（2）变压器高、低压绕组相对应的电动势相量可有不同的相位关系，这种关系通常用时钟法表示。单相变压器只有相电动势，高、低压绕组电动势要么同相，要么反相，由绕组的相对绕制方向和标记方向决定。同相时记为Ii0，是标准联结组，反相时记为Ii6。

三相变压器用时钟法表示高、低压绕组相对应的线电动势之间的相位关系。由于三相绕组可以接成星形，也可以接成三角形，因此高、低压绕组之间可组成Yy、Yd、Dy和Dd四种不同的联结组，每种联结组的高、低压绕组相对应的线电动势又可有不同的相位关系。国家标准规定Yyn0、Yd11、YNd11、YNy0和Yy0为标准联结组。

（3）在图5-5所示Yy0的标准联结组的基础上，如果高压绕组保持不变，仅将低压绕组的标法从a-b-c改成b-c-a及c-a-b，则可以得到Yy8及Yy4；如再反向标记同名端，又可以得到Yy6、Yy2和Yy10。故Yy（及Dd）联结组可有六种偶数组别。

在图5-6 Yy11联结组的基础上，用和上面相同的方法可以得到Yd7、Yd3、Yd5、Yd1和Yd9等联结组，因此Yd（及Dy）联结组共有六种奇数组别。

（4）磁路结构和绕组连接方式对三相变压器空载相电动势波形有很大影响，对于Yy联结组，3次谐波电流不能流通，使得主磁通畸变成平顶波。在三相变压器组中，由于三相磁路独立，3次谐波磁通可以流通，相电动势将出现尖峰值，不宜采用Yy联结组；在三相心式变压器中，由于三相磁路不独立，3次谐波磁通被抑制，相电动势接近正弦波，但3次谐波磁通将产生附加的涡流损耗，所以仅在中小容量中采用Yy联结组。对于Yd和Dy联结组，其中一侧绕组为三角形连接，可以流通3次谐波电流，使得主磁通和相电动势都接近正弦波，因此在大容量变压器中广泛采用。

（5）由于用标幺值表示各物理量和参数具有诸多优点，在变压器和电机中经常使用，应很好掌握。

## 习题

5-1　在三相心式变压器中，三相磁通是怎样互为回路的？这与星形接法电路中的三相

电流互为回路有何异同?

5-2 试用相量图判定图 5-11 的联结组。

5-3 试将图 5-12 所示的三相变压器绕组分别连接成 Dy5、Yd5、Yy4 和 Dd4。

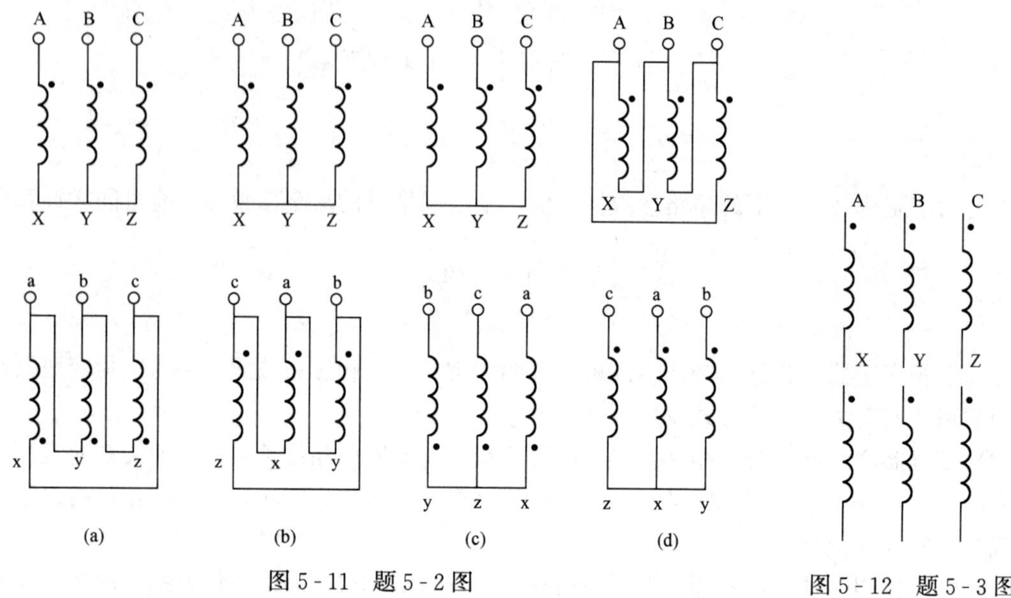


图 5-11 题 5-2 图

图 5-12 题 5-3 图

5-4 试说明三相变压器组为什么不采用 Yy 联结组，而三相心式变压器却可以。

5-5 为什么常希望三相变压器的其中一侧接成三角形？一次侧接成三角形与二次侧接成三角形效果有区别吗?

5-6 Yy0 联结组，一次侧 B 与 Y 接反，二次侧极性无误。如果这是三相变压器组，将会出现什么现象？能否在二次侧给予纠正？假如发生在三相心式变压器中，又会出现什么现象？这时应如何改正?

5-7 一台 Yd 联结组的三相变压器，一次侧加额定电压空载运行，此时将二次侧的三角形打开一角，测量开口处电压，再将三角形闭合，测量其回路电流，试问当此三相变压器为变压器组或心式变压器，所测的数值有何不同？为什么?

5-8 图 5-13 为 Yyn 联结组的配电变压器，二次绕组带三相对称负载运行。试分别分析变压器为三相组式和三相心式两种情况，主磁通和感应电动势的波形。

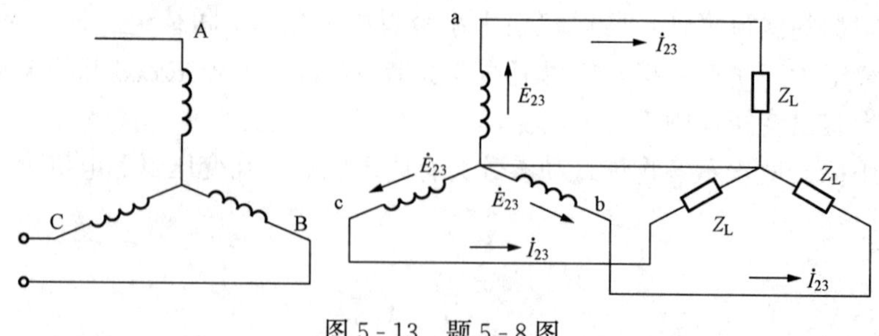


图 5-13 题 5-8 图

5-9 S-100/6 型号三相电力变压器额定电压为 6000/400V，Yyn 联结组。室温为 25℃

时的空载和短路试验数据见表 5 - 1。

**表 5 - 1　变压器空载和短路试验数据**

| 试验名称 | 电压（V） | 电流（A） | 功率（W） | 电源加载侧 |
| --- | --- | --- | --- | --- |
| 空载 | 400 | 9.37 | 616 | 低压侧 |
| 短路 | 257.8 | 9.62 | 2011 | 高压侧 |

试求参数的实际值和标幺值。

# 第六章　变 压 器 的 运 行

## 第一节　变压器的电压变化率和效率

电压变化率和效率是变压器的主要运行性能指标，现分别介绍如下。

### 一、电压变化率

将变压器一次绕组外加额定电压，当二次绕组空载时，变压器二次绕组的端电压为空载电压，且 $U_{20}=U_{2N\varphi}$。接上负载以后，变压器内部的漏阻抗将产生电阻和漏抗压降，使二次绕组的端电压随着负载电流的变化而变化。在一次绕组端电压保持为额定、负载功率因数为常值时，空载与负载时二次绕组相电压的代数差 $U_{20}-U_2$ 与二次绕组额定相电压 $U_{2N\varphi}$ 的比值称为变压器的电压变化率，用符号 $\Delta U^*$ 表示，即

$$\Delta U^*=\frac{U_{20}-U_2}{U_{2N\varphi}}=\frac{U_{2N\varphi}-U_2}{U_{2N\varphi}}=1-U_2{}^* \tag{6-1}$$

$\Delta U^*$ 与变压器的参数和负载性质有关，工程上通常应用简化等效电路及其相量图来计算变压器的电压变化率 $\Delta U^*$。

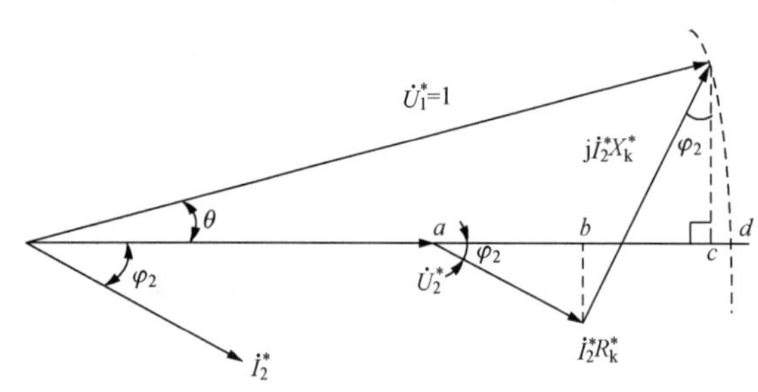


图 6-1　确定 $\Delta U^*$ 的相量图

图 6-1 为感性负载时变压器简化等效电路所对应的相量图。由于短路阻抗 $Z_k$ 很小，$U_1$ 与 $U_2$ 之间的夹角 $\theta$ 很小，所以有

$$U_1^*-U_2^*=\overline{ab}+\overline{bc}+\overline{cd}\approx\overline{ab}+\overline{bc}$$

又由于 $U_1=U_{1N\varphi}$，$U_1^*=1$，因此

$$\Delta U^*=1-U_2^*=U_1^*-U_2^*\approx\overline{ab}+\overline{bc}$$

而 $\overline{ab}=I_2^*R_k^*\cos\varphi_2$，$\overline{bc}=I_2^*X_k^*\sin\varphi_2$，于是

$$\Delta U^*=I_2^*(R_k^*\cos\varphi_2+X_k^*\sin\varphi_2) \tag{6-2}$$

式（6-2）表明，变压器的电压变化率即与负载电流和功率因数角有关，也与变压器的短路阻抗有关。当变压器带感性负载时，$\varphi_2$ 为正值，$\sin\varphi_2$ 和 $\cos\varphi_2$ 都大于零，$\Delta U^*$ 为正值。负载电流越大，二次绕组端电压越降低。当变压器负载为容性时，$\varphi_2$ 为负值，$\cos\varphi_2>0$，$\sin\varphi_2<0$，电压变化率 $\Delta U^*$ 可能为正值，也可能为负值。当电压变化率为负值时，随着负载电流的增加，二次绕组端电压不但不下降，反而增高。

当二次负载为额定值时，$I_2^*=1$，则

$$\Delta U^*=R_k^*\cos\varphi_N+X_k^*\sin\varphi_N \tag{6-3}$$

电压变化率的大小反映变压器负载时的供电质量，电压变化率越小，说明变压器输出越平稳。通常在 $\cos\varphi_2=0.8$（滞后）、$I_2=I_{2N\varphi}$ 时，电压变化率为 3%～6%。

### 二、效率

变压器在运行时，内部将产生损耗。变压器的损耗可分为两类：①主磁通在变压器铁芯

中产生的铁芯损耗，通常简称为铁耗；②电流通过一、二次绕组产生的电阻损耗，这部分损耗通常简称为铜耗。由式（1-18）可知，铁耗正比于 $B_m^2$，在已制成的变压器中近似正比于 $U_1^2$。由于变压器一次绕组的端电压通常保持 $U_1=U_{1N\varphi}$ 不变，故铁耗又称为不变损耗。铁耗可以通过空载试验来确定，即 $p_{Fe}\approx p_0$。从等效电路看，变压器的铜耗为

$$p_{Cu}=mI_1^2R_1+mI_2^2R_2\approx mI_2'^2R_k'=mI_2^2R_k'' \tag{6-4}$$

式中：$R_k''$为归算到二次绕组的短路电阻值。

由于铜耗随负载电流的变化而变化，故铜耗也称为可变损耗。铜耗可以通过短路试验确定，即

$$p_{Cu}\approx p_k=\left(\frac{I_2}{I_{2N\varphi}}\right)^2 p_{kN}=I_2^{*2}p_{kN} \tag{6-5}$$

式中：$p_{kN}$ 为额定短路电流时的短路损耗。

考虑到变压器内部的损耗，则变压器输出功率 $P_2$ 与输入功率 $P_1$ 的关系为

$$P_1=P_2+p_{Cu}+p_{Fe}=P_2+\sum p \tag{6-6}$$

$$\sum p=p_{Cu}+p_{Fe}$$

式中：$\sum p$ 为变压器内部的总损耗。

变压器的输出功率为

$$P_2=mU_2I_2\cos\varphi_2 \tag{6-7}$$

由于变压器的电压变化率很小，若将二次绕组端电压的变化忽略不计，即认为 $U_2=U_{20}$，则

$$P_2\approx mU_{20}I_2\cos\varphi_2 \tag{6-8}$$

故变压器的输入功率可表示为

$$P_1=mU_2I_2\cos\varphi_2+p_{Fe}+p_{Cu}\approx mU_{20}I_2\cos\varphi_2+p_{Fe}+p_{Cu} \tag{6-9}$$

将式（6-4）代入式（6-9），则

$$P_1=mU_{20}I_2\cos\varphi_2+p_{Fe}+mI_2^2R_k'' \tag{6-10}$$

变压器的效率是指变压器的输出功率与输入功率的比值，即

$$\eta=\frac{P_2}{P_1}=\frac{P_2}{P_2+\sum p}=1-\frac{\sum p}{P_1} \tag{6-11}$$

将式（6-8）和式（6-10）代入式（6-11）得

$$\eta=\frac{mU_{20}I_2\cos\varphi_2}{mU_{20}I_2\cos\varphi_2+p_{Fe}+mI_2^2R_k''}=\frac{S_NI_2^*\cos\varphi_2}{S_NI_2^*\cos\varphi_2+p_0+I_2^{*2}p_{kN}} \tag{6-12}$$

保持负载功率因数 $\cos\varphi_2$=常值，画出效率 $\eta$ 随负载电流 $I_2$ 的变化曲线，如图 6-2 所示。可以看出，当负载电流达到某一数值时，效率将达到最大值 $\eta_{max}$。

将式（6-12）对电流 $I_2$ 求导数，并令其等于零，得出变压器效率达到最大值时的条件为

$$p_{Fe}=mI_2^2R_k'' \tag{6-13}$$

或

$$p_0=I_2^{*2}p_{kN} \tag{6-14}$$

式（6-13）和式（6-14）表明，当变压器的铜耗等于铁耗时，或者说可变损耗等于不变损耗时，变压器的效率就达到

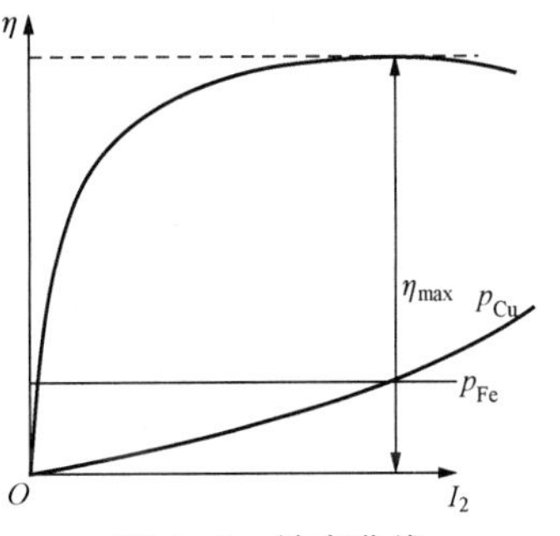

图 6-2　效率曲线

最大值，即当 $I_2^*=\sqrt{p_0/p_{kN}}$ 时，$\eta=\eta_{max}$。

变压器的效率虽然可以用直接法测量，但由于电力变压器的效率很高，通常都在95%以上，大容量变压器的效率可达99%以上，因此，$P_1$ 和 $P_2$ 差距很小。考虑在测量 $P_1$ 和 $P_2$ 中存在的各种误差，计算出的效率往往不准确，而且大容量变压器用直接法测量除了在现场之外也很难找到相适应的负载。故工程上常通过空载和短路试验求出变压器的铜耗和铁耗，然后再用间接法［如用式（6-12）］来计算效率。

**【例6-1】** 一台三相变压器，$S_N=1000\text{kV·A}$，$U_{1N}/U_{2N}=10/6.3\text{kV}$，Yd接法。当外施额定电压时，变压器的空载损耗 $p_0=4.9\text{kW}$，空载电流为额定电流的5%；当短路电流为额定值时，短路损耗 $p_k=15\text{kW}$（换算到75℃时的值），短路电压为额定电压的5.5%。试求：

（1）励磁阻抗和短路阻抗的标幺值；

（2）变压器带上额定负载，$\cos\varphi_2=0.8$（滞后）时的额定电压变化率和额定效率；

（3）最大效率和达到最大效率时的负载电流。

**解** （1）空载损耗和短路损耗的标幺值为

$$p_0^*=\frac{p_0}{S_N}=\frac{4.9\times10^3}{1000\times10^3}=0.0049$$

$$p_k^*=\frac{p_k}{S_N}=\frac{15\times10^3}{1000\times10^3}=0.015$$

励磁阻抗和短路阻抗的标幺值为

$$Z_m^*=\frac{U_0^*}{I_0^*}=\frac{1}{0.05}=20$$

$$R_m^*=\frac{p_0^*}{I_0^{*2}}=\frac{0.0049}{0.05^2}=1.96$$

$$X_m^*=\sqrt{Z_m^{*2}-R_m^{*2}}=\sqrt{20^2-1.96^2}=19.9$$

$$Z_k^*=\frac{U_k^*}{I_k^*}=U_k^*=0.055$$

$$R_k^*=\frac{p_k^*}{I_k^{*2}}=p_k^*=0.015$$

$$X_k^*=\sqrt{Z_k^{*2}-R_k^{*2}}=\sqrt{0.055^2-0.015^2}=0.053$$

（2）额定电压变化率和额定效率为

$$\begin{aligned}\Delta U_N^*&=(R_k^*\cos\varphi_2+X_k^*\sin\varphi_2)\times100\%\\&=(0.015\times0.8+0.053\times0.6)\times100\%=4.38\%\end{aligned}$$

$$\begin{aligned}\eta_N&=\frac{S_NI_2^*\cos\varphi_2}{S_NI_2^*\cos\varphi_2+p_0+I_2^{*2}p_{kN}}\times100\%=\frac{I_2^*\cos\varphi_2}{I_2^*\cos\varphi_2+p_0^*+I_2^{*2}p_{kN}^*}\times100\%\\&=\frac{0.8}{0.8+0.0049+0.015}\times100\%=97.6\%\end{aligned}$$

（3）最大效率及达到最大效率时的负载电流为

$$I_2^*=\sqrt{\frac{p_0}{p_{kN}}}=\sqrt{\frac{4.9}{15}}=0.572$$

$$\eta_{max}=\frac{I_2^* \cos\varphi_2}{I_2^* \cos\varphi_2+2p_0^*}\times100\%=\frac{0.572\times0.8}{0.572\times0.8+2\times0.0049}\times100\%$$
$$=97.9\%$$

## 第二节　变压器的并联运行

所谓变压器的并联运行，是指将两台或多台变压器的一次绕组和二次绕组分别接到各自的公共母线上，共同向负载供电，如图 6 - 3 所示。变压器并联运行可以提高供电可靠性，减小总的备用容量，并可以根据负载的变化调整投入运行的变压器台数，以提高运行效率。

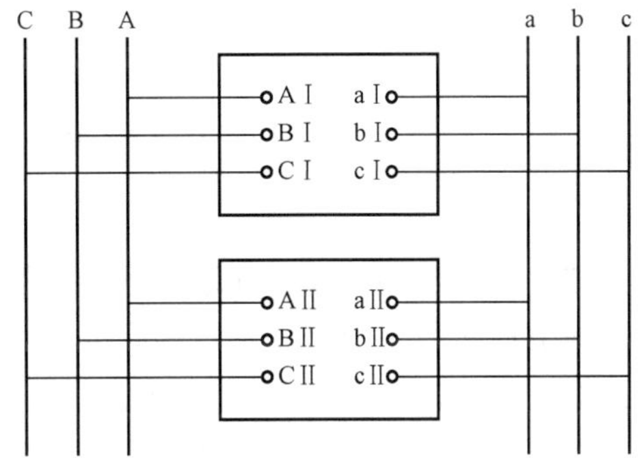

图 6 - 3　两台变压器并联运行时的接线图

### 一、理想并联运行的条件

变压器并联运行时，总是希望损耗小、效率高，每台变压器都能得到充分利用，也就是希望变压器在并联运行时能达到理想状态。变压器并联运行时的理想状态为：

(1) 空载时并联的变压器之间无环流。因为环流会增加变压器的损耗，严重时会使变压器过热，甚至烧坏变压器。

(2) 负载时各变压器有相同的负载率。这样，容量大的变压器承担的负载电流大，容量小的变压器承担的负载电流小，各变压器的容量得到最充分利用。

(3) 各变压器输出电流同相位。这样，当总的负载电流一定时，各变压器所分担的电流为最小，使总的铜耗为最小。

要达到上述的理想要求，并联运行的各台变压器应满足如下条件：

(1) 各台变压器的额定电压与变比需相等；

(2) 各台变压器的联结组别应相同；

(3) 各台变压器的短路阻抗标幺值要相等，阻抗角要相同。

下面将分别说明上述各条件不能满足时变压器在并联运行中会出现的问题。

### 二、变比不相等时并联变压器间的空载环流

为简单起见，以两台变压器并联为例来分析，在分析中设两台变压器的联结组相同。

由于两台变压器接到公共的母线上，一次绕组具有相同的电网电压 $U_1$，当变比不相等时，两台变压器在二次绕组中的感应电动势不相等。设第一台的感应电动势为 $\dot{E}_{2\mathrm{I}}$，第二台的感应电动势为 $\dot{E}_{2\mathrm{II}}$，公共母线为两台变压器的二次绕组构成了回路。因此，即使二次母线不接负载，在电动势差 $\Delta\dot{E}_2=\dot{E}_{2\mathrm{I}}-\dot{E}_{2\mathrm{II}}$ 的作用下，二次绕组也会产生环流，如图 6 - 4 (a) 所示。由磁平衡关系可知，在二次绕组产生环流的同时，一次绕组也将产生环流。由于变比不相等，两台变压器一次绕组的环流不相同。应用变压器简化等效电路，可求出变比不相等时变压器并联的空载环流。

由于变压器的短路阻抗很小，即使变比相差很小也会产生较大的环流，因此对并联变压器之间的变比差必须严格限制，通常要求变比差 $\Delta k=\left|\frac{k_{\mathrm{I}}-k_{\mathrm{II}}}{\sqrt{k_{\mathrm{I}}k_{\mathrm{II}}}}\right|\leqslant0.5\%$。

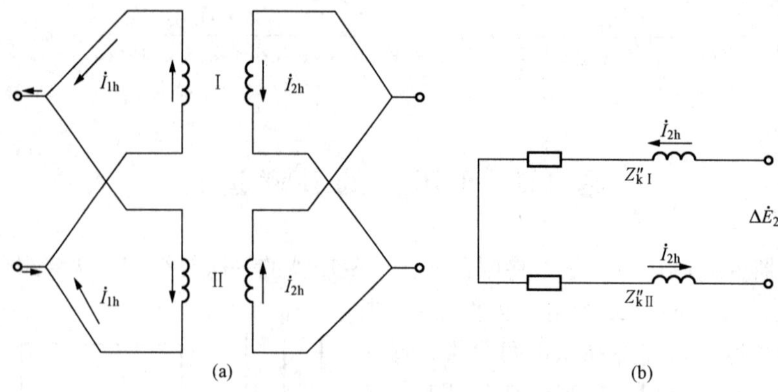


图 6-4 两台变压器变比不相等并联时的空载环流

(a) 并联接线示意图；(b) 环流计算等值电路

### 三、联结组别不同时并联变压器间的空载环流

若并联运行的两台变压器的联结组别不同，其后果更为严重。因为联结组别不同的两台变压器，线电动势的相位至少相差 30°，如图 6-5 所示。设两台变压器线电动势的大小相等，则两台变压器二次绕组的电动势差为

$$\Delta E_2 = 2E_{2I}\sin\frac{30^\circ}{2} = 0.52E_{2I} \tag{6-15}$$

这么大的电动势差作用在二次绕组的回路中，不但会产生很大的空载环流，甚至会烧坏变压器，故联结组不同的变压器绝对不能并联运行。

### 四、短路阻抗不等时的负载分配

在分析变压器的负载分配时假设两台变压器的变比和联结组别都相同。这样，在变压器内不产生环流，两台变压器具有相同的输入电压 $U_1$ 和输出电压 $U_2$，其简化等效电路如图 6-6 所示。由图可知

$$\dot{I}_2 = \dot{I}_{2I} + \dot{I}_{2II} \tag{6-16}$$

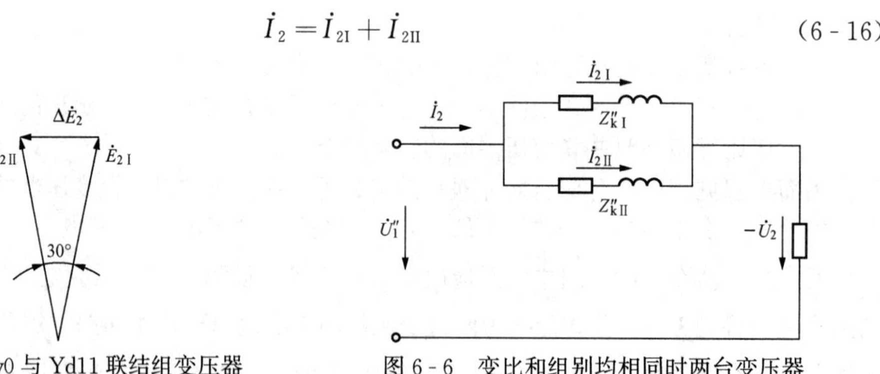


图 6-5 Yy0 与 Yd11 联结组变压器并联时，二次电动势相量图

图 6-6 变比和组别均相同时两台变压器并联的简化等效电路

两台变压器并联，短路阻抗压降应相等，即

$$\dot{I}_{2I}Z''_{kI} = \dot{I}_{2II}Z''_{kII}$$

或

$$\frac{\dot{I}_{2I}}{\dot{I}_{2II}} = \frac{Z''_{kII}}{Z''_{kI}} \tag{6-17}$$

式（6-17）表明，并联运行的各台变压器所分担的负载电流与其短路阻抗成反比。将式（6-17）左右两边同乘以 $I_{N\text{II}}/I_{N\text{I}}$，并考虑到两台变压器具有相同的额定电压，即可导出用标幺值表示时的负载电流分配为

$$\frac{I_{2\text{I}}^*}{I_{2\text{II}}^*}=\frac{Z_{k\text{II}}^*}{Z_{k\text{I}}^*} \tag{6-18}$$

式（6-18）表明，并联各变压器所分担的负载电流标幺值与其漏阻抗的标幺值成反比。

由于两台变压器的额定电压和负载电压均相等，所以有

$$\frac{S_{\text{I}}^*}{S_{\text{II}}^*}=\frac{I_{2\text{I}}^*}{I_{2\text{II}}^*} \tag{6-19}$$

理想并联运行条件的第二条既是要求 $\frac{S_{\text{I}}}{S_{N\text{I}}}=\frac{S_{\text{II}}}{S_{N\text{II}}}$，或者 $S_{\text{I}}^*=S_{\text{II}}^*$。从式（6-18）和式（6-19）可见，也就是要求 $I_{2\text{I}}^*=I_{2\text{II}}^*$，归根结底是要求 $|Z_{k\text{I}}^*|=|Z_{k\text{II}}^*|$。因此短路阻抗标幺值的大小不相等，并联各变压器所分担的负载就不能按其额定容量成正比例分配。

从式（6-18）还可以看出，为满足理想并联运行的第三条，即并联各变压器输出电流同相位的要求，则各台变压器短路阻抗的阻抗角也应相等。

实际并联运行时，变压器的联结组必须相同，变比差要严格控制，漏阻抗标幺值在数值上相差不要太大，通常相对误差值小于10%，相角可有一定差别，通常不作严格要求。

**【例 6-2】** 两台变压器并联运行，有关数据为：$S_{N\text{I}}=1800\text{kV·A}$，Yd11 接法，$U_{1N}/U_{2N}=35/10\text{kV}$，$Z_{k\text{I}}^*=0.0825$；$S_{N\text{II}}=1000\text{kV·A}$，Yd11 接法，$U_{1N}/U_{2N}=35/10\text{kV}$，$Z_{k\text{II}}^*=0.0675$。设两台变压器的短路阻抗角相等，负载为 $S_L=2800\text{kV·A}$，试求：

（1）每台变压器输出的负载电流及容量；

（2）若不使任何一台变压器过载，能担负的最大负载及设备总容量利用率。

**解**　（1）每相总电流为

$$I=\frac{S_L}{3U_{2N\varphi}}=\frac{2800\times10^3}{3\times10\times10^3}=93.3(\text{A})$$

两台变压器二次侧每相额定电流为

$$I_{N\varphi\text{I}}=\frac{S_{N\text{I}}}{3U_{2N\varphi}}=\frac{1800\times10^3}{3\times10\times10^3}=60(\text{A})$$

$$I_{N\varphi\text{II}}=\frac{S_{N\text{II}}}{3U_{2N\varphi}}=\frac{1000\times10^3}{3\times10\times10^3}=33.3(\text{A})$$

由式（6-18）得两台变压器负载电流标幺值之比为

$$\frac{I_{\text{I}}^*}{I_{\text{II}}^*}=\frac{Z_{K\text{II}}^*}{Z_{K\text{I}}^*}=\frac{0.0675}{0.0825}=0.818$$

或

$$\frac{I_{\text{I}}}{I_{\text{II}}}=\frac{I_{\text{I}}^*I_{N\varphi\text{I}}}{I_{\text{II}}^*I_{N\varphi\text{II}}}=0.818\times\frac{60}{33.3}=1.473$$

由于两台变压器短路阻抗角相等，其负载电流同相位，即

$$I=I_{\text{I}}+I_{\text{II}}=I_{\text{I}}+\frac{I_{\text{I}}}{1.473}=1.473I_{\text{II}}+I_{\text{II}}=1.679I_{\text{I}}=2.473I_{\text{II}}=93.3(\text{A})$$

所以

$$I_{\mathrm{I}}=\frac{93.3}{1.679}=55.57(\mathrm{A})$$

或

$$I_{\mathrm{I}}^{*}=\frac{55.57}{60}=0.926(\mathrm{A})(\text{欠载运行})$$

$$S_{\mathrm{I}}=I_{\mathrm{I}}^{*}S_{\mathrm{NI}}=0.926\times1800=1667(\mathrm{kV\cdot A})$$

$$I_{\mathrm{II}}^{*}=\frac{37.73}{33.3}=1.132(\text{过载运行})$$

$$S_{\mathrm{II}}=I_{\mathrm{II}}^{*}S_{\mathrm{NII}}=1.132\times1000=1132(\mathrm{kV\cdot A})$$

（2）为了使任何一台变压器都不过载，应取 $I_{\mathrm{II}}^{*}=1$，这时负载每相电流为

$$I=I_{\mathrm{I}}+I_{\mathrm{II}}=2.473I_{\mathrm{N\varphi II}}=2.473\times33.3=82.35(\mathrm{A})$$

最大输出功率为

$$S=3IU_{2\mathrm{N\varphi}}=3\times82.35\times10=2471(\mathrm{kV\cdot A})$$

这时变压器Ⅰ不到满载，负载率为

$$I_{\mathrm{I}}^{*}=0.818I_{\mathrm{II}}^{*}=0.818$$

变压器总设备容量利用率为

$$\frac{S}{S_{\mathrm{NI}}+S_{\mathrm{NII}}}=\frac{2471}{1800+1000}=0.883$$

## 小结

电压变化率 $\Delta U^{*}$ 和效率 $\eta$ 是变压器的主要性能指标。$\Delta U^{*}$ 的大小表明了变压器运行时二次端电压的稳定性，通常用式（6-2）计算。若进一步考虑图 6-1 中 $\overline{cd}$ 段的大小，则可导出电压变化率的计算式为 $\Delta U^{*}=(I_2^{*}R_{\mathrm{k}}^{*}\cos\varphi_2+I_2^{*}X_{\mathrm{k}}^{*}\sin\varphi_2)+(I_2^{*}X_{\mathrm{k}}^{*}\cos\varphi_2-I_2^{*}R_{\mathrm{k}}^{*}\sin\varphi_2)^2/2$。效率 $\eta$ 表征变压器运行的经济性，当变压器的铜耗等于铁耗时效率达到最大。在实际电力变压器中，最大效率发生在 $I_2^{*}=0.5\sim0.6$ 之间。电压变化率和效率都与变压器的参数有关。

为了提高供电的可靠性和经济性，常采用多台变压器并联运行。为了使变压器并联运行时达到理想条件，要求各变压器满足变比相等、联结组相同，短路阻抗标幺值的大小和相角都相等。变比相等和联结组相同保证了空载时不产生环流，是变压器能否并联的前提，应严格控制；短路阻抗标幺值相等是保证负载按变压器额定容量成正比分配，阻抗角相同保证负载电流同相位，它们都影响到变压器运行的经济性，因此也要有限制。

## 习题

6-1 什么是变压器的电压变化率 $\Delta U^{*}$？它的大小与哪些因素有关？

6-2 为什么在感性负载时，随着负载电流的增加，变压器二次端电压一定下降？而在容性负载时，随着负载电流的增加，二次端电压则可能上升？

6-3 为什么在电力变压器设计时，一般取 $p_0<p_{\mathrm{kN}}$？如果设计时取 $p_0=p_{\mathrm{kN}}$，变压器

最适合带多大的负载？

6-4　什么是变压器的理想并联运行状态？如何达到？

6-5　试分析两台变压器并联运行，变比不同时二次绕组环流如何计算。

6-6　两台三相变压器，联结组分别为 Yd 和 Dy，试问它们能否并联运行？为什么？

6-7　有一台单相 1000kV·A、66/6.6kV 的变压器，试验数据见表 6-1。

**表 6-1**　　**变压器空载和短路试验数据**

| 试验名称 | 电压（V） | 电流（A） | 功率（W） | 电源加载侧 |
|---|---|---|---|---|
| 空载 | 6600 | 9.1 | 5400 | 低压侧 |
| 短路 | 3240 | 15.15 | 9300 | 高压侧 |

试求：

(1) 额定负载 $\cos\varphi_2=0.8$（感性）时的电压变化率？

(2) 额定负载 $\cos\varphi_2=0.8$（容性）时的电压变化率？

(3) 在何种负载，功率因数为多大时，电压变化率可以为零？

(4) 当 $\cos\varphi_2=0.8$（滞后）时，最大效率 $\eta_{max}$ 和满载效率 $\eta_N$。

6-8　$SJ_1$-100 型三相电力变压器的额定数据如下：额定容量 $S_N=100$kV·A，一、二次侧额定电压 $U_{1N}/U_{2N}=6.0/0.4$kV，Yyn0 接法，额定频率 $f_N=50$Hz。室温为 25℃时的空载、短路试验数据见表 6-2。

**表 6-2**　　**变压器空载和短路试验数据**

| 试验名称 | 电压（V） | 电流（A） | 功率（W） | 电源加载侧 |
|---|---|---|---|---|
| 空载 | 400 | 9.37 | 616 | 低压侧 |
| 短路 | 257.8 | 9.62 | 2011 | 高压侧 |

试求：

(1) 额定负载 $\cos\varphi_2=0.8$（感性）时的电压变化率；

(2) 额定负载 $\cos\varphi_2=0.8$（容性）时的电压变化率；

(3) 在何种负载，功率因数为多大时，电压变化率可以为零；

(4) 当 $\cos\varphi_2=0.8$（滞后）、额定负载时的效率 $\eta_N$；

(5) 当 $\cos\varphi_2=0.8$（滞后）时，最大效率 $\eta_{max}$ 和产生最大效率时的负载电流。

# 第七章 其他常用变压器

前面各章所讨论的变压器，每相只有一个一次绕组和一个二次绕组，这种变压器称为双绕组变压器。双绕组变压器是最普通、最常用的变压器。除此之外，还有许多型式和用途的变压器。本章介绍其中较常用的自耦变压器、三绕组变压器和互感器。

## 第一节 自耦变压器

### 一、结构特点和变比

普通双绕组变压器的一、二次绕组之间相互绝缘，它们之间只有磁的耦合，没有直接电的联系。如果把普通双绕组变压器的一次绕组和二次绕组串联起来作为新的一次绕组，而原二次绕组还同时作为新的二次绕组，这样便可以得到一台降压自耦变压器，如图 7-1 所示。

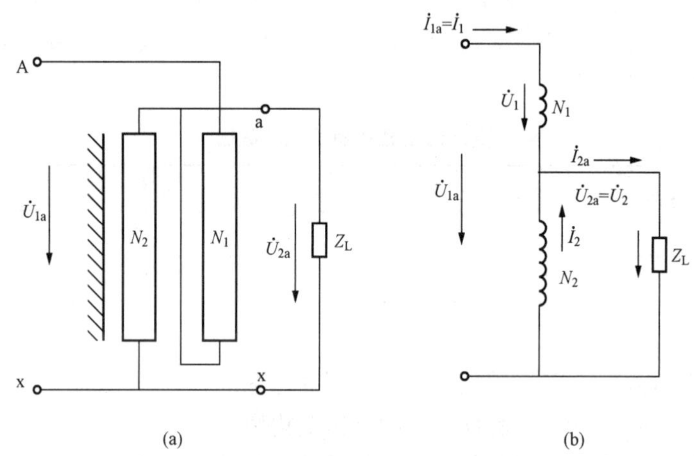


图 7-1 把两绕组变压器连接成自耦变压器
(a) 绕组布置；(b) 接线图

设变压器接成普通双绕组时，各量符号不变，同前面各章相同。改为自耦连接时，各量符号用原符号加下角标"a"表示。因此在变压器接成普通双绕组时，一、二次绕组匝数分别为 $N_1$ 和 $N_2$，改为自耦连接时，一次绕组匝数为 $N_{1a}$，二次绕组匝数为 $N_{2a}$，$N_{1a}=N_1+N_2$，$N_{2a}=N_2$。当绕组 Ax 两端外加交变正弦电压 $U_{1a}$ 时，铁芯内便产生交变磁通，在一次绕组 Ax 间感应电动势为

$$E_{1a}=4.44fN_{1a}\Phi_m=4.44f(N_1+N_2)\Phi_m=E_1+E_2 \tag{7-1}$$

在二次绕组 ax 间感应电动势为

$$E_{2a}=4.44fN_{2a}\Phi_m=4.44fN_2\Phi_m=E_2 \tag{7-2}$$

若忽略漏阻抗压降，则自耦变压器的变比为

$$k_a=\frac{U_{1a}}{U_{2a}}=\frac{E_{1a}}{E_{2a}}=\frac{N_{1a}}{N_{2a}}=\frac{N_1+N_2}{N_2}=1+k \tag{7-3}$$

由此可见，自耦变压器的变压原理与双绕组变压器相同，只是由于自耦变压器一、二次绕组有直接的电联系，　次绕组包含了二次绕组，因此自耦变压器的变比 $k_a$ 比接成双绕组变压器时的变比 $k$ 大。用自耦变压器升压时，可以把电源加在匝数为 $N_{2a}$ 的绕组上，匝数为 $N_{1a}$ 绕组的感应电动势就比外加电压高。

## 二、基本电磁关系

### 1. 电压、电流关系

对于降压自耦变压器，从图 7 - 1（b）可以看出，一、二次绕组的电压为

$$\left.\begin{aligned}\dot{U}_{1a}&=\dot{U}_1+\dot{U}_2=\left(1+\frac{1}{k}\right)\dot{U}_1\\ \dot{U}_{2a}&=\dot{U}_2\end{aligned}\right\} \tag{7-4}$$

一、二次绕组的电流为

$$\left.\begin{aligned}\dot{I}_{1a}&=\dot{I}_1\\ \dot{I}_{2a}&=\dot{I}_1+\dot{I}_2\end{aligned}\right\} \tag{7-5}$$

在忽略励磁电流的情况下，根据磁平衡关系，有

$$\dot{I}_1N_1-\dot{I}_2N_2=0$$

或

$$\dot{I}_1=\frac{N_2}{N_1}\dot{I}_2=\frac{1}{k}\dot{I}_2 \tag{7-6}$$

将式（7 - 6）代入式（7 - 5），便得

$$\dot{I}_{2a}=\dot{I}_1+\dot{I}_2=\left(1+\frac{1}{k}\right)\dot{I}_2 \tag{7-7}$$

$$\dot{I}_{1a}=\dot{I}_1=\dot{I}_{2a}-\dot{I}_2=\frac{1}{k+1}\dot{I}_{2a}=\frac{1}{k_a}\dot{I}_{2a} \tag{7-8}$$

### 2. 功率关系

作为普通双绕组变压器时，变压器的额定容量为

$$S_N=U_{1N}I_{1N}=U_{2N}I_{2N} \tag{7-9}$$

接成自耦变压器时，它的额定容量为

$$\begin{aligned}S_{aN}&=U_{1aN}I_{1aN}=(U_{1N}+U_{2N})I_{1N}=S_N+U_{2N}I_{1N}\\ &=S_N+\frac{S_N}{k}=S_N+\frac{S_N}{k_a-1}=S_N+S'_N\end{aligned} \tag{7-10}$$

从式（7 - 10）可见，自耦变压器的视在功率由两部分组成，其中 $S_N$ 称为感应功率，是借助于 Aa 段绕组和 ax 段绕组之间的电磁感应关系，从一次侧传递到二次侧的功率。这部分功率与普通双绕组变压器的一样，变压器的主要尺寸和材料消耗由这部分功率决定，所以 $S_N$ 为计算容量。$S'_N$称为传导功率，它是通过电路的直接联系，从一次绕组直接传递到负载侧的功率，它不需要增加变压器的计算容量。

## 三、自耦变压器的优缺点

与普通双绕组变压器相比较，自耦变压器有如下优缺点：

(1) 自耦变压器体积小，质量轻，价格低，便于运输和安装。自耦变压器的计算容量为

$$S_{N}=\frac{S_{aN}}{1+\frac{1}{k}}=\left(1-\frac{1}{k_{a}}\right)S_{aN} \tag{7-11}$$

由于 $1-1/k_{a}<1$，自耦变压器的计算容量小于额定容量，所以在同样的额定容量下，自耦变压器的主要尺寸和所用的铜线、硅钢片和其他结构材料都比较少。同时，铜线和硅钢片的减少，铜耗和铁耗也相应减少，效率提高。由式（7-11）可见，当 $k_{a}$ 越接近 1 时，计算容量占额定容量比例越小，自耦变压器的这些优点就越显著。因此，自耦变压器适合于一、二次绕组电压相差不大的场合，一般 $k_{a}\leqslant 2$。

(2) 将自耦变压器低压侧短路，从高压侧看，其短路阻抗与普通双绕组变压器相同，但由于自耦变压器的电压基值较高，故短路阻抗的标幺值比普通双绕组变压器小，短路电流较大。

(3) 由于自耦变压器的高、低压绕组之间具有直接的电联系，所以一方面要求低压绕组具有与高压绕组相同的绝缘水平，另一方面也使过电压保护变得比较复杂。

## 第二节　三绕组变压器

三绕组变压器有高压、中压和低压三个绕组，大多用于二次侧需要两种不同电压等级的电力系统。一台三绕组变压器相当于不同变比的两台双绕组变压器，但使用三绕组变压器比较经济。

### 一、结构特点和容量分配

三绕组变压器的高压、中压和低压三个绕组一般均套装在同一铁芯柱上，如图 7-2 所示，为了便于绝缘，高压绕组通常放置于绕组的最外层。对于降压变压器，中压绕组放在中间层，低压绕组放在最里层。而对于升压变压器，为了使漏磁场分布均匀，漏抗分配合理，不致因低压和高压绕组相距较远，而造成漏磁通及其漏磁通产生的附加损耗增加，从而保证有较好的电压变化率和运行性能，通常将中压绕组放在最里层，低压绕组放在中间层。

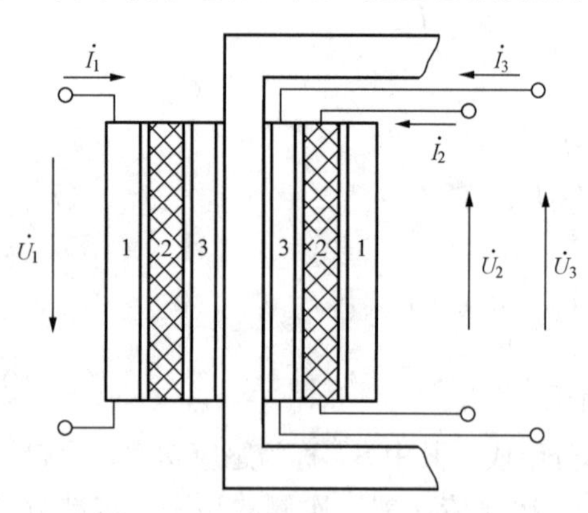

图 7-2　三绕组变压器示意图

GB 1094.1—1996 规定，三相三绕组变压器的标准联结组有 YNyn0d11 和 YNyn0y0 两种。三个绕组的容量可以相同，也可以不同，三绕组变压器的额定容量是指三个绕组中容量最大那个绕组的容量。若以额定容量为 100%，则三个绕组容量的配合有 100/100/50，100/50/100 和 100/100/100 三种。

### 二、基本方程式和等效电路

假设绕组 1 是一次绕组，另外两个是二次绕组，则三绕组变压器的变比分别为

$$\left.\begin{aligned} k_{12}&=\frac{N_1}{N_2}\approx\frac{U_{1N\varphi}}{U_{2N\varphi}} \\ k_{13}&=\frac{N_1}{N_3}\approx\frac{U_{1N\varphi}}{U_{3N\varphi}} \end{aligned}\right\} \tag{7-12}$$

由于三绕组变压器在磁路方面有三个绕组相互耦合，它们产生的磁通可分为自漏磁通、互漏磁通和主磁通三种。只与一个绕组相交链的磁通称为自漏磁通；与两个绕组交链而不与第三个绕组相交链的磁通称为互漏磁通，这两部分漏磁通通过油或空气闭合，不受铁芯磁路饱和的影响；与三个绕组同时交链的磁通称为主磁通，主磁通通过铁芯磁路闭合，因此其受铁芯饱和的影响。主磁通由三个绕组的合成磁动势所产生，故励磁磁动势为

$$\dot{I}_m N_1=\dot{I}_1 N_1+\dot{I}_2 N_2+\dot{I}_3 N_3 \tag{7-13}$$

或

$$\dot{I}_m=\dot{I}_1+\dot{I}'_2+\dot{I}'_3 \tag{7-14}$$

$$\dot{I}'_2=\dot{I}_2/k_{12},\quad \dot{I}'_3=\dot{I}_3/k_{13}$$

式中：$\dot{I}'_2$、$\dot{I}'_3$分别表示归算到一次侧的两个二次绕组电流。

若忽略励磁电流，则

$$\dot{I}_1+\dot{I}'_2+\dot{I}'_3=0 \tag{7-15}$$

或

$$\dot{I}_1=-(\dot{I}'_2+\dot{I}'_3) \tag{7-16}$$

由于三绕组变压器存在互漏磁通，每个绕组内的漏磁压降都受到另外两个绕组的影响。若按照双绕组变压器的分析方法来建立等效电路，三绕组变压器每个绕组的电抗将与双绕组的不同，它必须是一个既包含绕组自感电抗，又包含绕组互感电抗的等效值。用 $X_1$、$X'_2$、$X'_3$和 $Z_1$、$Z'_2$、$Z'_3$分别表示三个绕组的等效电抗和等效阻抗，则运用等效概念，按照双绕组变压器的分析方法，可列出三绕组变压器的电压方程为

$$\left.\begin{aligned} \dot{U}_1&=\dot{I}_1 Z_1-\dot{I}'_2 Z'_2-\dot{U}'_2 \\ \dot{U}_1&=\dot{I}_1 Z_1-\dot{I}'_3 Z'_3-\dot{U}'_3 \end{aligned}\right\} \tag{7-17}$$

根据式（7-16）和式（7-17）便可得出三绕组变压器的简化等效电路，如图 7-3 所示。

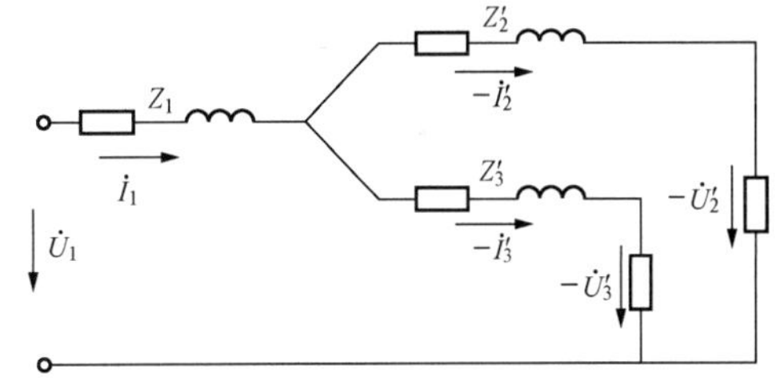


图 7-3　三绕组变压器的简化等效电路

**三、参数测定**

简化等效电路中的 $Z_1$、$Z'_2$和 $Z'_3$可以通过三次短路试验来确定。先把绕组 2 短路，绕组 3 开路，绕组 1 上加以低电压进行短路试验，测出绕组 1、2 之间的短路阻抗为

$$Z_{k12}=Z_1+Z'_2 \tag{7-18}$$

再把绕组 3 短路，绕组 2 开路，测出绕组 1，3 之间的短路阻抗为

$$Z_{k13}=Z_1+Z'_3 \tag{7-19}$$

最后把绕组 3 短路，绕组 1 开路，测出绕组 2，3 之间的短路阻抗为

$$Z'_{k23}=Z'_2+Z'_3 \tag{7-20}$$

式中：$Z'_{k23}$为归算到一次绕组的值，$Z'_{k23}=k_{12}^2 Z_{k23}$。

将式（7-18）～式（7-20）联解，可得

$$\left.\begin{aligned}Z_1&=\frac{1}{2}(Z_{k12}+Z_{k13}-Z'_{k23})\\Z'_2&=\frac{1}{2}(Z_{k12}+Z'_{k23}-Z_{k13})\\Z'_3&=\frac{1}{2}(Z_{k13}+Z'_{k23}-Z_{k12})\end{aligned}\right\}\tag{7-21}$$

式中：阻抗 $Z_1$、$Z'_2$和 $Z'_3$均为等效阻抗，其大小与三个绕组之间的布置有关，在某种特定的布置下，其中某个等效电阻可以变成负值，此时该电抗可以当作容抗计算。

## 第三节 互 感 器

互感器是测量用设备，分电压互感器和电流互感器两种，主要在高电压和大电流测量以及各种继电保护中使用。互感器的工作原理与普通变压器相同。

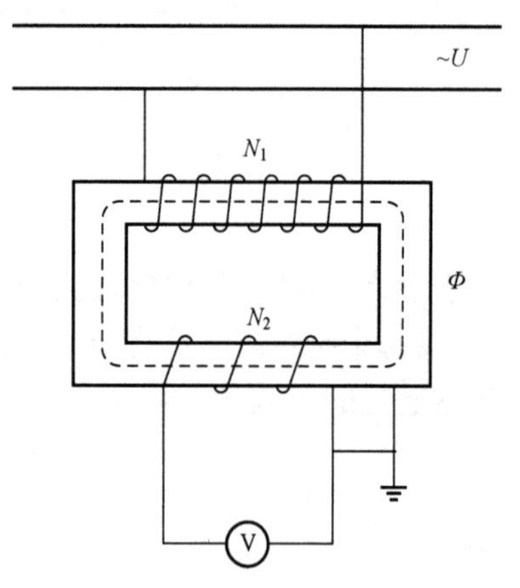

图 7-4 电压互感器工作原理

### 一、电压互感器

电压互感器的工作原理如图 7-4 所示，其中一次绕组匝数 $N_1$ 较多，直接接于被测的高压电路上；二次绕组的匝数较少，一般只有一匝或几匝，与电压表或其他仪表的电压线圈相接。由于电压表或其他仪表的电压线圈内阻抗很大，所以电压互感器工作时，相当于变压器的空载运行。电压互感器二次绕组的额定电压通常取 100V。

如果忽略漏阻抗压降，则有 $U_1/U_2=N_1/N_2$，或 $U_1=kU_2$，因此利用一、二次绕组不同的匝数比可将电路上的高电压变为低电压来测量。

电压互感器的准确度由变比误差和相位误差来衡量。变比误差指一次电压 $U_1$ 与二次电压归算值 $U'_2$算术差的相对值，即变比误差为 $[(U_1-U'_2)/U_1]\times100\%$；相角误差指 $\dot{U}_1$ 和$-\dot{U}'_2$之间的相位差。从变压器相量图（图 4-8）可以看出，励磁电流和一、二次绕组的漏阻抗压降是产生这两种误差的主要原因，因此在设计电压互感器时，大都采用高磁导率的硅钢片，尽量减小磁路中的气隙，并使铁芯不饱和，一般取磁密为 0.6～0.8T。

按照误差的大小，电压互感器的准确度分为 0.1、0.2、0.5、1.0 和 3.0 等五级。

在使用电压互感器时应特别注意：①二次绕组不允许短路，否则会产生很大的短路电流；②互感器的铁芯和二次绕组的一端必须可靠接地，以保证操作人员的安全。

### 二、电流互感器

电流互感器的工作原理如图 7-5 所示，其中一次绕组匝数 $N_1$ 较少，通常为一匝或几匝，串入需要测量电流的电路中；二次绕组匝数 $N_2$ 较多，与电流表或其他仪表的电流线圈相接。电流表或其他仪表中电流线圈的阻抗很小，所以电流互感器工作时，相当于普通变压器的短路运行。电流互感器二次绕组的额定电流一般为 5A 或 1A。

如果忽略励磁阻抗电流，根据磁平衡方程式 $I_1N_1+I_2N_2=0$，在数值上可得 $I_1/I_2=$

$N_2/N_1=1/k$ 或者 $I_1=I_2/k$，因此利用一、二次绕组不同的匝数比，可将电路上的大电流变为小电流来测量。

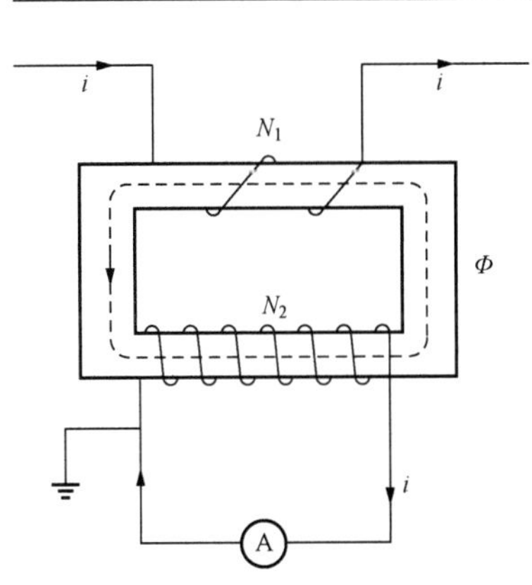


图 7-5 电流互感器工作原理

与电压互感器一样，电流互感器也有变比误差和相位误差。变比误差是指 $I_2'$ 与 $I_1$ 的算术差；相角误差是指 $\dot{I}_1$ 与 $-\dot{I}_2'$ 之间的相角差。这两种误差主要由励磁电流和一、二次绕组的漏阻抗及仪表的阻抗所引起的。由于励磁电流是一次绕组电流的一部分，所以它对这两种误差的影响较大，因此电流互感器磁通密度选取得更低，为 0.08～0.1T，此外所接仪表的总阻抗也不得大于规定值。

按照误差大小，电流互感器的准确度分别为 0.1、0.2、0.5、1.0 和 3.0 五级。

电流互感器在使用时应特别注意：

（1）二次绕组必须可靠接地，以防止由于绝缘损坏后，一次绕组的高电压传到二次侧，发生人身事故。

（2）二次绕组绝不允许开路，因为二次绕组开路后，互感器变成空载运行，此时一次侧被测电流成为励磁电流，使铁芯内的磁密大幅度增加，它一方面使二次绕组感应高电压，可能使绝缘击穿，同时对测量人员也很危险；另一方面，铁芯内磁密增大以后，铁耗会大大增加，使铁芯过热，影响互感器性能，甚至将其烧坏。

## 小结

自耦变压器的特点在于一、二次绕组之间不仅有磁的联系，而且还有电的联系，故从一次绕组传递到二次绕组的功率中，除了感应功率之外，还有传导功率。与同容量普通双绕组变压器相比，自耦变压器具有质量轻、材料省、损耗小、效率高等优点。自耦变压器变比 $k_a$ 越接近 1，上述优点越显著。

三绕组变压器内部的磁场分布比双绕组变压器复杂，但仍可划分为主磁通和漏磁通两类。漏磁通包括自漏磁通和互漏磁通两种，三绕组变压器的等效电抗是与这两种漏磁通相对应的电抗。负载运行时，二次侧一个绕组的负载变化对另一个绕组的电压有影响。

互感器是变压器的一种特殊运行方式，电压互感器相当于变压器的空载运行，二次绕组绝对不能短路；电流互感器相当于变压器的短路运行，二次绕组绝对不能开路。为了确保安全，互感器的二次绕组必须可靠接地。设计互感器时，为了减少变比误差和相角误差，应尽可能地减少励磁电流和一、二次绕组的漏阻抗。

## 习题

7-1 为什么自耦变压器材料省，效率高？

7-2 在降压自耦变压器中，由于一次绕组电流以负载作为回路，故多了一部分传导功率，这个结论是否也适用于升压自耦变压器？如何理解升压自耦变压器中的传导功率？

7-3　电力系统中用的自耦变压器变比 $k_a$ 通常在什么范围内？为什么？

7-4　在三绕组变压器中，为什么当一个二次绕组的负载发生变化时，会对另一个二次绕组的端电压产生影响？

7-5　三绕组变压器的额定容量怎样确定？二次侧容量之和为什么比一次侧的大？

7-6　电流互感器和电压互感器的功能是什么？使用电流互感器和电压互感器时，必须注意些什么？

7-7　有一台 5kV·A，480/120V 的普通双绕组变压器，接成 600/480V 自耦变压器运行，试求改接后一次绕组和二次绕组的额定电流和变压器容量。

7-8　一台三相三绕组变压器的绕组容量为 10000/10000/10000kV·A，线电压为 $U_{1N}/U_{2N}/U_{3N}$=110/38.5/11kV，YNyn0d11 接法，短路实验数据为：$p_{k12}=148.75$kW，$U_{k12}^*=10.1\%$，$p_{k13}=111.2$kW，$U_{k13}^*=16.95\%$，$p_{k23}=82.7$kW，$U_{k23}^*=6.06\%$，电流均为额定值。试计算简化等效电路中的参数。

# 变压器篇自测题

**一、填空题**

1. 既与一次绕组交链又与二次绕组交链的磁通为________，仅和一次绕组交链的磁通为________。

2. 为使电压波形不发生畸变，三相变压器应使其中一侧绕组________。

3. 变压器运行时基本铜耗可视为________，基本铁耗可视为________。

4. 三相变压器为达到理想并联运行，各台变压器应满足的条件是：①____________；②____________；③____________。

5. 一台额定频率为 50Hz 的电力变压器接于 60Hz、电压为此变压器 6/5 倍额定电压的电网上运行，此时变压器磁路饱和程度________，励磁电流________，励磁电抗________，漏电抗________。

6. 变压器空载运行时功率因数很低，其原因为________________。

7. 三相变压器组不宜采用 Yy 联结组，主要是为了避免________________。

8. 引起变压器电压变化率变化的原因是________________。

**二、选择题**

1. 三相变压器二次侧的额定电压是指原边加额定电压时二次侧的________电压。

   A. 空载线　　B. 空载相　　C. 额定负载时的线

2. 升压变压器，一次绕组的每匝电动势________二次绕组的每匝电动势。

   A. 等于　　B. 大于　　C. 小于

3. 磁通 $\phi$、电动势 $e$ 正方向如图 7-6 所示，$N$ 匝线圈感应的电动势 $e$ 为________。

   A. $\mathrm{d}\phi/\mathrm{d}t$　　B. $N\mathrm{d}\phi/\mathrm{d}t$　　C. $-N\mathrm{d}\phi/\mathrm{d}t$

4. 变压器的其他条件不变，若一、二次侧的匝数同时减少 10%，则________。

   A. $X_{1\sigma}$ 和 $X_{2\sigma}$ 同时减少 10%，$X_m$ 增大

   B. $X_{1\sigma}$ 和 $X_{2\sigma}$ 同时减少到 0.81 倍，$X_m$ 减少

   C. $X_{1\sigma}$ 和 $X_{2\sigma}$ 同时减少到 0.81 倍，$X_m$ 增加

   D. $X_{1\sigma}$ 和 $X_{2\sigma}$ 同时减少 10%，$X_m$ 减少

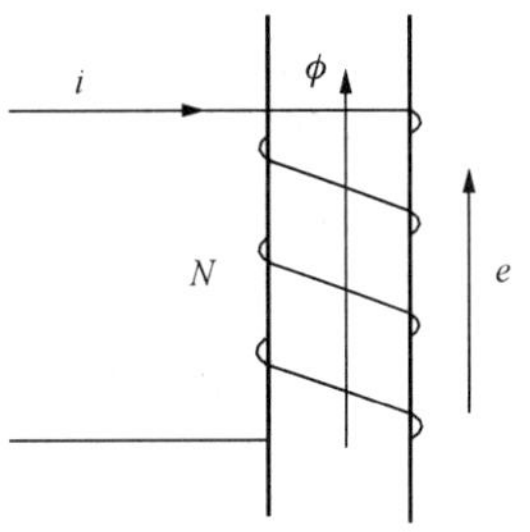

图 7-6　磁通与电动势

5. 如将额定电压为 220/110V 的变压器的低压侧误接到 220V 电源电压上，则励磁电流将________，变压器将________。

   A. 不变　　B. 增大一倍　　C. 增加很多倍

   D. 正常工作　　E. 发热但无损坏危险　　F. 严重发热有烧坏危险

**三、判断题**

1. 变压器空载运行时一次侧加额定电压，由于绕组电阻 $R_1$ 很小，因此电流很大。（　　）

2. 变压器负载运行时二次电压变化率随着负载电流增加而增加。（　　）

3. 变压器的变比可看作是额定线电压之比。 ( )

4. 变压器一次侧匝数增加5%，二次侧匝数下降5%，励磁电抗将不变。 ( )

5. 一台Yyn0连接和一台Yyn8连接的三相变压器，额定电压和变比相等，能经过改接后作并联运行。 ( )

**四、简答题**

1. 试用相量图判定图7-7两组变压器绕组的联结组。

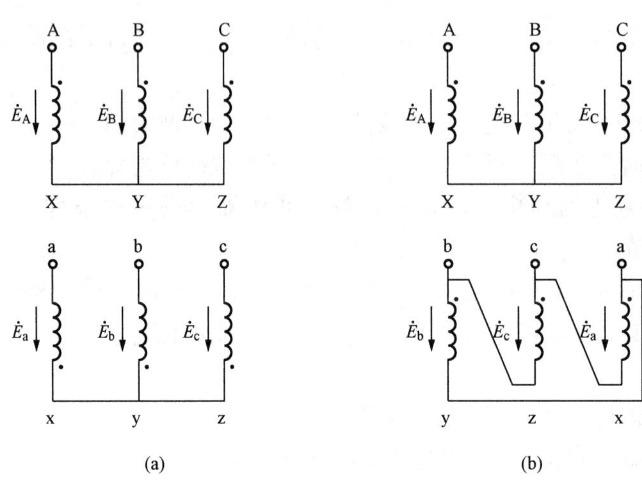


图7-7 变压器联结组

(a) 联结组一；(b) 联结组二

2. 有三台单相变压器，一、二次额定电压均为220/380V，现将它们连接成Yd11的三相变压器组（变压器的低压绕组连接成星形，高压绕组接成三角形），若对一次侧分别外施380V和220V的三相电压，试回答两种情况下空载电流$I_0$、励磁电抗$X_m$和漏抗$X_{1\sigma}$与单相变压器比较有什么不同。

3. 变压器在制造时，一次侧线圈匝数较原设计时少，试分析对变压器铁芯饱和程度、励磁电流、励磁电抗、铁耗、变比等有何影响。

**五、计算题**

1. 一台三相变压器，一、二次额定电压为$U_{1N}/U_{2N}=10/3.15$kV，Yd11接法，匝电压为14.189V，二次额定电流$I_{2N}=183.3$A。试求：

(1) 一、二次绕组匝数；

(2) 一次绕组电流及额定容量。

2. 一台单相变压器，$S_N=1000$kV·A，$U_{1N}/U_{2N}=60/6.3$kV，$f_N=50$Hz，空载及短路试验的结果见表7-1。

假定$R_1=R_2'=\dfrac{R_k}{2}$，$X_{1\sigma}=X_{2\sigma}'=\dfrac{X_k}{2}$，不考虑温度换算。试计算：

(1) 归算到高压侧的参数（实际值及标幺值）；

(2) 画出归算到高压侧的T型等效电路；

(3) 额定电流时的短路电压百分值；

(4) 满载及$\cos\varphi_2=0.8$滞后时的电压变化率及效率；

（5）最大效率。

**表 7-1　变压器空载和短路试验数据**

| 实验名称 | 电压（V） | 电流（A） | 功率（W） | 电源加载侧 |
| --- | --- | --- | --- | --- |
| 空载 | 6300 | 10.1 | 5000 | 低压侧 |
| 短路 | 3240 | 15.15 | 14000 | 高压侧 |

# 第三篇　交流电机理论的共同问题

工业用交流电机主要分为两大类：①交流同步电机，简称同步电机；②交流感应电机，简称感应电机。同步电机和感应电机的工作原理和运行特点不同，在后续章节分别研究，但它们有一些共性问题。例如，通常的同步电机和感应电机的定子绕组都是三相交流绕组，在三相交流绕组中产生感应电动势和磁动势的分析与计算方法也都是相同的；此外，它们发热与冷却的一般规律及温升限等方面的问题也是共同问题。在本篇对这些问题进行详细阐述。

## 第八章　交　流　绕　组

### 第一节　同步发电机和感应电动机工作原理概述

#### 一、同步发电机的基本工作原理

图 8-1（a）为三相同步发电机的工作原理示意图。三相同步发电机由定子、转子和定转子之间的工作气隙组成。定子是一个圆筒形的铁芯，靠近铁芯内表面均匀开槽，槽里嵌放导体。把这些导体按一定的规律连接起来，构成定子绕组，也称电枢绕组。图 8-1（a）中给出的是最简单的三相定子绕组，每相仅有一个线圈，线圈的首末端分别用 A-X、B-Y 和 C-Z 表示，它们在空间位置上彼此相差 120°。圆筒形铁芯的中间是可以旋转的转子，转子上装有主磁极。主磁极的铁芯上套上线圈，形成励磁绕组。给励磁绕组里通入直流电流，磁极就表现出极性，用 N、S 表示。在 N 极处磁力线由转子磁极表面流出进入定子铁芯，而在 S 极下磁力线由定子铁芯流出进入转子磁极，形成一对极的磁场。当转子由原动机拖动并以恒定速度 $n_s$（$n_s$ 通常称为同步转速）旋转时，定子绕组切割转子磁场感应交流电动势，导体感应电动势的方向由右手定则确定。

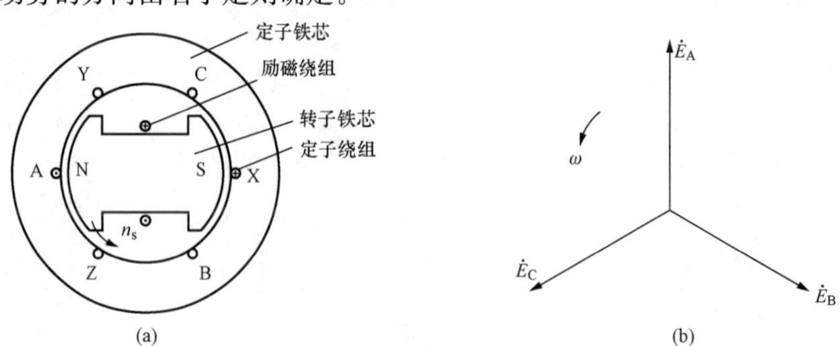


图 8-1　三相同步电机工作原理

（a）工作原理示意图；（b）感应电动势相量图

转子每旋转一周，感应电动势交变一次。转子的转速单位为 r/min（转/分钟），因此感应电动势的频率 $f=n_s/60$Hz。又因三相绕组在空间位置上互差 120°，转子磁场被 A 相绕组切割后，再转过 120°才被 B 相切割，因此 B 相电动势落后于 A 相电动势 120°。同样，C 相绕组在空间上落后 B 相 120°，C 相电动势相位落后 B 相电动势 120°，这样就得到了如图 8-1（b）所示的三相对称感应电动势。

同步发电机的三相绕组通常接成星形，当它加上三相对称负载时，在三相对称感应电动势的作用下，发电机便可向负载输出电能。与此同时，三相绕组中的电流和磁场相互作用，会产生与原动机拖动转矩相反的电磁转矩，克服原动机的机械能，将机械能转换成电能，形成机—电能量转换。这就是同步发电机的基本工作原理。

**二、感应电动机的基本工作原理**

感应电动机的定子结构和前述同步发电机相同，由铁芯和交流绕组构成，如图 8-2（a）所示。转子也由铁芯和绕组构成，但感应电动机转子结构与同步发电机不同。以常用的三相笼型感应电动机为例，靠近转子铁芯外表面均匀开槽，槽里嵌放导条，导条一般用铜条或铸铝制成，导条的两端用端环连接，形成如图 8-2（b）所示的转子笼型绕组。

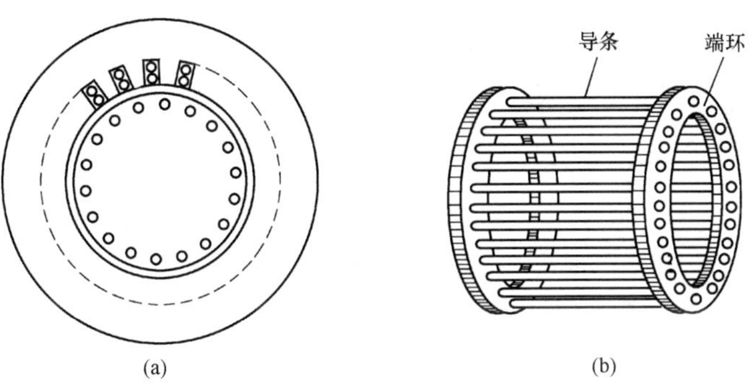


图 8-2　笼型感应电动机

（a）结构图；（b）转子笼型绕组

首先以图 8-3 为例定性地分析三相交流绕组产生旋转磁场的概念，以便理解感应电动机的基本工作原理。

图 8-3（b）所示的三相感应电动机，其定子三相绕组分别记为 A-X、B-Y 和 C-Z。约定当 A 相电流为正值时，电流从 A 导体流入纸面，以⊕号表示，并从 X 导体流出纸面，以⊙号表示；B 相电流为正值时，电流从 B 导体流入纸面，从 Y 导体流出纸面；C 相也作类似的规定。当三相交流绕组中通入对称三相电流时，如在图 8-3（a）所示的 $t_1$ 时刻，三相电流分别为

$$i_A=I_m,\quad i_B=-\frac{I_m}{2},\quad i_C=-\frac{I_m}{2}$$

这时三相电流联合产生的合成磁动势如图 8-3（b）所示。由于 A 相电流为正值，A 相电流从 A 端流入纸面，X 端流出纸面；B 相和 C 相电流均为负值，其电流分别从 Y、Z 端流入纸面，B、C 端流出纸面。通过右手定则可以判断，三相绕组电流产生的合成磁动势处于 A 相绕组的轴线上。此时刻 A 相电流最大，对合成磁动势的贡献也最大；而 B 相和 C 相瞬时电流只有 $I_m/2$，且其作用方向与合成磁动势的方向呈 60°夹角，因此这两相绕组对合成磁

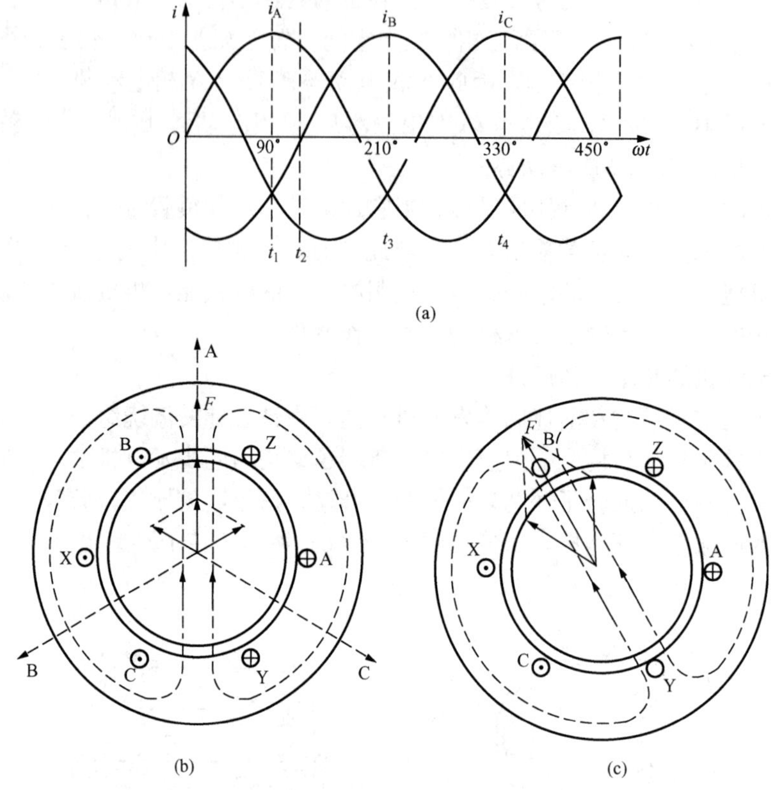


图 8-3 三相交流绕组产生的磁动势

(a) 三相电流；(b) $t_1$ 时刻磁场；(c) $t_2$ 时刻磁场

动势的贡献分别为

$$\frac{1}{2}\cos 60^\circ=\frac{1}{4}$$

所以，合成磁动势为 A 相绕组产生磁动势最大值的 3/2 倍。设单相绕组产生磁动势的幅值为 $F_\varphi$，则合成磁动势 $F=3F_\varphi/2$。在 $t_2$ 时刻，$\omega t$ 变化了 30°，此时

$$i_A=\frac{\sqrt{3}}{2}I_m,\quad i_B=0,\quad i_C=-\frac{\sqrt{3}}{2}I_m$$

合成磁动势位置如图 8-3（c）所示，与图 8-3（b）比较，合成磁动势旋转了 30°。此时刻，合成磁动势由 A 相和 C 相电流共同产生，因为它们的作用方向和合成磁动势的夹角都是 30°，因此合成磁动势仍为 $3F_\varphi/2$，即

$$F=\frac{\sqrt{3}}{2}F_\varphi\cos 30^\circ+\frac{\sqrt{3}}{2}F_\varphi\cos 30^\circ=\frac{3}{2}F_\varphi$$

既然 A 相电流为最大值时，磁动势最大值即在 A 相绕组轴线上；可知在 $t_3$ 时刻 B 相电流达到最大，合成磁动势应处于 B 相绕组轴线上；在 $t_4$ 时刻 C 相电流最大，合成磁动势处于 C 相绕组轴线上。以此类推，可知电流变化一个周期（$\omega t$ 变化 $2\pi$）时，磁动势在空间旋转一周，并且磁动势幅值始终保持为 $3F_\varphi/2$。该磁动势产生两极磁场，其转速 $n_1=60f=n_s$，这就是三相对称交流绕组通以三相对称交流电流产生旋转磁场的基本概念。

为了直观起见，将定子旋转磁场用会旋转的磁极表示，并假设此旋转的磁极为逆时针方向同步旋转，转速为 $n_s$，如图 8-4 所示。当转子静止 $n=0$ 或旋转速度 $n<n_s$ 时，转子导条和旋转磁场有相对运动，转子导条中会感应电动势。因转子速度低于 $n_s$，转子导条切割磁力线的运动方向为顺时针方向，由右手定则可以判断，转子导条中感应电动势的方向如图 8-4 所示。因转子导条被端环短接，若不计导条电抗影响，则导条中电流应与感应电动势同相位，即图 8-4 中所示电动势的方向也为该瞬间电流的方向。同时，载流导体在磁场下将会受到电磁力的作用，用左手定则可以判断电磁力的方向，该力与转子半径的积就是转矩，称为电磁转矩。转子上的电磁转矩为驱动力矩，如果它能够克服负载和转轴上的摩擦阻力矩，电机就将以转速 $n$ 旋转。

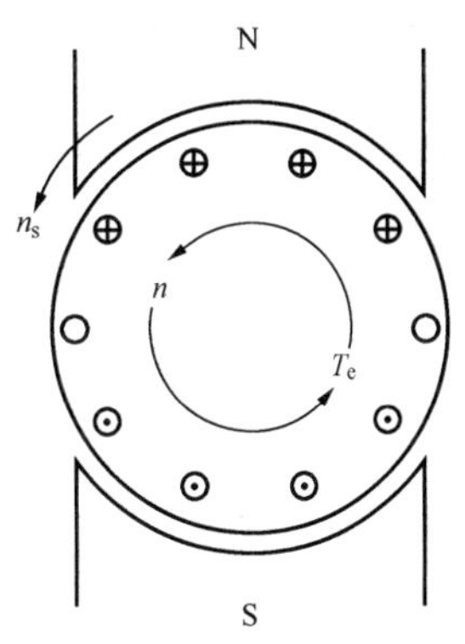

图 8-4　感应电动机的工作原理

因为转子电路中没有外接电源，完全依靠转子和旋转磁场之间的相对运动感应转子电动势和电流并产生电磁转矩，因此这种电动机称为感应电动机。又因为带动机械负载工作时，这种电动机的转速 $n$ 总是要低于同步转速 $n_s$，故感应电动机也称为异步电动机。

不难看出，定子绕组 A-X、B-Y、C-Z 三相对称，也就是三相绕组导体沿定子内表面按 AZBXCY 规律排列，当电动机转子以同步速旋转时，在定子绕组中将产生三相对称的感应电动势；反过来，当定子绕组中通以对称的三相电流时，三相绕组电流联合作用在电动机内就会形成一个同步速旋转的两极磁场。

**三、多极电机**

前面简述了一对极（两极）同步发电机和感应电动机的工作原理。实际上交流电机也可以制成多极电机。为了便于理解，可以把多极电机视作若干个两极电机拼合而成。例如，图 8-5 所示的四极电机可以看作为两个两极电机拼合而成。图中下面部分是一台两极电机的定子，上面嵌有三相绕组，拼合后占据半个圆周，其机械角度为 180°；上面部分是另一台两极电机，它占据圆周的另一半，其机械角度亦是 180°。

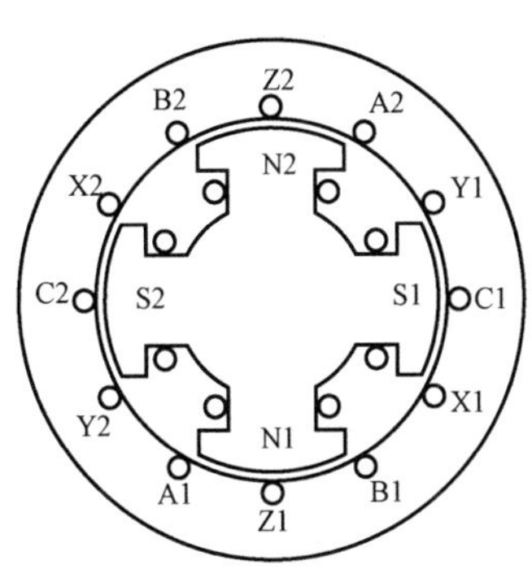

图 8-5　四极电机的构成

对于同步发电机，转子也由两个两极转子拼合而成，从而构成图 8-5 的四极转子。不难看出，转子转过一对极时，即四极电机的半周，定子绕组感应的电动势交变一次，转子转过一周感应电动势交变两次。一般地，对于 $p$ 对极电机，转子转过一周感应电动势交变 $p$ 次。因此对于多极电机，定子绕组感应电动势的频率应为

$$f=\frac{pn_s}{60} \tag{8-1}$$

在感应电动机基本工作原理概述中，已知两极电机中电流交变一次，三相绕组电流联合产生的磁场旋转一周，即转过一对极。现 $p$ 对极电机可以看作为 $p$ 个两极电机拼合而成，电流交变一次磁场仍然转一对极，即 $1/p$ 圆周，故 $p$ 对极电机旋转磁场的转速为

$$n_1=\frac{60f}{p}=n_s \tag{8-2}$$

不难看出，式（8-1）和式（8-2）实际上是一个公式的两种写法。

如上分析已知，对于 $p$ 对极电机，如果该电机是同步发电机，转子旋转一周，定子绕组感应电动势变化 $p$ 次；如果该电机是感应电动机，通入定子绕组的电流交变一次，三相绕组电流联合产生的磁场旋转 $1/p$ 周。也就是感应电动势或电流等电气量随时间变化 360°，则磁场或转子在空间旋转 $360°/p$，如果用电气量变化的角度（简称电角度）来表示空间机械角度，则有

$$电角度 = p \times 空间机械角度 \tag{8-3}$$

引入空间电角度概念的好处在于：无论是一对极电机，还是 $p$ 对极电机，用电角度表示空间的机械角度，该角度就和对应的感应电动势或电流随时间变化的角度相一致。也就是如果该电机是同步发电机，转子旋转 360°电角度，定子绕组感应电动势变化也为 360°电角度；如果该电机是感应电动机，通入定子绕组的电流变化 360°，三相绕组电流联合产生的磁场旋转也为 360°。另外，相邻两相绕组空间位置上的机械角度差为 $120°/p$，其空间电角度差为 120°，这恰好等于相邻两绕组中感应电动势的时间相位差，时间相位差与空间电角度差相一致。

## 第二节 三相单层绕组

图 8-1 和图 8-5 中的两极和四极三相定子绕组 A-X、B-Y 和 C-Z，都属于集中绕组，实际电机中的绕组比上述集中绕组复杂。这是因为集中绕组有很多缺点，主要是集中绕组电气性能差、散热不好，而且浪费铜线、铁芯等有效材料。实际电机大多采用分布绕组，分布绕组是由集中绕组演变而来的。例如，将图 8-1 所示的两极集中绕组改为分布绕组时，需将原来集中在一个大槽中的导体分散放置在 $q$ 个小槽当中，$q$ 个小槽对应的圆周角度称为相带。电机中所有的大槽都这样处理，就得到 $Q=2pmq$ 个小槽构成的分布绕组。这样做时，每小槽的导体都属于同一线圈，因而称为单层绕组。属于同一相的 $q$ 个槽分布在 60°空间电角度的范围之内，故称为 60°相带绕组，如图 8-6 所示。

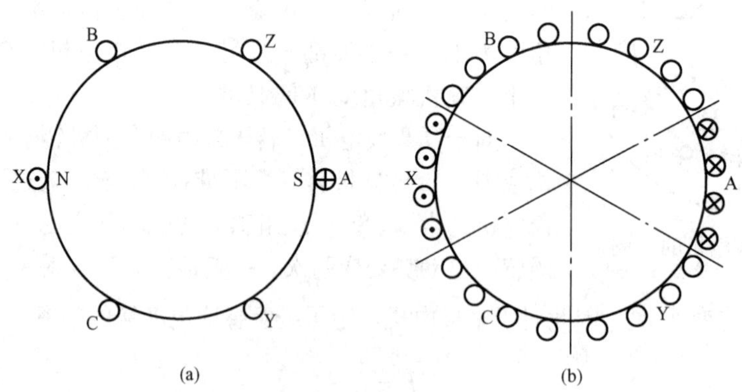


图 8-6 60°相带绕组

（a）集中绕组；（b）$q=4$ 的分布绕组

分布绕组是由集中绕组演变而来的，故分布绕组各相带内导体的连接应该和集中时相同，也就是每相带 $q$ 个导体依次串联，当然导体串联的先后次序是可以改变的。为了节省铜线、制造线圈方便和端部布置合理，按线圈的形状和端部连接方法的不同，单层绕组可分为

同心式、链式和交叉式等形式。在举例说明这三种绕组构成之前，先介绍几个常量。

（1）极距 $\tau$。对应于一个极即 180°空间电角度的定子内表面圆弧长度称为极距。其可以用槽数或对应的圆弧长度度量，即

$$\tau=\frac{Q}{2p}(\text{槽})\text{ 或 }\tau=\frac{\pi D}{2p}(\mathrm{m}) \tag{8-4}$$

式中：$Q$ 为定子槽数；$D$ 为定子铁芯内径，m。

（2）节距 $y_1$。一个线圈的两个线圈边之间的圆弧长度称为线圈的节距。其可以用槽数或对应的圆弧长度度量。

（3）每极每相槽数 $q$。每个极下每相所占的槽数称为每极每相槽数，即为由集中绕组过渡到分布绕组时的小槽数。其表达式为

$$q=\frac{Q}{2pm} \tag{8-5}$$

式中：$m$ 表示电机的相数，对于三相电机 $m=3$。

## 一、同心式绕组

同心式绕组是由不等节距的同心线圈构成。例如，三相二极 24 槽的定子，该绕组的每极每相槽数为

$$q=\frac{Q}{2pm}=\frac{24}{2\times 3}=4$$

按图 8-6 的原则划分 6 个相带，各个相带内的槽号排列见表 8-1。

**表 8-1　　三相二极 24 槽电机槽号排列表**

| 相带 | A | Z | B | X | C | Y |
|---|---|---|---|---|---|---|
| 槽号 | 23，24，1，2 | 3，4，5，6 | 7，8，9，10 | 11，12，13，14 | 15，16，17，18 | 19，20，21，22 |

根据表 8-1 的槽号画出三相二极 24 槽相带分布情况和 A 相绕组端视图，如图 8-7（a）所示。由于相带 A 与相带 X 是处于相异的磁极下，其电流方向相反。设导体 23、24、1、2 中电流方向为流入纸面，导体 11、12、13、14 中电流方向为从纸面流出。然后把 1 和 12 相连构成一个大线圈，2 和 11 相连构成一个小线圈，这一大一小构成一个同心式线圈组；再把 13 与 24 相连，14 与 23 相连，构成另一个同心式线圈组。然后再顺着电流的流向把两个线圈组连接起来，即尾端与尾端相接，首首引出，作为 A、X 端，构成 A 相绕组，如图 8-7（b）所示。同理，根据表 8-1 中其他两相的槽导体号，按相同的方法可以画出 B 相和 C 相绕组。

同心式绕组的优点是下线比较方便，由于大小线圈在同一平面上，端部重叠层数少，便于布置，散热情况好；缺点是线圈尺寸有大小两种，绕线模尺寸不同，绕线不方便，端部亦较长。同心式绕组通常用于二极的小型三相感应电机中。

## 二、链式绕组

链式绕组的线圈具有相同的节距，就整个绕组的外形来看，一环套一环，形如长链，因此而得名。下面用一台三相四极 24 槽电机的定子来说明其构成。该绕组的每极每相槽数为

$$q=\frac{Q}{2pm}=\frac{24}{4\times 3}=2$$

各个相带内的槽号排列见表 8-2。

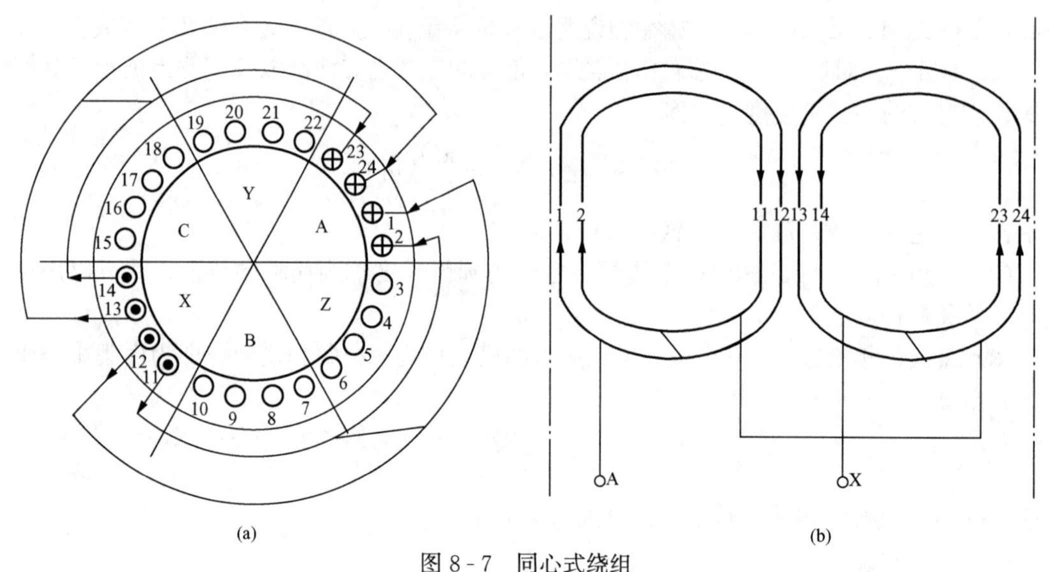


图 8-7 同心式绕组

(a) 端视图；(b) A 相展开图

**表 8-2** **三相四极 24 槽电机槽号排列表**

| 相带 / 槽号 / 磁极 | A | Z | B | X | C | Y |
|---|---|---|---|---|---|---|
| N1、S1 | 1，2 | 3，4 | 5，6 | 7，8 | 9，10 | 11，12 |
| N2、S2 | 13，14 | 15，16 | 17，18 | 19，20 | 21，22 | 23，24 |

由于线圈的槽内导体是产生电磁作用的有效导体，只要保持同一相带有效导体的电流流向不变，端部连接方式的改变是不会改变电磁状况的，因此，线圈的连接以端接线最短为佳。根据原则，把 2-7 相连，8-13 相连，14-19 相连，20-1 相连，得到四个线圈组。为了使四个线圈组能保持同一相带有效导体的电流同向或感应电动势能够相互增强，极间连线应是相邻线圈组依次反向串联，即"尾—尾"相连，"首—首"相连，可得 A 相绕组，如图 8-8 所示。按照同样方法可以得出 B 相和 C 相绕组。

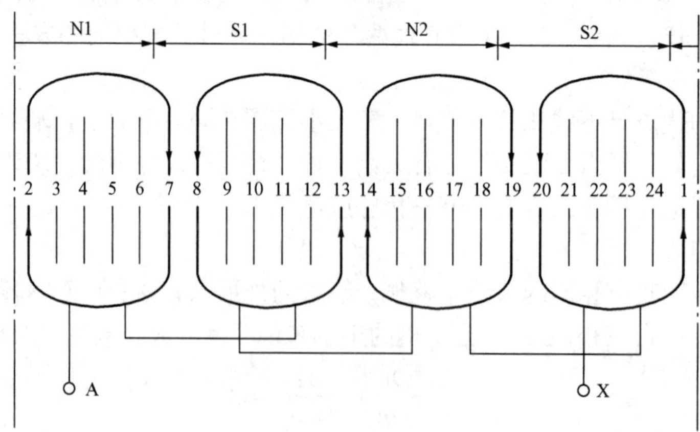


图 8-8 单层链式绕组 A 相展开图

在单层链式绕组中，每相线圈数等于极数，线圈的节距恒为奇数，本例中线圈节距 $y_1=5$。

链式绕组线圈端部较短，散热条件好，且全部线圈大小相同，只需一种绕线模尺寸，下线也比较方便。链式绕组通常用于每极每相槽数 $q=2$ 的小型三相感应电机中。

### 三、交叉式绕组

交叉式绕组适用于 $q$ 为奇数的情况，本质上它是同心式绕组与链式绕组的组合。现以一台三相四极 36 槽电机的定子来说明其构成。该绕组的每极每相槽数为

$$q=\frac{Q}{2pm}=\frac{36}{4\times 3}=3$$

各个相带内的槽号排列见表 8-3。

**表 8-3　三相四极 36 槽电机槽号排列表**

| 相带 / 槽号 / 磁极 | A | Z | B | X | C | Y |
|---|---|---|---|---|---|---|
| N1、S1 | 1，2，3 | 4，5，6 | 7，8，9 | 10，11，12 | 13，14，15 | 16，17，18 |
| N2、S2 | 19，20，21 | 22，23，24 | 25，26，27 | 28，29，30 | 31，32，33 | 34，35，36 |

根据表 8-3，将 A 相所属的每一个相带内的槽号分为两半，即 2-10 相连，3-11 相连，组成两个节距为 8 的“大圈”串联成一个线圈组；12-19 相连组成一个节距为 7 的“小圈”构成另一个线圈组，各对极下依次按“二大一小，二大一小”的交叉布置。由于四极电机每相共有四个线圈组，因此，线圈组之间按反串规律连接，即同属一相的相邻大线圈组与小线圈组之间“尾—尾”相连，小线圈组与大线圈组之间“首—首”相连。交叉式绕组 A 相展开图如图 8-9 所示。

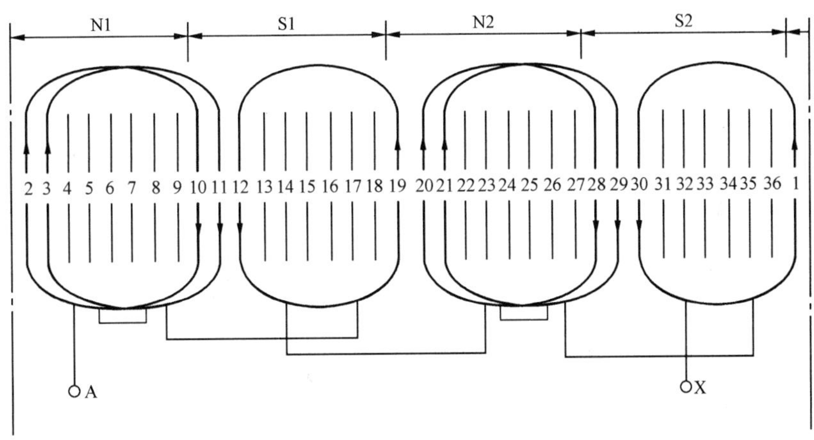


图 8-9　交叉式绕组 A 相展开图

交叉式绕组端部连接线较短，可以节约铜线和绝缘材料，通常用于每极每相槽数 $q$ 为奇数的小型三相感应电机中。

单层绕组的优点是简单，每槽只有一层，即只属于一个线圈，没有层间绝缘，槽的利用

率也比较高，多用于散下线的 10kW 以下的小功率交流电机中；主要缺点是电气性能不如双层绕组。

## 第三节 三相双层绕组

顾名思义，双层绕组就是线圈叠放成上下两层，靠近槽口为上层，靠近槽底为下层。为了使绕组布置均匀、对称，每个线圈的节距都相等，其中一个线圈边放在上层，另一个线圈边放在下层，上下层之间用层绝缘隔开。双层绕组也可以认为由集中绕组演变而成的，与单层绕组不同的是，原来集中在一个大槽中的全部导线分散成上层线圈边和下层线圈边两部分。上层的导体分布放置在 $q$ 个相邻的小槽中，这 $q$ 个小槽占据圆周 60°电角度的范围；下层导体也分布放置在 $q$ 个小槽当中，并且也占 60°电角度，但上下层之间可按需要错开一个或几个槽以改善绕组中感应电动势和磁动势的波形。

按线圈构成方法和导体连接次序的不同，双层绕组主要有叠绕组和波绕组两种形式。

### 一、双层叠绕组

叠绕组的线圈形状和节距都是相同的，并且相邻线圈的端部依次叠放构成。现以定子槽数 $Q=36$，相数 $m=3$，极数 $2p=4$ 的定子绕组为例来说明双层叠绕组的构成。绕组极距为

$$\tau=\frac{Q}{2p}=\frac{36}{4}=9$$

设上下层绕组错开一个槽，则选定节距 $y_1=\tau-1=9-1=8$，每极每相槽数为

$$q=\frac{Q}{2pm}=\frac{36}{4\times 3}=3$$

由此确定各相带内的槽号分配见表 8 - 4。

**表 8 - 4　　三相四极 36 槽电机双层绕组 A 相排列表**

| 磁极 \ 槽号 \ 相带 | | A | | | Z | | | B | | | X | | | C | | | Y | | |
|---|---|---|---|---|---|---|---|---|---|---|---|---|---|---|---|---|---|---|---|
| N1、S1 | 槽号 | 1 | 2 | 3 | 4 | 5 | 6 | 7 | 8 | 9 | 10 | 11 | 12 | 13 | 14 | 15 | 16 | 17 | 18 |
| | 上层 | ● | ● | ● | | | | | | | ● | ● | ● | | | | | | |
| | 下层 | ● | ● | | | | | | | ● | ● | ● | | | | | | | ● |
| N2、S2 | 槽号 | 19 | 20 | 21 | 22 | 23 | 24 | 25 | 26 | 27 | 28 | 29 | 30 | 31 | 32 | 33 | 34 | 35 | 36 |
| | 上层 | ● | ● | ● | | | | | | | ● | ● | ● | | | | | | |
| | 下层 | ● | ● | | | | | | | ● | ● | ● | | | | | | | ● |

**注**　●表示线圈导体。

从表 8 - 4 可得，由于线圈的节距 $y_1=8$，所以线圈 1 的一条边嵌放在 1 号槽的上层，另一条边则在 1+8=9 号槽的下层；同理，线圈 2 的一条边嵌放在 2 号槽的上层，另一条边则在 10 号槽的下层。依此类推，将得到 A 相绕组的展开图，如图 8 - 10 所示。图中上层边用

实线表示，下层边用虚线表示，每一个线圈都是一半实线和一半虚线组成。从图 8-10 可见，线圈 1、2、3 相串联，19、20、21 相串联，分别组成两个对应 N 极下相带 A 的线圈组；线圈 10、11、12 相串联，28、29、30 相串联，分别组成两个对应 S 极下相带 X 的线圈组。最后，把这 4 个线圈组视需要接成串联或并联，即构成 A 相绕组。B、C 两相绕组可用同样方法构成。

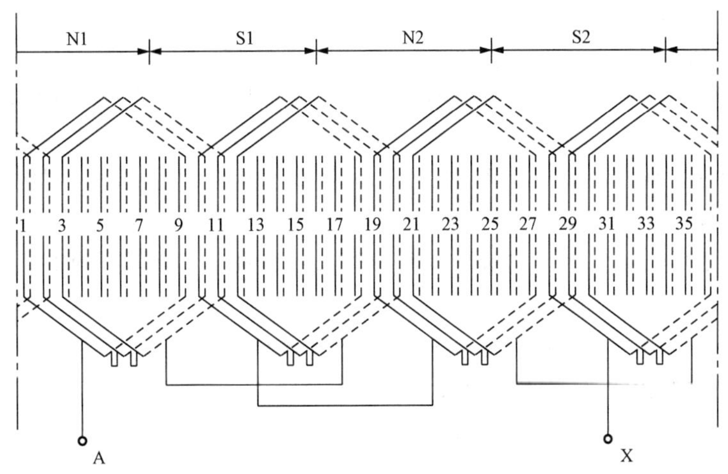


图 8-10　双层叠绕组 A 相展开图

由于双层叠绕组每相的线圈数等于极数，同单层绕组一样，各线圈之间仍遵循“尾—尾”相连，“首—首”相连的连接规律，如图 8-11 所示。

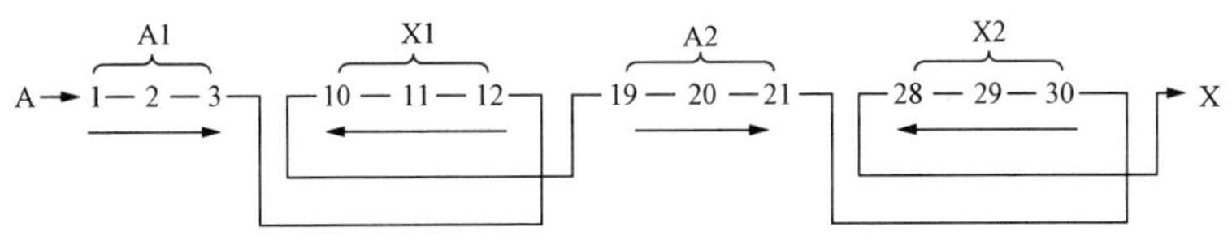


图 8-11　线圈组单支路连接简图

如果希望获得两条并联支路，则只需要把 A1、X1 组作为一条支路，A2、X2 组作为另一条支路，然后把这两条支路的首端与首端（即 1 号线圈与 19 号线圈的首端）相连，作为 A 相绕组的首端 A；尾端与尾端（即 10 号线圈与 28 号线圈的首端）相连，作为 A 相绕组的尾端 X 即可，如图 8-12 所示。

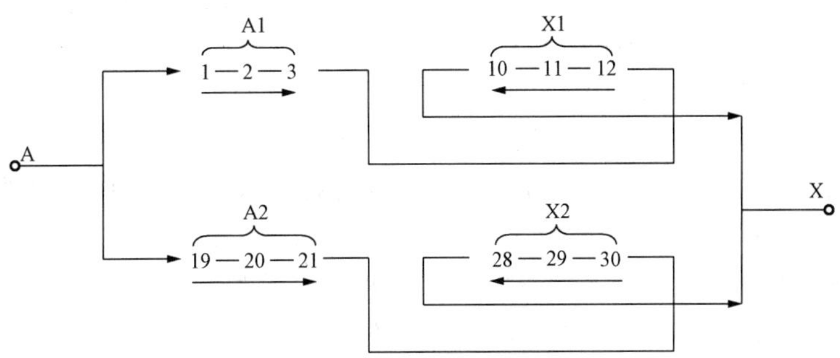


图 8-12　线圈组两支并联连接简图

由于整个电机共有 $2p$ 个线圈组，因此最多可以得到 $2p$ 个支路。在交流电机中习惯用 $a$ 表示支路数。图 8-11 为单支路 $a=1$，图 8-12 为双支路 $a=2$，最多可以有 4 条支路，$a=4$。在实际中，支路数 $a$ 通常小于 $2p$，且 $2p$ 必须是 $a$ 的整数倍。

叠绕组的优点为短距时端部可以节约部分用铜量。缺点是最后几匝线圈嵌线比较困难，另外极间连线较长，在极数多时比较费铜。叠绕线圈通常为多匝，主要用于中小型同步电机和感应电机的定子绕组中。

**二、双层波绕组**

并联支路数较少、每根导体截面积较大的多极交流电机用双层叠绕组时，需要将 $2p$ 个线圈组用组间连接线连起来，组间连接线用铜量大。为节约用铜常常采用波绕组。

各相槽号的分配和上、下层相带的划分，波绕组和叠绕组是完全一样的，二者的差别仅仅是线圈连接的顺序和端部形状不同而已。

现仍以定子槽数 $Q=36$，相数 $m=3$，极数 $2p=4$ 的定子绕组为例来说明双层波绕组的构成。

波绕组的线圈仍由一个上层边导体和一个下层边导体构成，并且每一个线圈的节距 $y_1$ 都相同，这样就把 A 相的 24 根导体构成 12 个等节距的线圈。如果仍以上层导体所在的槽号作为线圈的序号，则 A 相绕组由表 8-5 所示的两组线圈构成。

**表 8-5　　A 相绕组线圈**

| | | | | | | |
|---|---|---|---|---|---|---|
| 所有上层在 N 极下的线圈（A 相带） | 1 | 2 | 3 | 19 | 20 | 21 |
| 所有上层在 S 极下的线圈（X 相带） | 10 | 11 | 12 | 28 | 29 | 30 |

将这两组线圈按如下顺序连接：

第一组 A1——3——21——2——20——1——19——A2

第二组 X1——30——12——29——11——28——10——X2

按这样的顺序连接时，绕组呈图 8-13（a）所示的波浪状前进。

用图 8-13（a）所示的合成节距 $y$ 指示线圈的连接顺序。例如，与 3 号线圈连接的下一个线圈为 21 号线圈，二者槽号差即为合成节距 $y$，恰好是一对极的槽数，即

$$y=\frac{Q}{p}=\frac{36}{2}=18$$

再接下去连接时，波浪状的绕组已围绕电机一周，这时合成节距 $y$ 已不再可能是 18，否则与 21 号线圈相差一对极的恰好还是 3 号线圈，因此为了能接下去连 2 号线圈，合成节距应该为 17。不难看出，这种情况每绕电机一周就会出现一次。

按这样的规律连接下去，将得到上述的两个线圈组。因为这两个线圈组的各线圈一一对应地相差 180°电角度，因此感应电动势大小相同，相位差 180°，这两组绕组可以并联成两条支路，$a=2$，也可以串联成一条支路，$a=1$。完整的绕组展开图如图 8-13（b）所示。

与叠绕组不同的是，不论是多少磁极对数，波绕组只有两个线圈组，一个是 N 极下的线圈组，另一个是 S 极下的线圈组。线圈组之间连接线少，在多极交流电机中采用波绕组可以节约极间连接线，以致省铜。波绕组主要用在绕线式感应电机的转子和大中型水轮发电机的定子绕组中。

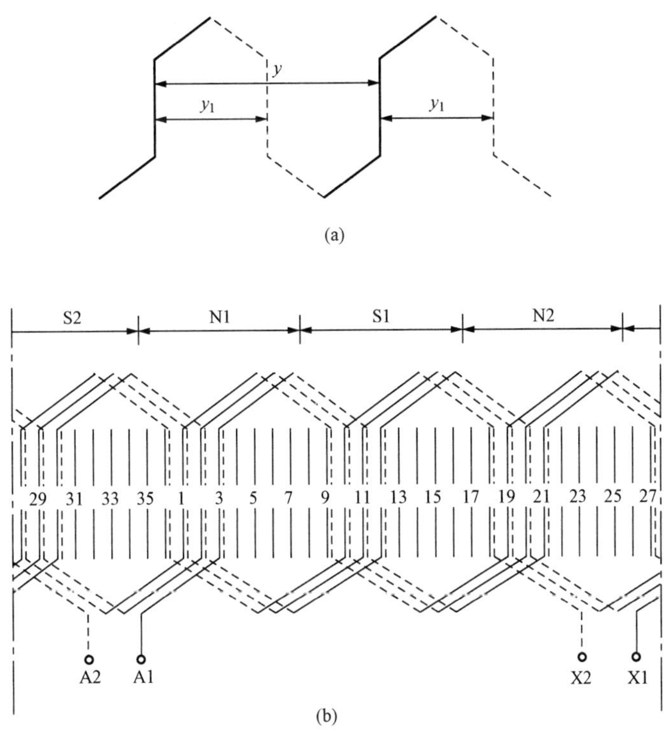


图 8-13　双层波绕组

(a) 波绕组线圈及节距；(b) A 相展开图

## 小　结

(1) 从同步发电机和感应电机工作原理概述中的分析得知，对于 60°相带绕组，如果定子绕组各相带按 AZBXCY 排序，当转子磁极以同步速旋转时，定子绕组产生对称的三相感应电动势；反过来，当绕组通入对称的三相电流，各相带按 AZBXCY 排序，便可形成二极磁场。当电机的极对数增加时，AZBXCY 组数增加，AZBXCY 组数等于极对数。

(2) 本章介绍了各种交流绕组的构成原理。绕组的种类虽多，但都是从空间互差 120°的三个集中线圈演变而来。

将原来集中在一个槽中的导体分散放在 $q$ 个槽中即可得到单层绕组。各种单层绕组的差别仅仅是导体连接次序有所不同。若将原来集中在一个槽中的导体分在两层当中，而每一层导体也分散在 $q$ 个槽中时就得到双层绕组。各种双层绕组的差别也仅仅是线圈连接次序的不同。多极电机也是从两极电机演变而来，即将多个两极电机拼接为一个整圆就成为多极电机。

(3) 理解了上述绕组构成原理后，就很容易总结出绕组接线规律。这就是将集中线圈分散放置后，应保持原来的连接方向，这样才能保证得到最大的感应电动势和最强的基波磁场。

(4) 采用分布、短距的目的是改善电机的性能。端接部分的连接应保证三相对称、接线最短、线圈容易制造。

（5）本章仅研究了几种基本形式的绕组，实际上为了满足电机的特殊要求还可构成许多特殊绕组。例如，为了减少磁场的谐波，可以构成所谓正弦绕组。正弦绕组也是将集中在一个槽中的导体分散在 $q$ 个槽中后构成的。但在分散在 $q$ 个槽中时，各槽导体数不相等，以便使磁场更加接近正弦分布，减小谐波磁场的不良影响。

## 习 题

8-1 同步电机和感应电机的工作原理和励磁方式有什么不同？

8-2 由物理概念说明为什么交流电机同步转速与频率成正比与极对数成反比？试求下列交流电机的转速或极对数：

（1）汽轮发电机 $f=50\text{Hz}$，$2p=2$，求 $n$；

（2）水轮发电机 $f=50\text{Hz}$，$2p=32$，求 $n$；

（3）同步发电机 $f=50\text{Hz}$，$n=750\text{r/min}$，求 $2p$。

8-3 电角度的意义是什么？电角度与机械角度之间有什么关系？

8-4 为什么相带 A 与相带 X 两极相组串联时必须反向连接？不这样做会引起什么后果？

8-5 三相双层绕组，$Q=36$，$2p=4$，$y_1=7\tau/9$，$a=1$。试画出 A 相叠绕组展开图和 A 相波绕组展开图。

8-6 试分别画出下列三相单层绕组 A 相展开图：

（1）$Q=24$，$2p=2$，$a=1$ 的同心式绕组；

（2）$Q=24$，$2p=4$，$a=1$ 的链式绕组；

（3）$Q=18$，$2p=2$，$a=1$ 的交叉式绕组。

# 第九章 交流绕组的感应电动势

在第八章介绍交流电机基本工作原理时，已经简要分析在同步发电机中交流绕组切割旋转的主极磁场而产生感应电动势。与同步发电机不同，感应电机的磁场是由交流绕组中的三相交流电流激励产生的，形成的旋转磁场在交流绕组中同样产生感应电动势。因此，感应电动势是交流电机理论中的共同问题。本章着重研究交流电机中的感应电动势问题，主要涉及电动势的大小、频率和波形等。

## 第一节 导体电动势星形图

交流绕组内的感应电动势通常为正弦交流电动势，故可用相量来表示和运算。对于多极电机，从第八章分析可知，当转子旋转一周，定子绕组感应电动势变化 $p\times360°$。因此，定子相邻槽导体感应电动势的相位差为

$$\alpha = p\,\frac{360°}{Q} \tag{9-1}$$

$\alpha$ 通常也称为定子相邻槽的电角度或槽距角。

每一根导体中感应的交变电动势均可用一个相量表示，即用相量的长度表示导体感应电动势的最大值，用相量在旋转时间轴上的投影表示感应电动势的瞬时值。将所有导体的电动势均用相量表示，可以得到导体电动势星形图。

仍以图 8-10 所示的 $Q=36$，相数 $m=3$，极数 $2p=4$ 的三相双层绕组为例加以说明。此时相邻槽导体感应电动势相位差为

$$\alpha = p\,\frac{360°}{Q} = 2\times\frac{360°}{36} = 20°$$

画出各导体感应电动势相量即得到图 9-1 所示的电动势星形图。图中 1 号导体感应电动势为相量 1，2 号导体电动势与 1 号导体相位差为 20°，超前还是滞后取决于磁场的转向，现假定为滞后；3 号导体电动势再滞后 20°，这样可以依次画出一对极下 18 个槽导体的电动势相量。19 号槽与 1 号槽空间差一对极，空间电角度相差 360°，故电动势相位差 360°，因此 1 相量与 19 相量重合，2 与 20 重合。依此类推，得到 36 根导体电动势星形图，如图 9-1 所示。

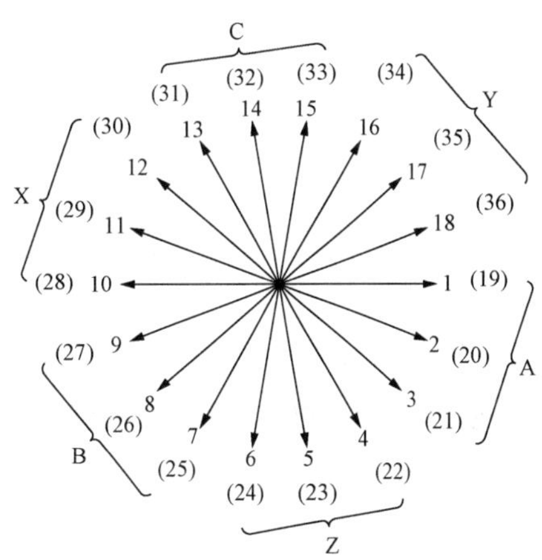

图 9-1 导体电动势星形图

可以利用电动势星形图确定绕组相带的划分、线圈组的构成和线圈组的连接规律等。例如，图 9-1 中所示一对极下导体分为 6 个相带，每个相带有 3 个槽，属于 A 相的上层导体为 1、2、3、10、11、12，其下层导体为 9、10、11、36、1、2 组成 6

个等距线圈，按电动势星形图的指示，10、11、12 三个线圈合成电动势与 1、2、3 三个线圈的合成电动势相位差 180°，因此应当互相反接。在另一对极下的情况完全类似，因此可以利用电动势星形图决定绕组的连接。

此外，亦可以利用电动势星形图计算每相绕组感应电动势的大小。

## 第二节 导体基波电动势

由电磁感应定律可知，导体感应电动势瞬时值为

$$e=blv \tag{9-2}$$

因导体有效长度 $l$ 和转子磁极旋转线速度 $v$ 均为定值，导体感应电动势 $e$ 正比于磁通密度 $b$ 的大小，即气隙中磁通密度 $b$ 的波形决定了导体感应电动势随时间变化的波形。如果要得到随时间正弦变化的电动势，则气隙磁密在空间沿定子内表面圆周方向须按正弦规律分布。

因转子每转过一对极感应电动势交变一次，而一对极对应的圆周长度为 $2\tau$，因此转子线速度亦即导体切割磁场的速度是频率 $f$ 乘以 $2\tau$，即

$$v=2\tau f \tag{9-3}$$

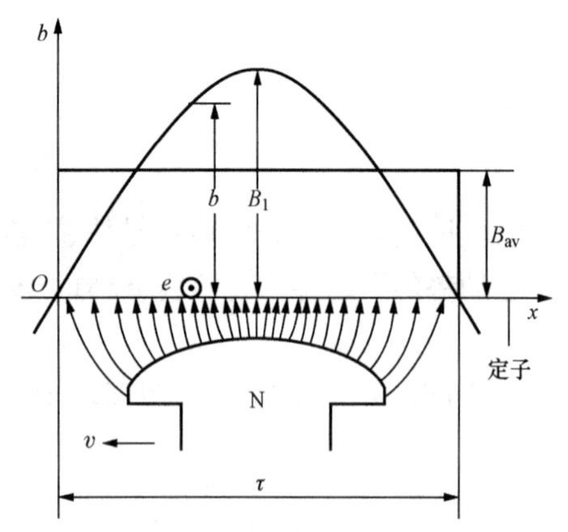


图 9-2 主极磁场在空间的分布

设正弦分布的磁通密度最大值为 $B_1$，则导体感应电动势最大值应为

$$E_m=B_1 l\times 2\tau f \tag{9-4}$$

习惯上利用每极磁通 $\Phi_1$ 计算感应电动势，即

$$\Phi_1=B_{av}\tau l=\frac{2}{\pi}B_1\tau l \tag{9-5}$$

$$B_{av}=2B_1/\pi$$

式中：$B_{av}$ 为一个极距范围内磁通密度的平均值；$\tau l$ 为一个极的截面积，如图 9-2 所示。

将式（9-5）代入式（9-4）得到

$$E_m=\pi f\Phi_1 \tag{9-6}$$

每根导体基波感应电动势有效值为

$$E_1=\frac{E_m}{\sqrt{2}}=\frac{\pi}{\sqrt{2}}f\Phi_1=2.22f\Phi_1 \tag{9-7}$$

## 第三节 线圈基波电动势及节距因数

单层绕组或双层绕组均由线圈构成。线圈的节距 $y_1$ 通常为整距或短距。按图 9-3（a）所规定的参数方向计算线圈的感应电动势时，线圈电动势 $\dot{E}_{c1}$ 应为构成线圈的两根导体感应电动势之间相量差，设上层导体电动势为 $\dot{E}_1$，下层导体电动势为 $\dot{E}_1'$，则线圈电动势 $\dot{E}_{c1}$ 为

$$\dot{E}_{c1}=\dot{E}_1-\dot{E}_1'$$

因各导体感应电动势有效值均相等，设为 $E_1$，感应电动势相位差可由电动势星形图决定。一般地，当线圈节距为 $y_1$ 时，线圈两边导体感应电动势相位差为 $\gamma=\frac{y_1}{\tau}180°$，在图 9-3（b）中

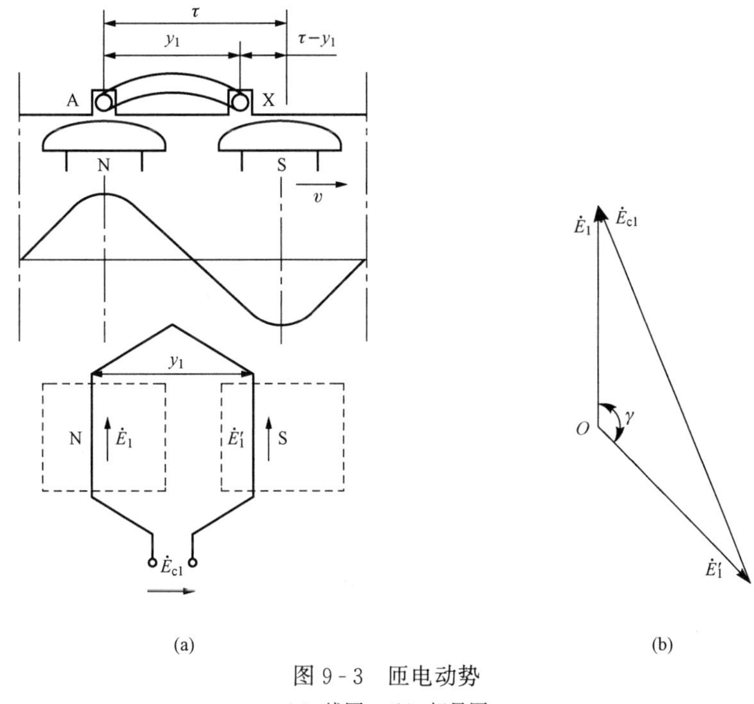


图 9-3　匝电动势
（a）线圈；（b）相量图

画出了一个短距线圈的两个导体电动势的相量关系，由图中的几何关系可知

$$E_{c1}=2E_1\cos\frac{1}{2}\left(180°-\frac{y_1}{\tau}180°\right)=2E_1\sin\frac{y_1}{\tau}90°=4.44f\Phi_1k_{p1} \tag{9-8}$$

$$k_{p1}=\sin\frac{y_1}{\tau}90° \tag{9-9}$$

式中：$k_{p1}$ 为绕组基波电动势的节距因数。

当线圈为整距时，组成线圈的两根导体之间的节距 $y_1=\tau$，电动势相位差为 180°，此时节距因数 $k_{p1}=\sin 90°=1$，线圈基波电动势为最大值。但若线圈节距 $y_1\neq\tau$ 时，$k_{p1}<1$，即线圈电动势将减小到 $k_{p1}$ 倍。因此，节距因数代表线圈短距后感应电动势比整距时所打的折扣。

当线圈为多匝时，线圈电动势还应乘以线圈的匝数 $N_c$，即

$$E_{c1}=4.44fN_c\Phi_1k_{p1} \tag{9-10}$$

## 第四节　线圈组基波电动势及分布因数

一个线圈组由 $q$ 个分布线圈构成，可以利用电动势星形图来确定其电动势。先求出每个线圈感应电动势的相量，若为双层绕组，$q$ 个线圈是等节距的；而对于单层绕组，从感应电动势计算的角度看可以认为是 $q$ 个整距分布线圈，亦是等节距的。$q$ 个等节距线圈感应电动势相量图如图 9-4（a）所示，图中每个线圈电动势为 $E_{c1}$，彼此之间的相位差即为相邻槽电角度 $\alpha$。

线圈组感应电动势为大小相等、彼此差 $\alpha$ 电角度的 $q$ 个线圈电动势的相量和。由图 9-4（b）可知，这 $q$ 个相量可视作正多边形的一部分，作正多边形的外接圆，并以 $R$ 表示外接圆的

半径，可得线圈组电动势为

$$E_{q1}=2R\sin\frac{q\alpha}{2} \tag{9-11}$$

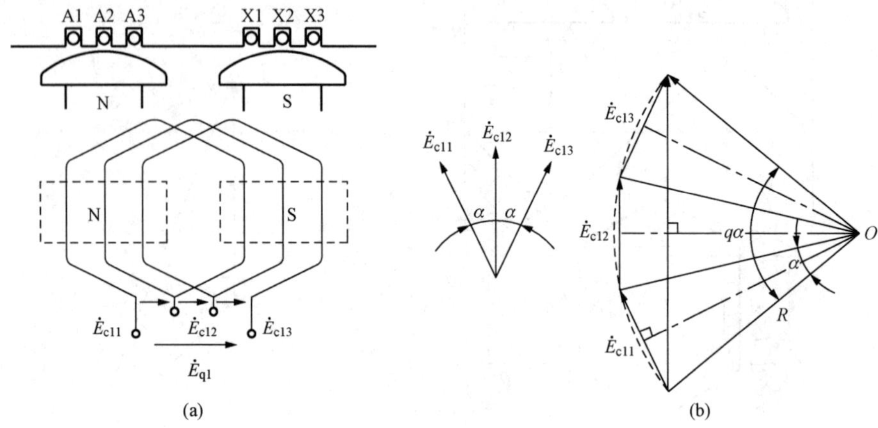


图 9 - 4　线圈组电动势

(a) 线圈组；(b) 电动势相量图

且

$$E_{c1}=2R\sin\frac{\alpha}{2} \tag{9-12}$$

由式（9 - 11）和式（9 - 12）可知

$$E_{q1}=E_{c1}\frac{\sin\frac{q\alpha}{2}}{\sin\frac{\alpha}{2}}=qE_{c1}k_{d1} \tag{9-13}$$

$$k_{d1}=\frac{\sin\frac{q\alpha}{2}}{q\sin\frac{\alpha}{2}} \tag{9-14}$$

式中：$k_{d1}$ 为绕组的分布因数，其数值小于或等于 1。

由式（9 - 13）可知，由集中绕组变为分布绕组后，感应电动势由 $qE_{c1}$ 变为 $qE_{c1}k_{d1}$，电动势变小了，所打的折扣即为分布因数 $k_{d1}$。线圈组电动势为

$$E_{q1}=4.44(qN_c)f\Phi_1k_{w1} \tag{9-15}$$

$$k_{w1}=k_{p1}k_{d1} \tag{9-16}$$

式中：$k_{w1}$ 为基波绕组因数，是由于分布和短距，绕组感应电动势所打的折扣；$qN_c$ 为线圈组的总匝数。

由于线圈组是每极下一个相带 $q$ 个线圈串联构成，所以线圈组也称极相组。若干个线圈组串联为一相，因线圈组之间感应电动势没有相位差，因此，只需要将 $E_{q1}$ 再乘以串联组数即可得到相电动势，即

$$E_{\varphi1}=4.44fN\Phi_1k_{w1} \tag{9-17}$$

式中：$N$ 为每相串联匝数，$N=qN_c\times$串联的线圈组数，故对于单层绕组 $N=pqN_c/a$，双层绕组 $N=2pqN_c/a$。当 $\Phi_1$ 单位为 Wb 时，$E_{\varphi1}$ 的单位为 V。

式（9 - 17）和变压器中感应电动势计算公式具有相似的形式，其差别仅仅是在交流电机

中绕组存在分布和短距，感应电动势计算需要考虑它们的影响，所以应乘以绕组因数 $k_{w1}$。

**【例 9 - 1】**　已知电机的数据为：定子内径 $D=0.22\text{m}$，铁芯长度 $l=0.27\text{m}$，气隙磁通密度正弦分布，幅值 $B_1=0.77\text{T}$，定子为三相交流叠绕组，$2p=4$，$Q=36$，$q=3$，节距 $y_1=8$ 槽，每线圈匝数 $N_c=4$，单支路 $a=1$。试计算同步发电机相电动势的有效值。

**解**　由式（9 - 5）计算每极磁通 $\Phi_1$

$$\Phi_1=\frac{2}{\pi}B_1\tau l=\frac{2}{\pi}B_1\frac{\pi D}{2p}l=\frac{Dl}{p}B_1=\frac{0.22\times 0.27}{2}\times 0.77=0.02287(\text{Wb})$$

由式（9 - 9）和式（9 - 14）计算绕组节距因数 $k_{p1}$ 和分布因数 $k_{d1}$。因 $y_1=8$ 槽，$\tau=mq=9$ 槽，则

$$k_{p1}=\sin\left(\frac{y_1}{\tau}\times 90°\right)=\sin\left(\frac{8}{9}\times 90°\right)=0.9848$$

因 $\alpha=p\dfrac{360°}{Q}$，$Q=2mpq$ 代入分布因数计算公式，得

$$k_{d1}=\frac{\sin\dfrac{q\alpha}{2}}{q\sin\dfrac{\alpha}{2}}=\frac{\sin 30°}{3\sin\dfrac{30°}{3}}=0.9598$$

由式（9 - 16）得绕组因数为

$$k_{w1}=k_{p1}k_{d1}=0.9848\times 0.9598=0.9452$$

对于单支路绕组，每相有 $2p=4$ 个线圈组串联，则

$$N=2pqN_c=4\times 3\times 4=48$$

代入式（9 - 17）计算感应电动势有效值，即

$$E_{\varphi 1}=4.44fN\Phi_1k_{w1}=4.44\times 50\times 48\times 0.02287\times 0.9452=230.3(\text{V})$$

## 第五节　谐波电动势的计算

在本章一至四节中假定主磁极产生的气隙磁场沿定子内表面正弦分布。这时在交流绕组中的感应电动势是频率为 $f$ 的正弦波。在实际电机中气隙磁场的分布并非正弦波，而是如图 9 - 5 所示的波形。

利用傅里叶级数分析法可以将实际的气隙磁场波形分解为基波磁场和一系列高次谐波磁场的叠加。由于磁场波形相对于磁极中心线左右对称，因此谐波磁场中没有偶次空间谐波分量，仅含有奇次空间谐波分量，即谐波次数 $\nu=1$，3，5，7，9，…。为清楚起见，图 9 - 5 中除基波外，仅画出 3 次和 5 次谐波。

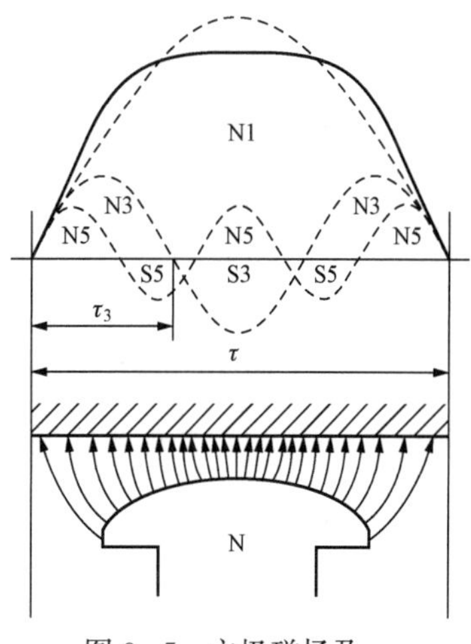

图 9 - 5　主极磁场及谐波分解

从主磁极产生磁场及其谐波分解的特点看，谐波磁场的极对数应为基波的 $\nu$ 倍，极距为基波的 $1/\nu$，相邻槽电角度亦为基波的 $\nu$ 倍，且所有的谐波磁场随主磁极一起以同步速度旋转，即

$$p_\nu=\nu p,\quad \tau_\nu=\frac{\tau}{\nu},\quad \alpha_\nu=\nu\alpha,\quad n_\nu=n_1=n_s \qquad (9-18)$$

因此，$\nu$ 次谐波磁场在交流绕组中感应电动势的频率应为

$$f_\nu=\frac{p_\nu n_\nu}{60}=\frac{\nu p n_1}{60}=\nu f_1 \tag{9-19}$$

根据与式（9-17）的类似推导，可得 $\nu$ 次谐波电动势为

$$E_{\varphi\nu}=4.44 f_\nu N\Phi_\nu k_{w\nu} \tag{9-20}$$

$$\Phi_\nu=\frac{2}{\pi}B_\nu\tau_\nu l=\frac{2}{\pi}B_\nu\frac{\tau}{\nu}l \tag{9-21}$$

$$k_{w\nu}=k_{p\nu}k_{d\nu} \tag{9-22}$$

式中：$\Phi_\nu$ 为 $\nu$ 次谐波每极磁通；$B_\nu$ 为 $\nu$ 次谐波磁通密度的幅值，乘以系数 $2/\pi$ 得到一个极下的平均值；$k_{w\nu}$ 为 $\nu$ 次谐波的绕组因数；$k_{p\nu}$ 为 $\nu$ 次谐波的节距因数；$k_{d\nu}$ 为 $\nu$ 次谐波的分布因数。

$$k_{p\nu}=\sin\left(\frac{y_1}{\tau_\nu}90^\circ\right)=\sin\left(\nu\frac{y_1}{\tau}90^\circ\right) \tag{9-23}$$

$$k_{d\nu}=\frac{\sin\left(\frac{q\alpha_\nu}{2}\right)}{q\sin\left(\frac{\alpha_\nu}{2}\right)}=\frac{\sin\left(\nu\frac{q\alpha}{2}\right)}{q\sin\left(\nu\frac{\alpha}{2}\right)} \tag{9-24}$$

**【例 9-2】** 计算［例 9-1］同步发电机绕组中 3、5、7 次谐波相电动势有效值。设这些谐波磁场幅值分别为 $B_3=0.08\text{T}$，$B_5=0.05\text{T}$，$B_7=0.05\text{T}$。

**解** 用式（9-21）计算各次谐波每极磁通，由于

$$\Phi_\nu=\frac{2}{\pi}B_\nu\frac{\tau}{\nu}l=\frac{B_\nu}{\nu}\frac{Dl}{p}$$

所以

$$\Phi_3=\frac{0.08}{3}\times\frac{0.22\times0.27}{2}=0.000792(\text{Wb})$$

$$\Phi_5=\frac{0.05}{5}\times\frac{0.22\times0.27}{2}=0.000297(\text{Wb})$$

$$\Phi_7=\frac{0.05}{7}\times\frac{0.22\times0.27}{2}=0.000212(\text{Wb})$$

利用式（9-23）计算各次谐波的节距因数，则

$$k_{p3}=\sin\left(\nu\frac{y_1}{\tau}90^\circ\right)=\sin\left(3\times\frac{8}{9}\times90^\circ\right)=-0.866$$

同理

$$k_{p5}=\sin\left(5\times\frac{8}{9}\times90^\circ\right)=0.643$$

$$k_{p7}=\sin\left(7\times\frac{8}{9}\times90^\circ\right)=-0.342$$

利用式（9-24）计算各次谐波分布因数，对于 60°相带绕组，$q\alpha=60^\circ$，因此

$$k_{d3}=\frac{\sin\left(\nu\frac{q\alpha}{2}\right)}{q\sin\left(\nu\frac{\alpha}{2}\right)}=\frac{\sin(3\times30^\circ)}{3\times\sin\left(3\times\frac{30^\circ}{3}\right)}=0.667$$

同理得

$$k_{d5}=\frac{\sin(5\times 30^\circ)}{3\times\sin\left(5\times\frac{30^\circ}{3}\right)}=0.218$$

$$k_{d7}=\frac{\sin(7\times 30^\circ)}{3\times\sin\left(7\times\frac{30^\circ}{3}\right)}=-0.177$$

故各次谐波绕组因数的大小（负号可去掉）为

$$k_{w3}=k_{p3}k_{d3}=0.866\times 0.667=0.578$$

$$k_{w5}=k_{p5}k_{d5}=0.643\times 0.218=0.140$$

$$k_{w7}=k_{p7}k_{d7}=0.342\times 0.177=0.061$$

利用式（9-20）计算谐波电动势的有效值为

$$E_{\varphi3}=4.44f_3N\Phi_3k_{w3}=4.44\times 3\times 50\times 48\times 0.000792\times 0.578=14.6(\text{V})$$

$$E_{\varphi5}=4.44f_5N\Phi_5k_{w5}=4.44\times 5\times 50\times 48\times 0.000297\times 0.140=2.22(\text{V})$$

$$E_{\varphi7}=4.44f_7N\Phi_7k_{w7}=4.44\times 7\times 50\times 48\times 0.000212\times 0.061=0.96(\text{V})$$

各次谐波电动势的有效值算出后，即可得到考虑谐波的相电动势的有效值为

$$E_\varphi=\sqrt{E_{\varphi1}^2+E_{\varphi3}^2+E_{\varphi5}^2+E_{\varphi7}^2+\cdots}\tag{9-25}$$

三相绕组有星形和三角形两种接线方式。星形接法时，线间电动势为两相电动势之相量差，因 3 次和 3 的倍数次谐波电动势在三相绕组中相位相同，相减为零，故在线电动势中不存在这些谐波，而其余各次谐波线电动势均为相电动势的$\sqrt{3}$倍。因此，其线电动势的有效值为

$$E_l=\sqrt{3}\sqrt{E_{\varphi1}^2+E_{\varphi5}^2+E_{\varphi7}^2+\cdots}\tag{9-26}$$

接成三角形时，因同相位的 3 次谐波电动势在闭合的三角形回路中产生 3 次谐波循环电流，3 次谐波电动势将全部降落在绕组的内阻抗上，故在线电动势中也不存在 3 次和 3 的倍数次谐波电动势。因此三角形接法线电动势为

$$E_l=\sqrt{E_{\varphi1}^2+E_{\varphi5}^2+E_{\varphi7}^2+\cdots}\tag{9-27}$$

因为 3 次和 3 的倍数次谐波电流在闭合的三角形中流动引起附加损耗，对电机不利，因此同步发电机大多采用星形接法。

## 第六节　削弱谐波电动势的方法

在实际的交流电机绕组中总会存在谐波电动势。谐波电动势会使电动势波形畸变，谐波电动势和电流还会增加电机的损耗。用输电线传输电能时，谐波电压和电流在输电线附近产生电场和磁场，它们对输电线附近的通信产生干扰。特别是当高次谐波的频率在音频范围时，这种干扰的危害更大。因此，应尽可能削弱谐波电动势。削弱谐波电动势的方法有多种，具体方法分述如下。

### 一、采用短距绕组

有意识地选择线圈节距，使得某一次谐波的节距因数等于或接近于零，则可达到消除或削弱该次谐波的目的。若要消除第 $\nu$ 次谐波，只要使第 $\nu$ 次谐波的节距因数

$$k_{p\nu}=\sin\left(\nu\frac{y_1}{\tau}90^\circ\right)=0$$

即

$$\nu\frac{y_1}{\tau}90^{\circ}=k\times180^{\circ}\text{ 或 }y_1=\frac{2k}{\nu}\tau\quad k=1,2,\cdots\tag{9-28}$$

从消除谐波的角度看，式（9-28）中的 $k$ 值可选为任意数。例如，为消除 5 次谐波，$y_1$ 可选为 $\frac{2}{5}\tau(k=1)$，可选 $\frac{4}{5}\tau(k=2)$，亦可选 $\frac{6}{5}\tau(k=3)$ 等。但为了尽可能少削弱基波和节约用铜，应当选用接近于整距的短节距，即使 $2k=\nu-1$，此时线圈的节距为

$$y_1=\frac{\nu-1}{\nu}\tau=\left(1-\frac{1}{\nu}\right)\tau\tag{9-29}$$

式（9-29）表明，为消除第 $\nu$ 次谐波，只要选用比整距短 $\frac{1}{\nu}\tau$ 的短距线圈便可。

短距线圈消除谐波电动势的原理可用图 9-6 解释。图中实线为 $y_1=\tau$ 的整距线圈，此时线圈的一个边切割 5 次谐波磁场正半波，而线圈的另一个边切割 5 次谐波磁场的负半波，在线圈中 5 次谐波电动势大小相等、相位相反，整距线圈的 5 次谐波电动势为单边导体电动势的两倍。在图 9-6 中若将线圈的节距减少 5 次谐波的一个极距 $\tau_5=\frac{\tau}{5}$，则线圈的两个边感应的 5 次谐波电动势同相位、大小相等，互相抵消，这时

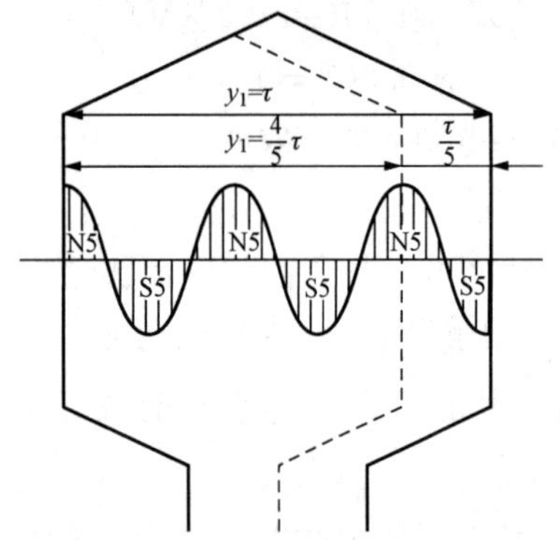

图 9-6　短距绕组消除 ν 次谐波电动势的原理

$$k_{p5}=\sin\left(5\times\frac{4}{5}\times90^{\circ}\right)=\sin360^{\circ}=0$$

这样就可以利用短距使谐波电动势在线圈内部互相抵消，达到改善电动势波形的目的。

由于三相绕组的线电动势不会出现 3 次谐波，所以选择三相绕组的节距时，主要应考虑减少 5 次和 7 次谐波，故 $\frac{y_1}{\tau}=\frac{4}{5}\sim\frac{6}{7}$ 为佳。

为了进一步认识选用短距来削弱各次谐波电动势的效果，以 $q=3$，$\tau=9$ 槽的交流绕组为例，选用 $y_1=7$ 槽和 $y_1=8$ 槽两种情况，计算各次谐波节距因数列于表 9-1 中。

**表 9-1　　各次谐波节距因数**

| $y_1$ \ $k_{p\nu}$ \ $\nu$ | 1 | 5 | 7 | 11 | 13 | 17 | 19 |
|---|---|---|---|---|---|---|---|
| 7 槽 | 0.9397 | 0.1736 | 0.766 | 0.766 | 0.1736 | 0.9397 | 0.9397 |
| 8 槽 | 0.9848 | 0.6428 | 0.342 | 0.342 | 0.6428 | 0.9848 | 0.9848 |

由表 9-1 可见，采用短距后基波电动势节距因数接近于 1，损失并不大，但某些谐波大大削弱。例如 $y_1=7$ 时，5 次谐波节距因数只有 0.1736，即 5 次谐波电动势只有整距时的 17.36%；而 $y=8$ 时，7 次和 11 次谐波大大削弱。

因为单层绕组谐波电动势节距因数 $k_{p\nu}=1$，不能利用短距削弱谐波电动势，其电气性能

不如双层绕组。

**二、采用分布绕组**

采用分布绕组也可以削弱谐波电动势，削弱的程度取决于谐波电动势的分布因数。

采用分布绕组削弱谐波电动势的原理可以用图 9-7 解释。对于 $q=3$ 的分布绕组，图 9-7（a）中画出了三个线圈中感应的基波电动势相量，相邻线圈基波电动势相位差为 $\alpha=20°$，线圈组总电动势为三个相量之几何和，因 $\alpha=20°$角较小，几何和略小于代数和，数值很相近，这说明分布后基波电动势损失较小。在图 9-7（b）中画出了这三个线圈中感应的 5 次谐波电动势相量，相邻线圈感应的 5 次谐波电动势相位差为 $\nu\alpha=5\times20°=100°$，线圈组总电动势为三个相量之几何和，由图可见该次谐波的总电动势被大大地削弱了。同样，相邻线圈感应的 7 次谐波电动势相位差为 $\nu\alpha=7\times20°=140°$，总电动势也被大大削弱，如图 9-7（c）所示。

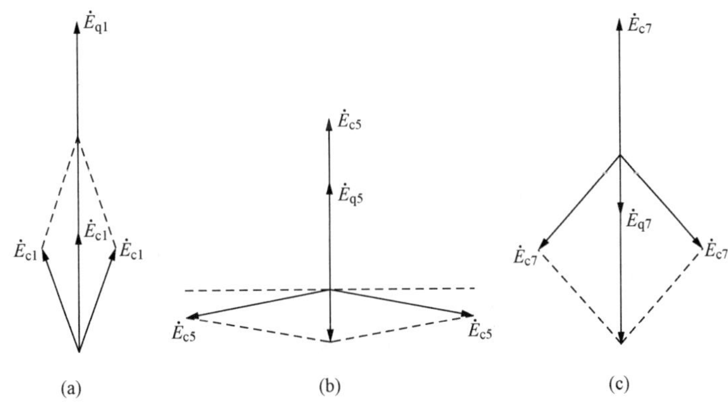


图 9-7　分布绕组削弱谐波电动势的原理

（a）基波电动势相量图；（b）5 次谐波电动势相量图；（c）7 次谐波电动势相量图

为了进一步认识分布绕组削弱各次谐波电动势的效果，以 $q=3$，$\tau=9$ 槽的交流绕组为例，计算各次谐波分布因数列于表 9-2 中。

**表 9-2　　各次谐波分布因数**

| $q$ \ $k_{d\nu}$ \ $\nu$ | 1 | 5 | 7 | 11 | 13 | 17 | 19 |
|---|---|---|---|---|---|---|---|
| 2 | 0.9660 | 0.2588 | 0.2588 | 0.9660 | 0.9660 | 0.2588 | 0.2588 |
| 3 | 0.9600 | 0.2176 | 0.1774 | 0.1774 | 0.2176 | 0.9600 | 0.9600 |
| 4 | 0.9570 | 0.2050 | 0.1575 | 0.1260 | 0.1260 | 0.1575 | 0.2050 |

由表 9-2 可见，采用分布绕组可以削弱高次谐波电动势，而基波电动势的损失并不大，并且 $q$ 越大 $k_{d\nu}$ 越小，改善电动势波形的效果越好。但是 $q$ 增多，电机总槽数增多，这将使电机的加工成本提高，同时当 $q>6$ 时，高次谐波分布因数下降已不太显著，因此实际电机通常选用 $2\leqslant q\leqslant6$。

**三、削弱齿谐波电动势的方法**

由表 9-1 和表 9-2 可以看见，某些谐波，如 $q=2$ 时 11 次和 13 次谐波，$q=3$ 时 17 次和 19 次谐波，其节距因数和分布因数与基波相同，不可能用分布和短距的方法削弱这些谐

波电动势。这些次数的谐波称为齿谐波。一般地，齿谐波的次数为

$$\nu_z=\frac{Q}{p}k\pm1=2mqk\pm1 \quad k=1,\ 2,\ 3,\ \cdots \tag{9-30}$$

式中：$k=1$ 称为一阶齿谐波，$k=2$ 称为二阶齿谐波。

齿谐波和基波绕组因数恒相等的关系可以证明如下：

$y_1$ 和 $\tau$ 均用槽距表示时，$y_1$＝整数，$\tau=mq$，代入节距因数计算公式

$$|k_{p\nu}|=\left|\sin\left[(2mqk\pm1)\frac{y_1}{\tau}90°\right]\right|=\left|\sin\left(2ky_1 90°\pm\frac{y_1}{\tau}90°\right)\right|=|k_{p1}| \tag{9-31}$$

齿谐波的分布因数为

$$|k_{d\nu}|=\left|\frac{\sin\frac{q\alpha}{2}(2mqk\pm1)}{q\sin\frac{\alpha}{2}(2mq\pm1)}\right|$$

以 $\alpha=\frac{p\times360°}{Q}=\frac{180°}{mq}$ 代入，得到

$$|k_{d\nu}|=\left|\frac{\sin\frac{180°}{2m}(2mqk\pm1)}{q\sin\frac{180°}{2mq}(2mqk\pm1)}\right|=\left|\frac{\sin\left(kq180°\pm\frac{180°}{2m}\right)}{q\sin\left(k180°\pm\frac{180°}{2mq}\right)}\right|=|k_{d1}| \tag{9-32}$$

因齿谐波不能用分布和短距方式削弱，齿谐波往往成为引起电动势波形畸变的主要原因，必须采用一些特殊措施予以解决。

1. 采用斜槽或斜极

如图 9-8 所示，在制造电机时，转子磁极制成正常形状，但将嵌放交流绕组的定子槽斜一个角度，称为斜槽；或者定子槽不斜，而将转子磁极斜一个角度，称为斜极。斜槽和斜极削弱齿谐波电动势的原理是一样的，在此只分析斜槽的作用。

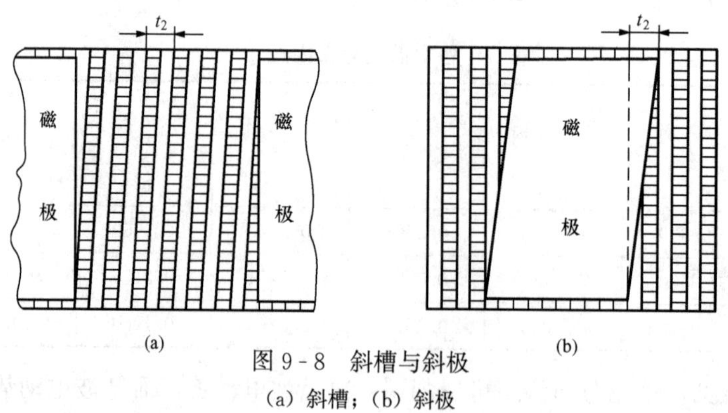


图 9-8 斜槽与斜极

(a) 斜槽；(b) 斜极

斜槽后，一根导体可以分为若干小段，各小段相对于磁场处于不同的位置，有空间电角度差，即各小段串联构成，故整根导体的电动势将为各小段感应电动势的相量和。而直槽的各小段感应电动势同相位，导体电动势为各小段感应电动势的代数和，故斜槽后感应电动势将有所减少。因而斜槽后，感应电动势计算公式中除了节距因数和分布因数外，还应考虑斜槽的影响，乘以斜槽因数 $k_{c\nu}$。由图 9-9 可见，将斜槽后的导体分为 $n$ 小段时，$\nu$ 次谐波磁场在各小段导体中感应电动势相位差为

$$\beta_\nu = \frac{1}{n} \times \alpha_c = \frac{1}{n}\left(\frac{C}{\tau_\nu}\pi\right) = \frac{1}{n}\frac{\nu C}{\tau}\pi \tag{9-33}$$

式中：$\alpha_c$ 为 $P$、$M$ 两点圆周长度 $C$ 对应于 $\nu$ 次谐波磁场的空间电角度。

斜槽因数实质上就是彼此相差 $\beta_\nu$ 角的 $n$ 小段分布导体的分布因数。因此只需将分布因数算式（9-14）中 $q$ 换为 $n$，$\alpha$ 换为 $\beta_\nu$，并令 $n\to\infty$ 即可得到斜槽因数 $k_{c\nu}$ 为

$$k_{c\nu} = \lim_{n\to\infty}\frac{\sin\left(\frac{n}{2}\beta_\nu\right)}{n\sin\frac{\beta_\nu}{2}} = \lim_{n\to\infty}\frac{\sin\left(\frac{\nu C}{2\tau}\pi\right)}{n\sin\left(\frac{1}{n}\frac{\nu C}{2\tau}\pi\right)} = \frac{\sin\left(\frac{\nu C}{2\tau}\pi\right)}{\frac{\nu C}{2\tau}\pi} \tag{9-34}$$

由式（9-34）知，当 $C=2\tau_\nu=2\frac{\tau}{\nu}$ 时，$k_{c\nu}=0$，即完全消除了该次谐波电动势，其原理如图 9-9 所示。此时半根导体切割磁场的正半波，另半根导体刚好切割其负半波，感应电动势在一根导体内完全抵消。若要消除一阶齿谐波，则应使 $C=\frac{2\tau}{2mq\pm1}$，为了使 $\nu_z=2mq\pm1$ 谐波都得到最大削弱，通常取 $C=\frac{2\tau}{2mq}=t_1$，使斜过的距离恰好等于一个定子齿距。斜槽后，基波电动势损失不大。

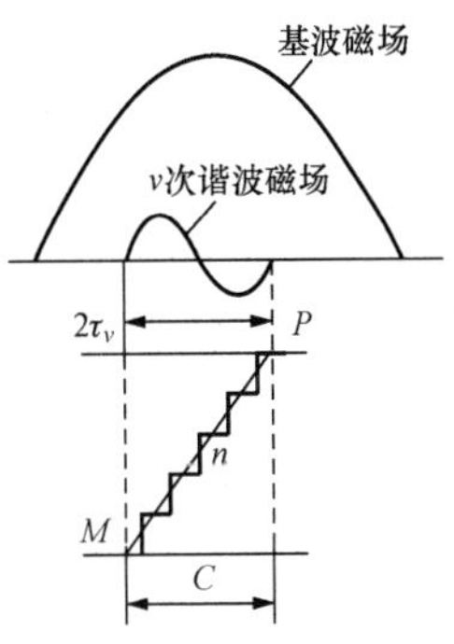


图 9-9　斜槽因数的计算原理图

2. 合理设计磁极形状削弱谐波磁场

由式（9-20）可知，谐波电动势的大小正比于谐波磁通 $\Phi_\nu$，故改进磁极形状。例如，在凸极同步电机中，把气隙设计得不均匀，磁极中心线处气隙较小，而在磁极两边气隙逐渐增大，以使磁场分布更加接近正弦形，来削弱高次谐波和齿谐波电动势。

3. 改变每极每相槽数 $q$

气隙磁场中的高次谐波分量，幅值随着次数的增高而急剧减少，因此电动势波形当中主要包含较低次的谐波，次数很高的谐波电动势实际上是微乎其微的。增大 $q$ 意味着齿谐波次数 $\nu_z=2mqk\pm1$ 增大，使实际存在的谐波都不是齿谐波，便于用分布和短距加以削弱。除此之外，还可以使 $q$ 等于分数，即分数槽绕组，使 $\nu_z=2mq\pm1$ 为分数或偶数，由于主极磁场中仅有奇数次谐波，从而避免了电动势波形出现齿谐波电动势。

4. 采用半闭口槽或磁性槽楔

影响齿谐波电动势的因素比较复杂，理论分析和生产实践表明，槽开口较大也会使齿谐波电动势变大，使电动势波形变坏。可以采用开口较小的半闭口槽或用磁性槽楔减小开口效应的影响，改善电动势波形。

## 小　结

（1）电动势星形图表示出导体和线圈感应电动势的相位关系，本章从最简单的单根导体电动势出发，依据电动势星形图导出线圈电动势，线圈组电动势和相电动势的计算公式，并引入绕组节距因数、分布因数的概念分析分布和短距（或长距）对感应电动势大小的影响。

需着重指出，也可以依据绕组电动势星形图确定绕组的相带划分和绕组的连接问题。特

别是一些复杂的绕组，如分数槽绕组，更需要借助电动势星形图才能解决绕组的连接和感应电动势的计算问题。绕组电动势星形图是一个重要概念。应画出第八章所介绍的各种绕组的电动势星形图，看看如何利用电动势星形图确定绕组的连接规律。

（2）电动势的谐波是有害的，因此电动势波形畸变的程度是同步发电机电压质量指标之一。采用分布和短距绕组是削弱谐波电动势的有效手段，但对于次数为 $\nu_z=2mqk\pm1$ 的齿谐波，其绕组因数恒等于基波绕组因数，无法用分布、短距绕组的方法消除，可以证明，这一结论适用于任何绕组。斜槽或斜极可以削弱齿谐波电动势。

（3）本章也介绍了其他减小电动势波形畸变及改善电动势波形的方法。

## 习 题

9-1 试述绕组分布因数和节距因数的物理意义。说明为什么它们总是小于或等于1？长距绕组节距因数会不会大于1？为什么？

9-2 绕组感应电动势的计算公式是如何推导出来的？为什么与变压器的电动势计算公式类似？区别是什么？

9-3 试述绕组中谐波电动势产生的原因及其削弱方法。

9-4 若采用短距绕组消除感应电动势中的7次谐波，线圈节距 $y_1$ 应为多少？

9-5 为什么交流发电机的定子绕组一般都用星形接法？

9-6 齿谐波电动势是什么原因引起的？若采用定子斜槽或转子斜极方法削弱齿谐波电动势时，斜多少最合适？

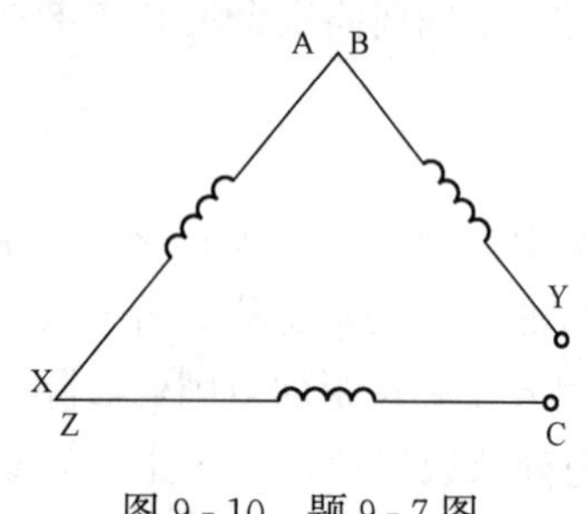

图 9-10 题 9-7 图

9-7 同步发电机的三相绕组，若采用图 9-10 所示的接法能得到三相对称绕组吗？此时若将 C-Y 连接形成闭合回路会产生什么后果？

9-8 证明：齿谐波绕组因数恒等于基波绕组因数，这一结论适用于任何电机绕组。

9-9 证明：$\nu$ 次谐波绕组因数恒等于 $2mqk\pm\nu$ 次谐波的绕组因数。（提示：只要证明对于任意两根导体，$\nu$ 次谐波和 $2mqk\pm\nu$ 次谐波感应电动势都有相同的相位差。就可以证明题 9-8、题 9-9 两题的一般结论，并可证明绕组因数是有周期性的，其周期为 $2mqk$。）

9-10 画出 $Q=24$，两极整距双层绕组的电动势星形图，按电动势星形图接成：

（1）六相绕组；

（2）三相绕组；

（3）两相绕组；

（4）单相绕组。

9-11 一台三相感应电机，定子为双层绕组。定子槽数 $Q=36$，极对数 $p=3$，线圈节距 $y_1=5$ 槽，每个线圈串联匝数 $N_c=20$ 匝，并联支路数 $a=1$，频率 $f=50\text{Hz}$，基波每极磁通量 $\Phi_1=0.0042\text{Wb}$。试求：

（1）画出电动势星形图；

（2）按电动势星形图的指示，画出 A 相绕组展开图；

（3）导体基波电动势有效值；

（4）线圈基波电动势有效值；

（5）极相组基波电动势有效值；

（6）相电动势基波有效值；

（7）若 5 次谐波每极磁通 $\Phi_5=0.00004\text{Wb}$，7 次谐波每极磁通 $\Phi_7=0.00001\text{Wb}$。试求 5 次和 7 次谐波相电动势有效值。

9-12　试计算题 8-6 各绕组的基波绕组因数。

9-13　三相双层绕组 $Q=36$ 槽，$2p=4$，$f=50\text{Hz}$，$y_1=7/9\tau$，支路数 $a=1$，星形接法，基波每极磁通 $\Phi_1=0.74\text{Wb}$，每线圈为 2 匝，试求：

（1）基波、3 次、5 次和一阶齿谐波绕组因数；

（2）若谐波磁场与基波磁场幅值比为 $B_5/B_1=1/21$，$B_7/B_1=1/49$，试求基波，5 次和 7 次谐波相电动势有效值；

（3）总的相、线电动势有效值。

# 第十章 交流绕组的磁动势

## 第一节 单相绕组的脉振磁动势

### 一、整距集中线圈的磁动势

两极电机中的一个整距线圈通以幅值为$\sqrt{2}I$的交流电流后，电机内磁场的分布如图10-1（a）所示。由图可见，这是一个两极磁场，当电流从右边导体流入（即⊕），左边导体流出（即⊙）时，磁力线在电机上半部进入定子，在下半部流出定子。从定子看，上半部分为S极，下半部分为N极，极性相反。根据安培全电流定律，图中所示的任何一个闭合回路的磁动势等于所包围的全电流。该总磁动势的一半作用于上半个电机的铁芯和一个气隙当中，另外一半则作用于下半个电机的铁芯和气隙当中，其展开图如图10-1（b）所示。由于铁芯的磁导率远远大于气隙磁导率，铁芯磁位降可以忽略不计，这样单边磁动势就降落在一个气隙上，其最大幅值为

$$F_c=\frac{\sqrt{2}IN_c}{2} \tag{10-1}$$

在图10-1（c）为与展开图对应的磁动势波形，该波形是一个以$2\tau$为周期的矩形波。使磁通进入定子铁芯的磁动势对应于正半波，而使磁通流出定子铁芯的磁动势对应于负半波。可将该周期性变化的磁动势展开为傅里叶级数表示。当把坐标原点放置在线圈轴线上时，单个线圈的磁动势为

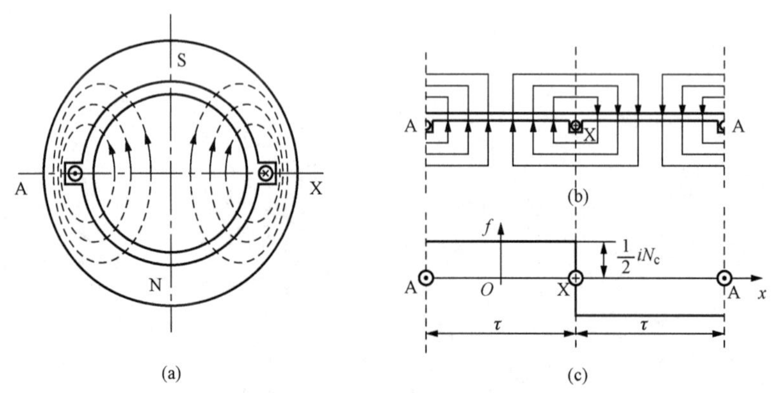


图10-1 整距线圈的磁动势

（a）示意图；（b）展开图；（c）磁动势的空间分布

$$f_c(x)=F_{c1}\cos\frac{\pi}{\tau}x+F_{c3}\cos\frac{3\pi}{\tau}x+F_{c5}\cos\frac{5\pi}{\tau}x+\cdots \tag{10-2}$$

由傅里叶级数计算公式

$$F_{c\nu}=\frac{4}{\tau}\int_0^{\frac{\tau}{2}}f_c(x)\cos\frac{\nu\pi}{\tau}x\,\mathrm{d}x=\frac{1}{\nu}\,\frac{4}{\pi}F_c\sin\frac{\nu\pi}{2} \tag{10-3}$$

则基波磁动势（$\nu=1$）为

$$F_{c1}=\frac{4}{\pi}F_c=\frac{4}{\pi}\times\frac{\sqrt{2}N_c}{2}I=0.9N_cI \tag{10-4}$$

$\nu$ 次谐波磁动势为

$$F_{c\nu}=\frac{1}{\nu}F_{c1} \tag{10-5}$$

因磁动势波形对应坐标原点左右对称，傅里叶级数只含有余弦项，且谐波谱当中只含有 1、3、5 等奇次谐波。这一结论也可以由式（10-3）得出，因 $\nu=2$，4，6，…时，$\sin(\nu\pi/2)=0$，故没有偶次谐波。

## 二、整距分布绕组的磁动势

在电机中总是采用分布绕组。在计算单层绕组感应电动势时已经知道，从电动势计算的角度看，可以不管导体连接的先后顺序，把单层绕组等效为 $q$ 个整距分布线圈。这种等效同样适用于磁动势的计算。这是因为单层绕组中的电流总是从 X 相带 $q$ 个导体中流入，而在 A 相带 $q$ 个导体中流出（或者相反），故总是可以把 X 相带的导体与 A 相带各导体配成 $q$ 个等效的整距线圈。

### 1. 基波磁动势及其分布因数

整距线圈组磁动势的空间分布如图 10-2 所示。图 10-2（a）中，一对极下 $q$ 个整距线圈，彼此错开一个槽，其磁动势波形为 $q$ 个整距线圈波形的叠加，构成梯形波磁动势；图

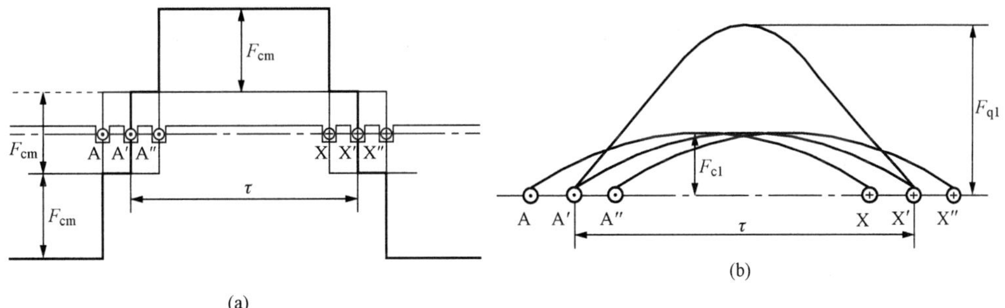


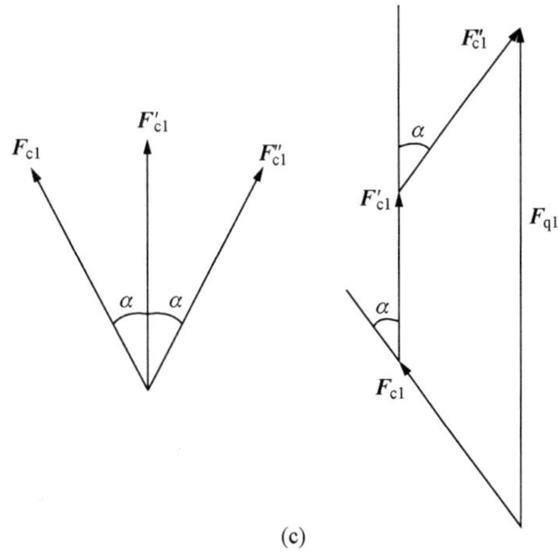


图 10-2　整距线圈组磁动势的空间分布

（a）合成的阶梯波磁动势；（b）基波磁动势空间合成；（c）基波磁动势矢量合成

10-2（b）中画出了这 $q$ 个线圈产生的基波磁动势，彼此在空间也错开一个槽。若按磁动势基波空间电角度计算，这些正弦波之间错开电角度为 $\alpha$，显然

$$\alpha=\frac{p\times 360^{\circ}}{Q}$$

如图 10-2（b）所示，把 $q$ 个线圈产生的 $q$ 个正弦波磁动势逐点相加可求出合成磁动势。也可以用图 10-2（c）所示的 $q$ 个彼此相差 $\alpha$ 角度的空间矢量的几何和求得总磁动势，这样更加方便。图 10-2（c）中，3 个（一般有 $q$ 个）短矢量代表每个线圈产生的正弦波磁动势空间矢量，其夹角为空间电角差 $\alpha$，$F_{q1}$ 代表总的合成磁动势。图 10-2（c）磁动势矢量和图 9-4（b）电动势相量几何相似，图 10-2（c）中磁动势矢量之间空间电角度差 $\alpha$ 恰好等于图 9-4 中感应电动势的时间相位差。因此，$q$ 个整距分布线圈的合成基波磁动势幅值应为

$$F_{q1}=qF_{c1}k_{d1}=0.9IqN_{c}k_{d1} \tag{10-6}$$

$$k_{d1}=\frac{\sin\dfrac{q\alpha}{2}}{q\sin\dfrac{\alpha}{2}} \tag{10-7}$$

式中：$k_{d1}$ 为由集中绕组改为分布绕组时，基波总磁动势因各线圈空间位置不一致所打的折扣，即分布因数。

电动势的分布因数和磁动势的分布因数在物理意义上虽不同，但都是彼此差 $\alpha$ 角的 $q$ 个矢量求和，故数值上是相等的。

2. 谐波磁动势及其分布因数

在空间彼此相距一个槽距的 $q$ 个线圈产生的 $\nu$ 次谐波磁动势相量的空间电角度为 $\nu\alpha$，因此，合成磁动势应为 $q$ 个彼此差 $\nu\alpha$ 角的矢量和。故 $\nu$ 次谐波磁动势的分布因数应与 $\nu$ 次谐波电动势的分布因数相同，即

$$k_{d\nu}=\frac{\sin\left(\dfrac{q\alpha}{2}\nu\right)}{q\sin\left(\dfrac{\alpha}{2}\nu\right)} \tag{10-8}$$

谐波磁动势的幅值为

$$F_{q\nu}=\left(\frac{1}{\nu}0.9IN_{c}\right)qk_{d\nu} \tag{10-9}$$

式（10-9）中，$\dfrac{1}{\nu}0.9IN_{c}$ 为一个线圈的磁动势，再乘以 $qk_{d\nu}$ 为考虑分布线圈组的总磁动势。通过与电动势分布因数一样的分析可知，绕组分布亦可以削弱谐波磁动势。

**三、双层短距绕组的磁动势**

上述计算适用于双层整距绕组和单层绕组。对于双层短距绕组必须考虑线圈节距的影响。由表 8-4 双层绕组相带划分图可见，只要保持电流流动方向不变，可以不考虑线圈的构成和导体连接的顺序，把双层绕组看作为两个单层绕组构成。一个单层绕组由 A 相带 $q$ 个上层导体和 X 相带 $q$ 个上层导体组合成 $q$ 个整距分布线圈；而另一个单层绕组则全部由下层导体构成，也可以组合成 $q$ 个整距分布线圈。这两个单层绕组在空间错开一定的角度，

错开角度的大小取决于线圈的节距。显然，这和实际电机中导体的连接顺序不同。但是，从磁动势计算的角度看，两者是等效的。

1. 基波磁动势及其节距因数

图 10-3（a）所示为一对极下绕组等效的上、下两个单层整距线圈组的布置图，上下两层绕组错开 $\tau - y_1$ 距离；图 10-3（b）所示为这两个等效的整距分布绕组的基波磁动势，这两个正弦波磁动势因短距在空间错开 $\tau - y_1$ 距离对应的电角度 $\beta$ 为

$$\beta = \frac{180^\circ}{\tau}(\tau - y_1) = 180^\circ - \frac{y_1}{\tau}180^\circ \tag{10-10}$$

可以用矢量加法求得这两个相差 $\beta$ 角的基波磁动势的和。由图 10-3（c）易知，合成基波磁动势

$$F_{\varphi 1} = 2 \times (\text{整距分布单层绕组基波磁动势}) \times \cos\frac{\beta}{2}$$

$$= 0.9(2qIN_c)k_{p1}k_{d1} \tag{10-11}$$

$$k_{p1} = \cos\frac{\beta}{2} = \sin\left(\frac{y_1}{\tau}90^\circ\right) \tag{10-12}$$

式中：$k_{p1}$ 为基波磁动势的节距因数。

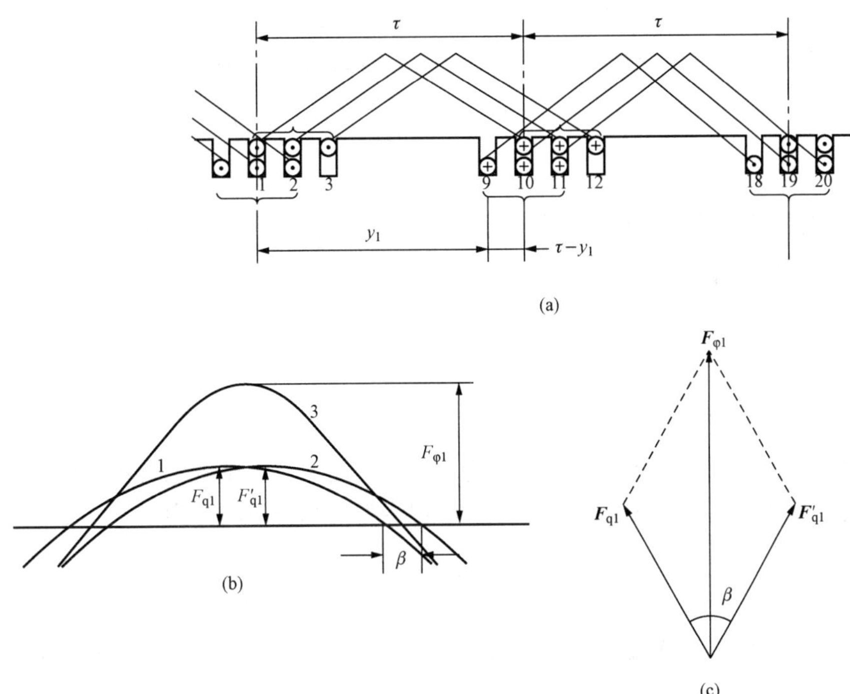


图 10-3　把双层短距线圈组等效地看做两个单层全距线圈组来计算基波磁动势

（a）等效的单层整距线圈组；（b）上下层基波磁动势的合成；

（c）用矢量求基波合成磁动势

2. 谐波磁动势及其节距因数

两个等效单层绕组产生的基波磁动势在空间相差 $\beta$ 电角度时，它们产生的 $\nu$ 次谐波磁动势在空间相差的电角度为 $\nu\beta$。根据前面的分析可求得 $\nu$ 次谐波的合成磁动势

$$F_{\varphi\nu}=\frac{1}{\nu}0.9(2qIN_c)k_{p\nu}k_{d\nu} \tag{10-13}$$

$$k_{p\nu}=\cos\frac{\beta\nu}{2}=\pm\sin\left(\nu\frac{y_1}{\tau}90°\right) \tag{10-14}$$

式中：$k_{p\nu}$ 为 $\nu$ 次谐波磁动势的节距因数，也等于 $\nu$ 次谐波电动势的节距因数。

由于只关心幅值，故式（10-14）中±号可以去掉。显然，短距可以进一步削弱谐波磁动势。

**四、单相绕组的磁动势——脉振磁动势**

多极电机可以看作为多个两极电机拼合而成，每对极下线圈的布置全相同，磁动势的波形也一样，故本章全部计算公式也适用于多极电机。单层绕组磁动势计算公式［见式（10-6)、式（10-9）］中，$qN_c$ 为每对极下一相绕组的匝数；在双层绕组磁动势计算公式［见式（10-11)、式（10-13）］中，$2qN_c$ 仍为每对极下一相绕组匝数。二者相差倍数 2 是因为双层绕组分上下两层，线圈数增加了一倍的缘故。因此，可以用统一的公式计算绕组的磁动势。

设绕组每相串联匝数为 $N$，并联支路数为 $a$，则整个电机的总匝数为 $aN$，每对极的匝数为 $aN/p$，即为式（10-6）中的 $qN_c$，也代表式（10-11）中的 $2qN_c$。此外，设 $I_\varphi$ 为相电流有效值，则导体电流有效值为 $I_\varphi/a$。将这些关系代入式（10-6）和式（10-11）可以得到对单、双层绕组均适用的统一计算公式。基波磁动势幅值为

$$F_{\varphi1}=0.9\frac{I_\varphi}{a}\left(\frac{aN}{p}\right)k_{p1}k_{d1}=0.9\frac{N}{p}I_\varphi k_{w1} \tag{10-15}$$

$$k_{w1}=k_{p1}k_{d1}$$

式中：$k_{w1}$ 为基波绕组因数，单层绕组 $k_{p1}=1$。

类似地，$\nu$ 次谐波磁动势幅值为

$$F_{\varphi\nu}=0.9\frac{1}{\nu}\frac{N}{p}I_\varphi k_{w\nu} \tag{10-16}$$

$$k_{w\nu}=k_{p\nu}k_{d\nu}$$

式中：$k_{w\nu}$ 为 $\nu$ 次谐波绕组因数，单层绕组 $k_{p\nu}=1$ 。

如果取基波磁动势幅值所在的位置作为空间坐标的原点，则磁动势在空间为余弦函数分布。考虑到绕组中的电流变化频率为 $f$，故单相绕组的基波磁动势为

$$f_{\varphi1}(x,t)=F_{\varphi1}\cos\omega t\cos\frac{\pi}{\tau}x \tag{10-17}$$

式中：$x$、$\tau$ 分别为沿定子铁芯内表面度量的位置坐标和极距；$\cos\left(\frac{\pi}{\tau}x\right)$ 表示基波磁动势以 $2\tau$ 为周期的空间分布，而 $\cos\omega t$ 表示磁动势幅值又以频率 $f$ 随时间交变。此磁动势称为单相脉振磁动势。

类似地，交流绕组产生的 $\nu$ 次谐波磁动势，其空间分布仍为余弦函数，但 $\nu$ 次谐波的极距为 $\tau_\nu=\tau/\nu$，故可用 $\cos(\nu\pi x/\tau)$ 表示其空间分布，这一磁动势幅值随着时间的变化频率仍为 $f$，仍以 $\cos\omega t$ 表示。单相绕组的谐波磁动势亦为脉振磁动势，并可表示为

$$f_{\varphi\nu}(x,t)=F_{\varphi\nu}\cos\omega t\cos\frac{\nu\pi}{\tau}x \tag{10-18}$$

## 第二节 单相脉振磁动势的分解

单相绕组中通以交流电流时，产生基波和一系列谐波脉振磁动势。基波磁动势产生的磁场幅值大，是交流电机赖以工作的主要磁场。有时称为主波磁场，而谐波磁场很弱，对电机性能的影响较小，称为附加磁场。

首先研究基波磁动势，利用三角恒等式将式（10-17）变为

$$f_{\varphi1}(x, t)=F_{\varphi1}\cos\omega t\cos\frac{\pi}{\tau}x=\frac{F_{\varphi1}}{2}\cos\left(\frac{\pi}{\tau}x-\omega t\right)+\frac{F_{\varphi1}}{2}\cos\left(\frac{\pi}{\tau}x+\omega t\right) \quad (10-19)$$

式（10-19）中的两项都有明确的物理意义，如 $f_{+}(x, t)=\frac{F_{\varphi1}}{2}\cos\left(\frac{\pi}{\tau}x-\omega t\right)$ 代表一个沿着 $x$ 轴方向运动的正转磁动势；而第二项 $f_{-}(x, t)=\frac{F_{\varphi1}}{2}\cos\left(\frac{\pi}{\tau}x+\omega t\right)$ 则代表逆 $x$ 轴方向运动的反转磁动势。在电机学中旋转磁动势的概念是很重要的，详加解释如下。

第一项 $f_{+}$ 的变量为时间 $t$ 和空间距离坐标 $x$，考虑到 $\theta=\pi x/\tau$ 为按空间基波计算的电弧度，故作变量代换后，可得

$$f_{+}(\theta, t)=\frac{F_{\varphi1}}{2}\cos(\theta-\omega t) \quad (10-20)$$

将每一时刻磁动势的空间分布画出来，来考察 $f_{+}(\theta, t)$ 随时间 $t$ 的移动变化情况，如图 10-4 所示。

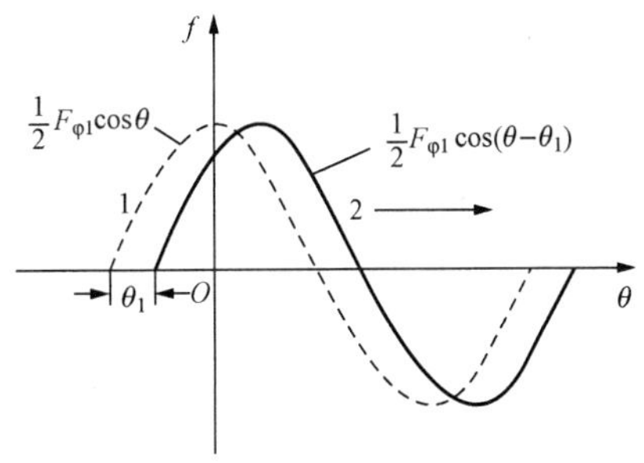

图 10-4 旋转磁动势

在 $t=0$ 时刻，$f_{+}=\frac{F_{\varphi1}}{2}\cos(\theta-\omega t)=\frac{F_{\varphi1}}{2}\cos\theta$，磁动势在空间作余弦分布，其最大值位于坐标原点，其磁动势分布对应于图 10-4 中的曲线 1。在 $t=t_1$ 时刻，$f_{+}=\frac{F_{\varphi1}}{2}\cos(\theta-\omega t_1)=\frac{F_{\varphi1}}{2}\cos(\theta-\theta_1)$，磁动势仍为幅值为 $F_{\varphi1}/2$ 的余弦波，但其最大值出现在 $\theta_1$ 处，也即其最大值沿 $\theta$ 轴正方向转动了 $\theta_1$ 电弧度，该时刻的磁动势分布如图 10-4 中的曲线 2 所示。随着时间的推移，磁动势空间分布波形沿 $\theta$ 轴正向移动，其移动的电角速度即为波形上任意一点，如最大值点的速度，最大值点为 $\theta=\omega t$，其转动的电角速度（rad/s）为

$$\frac{d\theta}{dt}=\omega \quad (10-21)$$

对应的机械角速度（rad/s）为

$$\Omega=\omega/p=2\pi f/p$$

或

$$n_1=\frac{\Omega}{2\pi}=\frac{f}{p}(r/s)=\frac{60f}{p}(r/min)=n_s \quad (10-22)$$

也就是基波磁动势的旋转速度等于同步转速，这和第八章第一节所得的结论一致。

采用类似的方法可以证明 $f_{-}(x, t)=\frac{F_{\varphi1}}{2}\cos\left(\frac{\pi}{\tau}x+\omega t\right)$ 代表一个反转磁动势，其转

速仍为同步转速，转向与 $f_+$ 相反。

一个脉振磁动势可以分解成正向和反向两个旋转磁动势的现象可以用图 10-5 进一步解释。在图 10-5 中，各组图的左侧是波形图，右侧为对应时刻的矢量图，用 $f_\varphi$（或 $\boldsymbol{F}_\varphi$）表示单相绕组产生的脉振磁动势，其轴线的位置在空间固定不动，幅值随时间变化；两个幅值各为 $F_\varphi/2$ 的旋转波形，用来表示正转磁动势 $f_+$（或 $\boldsymbol{F}_+$）和反转磁动势 $f_-$（或 $\boldsymbol{F}_-$）。$f_+$（或 $\boldsymbol{F}_+$）和 $f_-$（或 $\boldsymbol{F}_-$）转速均为 $\omega$，转向相反。

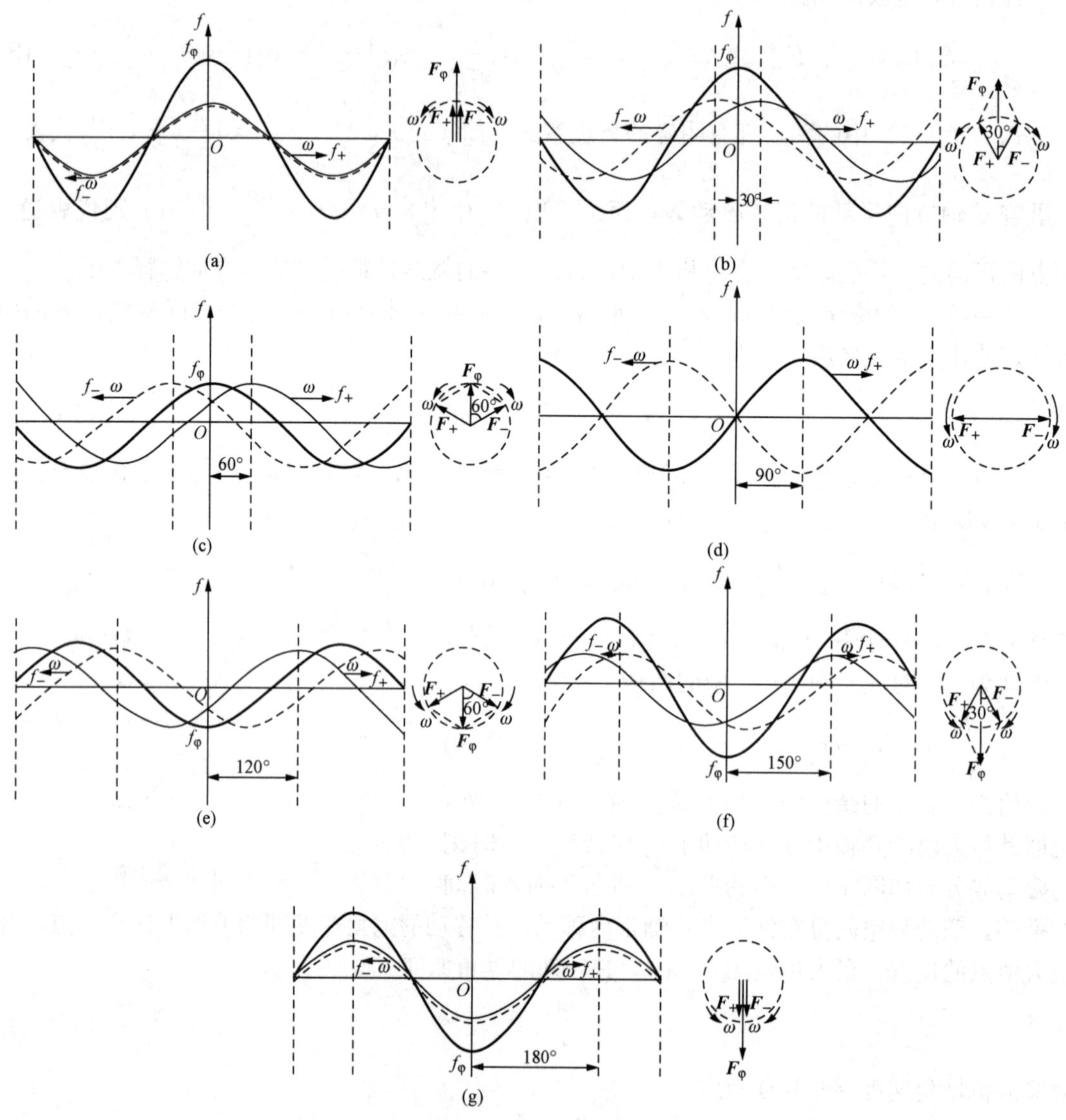

图 10-5　脉振磁动势分解为两个旋转磁动势

(a) $\omega t=0$；(b) $\omega t=30°$；(c) $\omega t=60°$；(d) $\omega t=90°$；(e) $\omega t=120°$；(f) $\omega t=150°$；(g) $\omega t=180°$

设在 $\omega t=0$ 时刻［见图 10-5（a）］，$\boldsymbol{F}_+$ 和 $\boldsymbol{F}_-$ 两矢量重合，两矢量和的大小恰好等于脉振磁动势幅值 $F_\varphi$。在 $\omega t=30°$ 和 $\omega t=60°$ 时 $\boldsymbol{F}_+$ 和 $\boldsymbol{F}_-$ 各向相反方向转动了 30°和 60°角［分别见图 10-5（b）、（c）］，$\boldsymbol{F}_+$ 和 $\boldsymbol{F}_-$ 的矢量和仍处于原来的位置，但大小改变了，分别为

$F_\varphi\cos30°=0.866F_\varphi$ 和 $F_\varphi\cos60°=0.5F_\varphi$。在 $\omega t=90°$时刻，$\boldsymbol{F}_+$ 和 $\boldsymbol{F}_-$ 转到图 10-5（d）所示的位置，互相抵消，总矢量 $\boldsymbol{F}_\varphi=\boldsymbol{F}_++\boldsymbol{F}_-=0$。在 $\omega t=120°$、150°和 180°时刻旋转磁动势和脉振磁动势的关系示于图 10-5（e）～（g）。图 10-5 清楚地表明：一个在空间按余弦规律分布且随着时间也作余弦变化的脉振磁动势，可以分解为两个转速相同、方向相反的旋转磁动势，而每个旋转磁动势的幅值为原来脉振磁动势幅值的 1/2。

类似地，式（10-18）所表示的 $\nu$ 次谐波脉振磁动势也可以分解为两个旋转磁动势，即

$$f_{\varphi\nu}(x,\ t)=F_{\varphi\nu}\cos\omega t\cos\frac{\nu\pi}{\tau}x=\frac{F_{\varphi\nu}}{2}\cos\left(\frac{\nu\pi}{\tau}x-\omega t\right)+\frac{F_{\varphi\nu}}{2}\left(\cos\frac{\nu\pi}{\tau}x+\omega t\right) \tag{10-23}$$

与基波磁动势情况相似，式（10-23）中每一项都是时间 $t$ 和空间坐标 $x$ 的函数。在空间的每一点磁动势随时间变化的角频率仍为 $\omega$，在任意时刻磁动势空间分布仍为余弦函数，其极对数为 $\nu p$。第一项代表 $\nu$ 次谐波正转磁动势，第二项则为 $\nu$ 次谐波反转磁动势。

只要计算波上任意一点，例如波顶所在点的速率即可求出旋转磁动势的转速。以正转波为例，设余弦波最大值所在点的坐标为 $x_0$，它应当满足

$$\cos\left(\frac{\nu\pi}{\tau}x_0-\omega t\right)=1$$

即 $\frac{\nu\pi}{\tau}x_0-\omega t=0$，则

$$x_0=\frac{\tau}{\nu\pi}\omega t \tag{10-24}$$

显然，随着时间的增加，最大值所在点将正比平移，即沿 $x$ 轴匀速运动。其运动的速度为

$$v_\nu=\frac{\mathrm{d}x_0}{\mathrm{d}t}=\frac{\tau}{\nu\pi}\omega=\frac{2\tau f}{\nu} \tag{10-25}$$

因为 $2\tau f$ 为基波磁场的圆周线速度，故 $\nu$ 次谐波磁动势的线速度为基波线速度的 $1/\nu$，是低速旋转的。其转速 $n_\nu$ 为 $v_\nu$ 除以圆周长，故

$$n_\nu=\frac{v_\nu}{2\tau p}=\frac{1}{\nu}\frac{f}{p}(\mathrm{r/s})=\frac{1}{\nu}\frac{60f}{p}(\mathrm{r/min}) \tag{10-26}$$

## 第三节 三相绕组的合成磁动势——旋转磁动势

在第八章第一节介绍感应电机工作原理时，曾定性地说明了三相交流绕组中通以三相对称电流产生旋转磁动势的基本概念。本节将用数学分析法更详细地分析三相交流绕组产生的磁动势—旋转磁动势。

### 一、三相绕组的基波磁动势

三相绕组由三个单相绕组组成，这三个单相绕组中通以对称三相交流电流时，各自产生单相脉振磁动势，其总和即为三相绕组的合成磁动势。今将坐标原点放置在 A 相绕组的轴线上，并设 A 相绕组中的电流为

$$i_{\mathrm{A}}=\sqrt{2}I\cos\omega t$$

由式（10-19）可得，A 相绕组产生的基波脉振磁动势为

$$f_{\mathrm{A1}}(x,\ t)=F_{\varphi1}\cos\frac{\pi}{\tau}x\cos\omega t=\frac{F_{\varphi1}}{2}\cos\left(\frac{\pi}{\tau}x-\omega t\right)+\frac{F_{\varphi1}}{2}\cos\left(\frac{\pi}{\tau}x+\omega t\right) \tag{10-27}$$

B绕组电流相位滞后120°（2π/3电弧度），即

$$i_{\mathrm{B}}=\sqrt{2}I\cos\left(\omega t-\frac{2\pi}{3}\right)$$

B相绕组的轴线与A相绕组的轴线在空间相差120°基波电角度，故B相磁动势为

$$\begin{aligned}f_{\mathrm{B1}}(x,t)&=F_{\varphi1}\cos\left(\frac{\pi}{\tau}x-\frac{2\pi}{3}\right)\cos\left(\omega t-\frac{2\pi}{3}\right)\\&=\frac{F_{\varphi1}}{2}\cos\left(\frac{\pi}{\tau}x-\omega t\right)+\frac{F_{\varphi1}}{2}\cos\left(\frac{\pi}{\tau}x+\omega t-\frac{4\pi}{3}\right)\end{aligned}\tag{10-28}$$

C相绕组电流再滞后120°，在空间位置上再差120°，故

$$\begin{aligned}f_{\mathrm{C1}}(x,t)&=F_{\varphi1}\cos\left(\frac{\pi}{\tau}x-\frac{4\pi}{3}\right)\cos\left(\omega t-\frac{4\pi}{3}\right)\\&=\frac{F_{\varphi1}}{2}\cos\left(\frac{\pi}{\tau}x-\omega t\right)+\frac{F_{\varphi1}}{2}\cos\left(\frac{\pi}{\tau}x+\omega t-\frac{8\pi}{3}\right)\end{aligned}\tag{10-29}$$

将式（10-27）～式（10-29）三式相加可求合成基波磁动势，因这三个式子中的第二项相加为零，即反转磁动势分量相互抵消，故有

$$\begin{aligned}f_1(x,t)&=f_{\mathrm{A1}}(x,t)+f_{\mathrm{B1}}(x,t)+f_{\mathrm{C1}}(x,t)\\&=\frac{3}{2}F_{\varphi1}\cos\left(\frac{\pi}{\tau}x-\omega t\right)\end{aligned}\tag{10-30}$$

综上所述，可以得到如下重要结论：

（1）三相合成基波磁动势为一个幅值恒定，大小为$\frac{3}{2}F_{\varphi1}$的旋转磁动势。当用旋转矢量表示时其端点轨迹为圆，故称该磁动势为圆形旋转磁动势。

（2）基波磁动势的转速为同步转速$n_1=60f/p$。

（3）当某相电流达到正的最大值时，基波旋转磁动势的波幅恰好位于该相绕组的轴线上。由式（10-30）得出，当$t=0$时刻，A相电流为正的最大值，与此时刻对应的旋转磁动势幅值处于$x=0$处，也就是恰好位于A相绕组的轴线上。三相电流按相序A-B-C轮流达到最大时，合成磁动势也是按A-B-C三相在空间的排列顺序方向旋转。也就是说，对一确定的三相绕组，其基波旋转磁动势的旋转方向决定于三相电流的相序，相序改变，旋转方向随之改变。

## 二、三相绕组的谐波磁动势

三相绕组合成的谐波磁动势等于三个单相绕组谐波磁动势的和。

### 1.3次谐波的合成磁动势

A相绕组产生的3次谐波脉振磁动势为

$$f_{\mathrm{A3}}(x,t)=F_{\varphi3}\cos3\frac{\pi}{\tau}x\cos\omega t$$

B相绕组在空间相对于A相绕组差120°基波电角度，对应的3次谐波空间电角度为3×120°=360°，而B相电流落后于A相120°相位，故B相3次谐波磁动势为

$$f_{\mathrm{B3}}(x,t)=F_{\varphi3}\cos3\left(\frac{\pi}{\tau}x-\frac{2\pi}{3}\right)\cos\left(\omega t-\frac{2\pi}{3}\right)$$

类似的，C相3次谐波磁动势为

$$f_{\mathrm{C3}}(x,t)=F_{\varphi3}\cos3\left(\frac{\pi}{\tau}x-\frac{4\pi}{3}\right)\cos\left(\omega t-\frac{4\pi}{3}\right)$$

3 次谐波合成磁动势为

$$
\begin{aligned}
f_3(x,\ t) &= f_{A3}(x,\ t) + f_{B3}(x,\ t) + f_{C3}(x,\ t) \\
&= F_{\varphi 3}\cos 3\frac{\pi}{\tau}x\left[\cos\omega t + \cos\left(\omega t - \frac{2\pi}{3}\right) + \cos\left(\omega t - \frac{4\pi}{3}\right)\right] = 0
\end{aligned}
\tag{10-31}
$$

由此可见，三个相的 3 次谐波磁动势互相抵消了。其原因是，对 3 次谐波三相绕组之间在空间位置上相差整数个 360°，这相当于三相绕组在空间处于重合的位置上，而三相电流却互差 120°相位角，故完全抵消。所有 3 的倍数次谐波都会出现这种情况，因此对称三相电机中，不会存在 3 次及 3 的倍数次谐波合成磁动势。

2. 5 次谐波合成磁动势

对于 5 次谐波（$\nu=5$），可以用类似的方法求出其合成磁动势，即

$$
\begin{aligned}
f_5(x,\ t) &= f_{A5}(x,\ t) + f_{B5}(x,\ t) + f_{C5}(x,\ t) \\
&= F_{\varphi 5}\left[\cos\frac{5\pi}{\tau}x\cos\omega t + \cos 5\left(\frac{\pi}{\tau}x - \frac{2\pi}{3}\right)\cos\left(\omega t - \frac{2\pi}{3}\right)\right. \\
&\quad \left. + \cos 5\left(\frac{\pi}{\tau}x - \frac{4\pi}{3}\right)\cos\left(\omega t - \frac{4\pi}{3}\right)\right] \\
&= \frac{3}{2}F_{\varphi 5}\cos\left(\frac{5\pi}{\tau}x + \omega t\right)
\end{aligned}
\tag{10-32}
$$

由前节的分析可知，5 次谐波合成磁动势为 $5p$ 对极的反转磁动势，其转速为$-n_1/5$。

3. 7 次谐波合成磁动势

同样的方法求得 7 次谐波合成磁动势为 $7p$ 对极正转磁动势，其转速为 $n_1/7$。即

$$f_7(x,\ t) = \frac{3}{2}F_{\varphi 7}\cos\left(\frac{7\pi}{\tau}x - \omega t\right) \tag{10-33}$$

其一般规律可归纳如下：

（1）三相电机中，除了 3 次和 3 的倍数次谐波之外，所有的奇次谐波一般均可表示为

$$f_\nu(x,\ t) = \frac{3}{2}F_{\varphi\nu}\cos\left(\frac{\nu\pi}{\tau}x \pm \omega t\right) \tag{10-34}$$

其幅值为

$$F_\nu = \frac{3}{2}F_{\varphi\nu} = 1.35\frac{Nk_{w\nu}}{\nu p}I_\varphi \tag{10-35}$$

（2）所有 $\nu=6k+1$（$k=1,\ 2,\ 3,\ \cdots$）次谐波磁动势都是正转的，而所有 $\nu=6k-1$（$k=1,\ 2,\ 3,\ \cdots$）次谐波磁动势都是反转的，其转速为 $n_\nu=n_1/\nu$，其极对数均为 $\nu p$。

（3）和电动势谐波同样地有 $\nu=2mqk\pm1$（$k=1,\ 2,\ 3,\ \cdots$）次谐波，称为磁动势齿谐波。其绕组因数等于基波绕组因数，不可能用分布、短距的方法削弱。因此，与其他高次谐波比较，齿谐波磁动势对电机性能的影响更为显著。

## 小　结

本章研究交流绕组的磁动势和电动势情况类似，磁动势也可以用磁动势星形图表示。二者具有完全不同的物理意义，电动势星形图表示感应电动势的时间相位关系，而磁动势星形图表示磁动势空间位置关系（按电角度计算）。按着磁动势星形图指示的空间关系也可以计算一相绕组的磁动势，确定绕组相带的划分和绕组的连接规律。

电动势星形图和磁动势星形图物理意义虽不同，但形状完全相同，因此电动势绕组因数和磁动势绕组因数也完全相同。

和电动势齿谐波一样，也存在磁动势齿谐波，而且可以证明：对于任意绕组，无论各线圈匝数是否相同，也无论极相组如何构成，绕组是否规则对称，齿谐波磁动势的绕组因数恒等于基波的绕组因数，不要试图用调整匝数、改变接线等方法削弱齿谐波，这是徒劳的。

绕组的分布和短距既可以削弱感应电动势的高次谐波，也可以削弱磁动势的高次谐波，使磁动势波形更加接近正弦形分布，有利于改善电机的运行性能。

三相对称绕组中通以三相对称交流电流后产生圆形旋转磁动势是一个重要概念，是今后学习交流电机原理的基础。

三相交流绕组产生的谐波磁动势也为旋转磁动势，转速和大小与基波磁动势不同，但转向有的相同，有的相反。

## 习　题

10-1　磁动势和磁场间有什么关系？为什么研究磁动势而不直接研究磁场？

10-2　磁动势相加时为什么能用矢量来计算？有什么条件？

10-3　单相绕组磁动势有什么性质？如何计算磁动势幅值？

10-4　为什么说交流绕组产生的磁动势既是时间的函数又是空间的函数？试以三相绕组合成磁动势基波加以说明。

10-5　三相合成磁动势基波的幅值、转向和转速取决于什么？试说明如下磁动势表达式中各项的意义：

$$f_{\nu}(x,\ t)=\frac{1}{\nu}\ \frac{3}{2}\ \frac{4}{\pi}\ \frac{\sqrt{2}}{2}\ \frac{Nk_{\mathrm{w\nu}}}{p}I_{\varphi}\cos\left(\nu\ \frac{\pi}{\tau}x-\omega t\right)$$

10-6　试述三相交流绕组产生的高次谐波极对数、转向和幅值如何确定。它们产生的磁场在定子绕组中感应电动势频率是什么？

10-7　如何改变三相感应电机的转向？为什么？

10-8　试分析一个短距线圈产生的磁动势，画出磁动势分布图，导出基波和谐波磁动势的计算公式。

10-9　三相绕组接在三相电源上，当一相短路时磁动势具有怎样的性质？

10-10　若在三相对称绕组中通以相位相同的电流时绕组产生磁动势的性质如何？（仅分析基波和3次谐波）。

10-11　在对称两相绕组中（两相绕组在空间差90°角度）通入什么样的电流才能产生圆形旋转磁动势？

10-12　试述产生旋转磁场的条件。

10-13　一台6000kW汽轮发电机，$2p=2$，$f=50\mathrm{Hz}$，三相星形接法，$U_{\mathrm{N}}=6.3\mathrm{kV}$，$\cos\varphi_{\mathrm{N}}=0.8$，$Q=36$槽，双层短距绕组，$y_1=15$槽，支路数$a=1$，单匝条型线圈，试求额定电流时：

（1）一个线圈产生的基波磁动势幅值；

（2）一相绕组产生的基波磁动势幅值；

(3) 三相合成磁动势 5 次谐波幅值、转速、转向。

10-14　一台电机绕组为三相对称 60°相带双层绕组，星形接法，每极下有 15 槽，线圈节距 $y_1=\frac{4}{5}\tau$，每个线圈 8 匝，试求：

(1) 在 A、B 两相接单相电源，C 相开路时，计算当电流为 10A（有效值）时基波磁动势的幅值；

(2) 情况同 (1)，但所通电流为 10A 的直流电流时，试计算合成磁动势基波幅值。

10-15　导出对称 $m$ 相绕组中通入对称 $m$ 相电流时，合成基波磁动势的计算公式。

# 第十一章 电机的发热与温升限值

电机在实现能量转换的过程中，总有一部分能量不能被有效利用，这一部分能量称为电机的损耗。损耗的能量变为热能，使电机的某些部件（如铁芯、绕组等）发热、温度升高。温度过高时首先影响电机的绝缘，使电机寿命缩短，甚至烧毁电机。所以，为了保证电机的正常运行，必须采用各种不同的方式对电机进行冷却，同时，电机的额定容量和额定工作状况也要受到温度升高的制约。

本章首先介绍交流电机的温升和温升限值，进而研究电机的发热规律和冷却方法等。有关这些概念，对其他各类电机也同样适用。

## 第一节 电机的温升和温升限值

电机的温度限制主要取决于绝缘材料，温度过高会引起绝缘材料过快老化。表征绝缘老化的现象，有电器绝缘性能降低，绝缘材料变脆、机械强度降低，在振动、冲击和湿热条件下出现裂纹、起皱、断裂，寿命大大降低。例如绝缘材料在限值温度以内工作，使用寿命可达 20 年，但在限值温度以上每升高 8～10℃，使用寿命就将缩短一半。

电机中常用的绝缘材料，按其耐热能力可分为 A、E、B、F、H 和 C 等级，见表 11-1。

**表 11-1　绝缘材料的限值工作温度**

| 绝缘等级 | A | E | B | F | H | C |
|---|---|---|---|---|---|---|
| 工作温度（℃） | 105 | 120 | 130 | 155 | 180 | ＞180 |

A 级绝缘：如经过浸渍处理的棉纱、丝、纸等有机纤维材料以及不同漆包线用的磁漆。

E 级绝缘：如聚酯树脂、环氧树脂、三醋酸纤维等制成的薄膜，高强度漆包线上的聚酯漆。

B 级绝缘：如云母、玻璃纤维及石棉等无机物用提高了耐热性的有机漆作为黏合物而制成的材料或其组合物。

F 级绝缘：如云母、玻璃纤维、石棉等物质用有机化合物改性的合成树脂漆作为黏合物做成的材料或其组合物。

H 级绝缘：如硅有机材料以及云母、玻璃纤维、石棉等物质用有机漆作为黏合物而制成的材料。

C 级绝缘：包括无黏合剂的云母、石英、玻璃纤维等，用稳定性特别优良的硅有机树脂、聚酰亚胺浸渍漆等处理过的石棉、玻璃纤维织物或其他制成物，聚酰亚胺薄膜等。

一般电机多用 E 级和 B 级绝缘。要求在高温场合下使用的电机，如起重、冶金及航空用电机，常用 F 级和 H 级绝缘。目前发展的趋势是选用优级的绝缘材料，以提高电机的性能指标。C 级绝缘是目前正在开发和推广使用的最优级的材料，其限值工作温度尚未确定，但应在 180℃及以上。在北美地区，220℃绝缘系统（C 级）已广泛使用在干式变压器中。

电机某部分的温度和周围环境温度之差称为该部分的温升，用 $\Delta\theta$ 表示。当该部分所用绝缘材料确定后，该部分的限值工作温度就确定了，电机的温升限值即可确定。我国国家标准规定，在海拔 1000m 及以下时统一计环境温度为 40℃，即温升限值应小于或等于材料限值工作温度减去环境温度，即

$$\Delta\theta \leqslant \text{绝缘材料的限值工作温度} - 40 \tag{11-1}$$

我国国家标准温升单位为 K（开尔文）。同时，我国国家标准还对不同绝缘材料、不同温度测试方法以及不同电机、不同电机部件的温升限值有具体规定。例如，B 级绝缘电机，用电阻法测量绕组的温升限值时，规定热点温差为 10K，故其实际温升限值为 80K。额定温升是电机的一个重要性能指标，它直接影响电机的容量或额定功率的确定。

## 第二节　电机的发热与冷却过程

一般来说，电机的损耗主要包括各绕组的铜损耗，铁芯损耗，轴承摩擦、电刷摩擦及转子对空气的风阻摩擦等的机械损耗，以及其他的附加损耗。

电机的损耗转变为热，以传导的方式从发热体（产生损耗的地方）传到电机各部件的表面，然后再通过对流和辐射作用散发到周围冷却介质中去。图 11-1 表示由电枢铜损耗产生的热量向周围介质散发的情况。铜损耗产生的热量以传导方式通过槽绝缘传至铁芯表面，再由铁芯表面以对流和辐射作用散发到周围空气中去。

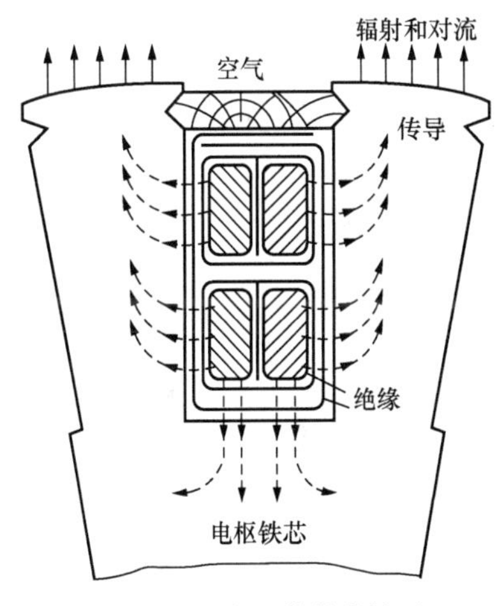

图 11-1　槽内导体散热情况

电机工作时各个部分的发热情况是不均匀的，各部分的散热条件也相差很大，各热源之间还存在着一定的热交换，所以电机内部形成的是一个很复杂的热场。因此，电机发热与冷却的精确计算存在困难，需要深入分析和复杂的数值计算。下面仅将电机简化为一个均质等温体来分析，即假定电机表面散热均匀，电机内部没有温差，以便于掌握发热与冷却的基本规律。

设一均质等温物体每单位时间产生的热量为 $Q$(J)，物体质量为 $m$ (kg)，比热容为 $c$[J/(kg·K)]，总散热表面积为 $A$($\mathrm{m}^2$)，表面散热系数为 $\alpha$ [即当温升为 1K 时，每单位时间从单位表面积上通过对流和辐射而散发的热量，单位为 W/($\mathrm{m}^2$·K)]。若某一瞬间发热物体对周围介质的温升（即温度差）为 $\Delta\theta$，经过一段极短的时间 $\mathrm{d}t$ 后温升增加了 $\mathrm{d}(\Delta\theta)$，根据热量平衡规律，可以得到以下关系式

$$Q\mathrm{d}t = \alpha A(\Delta\theta)\mathrm{d}t + cm\mathrm{d}(\Delta\theta) \tag{11-2}$$

式中：$Q\mathrm{d}t$ 为在时间 $\mathrm{d}t$ 内物体产生的热量；$\alpha A$（$\Delta\theta$）$\mathrm{d}t$ 表示 $\mathrm{d}t$ 时间内从表面散发到周围空气的热量；$cm\mathrm{d}(\Delta\theta)$ 则代表物体温度升高所吸收的热量。由此得

$$Q = \alpha A(\Delta\theta) + cm\frac{\mathrm{d}(\Delta\theta)}{\mathrm{d}t} \tag{11-3}$$

当达到稳定温度状态时（此时产生的热量等于散发的热量，物体温度不再上升），

$d(\Delta\theta)/dt=0$，这时的温升为稳定温升 $\Delta\theta_\infty$，即

$$\Delta\theta_\infty=\frac{Q}{\alpha A} \tag{11-4}$$

对式（11-3）求解，可得

$$\Delta\theta=\Delta\theta_\infty(1-e^{-\frac{t}{T}})+\Delta\theta_0 e^{-\frac{t}{T}} \tag{11-5}$$

$$T=\frac{cm}{\alpha A} \tag{11-6}$$

式中：$\Delta\theta_0$ 为物体的初始温升，即 $t=0$ 时物体温升，$T$ 为物体发热的时间常数。

如果物体从冷态开始发热，则 $\Delta\theta_0=0$，式（11-5）可简写为

$$\Delta\theta=\Delta\theta_\infty(1-e^{-\frac{t}{T}}) \tag{11-7}$$

式（11-7）表明均质等温物体发热时，其温升按指数规律上升，对应的发热曲线如图 11-2 所示。

式（11-5）同样可以用来研究物体的冷却过程。若物体已被加热到 $\Delta\theta_0$ 后即停止加热，则温度将从 $\Delta\theta_0$ 开始下降。最终物体温度必趋于环境温度，即至稳定状态时温升为零，$\Delta\theta_\infty=0$。这时有

$$\Delta\theta=\Delta\theta_0 e^{-\frac{t}{T}} \tag{11-8}$$

由此可见，物体的冷却也遵循指数规律，冷却曲线如图 11-3 所示。

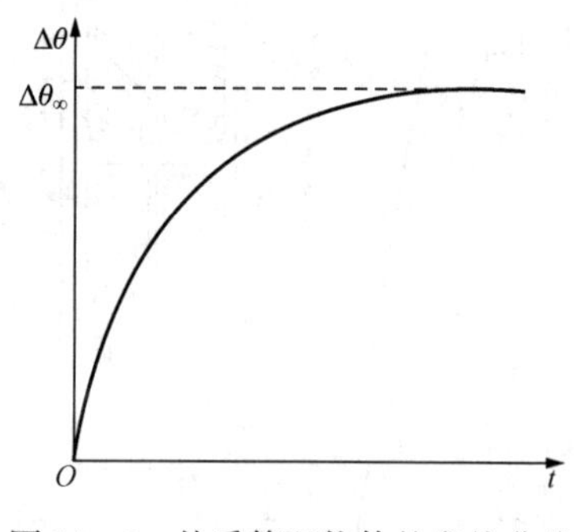

图 11-2 均质等温物体的发热曲线

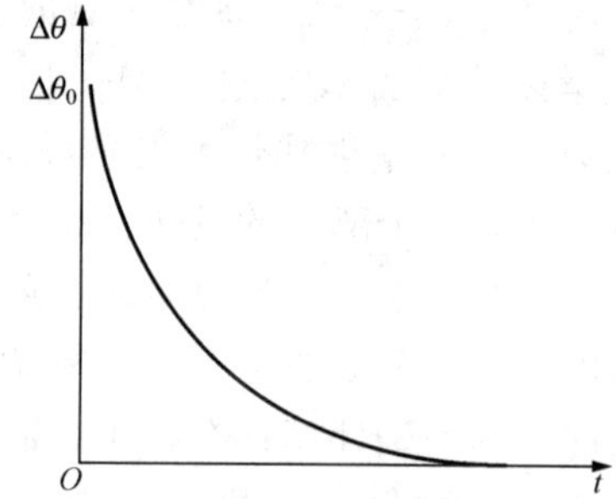

图 11-3 均质等温物体的冷却曲线

## 第三节 电 机 的 工 作 制

电机的发热规律还与工作制密切相关。我国规定电机有多种工作制，主要有连续工作制、短时工作制和断续周期工作制。

### 一、连续工作制

连续工作制也称长期工作制，指电机可在额定状态下连续地长期工作。在工作期间内，电机的温升可达到稳定温升，当然这将以不超过电机的限制温度为原则。电机停止工作后，则可完全冷却到周围环境温度（即 $\Delta\theta=0$）。很明显，连续工作制电机的发热与冷却规律也可用图 11-2 和图 11-3 表示。

### 二、短时工作制

短时工作制指电机仅短时间工作，如我国规定有 15、30、60min 和 90min 四种短时工

作制。电机在这段时间内额定工作，其最高温升没有达到稳定温升值。停止工作后，电机能完全冷却到周围环境温度，其温度规律如图 11-4 所示。由图可见，电机工作时间短，温升低于电机的稳定温升。因此，短时工作制电机与同容量连续工作制电机比体积可以设计得小一些；反过来，连续工作制电机，若限值温度不变，那么用在短时工作制运行就可以提高电机的功率。

**三、断续周期工作制**

断续周期工作制是指电机的工作时间和休息时间交替循环，如我国规定每周期时间为 10min，负载工作持续率为 15%、25%、40%和 60%四种。由于温升变化是短时的（见图 11-5），最终达到的限值温升也比长期连续工作时稳定温升要低。因此，连续工作制电机改为断续周期工作制，则可提高电机功率；相反，断续周期工作制电机要加大负载持续率或连续长期工作，则必须降低容量运行。因此使用电机时，必须注意电机的工作制。

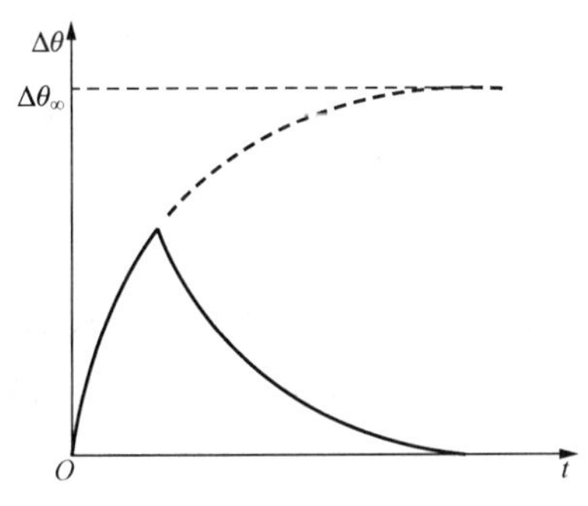


图 11-4　短时工作制电机的温升规律

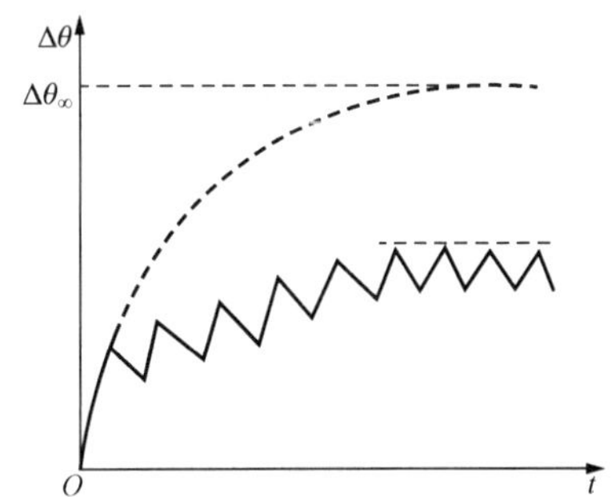


图 11-5　断续周期工作制电机的温升规律

## 第四节　电机的冷却方式

合理设计电机的冷却方式，改善电机的冷却条件，增大电机的散热能力，是提高电机输出功率、减轻电机质量的重要手段。

电机的冷却方式按冷却介质是否进入导体内部可分为表面冷却和内部冷却两种。表面冷却时，冷却介质不通过导体内部，而是间接地通过绕组绝缘、铁芯和机壳的表面将热量带走，中小型电机一般都用表面冷却方式，冷却介质为空气。内部冷却则是把冷却介质（如氢气、水等）通入发热的空心导体内部，使冷却介质直接与导体接触并把热量带出，大型同步发电机多采用内部冷却方式。

下面对这两种冷却方式分别作一简单介绍。

**一、表面冷却**

表面冷却又分为自然冷却、自扇冷却、他扇冷却和管道通风冷却等方式。

1. 自然冷却方式

自然冷却方式的电机不装设任何专门或附属的冷却装置，仅依靠电机自身的表面辐射和空气自然对流把电机产生的热量带走，故散热效果较差，只适用于功率在几百瓦以下的小型电机。

2. 内部自扇冷却方式

内部自扇冷却方式电机的转子端部装有风扇，风扇随转子旋转，产生的风压强迫空气快速流动，吹拂散热表面，使电机的散热能力大为增强。

依照气体在电机内的流动方向，内部自扇冷却方式又分为径向通风和轴向通风两种。

(1) 径向通风方式。径向通风的电机，其铁芯沿轴向分为数段，每段长 40～80mm。在两段铁芯之间空出约 10mm 宽的径向通风槽，冷却空气由两端进入电机，穿过转子和铁芯中的径向通风槽，然后从机座流出，如图 11 - 6 所示。径向通风系统是两端进风，绕组和铁芯沿电机轴向的温升分布比较均匀。这种通风系统适用于结构对称的中大型电机。

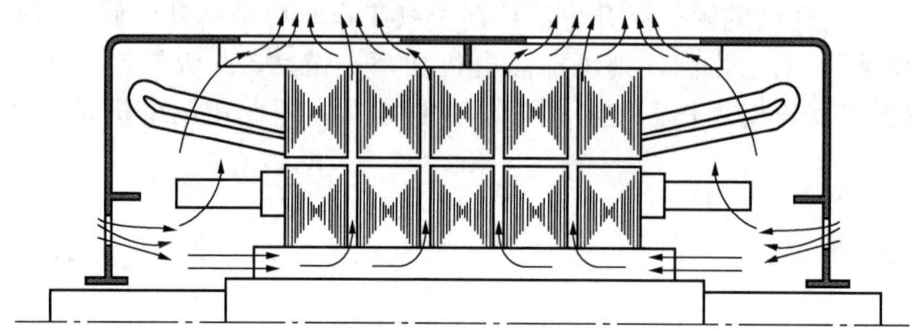

图 11 - 6 径向通风系统

(2) 轴向通风方式。轴向通风电机的气流从电机的一端进入，然后沿着轴向从另一端流出，如图 11 - 7 所示。轴向通风方式的电机沿轴向的温升不均匀，在出风口端温升较高。这种通风系统多用在中小型电机中。

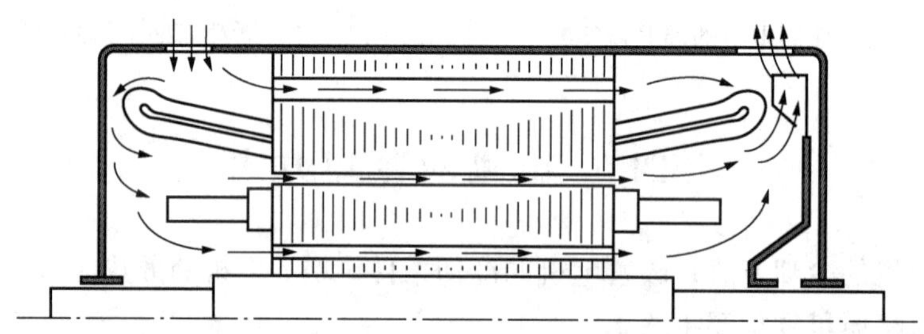

图 11 - 7 轴向通风系统

3. 外部自扇冷却方式

外部自扇冷却方式用于封闭式及防爆式电机。这类电机中一般装有两个风扇，如图 11 - 8 所示。一个风扇装在端盖外侧的转轴上用以吹冷机座，使得全部热量由机座表面散发到周围的冷却介质中；另一个风扇装在电机内部，用以加速内部空气的循环，使得热量更易于传到机座上。

4. 他扇冷却方式

他扇冷式电机的冷却空气由专门的送风机供给，调节送风机的转速，就可以根据负载和发热量的大小来供给需要的风量，以减少低负载运行时电机的通风损耗。

5. 管道通风冷却方式

冷却空气经过管道引入和排出电机的，称为管道通风方式。

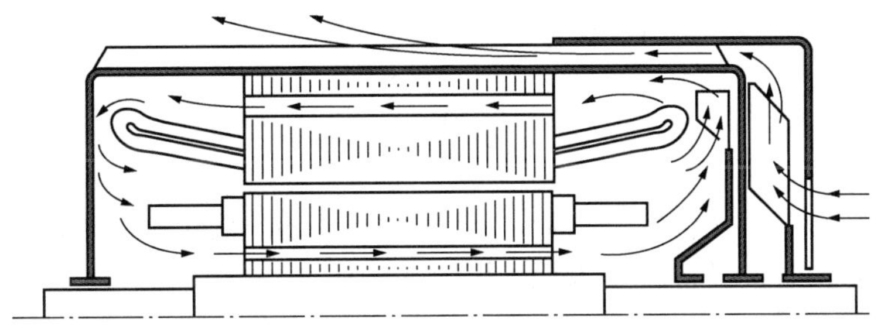

图 11-8　外部自扇冷却方式

## 二、内部冷却

由于电机的发热量正比于电机的体积，而散热量正比于电机的表面积，所以容量越大，电机的散热和冷却问题就越严重。在巨型电机中，发热和冷却问题往往成为限制电机极限容量的主要因素。为提高电机的极限容量和材料的利用率，广泛采用内部冷却。

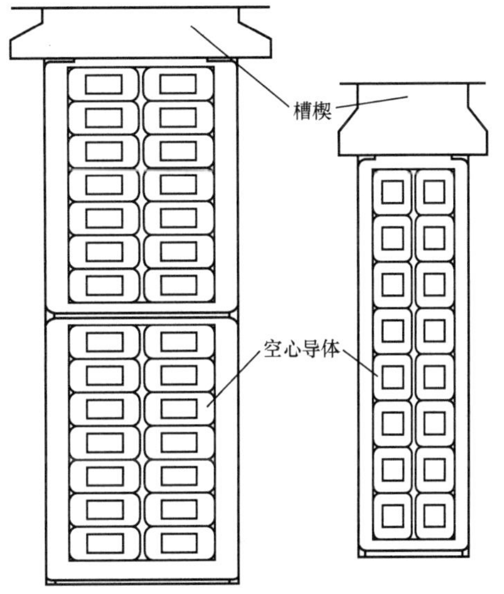


图 11-9　水内冷定转子槽内结构

内部冷却时，冷却介质通常采用氢气或经过处理的纯净水。为把冷却介质通入导体内部，常常采用空心导体，如图 11-9 所示。与表面氢气冷却相比较，采用氢气内部冷却并提高氢气压力后，冷却效果可提高 2～4 倍，电机的容量则相应地可提高 60%～80% 。若进一步采用水内冷，由于水的热容量、散热能力及密度比氢气大很多，所以水内冷的冷却效果又要比氢内冷时好很多。采用水内冷后，发热问题得到了很好的解决，冷却问题实际上已不成为限制电机容量的主要因素。

内部冷却虽然能够解决巨型电机的发热和冷却问题，得到广泛使用；但由于内部冷却电机结构和工艺复杂，还需要昂贵的外围冷却和净水设备，可靠性较差，维护费用也较高。目前，巨型电机外部通风冷却技术又有新发展，如端部自带风扇强迫通风冷却技术和机座端部回风通风冷却技术已分别应用于巨型汽轮发电机和巨型水轮发电机中。

## 小　结

电机损耗的能量全部转变为热能，使电机发热，各部分温度升高。本章以均质等温发热体模型，对电机温升作定性分析，得出指数曲线的温度变化规律。

电机的工作制分连续工作制、短时工作制和断续周期工作制三种。短时工作制和断续周期工作制的温升情况与连续工作制情况不同。

电机的温升限值主要与绝缘材料的限值工作温度有关，绝缘材料按耐温等级分 A、E、B、F、H、C 六级。电机的温升限值不大于绝缘材料的限值工作温度－40℃。

电机的冷却方式可分为表面冷却和内部冷却两种。表面冷却又分为自然冷却、自扇冷却、他扇冷却和管道通风冷却等方式。

## 习题

11-1 试述电机的发热和冷却规律，并从中分析说明降低温升的途径。

11-2 试述电机的三种工作制及温升规律的差异。

11-3 绝缘材料按使用温度分哪几类？什么叫绝缘老化？

11-4 电机有哪些冷却方式？各种冷却方式都有何特点？

# 交流电机理论的共同问题篇自测题

## 一、填空题

1. 单相绕组的基波磁动势是________，它可以分解成大小________，转向________，转速________的两个旋转磁动势。

2. 有一个三相双层叠绕组，$2p=4$，$Q=36$，支路数 $a=1$，那么极距 $\tau=$________槽，每极每相槽数 $q=$________，槽距角 $\alpha=$________，分布因数 $k_{d1}=$________，$y_1=8$，节距因数 $k_{p1}=$________，绕组因数 $k_{w1}=$________。

3. 将一台三相交流电机的三相绕组依次串联起来，通交流电，则合成磁动势为________。

4. 我国规定电机有多种工作制，主要有连续工作制、________和断续周期工作制。

5. 一台 50Hz 的三相电机通以 60Hz 的三相对称电流，并保持电流有效值不变，此时三相基波合成旋转磁动势的幅值大小________，转速________，极数________。

## 二、选择题

1. 当采用绕组短距的方式同时削弱定子绕组中 5 次和 7 次谐波磁动势时，应选绕组节距为________。

A. $\tau$　　B. $4\tau/5$　　C. $6\tau/7$　　D. $5\tau/6$

2. 三相对称交流绕组的合成基波空间磁动势幅值为 $F_1$，绕组因数为 $k_{w1}$，3 次谐波绕组因数为 $k_{w3}$，则 3 次空间磁动势波的合成幅值为________。

A. 0　　B. $\frac{1}{3}F_1k_{w3}/k_{w1}$　　C. $F_1k_{w3}/k_{w1}$

3. 交流绕组采用短距与分布后，基波电动势________，谐波电动势________。

A. 减小，减小　　B. 不变，不变　　C. 不变，减小

4. 交流电机定、转子的极对数要求________。

A. 不等　　B. 相等　　C. 不可确定

5. 三相对称交流绕组通以三相对称基波正弦交流电时，$\nu$ 次谐波磁动势的转速为________。

A. $n_1$　　B. $\nu n_1$　　C. $n_1/\nu$

## 三、判断题

1. 三相对称交流绕组中无 3 次及 3 的倍数次谐波电动势。（　　）
2. 采用分布短距的方法，可以削弱交流绕组中的齿谐波以外的 $\nu$ 次谐波电动势。（　　）
3. 交流电机与变压器一样通以交流电，所以它们的感应电动势计算公式相同。（　　）
4. 交流电机励磁绕组中的电流为交流量。（　　）
5. 极相组 A 的电动势与极相组 X 的电动势方向相反，电流方向也相反。（　　）

## 四、简答题

1. 同步发电机电枢绕组为什么一般不接成三角形，而变压器却希望有一侧绕组接成三

角形呢？

2. 总结交流电机单相磁动势的性质及其幅值大小、幅值位置、脉动频率各与哪些因素有关。这些因素中哪些是由构造决定的，哪些是由运行条件决定的。

3. 我国国家标准规定的环境温度是多少？温升限、绝缘材料限值工作温度与环境温度的关系如何？试计算B级绝缘的温升限值。

**五、计算题**

1. 一台4极，$Q=36$的三相交流电机，采用双层叠绕组，并联支路数$a=1$，$y_1=\frac{7}{9}\tau$，每个线圈匝数$N_C=20$，每极气隙磁通$\Phi_1=7.5\times10^{-3}$Wb，试求每相绕组的感应电动势。

2. 一台三相同步发电机，$f_N=50$Hz，$n_N=1500$r/min，定子采用双层短矩分布绕组：$q=3$，$y_1/\tau=\frac{8}{9}$，每相串联匝数$N=108$，星形连接，每极磁通量$\Phi_1=1.015\times10^{-2}$Wb，$\Phi_3=0.66\times10^{-2}$Wb，$\Phi_5=0.24\times10^{-2}$Wb，$\Phi_7=0.09\times10^{-2}$Wb。试求：

(1) 电机的极对数；

(2) 定子槽数；

(3) 绕组系数$k_{w1}$，$k_{w3}$，$k_{w5}$，$k_{w7}$；

(4) 相电动势$E_{\varphi_1}$，$E_{\varphi_3}$，$E_{\varphi_5}$，$E_{\varphi_7}$及合成相电动势$E_\varphi$和线电动势$E_L$。

# 第四篇 感 应 电 机

感应电机亦称为异步电机，多用作电动机，在少数场合下，也用作发电机。三相感应电机在工业中应用极广；单相感应电机则多用于医疗和家用电器。感应电机的主要优点是结构简单、制造方便、价格便宜、运用安全可靠；主要缺点是空载电流大，功率因数恒为滞后。

## 第十二章 三相感应电机概述

### 第一节 三相感应电机的运行状态

三相感应电机的工作原理已在第八章第一节中作了简要介绍。感应电机不仅可作电动机运行，也可以作发电机运行，并且在一定的条件下可以运行在电磁制动状态。这三种运行状态的本质区别在于机电能量转换的方向不同。在电动机运行状态时，电动机拖动机械负载，将电能转换为机械能；而在发电机运行状态时，在原动机驱动下将机械能转换为电能；在电磁制动状态下，转子输入的机械能和电源输入的电能均转换为热能。

通常用转速或者对应的转差率区分这三种状态。转差率 $s$ 定义为

$$s=\frac{n_s-n}{n_s} \tag{12-1}$$

式中：$n_s$ 为旋转磁动势的转速，称作同步转速；$n$ 为感应电机转子的转速。

因 $n_s-n$ 是旋转磁场相对于转子的转速，也就是转子导体切割磁场的转速，因此 $\Delta n=n_s-n$ 也称为转差速度。故由式（12-1）可知，转差率实际上是以同步转速作基值的转差速度的标幺值，或者说是旋转磁场相对于转子转速的标幺值。

#### 一、电动机运行状态

电动机运行状态的原理如图 12-1（a）所示。假定三相定子电流产生的旋转磁场在气隙中以同步转速 $n_s$ 逆时针方向旋转，当转子以转速 $n$（$0<n<n_s$）逆时针方向旋转时，$0<s<1$，旋转磁场相对于转子导体的转动速度为 $n_s-n$，方向仍为逆时针方向。设在此瞬间气隙磁场的方向如图 12-1（a）所示，由右手定则可判定转子导体中感应电动势和电流的方向为上半部导体电流流入纸面为⊕，下半部导体电流流出纸面为⊙。由左手定则可知，转子导体电流与磁场相互作用产生的电磁转矩方向与转子旋转方向相同，亦为逆时针方向，电磁转矩为驱动性质转矩。此时，感应电机经定子吸收电源的电能，输出机械能，作电动机运行。

#### 二、发电机运行状态

若将被转子拖动的机械负载改为原动机，则作用在转子轴上的外施机械转矩由制动性变为驱动性，转子将被加速。当转子转速 $n$ 大于旋转磁场的同步速 $n_s$ 时，旋转磁场相对于转

子导体运动速度为$|n_s - n|$，其方向与电动机状态下的方向相反，为图 12-1（b）所示的顺时针方向，故转子导体中感应电流方向、电磁转矩方向均与电动机运行状态下相反，电磁转矩由驱动转矩变为制动转矩。为保持转子能以高于同步速度$n_s$的速度旋转，原动机必须克服电磁转矩，不断输入机械能，实现机械能向电能的转换，故称为发电机运行状态。当感应电机作发电机运行时，转子转速恒大于同步转速$n_s$，即$n > n_s$，对应的转差率$s < 0$。

同步转速$n_s$是电动机状态和发电机状态之间的临界点，即转速高于$n_s$时为发电机运行状态，转速低于$n_s$时为电动机运行状态。运行状态的转变取决于外施机械转矩的性质，若外施转矩为制动力矩，则转子转速就会低于同步速度，进入电动机运行状态；反之，若外施驱动转矩，使转子加速，则电机就会运行在发电机状态。

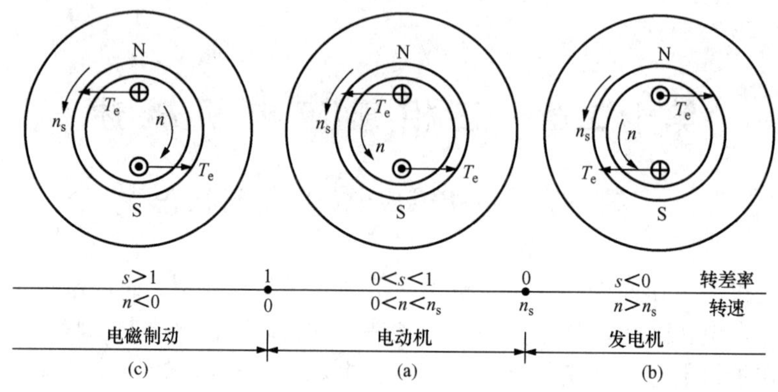


图 12-1 感应电机的三种运行状态

（a）电动机；（b）发电机；（c）电磁制动

## 三、电磁制动状态

如果外施足够大的制动转矩，迫使转子逆着旋转磁场的转向旋转，则感应电机进入图 12-1（c）所示的电磁制动状态，此时旋转磁场相对于转子导体的运动方向以及电磁转矩的方向也与图 12-1（a）所示方向相同，即电磁转矩方向为逆时针方向。但与电动机状态不同的是，在电磁制动状态下转子是反转的，在图 12-1（c）中转子的转向为顺时针转向，故在电磁制动状态下电磁转矩为制动转矩，亦即机械能经转子输入感应电机。此外，由图 12-1（a）、（c）可知，电动机状态下和电磁制动状态下转子中电流方向相同，因此对应的定子电流方向也应相同，因而电磁制动状态下电功率的方向也应与电动机状态相同，即经过定子吸收电源的电功率。因此，在电磁制动状态下输入感应电机的电能和机械能两部分能量均变为电机的损耗。

转速$n=0$，对应的$s=1$的运行点，是电动机状态和电磁制动状态的临界点，正转时$n>0$为电动机状态，反转时$n<0$进入制动状态。两种运行状态的转变也取决于外施转矩，外施转矩较小时，电磁转矩足以克服外施转矩维持转子正向旋转，感应电机处于电动机状态；若与电磁转矩方向相反的外施转矩过大，就会迫使转子反转，使感应电机进入电磁制动状态。

尽管感应电机可以在电动机、发电机和电磁制动三种状态下运行。实际上，因为感应发电机的性能不如同步发电机优越，因此感应发电机应用得很少，仅在某些特殊场合，如风力发电等才用到。至于电磁制动状态大多在吊车起吊重物时出现，大多情况下感应电机都作为电动机运行。感应电机的三种运行状态的转差率见表 12-1。

表 12-1　感应电机三种运行状态对应的转差率

| 转差率 ($s$) | $s>1$ | $1>s>0$ | $s<0$ |
|---|---|---|---|
| 运行状态 | 电磁制动状态 | 电动机状态 | 发电机状态 |

## 第二节　三相感应电机的结构

图 12-2 是一台三相感应电机的装配图。三相感应电机主要由定子、转子和定、转子之间的空气隙构成。此外，还有端盖、机座、轴承等部件。

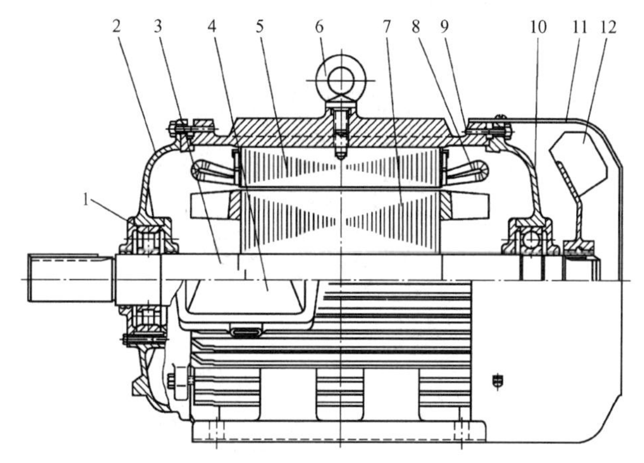


图 12-2　小型三相感应电机装配图

1—轴承；2—前端盖；3—转轴；4—出线盒；5—定子铁芯；6—吊攀；7—转子；8—定子绕组；9—机座；10—后端盖；11—风罩；12—风扇

### 一、定子

定子是电机固定不动的部分，由定子铁芯、定子绕组和机座三部分组成。机座是电机的外壳，起支撑作用，通常小型电机用铸铁铸成，大中型电机用钢板拼焊而成。定子铁芯装在机座内部，通常由 0.5mm 厚的硅钢片叠成，外形如图 12-3 (a) 所示的同心圆柱体；在定子铁芯内圆均匀地布置若干个槽，槽形如图 12-3 (b) ～ (d) 所示。图 12-3 (b) 所示槽形称为开口槽，通常用于硬线圈的大、中型感应电机。图 12-3 (c) 所示槽形称为半开口槽，适用于硬线圈的中型电机。图 12-3 (d) 所示槽形称为半闭口槽，通常用于散下线，软线圈的小型感应电机。

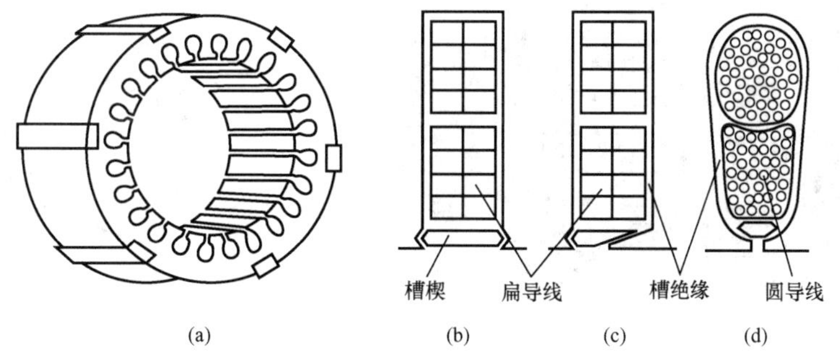


图 12-3　定子铁芯和槽形

(a) 定子铁芯；(b) 开口槽；(c) 半开口槽；(d) 半闭口槽

### 二、气隙

为了减少励磁电流，提高感应电机的功率因数，定、转子之间的气隙应制作得尽可能小，但也应防止运行时由于轴的变形和振动使定、转子之间发生摩擦或碰撞。

## 三、转子

感应电机的转子包括铁芯、绕组和转轴等几部分。转子铁芯一般也用 0.5mm 厚的硅钢片叠成。在转子铁芯外圆冲槽，槽内嵌放转子绕组，转子绕组有笼型和绕线式两种结构。

### 1. 笼型转子

在转子铁芯各槽中插入导条，并用端环将导条短路，构成如图 12-4 所示的笼型绕组。导条可以用铜条，也可以铸铝制成。导条中感应电动势很小，故转子导条与铁芯叠片间不需要绝缘，这样做虽然使电机的损耗略有增加，但可大大简化结构，节约材料，所以笼型转子的导体都是不带绝缘的。

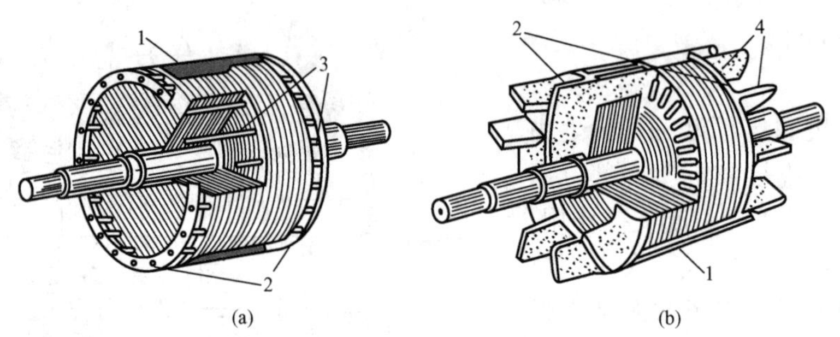


图 12-4 笼型转子绕组

(a) 铜条绕组；(b) 铸铝绕组

1—转子铁芯；2—端环；3—导条；4—风叶

### 2. 绕线式转子

绕线式转子是在转子槽中嵌放三相对称绕组，绕组与转子铁芯绝缘，通常接成星形。三相的端点分别接到转轴上的三个集电环上，再通过三个电刷将转子绕组与外电路相连，如图 12-5 所示。

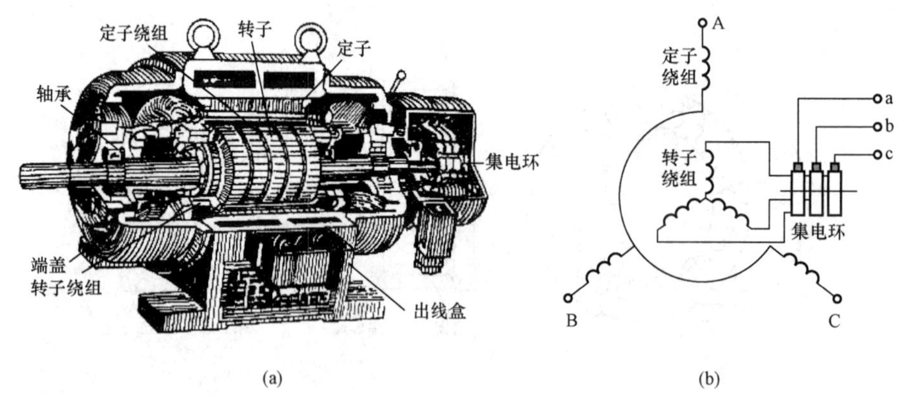


图 12-5 绕线式感应电机结构及绕组的接线方式

(a) 绕线式感应电机结构；(b) 绕组的接线方式

与笼型转子感应电机比较，绕线式转子结构复杂，价格较贵，运行可靠性也较差；但因绕线式转子绕组通过集电环与外电路相接，转子参数可以调节，启动和调速性能较好，在工业生产中应用也很多。

## 第三节 三相感应电动机的额定值

感应电动机铭牌上均标明其额定值和一些与运行有关的技术数据。按铭牌指定的条件和额定值运行时就叫做额定运行状态。因电动机都是按额定运行状态进行设计，因此额定状态下的性能较好。按我国国家标准，感应电动机的额定值有：

(1) 额定功率 $P_N$：电动机在额定状态下运行时，轴上输出的机械功率，单位为W（瓦）或 kW（千瓦）。

(2) 额定电压 $U_N$：电动机在额定状态下运行时，定子绕组应加的线电压，单位为V（伏）。

(3) 额定电流 $I_N$：电动机在额定电压下运行，输出功率达到额定功率时，流入定子绕组的线电流，单位为 A（安）。

(4) 额定频率 $f_N$：加于定子边的电源频率，我国工频规定为 50Hz（赫兹）。

(5) 额定转速 $n_N$：电动机在额定状态下运行时转子的转速，单位为 r/min（转/分）。

此外，铭牌上还标有功率因数、效率、温升（或绝缘等级）及其他一些使用条件。对绕线式电动机，还常标出转子额定电压、额定电流等数据。

## 小结

感应电动机的工作原理：定子绕组产生的旋转磁场以转差速度被转子导体切割，在转子导体中产生感应电动势和电流，转子电流与磁场相互作用产生电磁转矩。

感应电动机的励磁电流由定子三相交流绕组提供，转子电流靠感应产生，因此运行时转子的转速不能是同步转速，故亦称为异步电动机。

铭牌上标明的感应电动机额定值是正常使用的限值，其中额定功率是指电动机输出机械功率的保证值。

## 习题

12-1 什么叫转差率？如何根据转差率来判断感应电机的运行状态？

12-2 感应电动机额定电压、额定电流、额定功率的定义是什么？

12-3 为什么感应电动机的气隙很小，气隙过大会有什么不良后果？

12-4 若用原动机拖动感应电动机使转速高于同步转速，画出转子导条中感应电动势和电流的方向，这时转子电流与磁场相互作用产生转矩的方向怎样？若去掉原动机感应电动机还能继续以大于同步转速的速度旋转吗？为什么？

12-5 若将绕线式感应电动机定子短接，转子绕组接至三相交流电源，试分析这时气隙磁场在空间的转速，相对于转子的转速和电动机的转向。

12-6 若把笼型转子抽出，换上整块实心钢制成的转子，感应电动机是否仍能工作？

12-7 若感应电动机额定频率 $f_N$=50Hz，额定转速 $n_N$=1450r/min，估计该电机极数和转差率是多少？

12-8 三相感应电动机额定数据为 $P_N=1250\text{kW}$，$n_N=725\text{r/min}$，$\cos\varphi_N=0.84$，$\eta_N=92.5\%$，$U_N=6000\text{V}$。试求其额定电流。

12-9 一台三相感应电动机，$2p=6$，$f_N=50\text{Hz}$，$s_N=0.04$。试求：

（1）同步转速；

（2）额定转速；

（3）$n=900\text{r/min}$ 时的转差率。

# 第十三章　三相感应电动机的基本理论

三相感应电动机的定、转子电路之间没有直接的电的联系，它们之间的联系是通过电磁感应而实现的，这一点和变压器完全相似。三相感应电动机的定子绕组相当于变压器的一次绕组，转子绕组则相当于变压器的二次绕组，因此对三相感应电动机的分析，可以仿照分析变压器的方式进行。

## 第一节　三相感应电动机的空载运行

### 一、空载电流和空载磁动势

当电动机空载，定子三相绕组接到对称的三相电源时，在定子绕组中流过的电流称为空载电流，用 $I_0$ 表示。空载电流 $\dot{I}_0$ 的有功分量 $\dot{I}_{0p}$ 用来供给空载损耗，包括空载时的定子铜损耗、定子铁芯损耗和机械损耗；空载电流的无功分量 $\dot{I}_\mu$ 用来产生气隙磁场，也称为磁化电流，它是空载电流中的主要部分，这样空载电流 $\dot{I}_0$ 可以写成 $\dot{I}_0=\dot{I}_\mu+\dot{I}_{0p}$。由于电机空载，电机轴上没有任何机械负荷，所以电动机的空载转速将非常接近于同步转速，在理想空载（忽略机械损耗）的情况下，可以认为 $n_0=n_s$，即空载转差率 $s=0$，此时旋转磁场切割转子导体的相对速度为零，所以，转子电流可近似认为是零。因此，空载运行时，定子磁动势 $F_0$ 基本上就是产生气隙主磁场的励磁磁动势 $F_m$，空载时的定子电流 $I_0$ 就近似等于励磁电流 $I_m$。三相励磁电流所产生的合成磁动势基波分量的幅值为

$$F_0\approx F_m=\frac{m_1}{2}\times 0.9\times\frac{N_1k_{w1}}{p}I_m \tag{13-1}$$

若不计谐波磁动势，$F_m$ 即为定子空载磁动势幅值，它以同步转速 $n_s$ 旋转。

### 二、定子主磁通和漏磁通

1. 主磁通和励磁阻抗

励磁磁动势产生的磁通绝大部分同时与定、转子绕组相交链，这部分基波磁通称为主磁通，用 $\phi_m$ 表示。主磁通参与机电能量转换，在电机中产生有用的电磁转矩。气隙中的主磁场以同步转速旋转时，主磁通 $\phi_m$ 将在定子每相绕组中感应电动势 $e_1$。当规定绕组中感应电动势 $\dot{E}_1$ 正方向与主磁通 $\dot{\Phi}_m$ 的正方向之间符合右手螺旋关系时，感应电动势相位落后主磁通 90°，故有

$$\dot{E}_1=-\mathrm{j}4.44f_1N_1k_{w1}\dot{\Phi}_m \tag{13-2}$$

主磁通是通过气隙并同时与定、转子绕组相交链的磁通，它经过的磁路（称为主磁路）包括气隙、定子齿、定子轭、转子齿、转子轭五部分，如图 13-1（a）所示，它受饱和的影响，为一非线性磁路。若主磁路的磁化曲线在一定范围内用一条线性化的磁化曲线来代替，则主磁通将与励磁电流成正比，于是可认为 $\dot{E}_1$ 与 $\dot{I}_m$ 之间具有如下关系

$$-\dot{E}_1 = Z_m \dot{I}_m \tag{13-3}$$

式中：$Z_m = R_m + jX_m$ 称为励磁阻抗，它是表征主磁路的磁化特性和铁耗的一个综合参数；$X_m$ 称为励磁电抗，它是表征主磁路的等效电抗；$R_m$ 称为励磁电阻，它是表征铁芯损耗的一个等效电阻。

励磁电抗正比于主磁路的磁导，所以气隙越小，励磁电抗就越大，在同一定子电压下，励磁电流就越小。

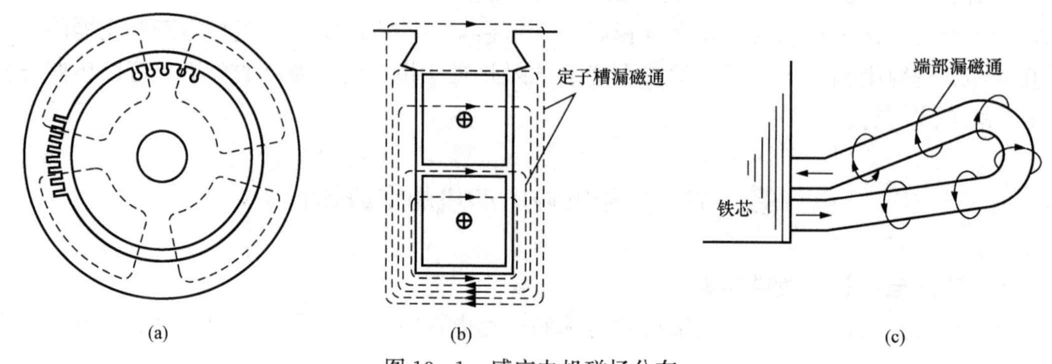


图 13-1 感应电机磁场分布

（a）空载主磁通；（b）槽漏磁场；（c）端部漏磁场

2. 漏磁通和漏抗

除主磁通 $\phi_m$ 外，还有一小部分磁通仅与定子绕组相交链，称为定子漏磁通 $\phi_{1\sigma}$。根据所经路径的不同，定子漏磁通又可分为槽漏磁、端部漏磁和谐波漏磁。

（1）槽漏磁场。如图 13-1（b）中穿过定子槽壁，在定子铁芯内闭合的磁场。它只交链定子绕组，不交链转子绕组，其大小与定子电流成正比，且只在定子绕组中感应 $f_1$ 频率的电动势。

（2）端部漏磁场。如图 13-1（c）所示，由定子电流在定子绕组端部产生的磁场，也是只交链定子绕组，不交链转子绕组，它亦与定子电流成正比，只在定子绕组中感应 $f_1$ 频率的电动势。

（3）谐波漏磁场。谐波漏磁场是指气隙中的高次谐波磁场。它虽然也通过气隙，但是与主磁场在转子中所感应的电动势和电流的频率互不相同。另一方面，由第十章的分析可知，定子谐波磁场极对数为 $\nu p$，而转速为 $n_s/\nu$，因此在定子绕组中感应电动势频率仍为 $f_1$，其大小与定子电流成正比，其效果与定子漏磁相类似，因此通常把它作为定子漏磁通的一部分来处理，也称为差漏磁。

定子漏磁通正比于 $I_0$，并与 $\dot{I}_0$ 同相位，在定子绕组中感应电动势 $\dot{E}_{1\sigma}$ 落后于漏磁通 90°，因此有

$$\dot{E}_{1\sigma} = -jX_{1\sigma}\dot{I}_0 \tag{13-4}$$

式中：$X_{1\sigma}$ 为漏磁场感应电动势与 $I_0$ 之间的比例常数，称为定子漏电抗，它由槽漏抗、端部漏抗和谐波漏抗三部分构成。

在工程分析中，常把电机内的磁通分成主磁通和漏磁通两部分来处理，这是因为：①它们所起的作用不同，主磁通在电机中产生电磁转矩，直接关系到能量转换，而漏磁通并不直接具有此作用；②这两种磁通所经磁路不同，主磁路是一个非线性磁路，受磁饱和的影响较

大，而漏磁磁路主要通过空气而闭合，受饱和的影响较小。把两者分开处理，对电机的分析会带来很大的方便。

**三、定子电压方程和等效电路**

设定子绕组相电压为 $\dot{U}_1$，相电流为 $\dot{I}_0$，主磁通 $\dot{\Phi}_m$ 在定子绕组中感应的每相电动势为 $\dot{E}_1$，定子漏磁通 $\dot{\Phi}_{1\sigma}$ 在每相绕组中感应的电动势为 $\dot{E}_{1\sigma}$，定子绕组每相电阻为 $R_1$，则根据基尔霍夫第二定律，可以列出空载时每相的定子电压方程式为

$$\dot{U}_1 = \dot{I}_0 R_1 + (-\dot{E}_{1\sigma}) + (-\dot{E}_1) \tag{13-5}$$

可写成

$$\dot{U}_1 = -\dot{E}_1 + (R_1 + jX_{1\sigma})\dot{I}_0 = -\dot{E}_1 + Z_{1\sigma}\dot{I}_0 \tag{13-6}$$

式中：$Z_{1\sigma}$ 为定子漏阻抗。因为 $E_1 \gg |Z_{1\sigma}\dot{I}_0|$，可以认为 $\dot{U}_1 \approx -\dot{E}$。显然，对于给定的电机，当频率 $f_1$ 一定时，$U_1 \propto \Phi_m$。由此可见，在感应电动机中，若外施电压一定，主磁通幅值 $\Phi_m$ 大体上也为一定值，这与变压器的情况相同。

上述分析结果表明，感应电动机空载时的物理现象和电压方程与变压器十分相似。但是，在变压器中不存在机械损耗，主磁通所经过磁路的空气间隙也很小，因此变压器的空载电流很小，仅为额定电流的 2%～10%，而感应电动机的空载电流则较大，在小型感应电动机中，空载电流甚至可达额定电流的 60%。

由式（13-6）结合式（13-3），即可画出感应电动机空载时的等效电路，如图 13-2 所示。

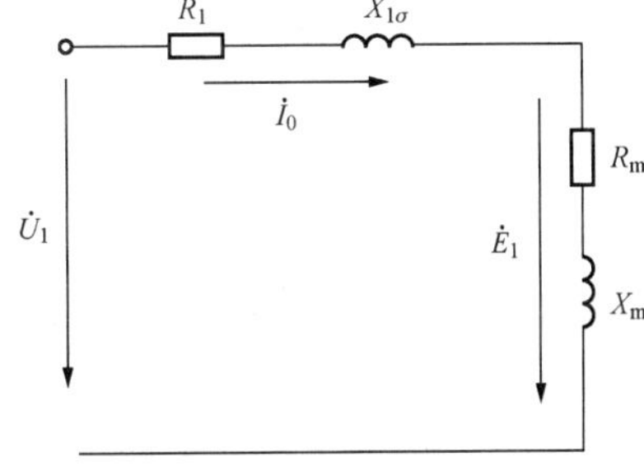


图 13-2　感应电动机空载时的等效电路

**四、相量—矢量图**

1. 时间相量与空间矢量

在分析感应电动机运行的物理过程时，涉及的物理量中有时间相量，也有空间矢量。

在时间相量图中，频率为 $f$，大小随时间正弦规律变化的物理量，如电流 $i$ 可以用一个长度等于有效值 $I$，旋转速度为 $\omega=2\pi f$ 的旋转相量 $\dot{I}$ 来表示。当取纵轴为时间参考轴时，则任何瞬间旋转相量 $\sqrt{2}\dot{I}$ 在纵轴上的投影即为电流的瞬时值，这样的时间参考轴称为时轴。一般来说，时轴可以按需要而任意选取，只是选取的时轴不同，计算时间的起点就不同，显然一个时间相量只能取一根时轴。

在空间矢量图中，任意一个沿空间正弦规律分布的物理量，如绕组磁动势的基波，可用一空间矢量 $\boldsymbol{F}$ 来表示，矢量的长度表示磁动势波的幅值，矢量 $\boldsymbol{F}$ 所在的位置和方向表示磁动势波正波幅所在的地点。为了具体表明这一点，通常还在空间矢量图中画出绕组的轴线，称为相轴，这时矢量 $\boldsymbol{F}$ 与相轴之间的夹角，即表示磁动势波的正波幅在空间上与该相相轴相距的电角度。显然，用以表明空间矢量具体位置的相轴，只需画出一相就够了。如果磁动势波的幅值不变，但以角速度 $\omega=2\pi f$ 旋转，则相应的空间矢量 $\boldsymbol{F}$ 的长度不变，并在矢量图中也以角速度 $\omega=2\pi f$ 而旋转。

由于在三相电机中，当某相电流达到最大值时，即该相电流相量与其时轴重合时，三相合成磁动势基波的正波幅将位于该相绕组的轴线上，此时三相合成磁动势基波矢量 $\boldsymbol{F}$ 应与

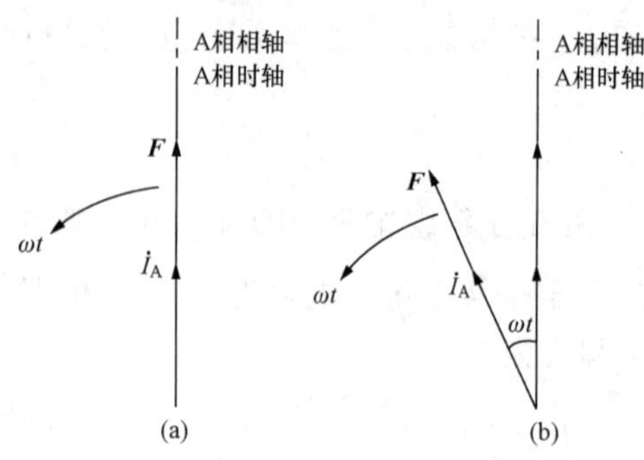

图 13-3 时间相量与空间矢量统一图（相量—矢量图）
（a）$\omega t=0$，$i_A=I_m$；（b）$\omega t>0$

该相相轴重合。如果把该相电流相量的时轴取在该相相轴上，则电流相量$\dot{I}$恰好与磁动势矢量$\boldsymbol{F}$重合。以A相为例，取A相电流相量$\dot{I}_A$的时轴与A相相轴重合，则相量$\dot{I}_A$与矢量$\boldsymbol{F}$重合，在$i_A=I_m$的瞬时，相量$\dot{I}_A$和$\boldsymbol{F}$都在相轴上，如图13-3（a）所示。在分析合成磁动势基波时已经指出，当电流在时间上经过多少秒，相应的电流相量就转过对应的电角度，则合成磁动势基波在空间上也就转过同一数值的电角度。因此当时间经过$t$秒后，相量$\dot{I}_A$和矢量$\boldsymbol{F}$应同时转过同一角度$\omega t$，如图13-3（b）所示。这就说明当把时间相量图和空间矢量图画在一起时，若各相时间相量的时轴均取在各自的相轴上，则相电流相量$\dot{I}$应与三相合成磁动势基波矢量$\boldsymbol{F}$重合。这种把时间相量与空间矢量联系在一起的统一图，称为相量—矢量图，它给研究交流电机带来很大方便。

2. 相量—矢量图的绘制

根据上述分析，在绘制感应电动机的相量—矢量图时，应注意三个关系：①每一相都取自己的相轴作为时轴；②相电流相量$\dot{I}$（时间相量）与该电流系统产生的合成磁动势矢量$\boldsymbol{F}$（空间矢量）重合；③磁通相量$\dot{\Phi}_m$（时间相量）与主磁通磁密$\boldsymbol{B}_m$（空间矢量）重合。磁通相量$\dot{\Phi}_m$与主磁通磁密$\boldsymbol{B}_m$之所以重合，是因为由合成磁动势波产生的气隙磁密波，因铁芯中的磁滞、涡流损耗落后于磁动势波一个角度$\alpha_{Fe}$，两者不同相。当主磁通磁密波的波幅转到某一相的相轴上时，主磁通与该相交链的磁通达到最大值，也就是说该相交链的主磁通相量$\dot{\Phi}_m$应与该相的时轴重合，又由于每一相的相轴与时轴重合，所以时间相量$\dot{\Phi}_m$应转到该相相轴上，这样就得到第三个关系。

考虑到三相感应电动机空载时的定子电流$\dot{I}_0$就近似等于励磁电流$\dot{I}_m$，结合图13-2空载时的等效电路，以A相为研究对象，根据相量—矢量图以上三个关系，可画出三相感应电动机空载时的相量—矢量图，如图13-4所示（图中各时间相量均省略了下标A）。

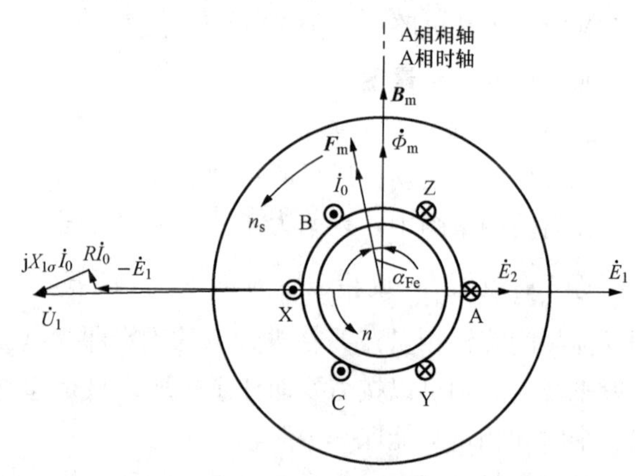

图 13-4 三相感应电动机空载时的相量—矢量图

## 第二节 三相感应电动机负载运行

### 一、负载运行时的转子磁动势及转子反应

负载运行时，感应电动机将以低于同步转速$n_s$的转速$n$旋转，其转向则仍与气隙旋转

磁场的转向相同，因此，气隙磁动势与转子的相对转速为 $\Delta n=n_s-n=sn_s$。$\Delta n$ 也就是气隙旋转磁场切割转子绕组的速度，于是在转子绕组中感应出电动势，产生电流，其频率为

$$f_2=\frac{p\Delta n}{60}=\frac{pn_s}{60}\frac{n_s-n}{n_s}=sf_1 \tag{13-7}$$

负载运行时，除了定子电流产生一个定子磁动势 $\boldsymbol{F}_1$ 外，转子电流还产生一个转子磁动势 $\boldsymbol{F}_2$，而总的气隙磁动势则是 $\boldsymbol{F}_1$ 与 $\boldsymbol{F}_2$ 的合成。

关于定子磁动势 $\boldsymbol{F}_1$ 在第十章中已作了分析，为了进一步了解电动机负载时的情况，还必须对转子磁动势 $\boldsymbol{F}_2$ 加以说明。

1. 转子磁动势的转速和基波幅值

若定子旋转磁场为顺时针旋转，因为 $n\leqslant n_s$，所以感应而产生的转子电动势或电流的相序也必然按顺时针方向排列。流有按顺时针方向排列相序电流的转子绕组将产生顺时针方向旋转的转子磁动势 $\boldsymbol{F}_2$，$\boldsymbol{F}_2$ 相对于转子的转速为

$$n_2=\frac{60f_2}{p}=\frac{60sf_1}{p}=sn_s=n_s-n \tag{13-8}$$

而转子本身又以转速 $n$ 在旋转，因此从定子侧观察时，$\boldsymbol{F}_2$ 在空间的转速应为

$$n_2+n=(n_s-n)+n=n_s \tag{13-9}$$

即无论转子的实际转速是多少，转子磁动势 $\boldsymbol{F}_2$ 和定子磁动势 $\boldsymbol{F}_1$ 在空间的转速总是等于同步转速 $n_s$，它们在空间始终保持相对静止。转子电流 $I_{2s}$ 产生的基波磁动势为

$$F_2=\frac{m_2}{2}\times 0.9\times\frac{N_2k_{w2}}{p}I_{2s} \tag{13-10}$$

式中：$m_2$ 为转子相数；$N_2$ 为转子单相串联串数；$k_{w2}$ 为转子绕组基波绕组因数。

2. 转子磁动势的极数

无论是绕线式感应电动机还是笼型感应电动机，其转子绕组都是一个对称的多相系统。绕线式转子感应电动机，转子绕组设计成与定子具有相同的极数。而笼型转子，导条中的电动势和电流是由气隙磁场感应而产生，图 13-5 画出了一对极的气隙旋转磁场和它在转子导条上感应电动势的瞬时方向。如果不计转子漏抗，则图中所示感应电动势方向即为导条电流的方向，由图 13-5 所示可见转子导条电流也产生一对极的磁场。当定子磁场极数改变时，转子极数也改变，因此转子导条中电流分布所形成的磁极数必然等于气隙磁场的极数。

3. 转子磁动势的空间相位

如图 13-5 所示，气隙磁场 $B_\delta$ 以同步转速 $n_s$ 在气隙中推移，并以转差速度 $\Delta n$ 切割转子绕组。设气隙磁场 $B_\delta$ 为正弦分布，推移速度为同步速度，则各导条中感应电动势瞬时值 $e_2$ 的分布亦应是正弦。图 13-5（a）所示瞬间恰好是导条 5 和导条 13 中的感应电动势将分别达到正、负最大值的位置。由于导条和端环具有电阻和漏抗，所以导条电流 $i_B$ 要滞后于导条电动势 $e_2$ 一个阻抗角 $\boldsymbol{\Psi}_2$，即要等气隙磁场向前推进了 $\boldsymbol{\Psi}_2$ 角以后，导条 5 和导条 13 中的电流才达到最大值，如图 13-5（b）所示。图中虚线表示每根导条内电流瞬时值的分布情况。图 13-5（c）中虚线表示导条电流所产生的转子基波磁动势。从图 13-5 可见，气隙磁场波和转子磁动势基波之间的空间夹角应为 $\delta=90°+\boldsymbol{\Psi}_2$，转子磁动势在空间位置上总是落后于气隙磁场 $90°+\boldsymbol{\Psi}_2$。

以上分析表明：转子磁动势的大小和空间位置分别仅取决于转子电流的大小和转子绕组功率因数角 $\Psi_2$，而与转子转速 $n$ 无关，或者说与转子电流的频率无关。

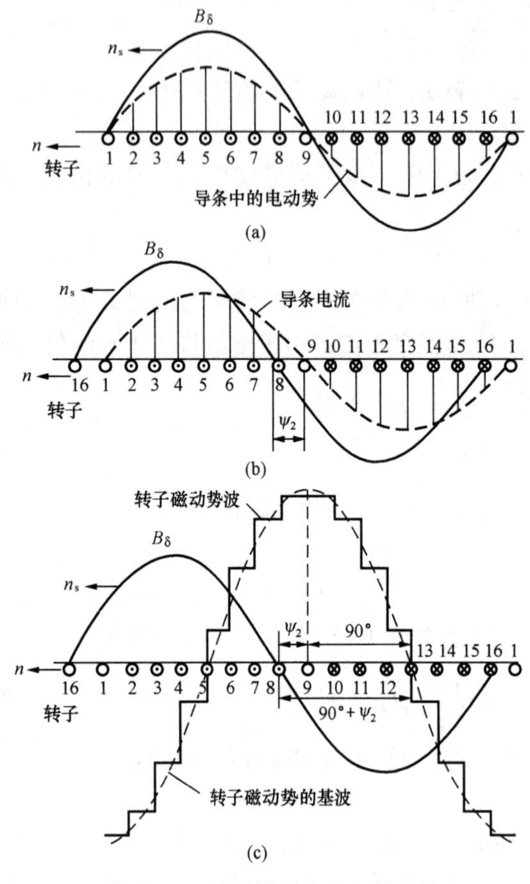


图 13-5 转子磁动势的空间相位

4. 转子反应

负载时转子磁动势的基波对气隙磁场的影响，称为转子反应。转子反应有两个作用：

（1）是使气隙磁场的大小和空间相位发生变化，从而引起定子感应电动势和定子电流发生变化。与两绕组变压器相类似，感应电机负载以后，定子电流 $\dot{I}_1$ 中除励磁分量 $\dot{I}_m$ 以外，还将出现一个补偿转子磁动势的负载分量 $\dot{I}_{1L}$，即

$$\dot{I}_1 = \dot{I}_m + \dot{I}_{1L} \tag{13-11}$$

$\dot{I}_{1L}$ 所产生的磁动势 $\boldsymbol{F}_{1L}$ 与转子磁动势 $\boldsymbol{F}_2$ 大小相等、方向相反，以保持气隙内的主磁通基本不变，即

$$\boldsymbol{F}_{1L} = -\boldsymbol{F}_2 \tag{13-12}$$

由于负载分量 $\dot{I}_{1L}$ 的出现，感应电动机将从电源吸取一定的电功率。

（2）与主磁场相互作用，产生所需要的电磁转矩。

这两个作用合在一起，体现了通过电磁感应作用，实现机电能量转换的机理。

## 二、负载时磁动势方程

负载时，定子磁动势 $\boldsymbol{F}_1$，可以分成两部分：一部分是产生主磁通的励磁磁动势 $\boldsymbol{F}_m$，另一部分是抵消转子磁动势的负载分量 $-\boldsymbol{F}_2$，即

$$\boldsymbol{F}_1 = \boldsymbol{F}_m + (-\boldsymbol{F}_2)$$

或

$$\boldsymbol{F}_1 + \boldsymbol{F}_2 = \boldsymbol{F}_m \tag{13-13}$$

式（13-13）所表示的磁动势空间矢量关系就可以直接转换为下述的时间相量关系

$$0.9\frac{m_1}{2}\frac{N_1k_{w1}}{p}\dot{I}_1e^{j\omega_1 t} + 0.9\frac{m_2}{2}\frac{N_2k_{w2}}{p}\dot{I}_{2s}e^{j\omega_1 t} = 0.9\frac{m_1}{2}\frac{N_1k_{w1}}{p}\dot{I}_me^{j\omega_1 t} \tag{13-14}$$

式（13-13）表示了磁动势空间的位置关系，而式（13-14）则表示时间相量的相位关系。式（13-14）也可以改写为

$$\dot{I}_1e^{j\omega_1 t} + \frac{\dot{I}_{2s}e^{j\omega_1 t}}{k_i} = \dot{I}_me^{j\omega_1 t} \tag{13-15}$$

$$k_i = \frac{m_1N_1k_{w1}}{m_2N_2k_{w2}}$$

### 三、负载时电压方程

1. 定子电压方程

定子绕组电压关系是电源电压和主磁场、漏磁场感应电动势的电压降以及定子电阻电压降三者之和平衡，即

$$\dot{U}_1 e^{j\omega_1 t} = -\dot{E}_1 e^{j\omega_1 t} + (R_1 + jX_{1\sigma})\dot{I}_1 e^{j\omega_1 t}$$

略去 $e^{j\omega_1 t}$ 可写成

$$\dot{U}_1 = -\dot{E}_1 + (R_1 + jX_{1\sigma})\dot{I}_1 \tag{13-16}$$

2. 转子电压方程

与前述情况一样，转子绕组中仍然有主磁场感应电动势、漏磁场电动势的电压降和电阻电压降三者之和与端电压 $U_2$ 相平衡。

主磁场在转子绕组中感应电动势为

$$\begin{aligned}\dot{E}_{2s} e^{j\omega_2 t} &= -j4.44 f_2 N_2 k_{w2} \dot{\Phi}_m e^{j\omega_2 t} = -j4.44 s f_1 N_2 k_{w2} \dot{\Phi}_m e^{j(\omega_1 - \omega)t} \\ &= s(\dot{E}_2 e^{j\omega_1 t}) e^{-j\omega t}\end{aligned} \tag{13-17}$$

$$\omega = \omega_1 - \omega_2$$

式（13-17）中，$\dot{E}_{2s}$ 相量相对转子相轴（时轴）的旋转角速度为 $\omega_2 = 2\pi f_2$；$\dot{E}_2 = -j4.44 f_1 N_2 k_{w2} \dot{\Phi}_m$ 为转子不转时，主磁通在转子绕组中的感应电动势。式（13-17）表明，转子转动时，主磁场在转子绕组中的感应电动势频率已不是电源频率 $f_1$，变为与转差率 $s$ 成正比的 $f_2$，同时感应电动势的大小也变为 $E_{2s} = sE_2$。在电动机正常运行时 $s$ 通常很小，转子绕组中感应电动势频率 $f_2$ 为 1～3Hz，感应电动势 $E_{2s}$ 也很小。

转子绕组漏磁场也以 $f_2 = sf_1$ 频率交变，在转子绕组中感应电动势正比于转子电流 $I_{2s}$ 和频率 $f_2$，故有

$$\dot{E}_{2\sigma s} e^{j\omega_2 t} = -j2\pi f_2 L_{2\sigma} \dot{I}_{2s} e^{j\omega_2 t} = -jsX_{2\sigma} \dot{I}_{2s} e^{j\omega_2 t} \tag{13-18}$$

式中：$X_{2\sigma}$ 为静止时转子绕组漏电抗；$\dot{I}_{2s}$ 为转子电流相量，其相对转子相轴（时轴）的旋转角速度为 $\omega_2 = 2\pi f_2$。

转子绕组短接时，转子端电压 $U_2 = 0$，故转子绕组的电压关系为

$$\dot{U}_2 e^{j\omega_2 t} = 0 = -\dot{E}_{2s} e^{j\omega_2 t} + (-\dot{E}_{2\sigma s} e^{j\omega_2 t}) + R_2 \dot{I}_{2s} e^{j\omega_2 t}$$

或者写成

$$\dot{E}_{2s} e^{j\omega_2 t} = (R_2 + jsX_{2\sigma}) \dot{I}_{2s} e^{j\omega_2 t} \tag{13-19}$$

## 第三节　三相感应电动机的基本方程和等效电路

### 一、频率归算

由于感应电动机定转子感应电动势频率不同，为了能和变压器一样，导出三相感应电动机的等效电路，应使定转子侧频率相同，即所谓频率归算。为达到频率归算的目的，可用一个静止的转子去等效替代实际运行的转子。然而如何才能做到“等效”呢？

在分析磁动势平衡关系时，已经指出：转子磁动势的大小和空间位置仅取决于转子电流

的大小和转子绕组功率因数角 $\Psi_2$，而与转子电流的频率无关。另外，定、转子之间的联系是通过磁动势相联系，这就是说，如果用一个静止的转子代替实际运行时转动的转子，只要保持转子电流大小和功率因数角 $\Psi_2$ 不变，则静止的转子和实际旋转的转子都能产生相同的转子磁动势 $\boldsymbol{F}_2$，对定子来说这两者是等效的。

用静止转子代替旋转转子，保证替代前后转子电流大小和功率因数角 $\Psi_2$ 不变，须使

$$\dot{I}_{2s}e^{j\omega_2 t}k_f=\dot{I}_2 e^{j\omega_1 t} \tag{13-20}$$

式（13-20）这一步变换保持 $\dot{I}_{2s}$ 和 $\dot{I}_2$ 的有效值和相位不变，即 $\dot{I}_{2s}=\dot{I}_2$。而电流的频率已从 $f_2$ 变为 $f_1$，定、转子时轴相对静止，这一变换称为频率归算。其中 $k_f$ 为频率归算旋转因子，由式（13-20）可得到 $k_f$ 的计算式为

$$k_f=\frac{\dot{I}_2 e^{j\omega_1 t}}{\dot{I}_{2s}e^{j\omega_2 t}}=e^{j(\omega_1-\omega_2)t}=e^{j\omega t}$$

由式（13-17）和式（13-19）可得

$$\dot{I}_{2s}e^{j\omega_2 t}=\frac{\dot{E}_{2s}e^{j\omega_2 t}}{R_2+jsX_{2\sigma}}=\frac{s(\dot{E}_2 e^{j\omega_1 t})e^{-j\omega t}}{R_2+jsX_{2\sigma}}=\frac{\dot{E}_2 e^{j\omega_1 t}}{\dfrac{R_2}{s}+jX_{2\sigma}}e^{-j\omega t} \tag{13-21}$$

将式（13-21）两边乘以频率归算因子 $k_f$，得到

$$\dot{I}_2 e^{j\omega_1 t}=\dot{I}_{2s}e^{j\omega_2 t}k_f=\frac{\dot{E}_2 e^{j\omega_1 t}}{\dfrac{R_2}{s}+jX_{2\sigma}}=\frac{\dot{E}_2 e^{j\omega_1 t}}{\dfrac{1-s}{s}R_2+R_2+jX_{2\sigma}}$$

略去 $e^{j\omega_1 t}$ 可写成

$$\dot{I}_2=\frac{\dot{E}_2}{\dfrac{R_2}{s}+jX_{2\sigma}}=\frac{\dot{E}_2}{\dfrac{1-s}{s}R_2+R_2+jX_{2\sigma}} \tag{13-22}$$

式（13-22）表明，频率归算的物理含义是，用串入电阻 $(1-s)R_2/s$ 的静止等效转子替代实际旋转的转子，等效转子与实际转子具有相同的转子反应。换言之，从定子方面看，串联附加电阻 $(1-s)R_2/s$ 的静止转子与以转差率 $s$ 在旋转的实际转子等效。

## 二、绕组归算

频率归算后，旋转的感应电动机等效于一台接有负载电阻 $(1-s)R_2/s$ 的变压器。与分析变压器运行一样需进一步做转子绕组归算，以便得到等效电路。

转子绕组归算就是用一个和定子绕组有同样相数 $m_1$，匝数 $N_1$ 和绕组因数 $k_{w1}$ 的等效绕组代替实际转子绕组。等效的原则是要保持归算前后电机内部的电磁过程和功率传递关系不变。全部定子边的量保持不变，转子边的量将由实际值变为归算值，而实际值与归算值之间的关系能够很方便地求出。

1. 电流的归算

为保证归算前后定子边电磁过程不变，则要求归算前后转子磁动势不变，即

$$0.9\frac{m_2}{2}\frac{N_2 k_{w2}}{p}I_2=0.9\frac{m_1}{2}\frac{N_1 k_{w1}}{p}I_2'$$

即归算后的转子电流

$$I'_2=\frac{m_2}{m_1}\frac{N_2k_{w2}}{N_1k_{w1}}I_2=\frac{1}{k_i}I_2 \tag{13-23}$$

$$k_i=\frac{m_1}{m_2}\frac{N_1k_{w1}}{N_2k_{w2}}$$

式中：$k_i$ 为电流变比。

2. 电动势的归算

既然定、转子磁动势不变，主磁通 $\Phi_m$ 也不变，则归算后的转子感应电动势 $E'_2$应为

$$E'_2=4.44f_1N_1k_{w1}\Phi_m=4.44f_1N_2k_{w2}\Phi_m\frac{N_1k_{w1}}{N_2k_{w2}}=k_eE_2=E_1 \tag{13-24}$$

$$k_e=\frac{N_1k_{w1}}{N_2k_{w2}}$$

式中：$k_e$ 为电压比。

归算后感应电动机转子边的视在功率为

$$m_1E'_2I'_2=m_1(k_eE_2)\left(\frac{1}{k_i}I_2\right)=m_2E_2I_2 \tag{13-25}$$

由式（13 - 25）可知，归算前后视在功率不变，满足归算前后电机内部功率关系不变的原则。

3. 阻抗的归算

满足归算后转子边有功功率不变的原则，即

$$m_1I'^2_2R'_2=m_2I_2^2R_2$$

得到

$$R'_2=\frac{m_2}{m_1}\left(\frac{I_2}{I'_2}\right)^2R_2=\frac{m_2}{m_1}k_i^2R_2=k_ek_iR_2 \tag{13-26}$$

同理，满足归算后转子边无功不变的原则，可得

$$X'_{2\sigma}=k_ek_iX_{2\sigma} \tag{13-27}$$

由式（13 - 22）可推得归算后转子回路电压方程为

$$k_e\dot{E}_2=k_e\left[\dot{I}_2/k_i\left(\frac{R_2}{s}+jX_{2\sigma}\right)k_i\right]$$

即

$$\dot{E}'_2=\dot{I}'_2\left(\frac{R'_2}{s}+jX'_{2\sigma}\right) \tag{13-28}$$

## 三、基本方程组

经过频率归算和绕组归算，已把旋转的感应电动机等效为一、二次绕组匝数完全相同且带有负载$\frac{1-s}{s}R'_2$ 的变压器。基本方程有定、转子回路电压方程和磁动势方程构成，由式（13 - 16）、式（13 - 28）和式（13 - 3）分别整理为

$$\dot{U}_1=-\dot{E}_1+(R_1+jX_{1\sigma})\dot{I}_1 \tag{13-29}$$

$$\dot{E}'_2=\dot{I}'_2\left(\frac{R'_2}{s}+jX'_{2\sigma}\right) \tag{13-30}$$

$$\dot{E}_1=\dot{E}'_2=-Z_m\dot{I}_m \tag{13-31}$$

由式（13 - 15）和式（13 - 23），并注意到 $\dot{I}_2=\dot{I}_{2s}$，得到

$$\dot{I}_1+\dot{I}'_2=\dot{I}_m \tag{13-32}$$

## 四、等效电路和相量图

1. 等效电路

如果已知电机的参数，可由式（13-29）～式（13-32）计算感应电动机的性能。但为了研究方便，也可以画出与基本方程是完全等效的T型等效电路，如图13-6（a）所示。不难看出，图13-6（a）所示的等效电路和基本方程是完全等效的，这样就可以用求解等效电路计算感应电动机在各种运行状态下的性能。必须注意，图13-6（a）所示的电路，为感应电动机一相的等效电路，图中电压、电流均为每相值。此外，按照等效电路算出的定子量即为感应电动机中的实际值；而由等效电路算出的转子边的电压、电流及阻抗是归算值。由于归算是按功率不变的原则进行，因此由等效电路算出功率、损耗以及转矩等均为实际值。

T型等效电路计算比较复杂，为了简化，对于一般的感应电动机也可以采用图13-6（b）所示的简化等效电路进行计算。这是一个简单并联电路，可以直接由定子相电压 $\dot{U}_1$ 求出 $\dot{I}_m$ 和 $\dot{I}'_2$，再求出 $\dot{I}_1$，大大简化了计算。

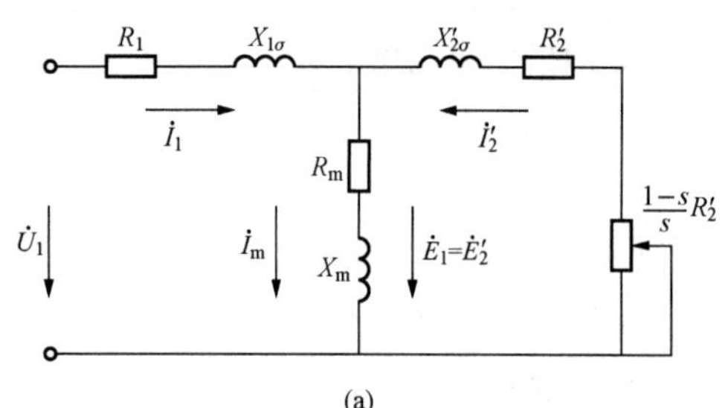


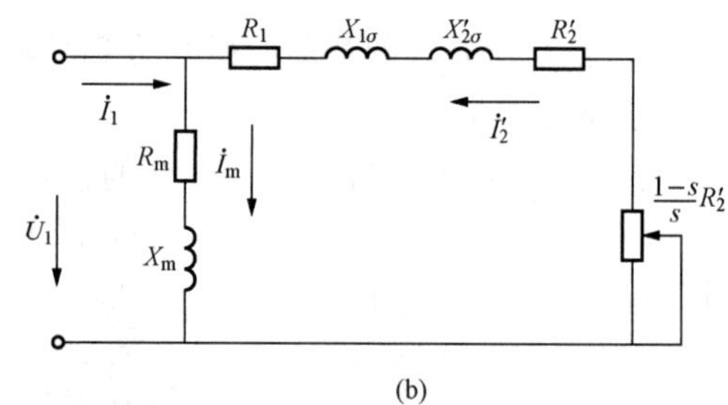


图13-6　三相感应电动机等效电路

（a）T型等效电路；（b）简化等效电路

2. 相量图

感应电动机中的基本电磁关系，即可以用基本方程式、等效电路表示，也可以画出相量图表述。相量图的优点是可以比较直观地看到电动机中各电磁量大小和相位关系，而等效电路的优点则是便于计算。图13-7为感应电动机的相量图。由图13-7可见 $\dot{U}_1$、$-\dot{E}_1$、$\dot{I}_1R_1$、$\mathrm{j}X_{1\sigma}\dot{I}_1$ 四个相量构成的闭合多边形表示了定子电压关系；而 $\dot{E}'_2$、$R'_2\dot{I}'_2/s$、$X'_{2\sigma}\dot{I}'_2$ 构成的直角三角形代表了转子电压平衡关系；而 $\dot{I}_1$、$\dot{I}'_2$、$\dot{I}_m$ 三个相量构成的平行四边形则形象地描述了磁动势平衡关系。总之，感应电动机中基本电磁关系的三种表达方法是统一的。

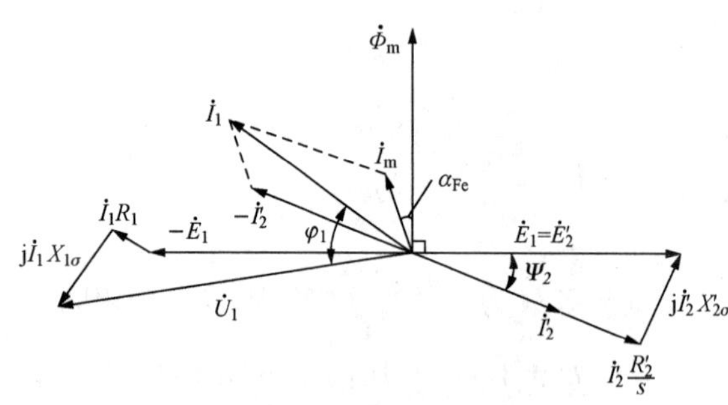


图13-7　三相感应电动机的相量图

**【例13-1】**　一台四极三相感应电动机，定子三角形接法，且额定值为 $P_N=10\text{kW}$，$U_N=380\text{V}$，$f_N=50\text{Hz}$，$n_N=1455\text{r/min}$。参数分别为 $R_1=1.375\Omega$，$X_{1\sigma}=2.43\Omega$，$R'_2=1.047\Omega$，$X'_{2\sigma}=4.4\Omega$，$R_m=8.34\Omega$，$X_m=82.6\Omega$。试计算额定运行时，定、转子相电流

$\dot{I}_1$、$\dot{I}'_2$、$\dot{I}_m$ 和功率因数。

**解**　转差率为

$$s=\frac{n_s-n}{n_s}=\frac{1500-1455}{1500}=0.03$$

T 型等效电路中

$$\frac{R'_2}{s}=R'_2+\frac{1-s}{s}R'_2=\frac{1.047}{0.03}=34.9(\Omega)$$

$$Z'_2=\frac{R'_2}{s}+jX'_{2\sigma}=34.9+j4.4(\Omega)$$

$$Z=Z'_2//Z_m=\frac{Z'_2Z_m}{Z'_2+Z_m}=\frac{(34.9+j4.4)(8.34+j82.6)}{34.9+j4.4+8.34+j82.6}=26.63+j4.2(\Omega)$$

（1）取电压为参考相量，得定子相电流为

$$\dot{I}_1=\frac{\dot{U}_1}{Z_{1\sigma}+Z}=\frac{380\angle 0^\circ}{1.375+j2.43+26.63+j14.2}=11.65\angle-31^\circ(A)$$

（2）由等效电路得转子电流为

$$-\dot{I}'_2=\dot{I}_1\frac{Z_m}{Z'_2+Z_m}=\dot{I}_1\frac{8.34+j82.6}{34.9+j4.4+8.34+j82.6}=9.65\angle-9.8^\circ(A)$$

（3）励磁电流 $\dot{I}_m$ 为

$$\dot{I}_m=\dot{I}_1+\dot{I}'_2=11.6\angle-31^\circ-9.65\angle-9.8^\circ=4.47\angle-87.5^\circ(A)$$

（4）功率因数 $\cos\varphi_1$ 为

$$\cos\varphi_1=\cos 31^\circ=0.857$$

## 第四节　感应电动机的功率方程和转矩方程

### 一、功率方程

由图 13-6（a）感应电动机的等效电路可知，由电源供给电动机的输入功率为

$$P_1=m_1U_1I_1\cos\varphi_1 \tag{13-33}$$

式中：$U_1$ 为定子相电压；$I_1$ 为定子相电流；$\varphi_1$ 为 $\dot{U}_1$ 超前 $\dot{I}_1$ 的相角，即为功率因数角。

输入功率的一部分消耗于定子绕组电阻 $R_1$ 上，转变为热能，称为定子绕组铜耗，其值为

$$p_{Cu1}=m_1I_1^2R_1 \tag{13-34}$$

另一部分消耗于定子铁芯当中的涡流和磁滞损耗。转子铁芯中磁场交变频率为 $sf_1$，因 $s$ 很小，转子中磁场变化频率很低，故转子铁芯损耗可以略去不计。总铁损耗对应于等效电路中 $R_m$ 上的损耗，即

$$p_{Fe}=m_1I_m^2R_m \tag{13-35}$$

输入功率减去定子铜耗 $p_{Cu1}$ 和铁耗 $p_{Fe}$ 后，余下的功率全部通过电磁感应作用，经由气隙传入转子，称为电磁功率 $P_e$，故有

$$P_e=P_1-p_{Cu1}-p_{Fe} \tag{13-36}$$

由等效电路可知

$$P_e = m_1 E'_2 I'_2 \cos\Psi_2 = m_1 I'^2_2 \frac{R'_2}{s} \tag{13-37}$$

电磁功率 $P_e$ 的一部分消耗转子电阻上，转变为热能，称为转子铜耗 $p_{Cu2}$，其计算式为

$$p_{Cu2} = m_1 I'^2_2 R'_2 = m_2 I^2_2 R_2 \tag{13-38}$$

其余的功率转变为机械能，称为全机械功率 $P_\Omega$，它对应于等效静止转子中附加电阻 $\frac{1-s}{s}R'_2$ 上消耗的功率，即

$$P_\Omega = m_1 I'^2_2 \frac{1-s}{s} R'_2 \tag{13-39}$$

全机械功率 $P_\Omega$ 中有一部分功率消耗于克服轴承摩擦和风摩擦阻力引起的机械损耗 $p_\Omega$，也有一部分功率消耗于克服附加损耗 $p_\Delta$ 对应的制动转矩。从全机械功率中扣除 $p_\Omega$ 和 $p_\Delta$ 两部分损耗后得到输出功率 $P_2$，即

$$P_2 = P_\Omega - p_\Omega - p_\Delta \tag{13-40}$$

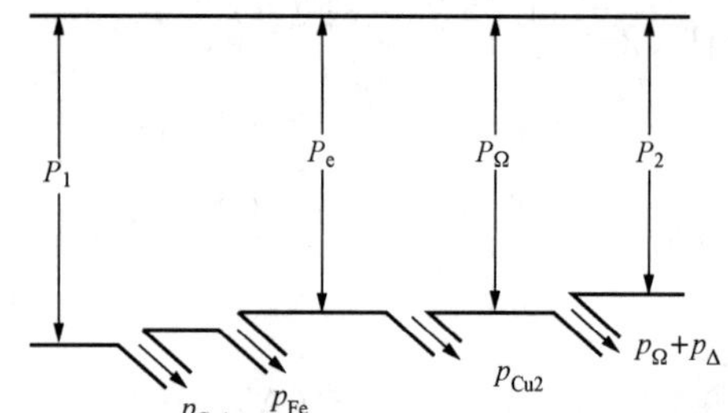

图 13-8 感应电动机功率图

综上所述，可以画出图 13-8 所示的功率图。由功率图可知

$$P_1 = P_2 + \sum p \tag{13-41}$$

$$\sum p = p_{Cu1} + p_{Fe} + p_{Cu2} + p_\Omega + p_\Delta$$

式中：$\sum p$ 为电动机的总损耗。感应电动机的效率为

$$\eta = \frac{P_2}{P_1} \times 100\% = \left(1 - \frac{\sum p}{P_1}\right) \times 100\% \tag{13-42}$$

感应电动机满载时的效率通常在 70%～95% 之间，电动机的容量越大，效率越高。

由式（13-37）和式（13-38）可知，转子铜耗 $p_{Cu2}$ 与电磁功率 $P_e$ 之间有如下关系

$$p_{Cu2} = sP_e \tag{13-43}$$

式（13-43）表示转子损耗与电磁功率的关系，表明为获得电磁功率，感应电动机中转子损耗是不可能为零的。

**二、转矩方程和电磁转矩**

1. 转矩方程

感应电动机通过转子电流与磁场作用产生电磁转矩，电磁转矩克服机械负载阻力矩做功，输出机械功率，从而把电能转变为机械能。可以从功率平衡关系导出转矩平衡关系。式（13-40）两边除以转子的机械角速度 Ω 可得

$$\frac{P_2}{\Omega} = \frac{P_\Omega}{\Omega} - \frac{p_\Omega + p_\Delta}{\Omega}$$

即

$$T_2 = T_e - T_0 \tag{13-44}$$

式中：$T_e$ 为电磁转矩；$T_0$ 为机械损耗和附加损耗对应的空载转矩；$T_2$ 为输出转矩。

2. 电磁转矩

感应电动机的电磁转矩为

$$T_e=\frac{P_\Omega}{\Omega}=\frac{(1-s)P_e}{(1-s)\Omega_s}=\frac{P_e}{\Omega_s} \tag{13-45}$$

$$\Omega_s=\frac{2\pi n_s}{60}=\frac{2\pi}{60}\frac{60f_1}{p}=\frac{2\pi f_1}{p}=\frac{\omega_1}{p}$$

$$\Omega=\frac{2\pi n}{60}=\frac{2\pi n_s}{60}(1-s)=\Omega_s(1-s)$$

式中：$\Omega_s$ 为旋转磁场的同步机械角速度；$\Omega$ 为转子的机械角速度。

由式（13-45）可以进一步导出

$$T_e=\frac{P_e}{\Omega_s}=\frac{m_1E'_2I'_2\cos\Psi_2}{2\pi f_1/p}=C_T\Phi_m I'_2\cos\Psi_2 \tag{13-46}$$

$$C_T=\frac{m_1pN_1k_{w1}}{\sqrt{2}}$$

式中：$C_T$ 为转矩常数，取决于定子相数 $m_1$、极对数 $p$ 和每相有效串联匝数 $N_1k_{w1}$。

式（13-46）表明电磁转矩除与气隙磁通 $\Phi_m$、转子电流 $I'_2$有关外，还正比于转子功率因数。

一种常用的，用电动机参数表示的电磁转矩计算公式，可由图 13-6（b）简化等效电路导出。首先，由简化等效电路可写出转子电流归算值的计算式为

$$I'_2=\frac{U_1}{\sqrt{\left(R_1+\frac{R'_2}{s}\right)^2+(X_{1\sigma}+X'_{2\sigma})^2}} \tag{13-47}$$

然后，将式（13-37）代入式（13-45），并考虑到式（13-47）可得

$$\begin{aligned}T_e&=\frac{P_e}{\Omega_s}=\frac{m_1I'^2_2\frac{R'_2}{s}}{2\pi f_1/p}\\&=\frac{pm_1}{2\pi f_1}\frac{U_1^2\frac{R'_2}{s}}{\left(R_1+\frac{R'_2}{s}\right)^2+(X_{1\sigma}+X_{2\sigma}')^2}\end{aligned} \tag{13-48}$$

## 第五节　笼型转子参数

笼型转子可以看作为一种特殊的多相绕组。如本章第二节所述，笼型转子的极数取决于气隙磁场的极数。

### 一、笼型绕组的相数、匝数和绕组因数

笼型转子两根相邻导条中感应电动势的相位差即为两根导条之间空间电角度差，若转子总导条数为 $Q_2$，则两相邻导条中感应电动势的相位差为

$$\alpha_2=\frac{360^\circ p}{Q_2} \tag{13-49}$$

这样，可以把笼型绕组看作为 $Q_2$ 相的对称多相绕组，每一相只有一根导条，其匝数为 1/2，绕组的绕组因数 $k_{w2}=1$。总之，对笼型转子有

$$m_2=Q_2,\ N_2=\frac{1}{2},\ k_{w2}=1 \tag{13-50}$$

于是笼型转子的电压比 $k_e$、电流比 $k_i$ 和阻抗归算系数 $k_z$ 为

$$\left.\begin{aligned} k_e&=\frac{N_1k_{w1}}{N_2k_{w2}}=2N_1k_{w1}\\ k_i&=\frac{m_1}{m_2}\frac{N_1k_{w1}}{N_2k_{w2}}=\frac{2m_1N_1k_{w1}}{Q_2}\\ k_z&=k_ek_i=\frac{4m_1N_1^2k_{w1}^2}{Q_2}\end{aligned}\right\} \tag{13-51}$$

## 二、端环阻抗的归算

笼型绕组端环也是转子电路的一部分，故计算转子每相电阻 $R_2$ 时，也应计入端环电阻。由于端环与导条中电流不同，因此应把端环电阻归算为等效的导条上的附加电阻。

图 13-9（a）中画出了端环电流相量图，各端环电流大小相等，互相间相位差 $\alpha_2$。按图 13-9（a）指定的正方向，导条电流 $\dot{I}_B$ 为两端环电流相量 $\dot{I}_R$ 终端连线构成的相量。由图 13-9（b）相量图可求出导条电流与端环电流的关系为

$$I_B=2I_R\sin\frac{\alpha_2}{2} \tag{13-52}$$

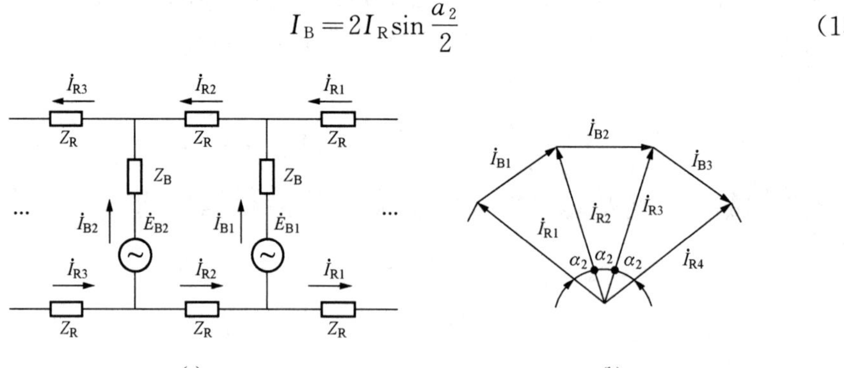


图 13-9 端环和导条电流

（a）电流参考方向；（b）相量图

仍然按归算前后功率保持不变的原则，把端环电阻折入导条中。若转子每相电阻为 $R_2$，导条电阻为 $R_B$，两端环电阻为 $2R_R$，可得

$$I_B^2R_2=I_B^2R_B+2I_R^2R_R$$

即

$$R_2=R_B+2\left(\frac{I_R}{I_B}\right)^2R_R \tag{13-53}$$

考虑式（13-52），式（13-53）可写成

$$R_2=R_B+\frac{R_R}{2\sin^2\frac{\alpha_2}{2}} \tag{13-54}$$

用类似的方法归算端环漏抗，得出笼型转子漏抗为

$$X_2=X_B+\frac{X_R}{2\sin^2\frac{\alpha_2}{2}} \tag{13-55}$$

式中：$X_B$ 为导条的漏电抗；$X_R$ 为端环的漏电抗。

## 第六节　三相感应电动机参数测定

与三相变压器相似，可以用空载和短路（堵转）两个试验测量感应电动机的参数。

### 一、空载试验

1. 空载试验的目的和方法

空载试验的目的是测量励磁电阻 $R_m$、励磁电抗 $X_m$、机械损耗 $p_\Omega$ 和铁耗 $p_{Fe}$。

空载试验时，电动机定子绕组接三相对称电源，转子不带机械负载，从（1.1～1.3）$U_N$ 开始逐渐降低电压，并记录电压 $U_1$、空载电流 $I_0$ 和空载输入功率 $P_0$，绘制空载特性 $I_0=f(U_1)$、$P_0=f(U_1)$，如图 13-10 所示。

感应电动机空载运行时，$s\approx 0$，转子电流 $I_2$ 和转子损耗很小，空载附加损耗可以忽略不计，这时

$$P_0=3I_0^2R_1+p_{Fe}+p_\Omega \tag{13-56}$$

从 $P_0$ 中扣除定子铜耗 $3I_0^2R_1$，可以得到机械损耗和铁耗之和为

$$P_0'=p_{Fe}+p_\Omega=P_0-3I_0^2R_1 \tag{13-57}$$

2. 机械损耗与铁损耗的分离

因为机械损耗 $p_\Omega$ 与端电压 $U_1$ 无关，只要转速保持恒定，$p_\Omega$ 就可以看作为常数。而铁损耗 $p_{Fe}$ 近似地与气隙磁密的平方成正比，即与 $U_1^2$ 成正比。为了从 $P_0'$ 中分离出 $p_\Omega$ 与 $p_{Fe}$，画出 $P_0'=f\ (U_1^2)$ 关系曲线，如图 13-11 所示。将该曲线（很接近直线）延长，与纵坐标轴交于 $O'$ 点。则图中 $OO'$ 线段表示 $U^2{}_1=0$ 时的 $P_0'$，即为机械损耗 $p_\Omega$。从额定电压下 $P_0'$ 中扣去 $p_\Omega$，即可求出铁耗 $p_{Fe}$。

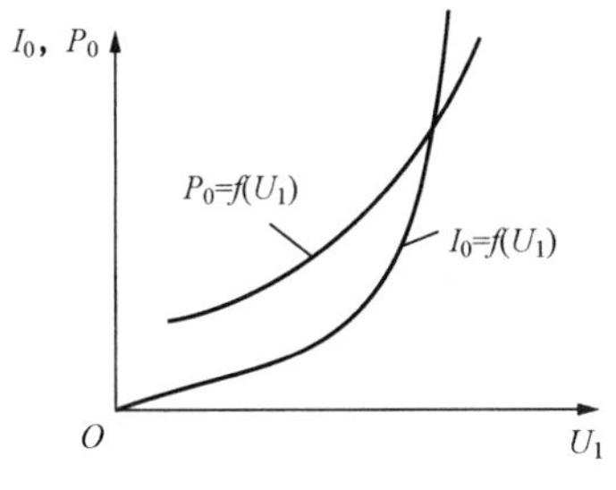


图 13-10　空载特性

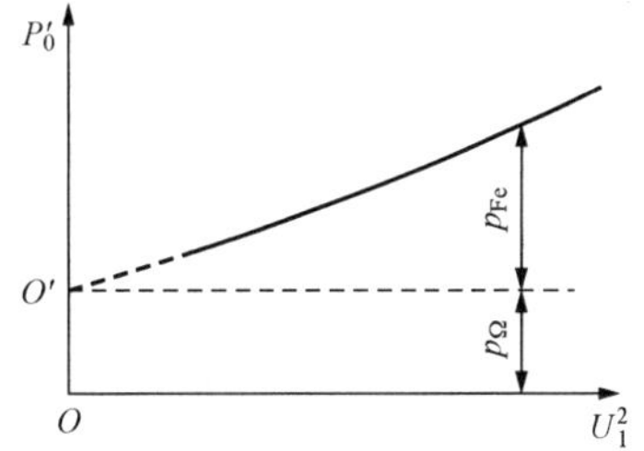


图 13-11　机械损耗与铁耗的分离

3. 励磁电阻 $R_m$ 励磁电抗 $X_m$ 计算式

由定子相电压 $U_1$，空载相电流 $I_0$ 和空载输入功率 $P_0$（取额定电压下测量数据）可以算出从定子看进去的阻抗

$$\left.\begin{aligned} Z_0&=\frac{U_1}{I_0}\\ R_0&=\frac{P_0-p_\Omega}{3I_0^2}\\ X_0&=\sqrt{Z_0^2-R_0^2}\end{aligned}\right\} \tag{13-58}$$

因 $s\approx 0$，T 形等效电路中转子边近似为开路，故从 $X_0$、$R_0$ 中减去 $R_1$、$X_{1\sigma}$ 即可得到励磁电阻$R_m$、励磁电抗 $X_m$ 计算式为

$$\left.\begin{aligned}R_m&=R_0-R_1\\X_m&=X_0-X_{1\sigma}\end{aligned}\right\}\qquad(13-59)$$

## 二、堵转试验

### 1. 堵转试验的目的和方法

堵转试验的目的是确定感应电动机的漏阻抗。堵转试验时，转子卡住不动（$s=1$），其等效电路如图 13-12 所示，类似于变压器的短路试验，电动机定子绕组加低电压（防止电流过大电机损坏），改变定子电压$U_1$，记录$U_1$、定子相电流 $I_k$ 和输入功率 $P_k$，绘制堵转特性 $I_k=f(U_1)$、$P_k=f(U_1)$，如图 13-13 所示。

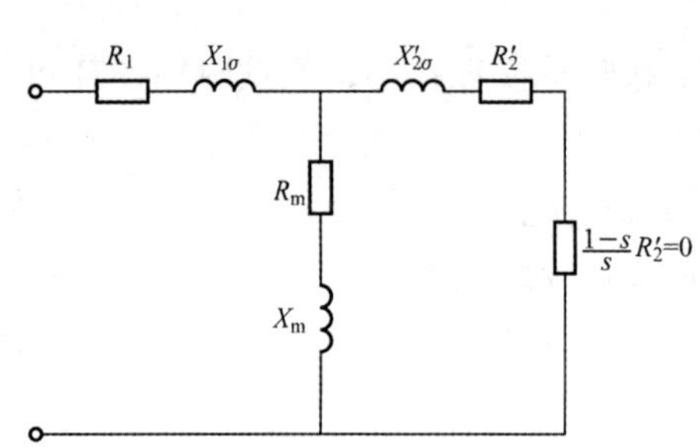


图 13-12 堵转时三相感应电动机等效电路

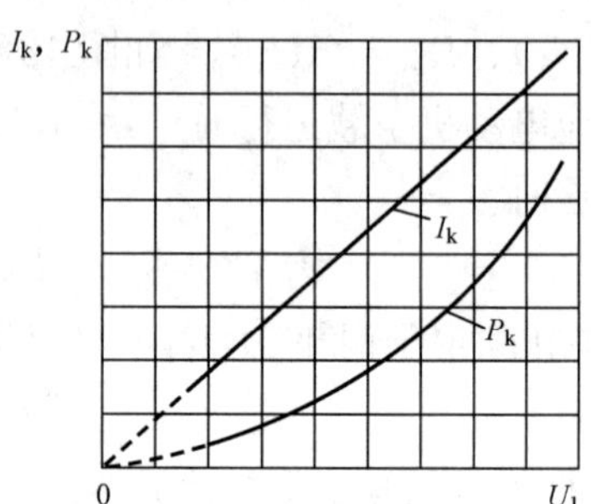


图 13-13 堵转特性

### 2. 漏阻抗的计算式

根据堵转试验数据，可得出感应电动机堵转时阻抗（短路阻抗）计算式为

$$\left.\begin{aligned}Z_k&=\frac{U_1}{I_k}\\R_k&=\frac{P_k}{3I_k^2}\\X_k&=\sqrt{Z_k^2-R_k^2}\end{aligned}\right\}\qquad(13-60)$$

对于大型感应电动机，由于转子漏阻抗相对很小，励磁支路可以忽略不计，由图 13-12等效电路可得

$$\left.\begin{aligned}R_k&=R_1+R'_2\\X_k&=X_{1\sigma}+X'_{2\sigma}\end{aligned}\right\}\qquad(13-61)$$

于是

$$\left.\begin{aligned}R'_2&=R_k-R_1\\X_{1\sigma}&\approx X'_{2\sigma}\approx\frac{X_k}{2}\end{aligned}\right\}\qquad(13-62)$$

对于中小型感应电动机，由于励磁支路不能忽略不计，定、转子的漏阻抗的计算式推导较繁杂，推导过程见参考文献［1］。对通常的笼型和绕线式感应电动机（不包括深槽电动机和双笼电动机）实际计算常采用的计算式为

$$\left.\begin{aligned} R_2' &= (R_k - R_1)\frac{X_0}{X_0 - X_k} \\ X_{1\sigma} &\approx X_{2\sigma}' \approx \frac{X_k}{1+\sqrt{\dfrac{X_0 - X_k}{X_0}}} \end{aligned}\right\} \tag{13-63}$$

在正常工作范围内，定、转子漏抗基本为常值，但当高转差时，定、转子电流比额定值大很多，此时漏磁磁路中的铁磁部分将饱和，从而使总的漏磁路磁阻变大，漏抗变小，因此，启动时定、转子的漏抗值（饱和值）比正常工作时小 15%～35%。

在进行堵转试验时，应力求测得 $I_{kL}=I_{1N}$、$I_{kL}=(2\sim3)I_{1N}$ 和 $U_{1L}=U_{1N}$ 三点的数据，然后分别算出不同饱和程度时的漏抗值。计算工作特性时，采用不饱和值；计算启动特性时，采用饱和值；计算最大转矩时，采用对应于 $I_{kL}=(2\sim3)I_{1N}$ 时的漏抗值，这样可使计算结果接近于实际情况。

## 小　结

（1）与变压器相似，感应电动机中各电磁量间的数量关系有三种表达方式：电动势和磁动势方程、等效电路和相量图。相量图比较直观地表示了各电磁量间大小、相位关系；而等效电路把电磁关系转换为电路，便于计算。但三者均描述同一电磁现象，是统一的。

（2）就分析方法而言，感应电动机与变压器也极为相似，均采用了归算的方法。归算方法是电机学经常使用的方法，必须深刻理解，牢固掌握。但应当注意到感应电机与变压器的异同：

1）感应电动机中定、转子绕组间靠气隙当中的基波旋转磁场耦合，而在变压器中则靠脉振磁场耦合。

2）感应电动机中，定、转子绕组均为分布、短距绕组，感应电动势和磁动势大小都会因分布和短距而打折扣，因此计算感应电动势和磁动势时都应当用有效串联匝数 $N_1k_{w1}$，而不是实际串联匝数 $N_1$；而变压器为集中绕组，有效匝数就是实际匝数，不需要乘绕组因数。

3）感应电动机中定、转子绕组相数可以不相同，在归算时也包括相数的归算。

4）感应电动机中转子是旋转的，转子中感应电动势和电流的频率为 $sf_1$ 与定子不同，因此要进行频率归算。

（3）频率归算本质上是用一个等效的静止转子代替实际旋转的转子。这种等效代换之所以能够实现是因为感应电动机中定、转子绕组没有电的联系，只有磁的耦合，而这种磁的耦合关系可以用磁动势平衡关系表示，于是，问题归结为要求等效静止转子能够提供与转子旋转时同样的磁动势。在感应电动机中之所以能实现这种等效代换是基于下述两个物理事实：

1）无论转子是静止的还是旋转的，也无论其转速多大，转向如何，转子磁动势在空间的转速总是同步转速，与定子磁动势总是相对静止的。

2）转子磁动势的大小决定于转子电流的大小，而转子磁动势在空间的位置仅决定于转子的内功率因数角 $\Psi_2$，也就是说只要保持 $I_2$ 和 $\Psi_2$ 不变，就能够实现等效代换。

必须透彻理解频率归算的物理意义。不能把频率归算简单地理解为把转子电压方程式分子、分母同除一个 $s$ 即可实现。

(4) 因为归算遵守能量关系不变的原则，因此在频率归算后，转子外电阻 $\frac{1-s}{s}R'_2$ 上的损耗代表全机械功率，$R'_2$上的损耗为转子铜耗，二者之和为电磁功率 $P_e$， 即有 $p_{Cu2}=sP_e$，$P_\Omega=(1-s)P_e$ 的关系。

## 习 题

13-1 感应电动机转速变化时，转子磁动势在空间的转速是否改变？为什么？

13-2 感应电动机定、转子频率互不相同，相量图为什么仍可画在一起？

13-3 试述频率归算的物理意义，为什么可以用一个等效静止转子代替实际转动的转子？代替后定子边的量会不会发生变化，功率关系是否发生变化？

13-4 感应电动机等效电路中（$1-s$）$R'_2/s$ 代表什么意义？

13-5 在分析感应电动机时，为什么要进行绕组归算，如何进行归算？

13-6 转子绕组电阻对电动机运行性能有什么影响？若转子电阻 $R'_2=0$（超导体），感应电动机还能工作吗？为什么？

13-7 为什么笼型绕组也可以视作为多相绕组？相数、匝数和绕组因数如何计算？

13-8 试推导感应电动机电动势、磁动势方程，等效电路和相量图。比较感应电动机与变压器分析方法上的异同。

13-9 感应电动机带动衡定转矩的负载运行时，若电源电压下降过多，会产生什么后果，试分析其原因。

13-10 当感应电动机负载转矩增加后，定子电流增大，输入功率也增大，分析这一变化的物理过程，从空载到满载气隙磁通量有没有变化？

13-11 与同容量的变压器比较，感应电动机的空载电流较大，为什么？

13-12 当电源电压和转子电阻值改变时，感应电动机机械特性曲线的形状有何改变？试分析最大转矩和启动转矩会怎样改变。

13-13 若负载转矩保持不变，电源电压下降5%，感应电动机的电磁转矩有没有变化？为什么？分析 $I_1$、$\Phi_m$、$\cos\varphi_1$ 和转速 $n$ 各有什么变化。

13-14 感应电动机的参数如何测定？

13-15 绕线式感应电动机，星形接法，已知 $2p=4$，$f_N=50$Hz，$U_N=380$V，$R_1=0.45\Omega$，$X_{1\sigma}=2.45\Omega$，$R_2=0.02\Omega$，$X_{2\sigma}=0.09\Omega$，绕组数据 $N_1=200$ 匝，$k_{w1}=0.94$，$N_2=38$ 匝，$k_{w2}=0.96$，$X_m=24\Omega$，$R_m=4\Omega$。机械损耗 $p_\Omega=250$W，附加损耗 $p_\Delta$ 略去不计，转差率 $s=0.04$。试求：

(1) $X'_{2\sigma}$、$R'_2$；

(2) 画出等效电路；

(3) 输入功率 $P_1$、输出功率 $P_2$、效率 $\eta$。

13-16 三相感应电动机的数据如下：$U_N=380$V，$f_N=50$Hz，$n_N=1426$r/min，$R_1=2.865\Omega$，$X_{1\sigma}=7.71\Omega$，$R'_2=2.82\Omega$，$X'_{2\sigma}=11.75\Omega$，$R_m\approx0$，$X_m=202\Omega$，三角形接法。试求：

（1）极数，同步转速，额定负载时之转差率和转子频率；

（2）额定负载时的 $I_1$、$\cos\varphi_1$、$I_2'$，$P_1$。

13 - 17　三相感应电动机的数据如下：$2p=8$，$U_N=6000V$，$f_N=50Hz$，$n_N=740r/min$，星形接法，$R_1=0.82\Omega$，$X_{1\sigma}=5.34\Omega$，$R_2'=0.64\Omega$，$X_{2\sigma}'=7.74\Omega$，$R_m=14.7\Omega$，$X_m=138\Omega$。试用T形等效电路和简化等效电路计算额定工况下：

（1）转差率；

（2）定子电流；

（3）定子功率因数。

13 - 18　三相感应电动机数据如下：$U_N=380V$，$2p=4$，星形接法，$f_N=50Hz$，$P_N=10kW$，$I_N=19.8A$，$R_1=0.6\Omega$，空载试验测得 $U_0=380V$，$I_0=10A$，$P_0=600W$，机械耗 $p_\Omega=100W$。短路试验测得 $U_k=100V$，$I_k=19A$，$P_k=1000W$，略去附加损耗，并设 $X_{1\sigma}=X_{2\sigma}'$，试求电动机的参数 $R_2'$、$X_{1\sigma}$、$X_{2\sigma}'$、$R_m$、$X_m$。

13 - 19　一台三相感应电动机定子输入功率 110kW，定子总损耗为 4kW，转差率为 0.032，求感应电动机的电磁功率 $P_e$、机械功率 $P_\Omega$ 和转子损耗 $p_{Cu2}$。

13 - 20　一台星形接法额定电压 380V，50Hz 的三相绕线式感应电动机数据如下：$n_N=1444r/min$，$R_1=0.4\Omega$，$R_2'=0.4\Omega$，$X_{1\sigma}=1\Omega$，$X_{2\sigma}'=1\Omega$，$X_m=40\Omega$，$R_m$ 略去不计，定、转子绕组电压比为 4。试求额定负载时：

（1）$s_N$；

（2）定、转子电流；

（3）转子电流频率和转子绕组相电动势。

13 - 21　已知感应电动机数据为：$P_N=17kW$，$U_N=380V$，$2p=4$，$I_N=33A$，$f_N=50Hz$，定子绕组三角形接法，若额定工况下运行时定子铜耗 $p_{Cu1}=700W$，转子铜耗 $p_{Cu2}=500W$，铁耗 $p_{Fe}=450W$，机械耗 $p_\Omega=150W$，附加损耗 $p_\Delta=200W$。试计算：

（1）额定运行工况下转速、负载转矩、电磁转矩；

（2）空载转矩。

# 第十四章　三相感应电动机的运行特性

## 第一节　三相感应电动机转矩—转差率曲线

在额定电压和额定频率下，电磁转矩与转差率的关系 $T_e = f(s)$ 就称为转矩—转差率特性，或 $T_e - s$ 曲线。转矩—转差率特性是感应电动机最主要的特性。

### 一、转矩—转差率特性

从式（12-48）可知

$$T_e = \frac{pm_1}{2\pi f_1} \frac{U_1^2 \frac{R'_2}{s}}{\left(R_1 + \frac{R'_2}{s}\right)^2 + (X_{1\sigma} + X_{2\sigma}')^2} \tag{14-1}$$

把不同的转差率 $s$ 代入式（14-1），算出对应的电磁转矩 $T_e$，便可得到转矩—转差率特性，如图 14-1 所示。图中 $s<0$ 的范围，对应于转子正转，但转速高于同步转速，电磁转矩为负值，是制动转矩，为发电机状态；图中 $0<s<1$（对应转速从同步速 $n_s$ 至 0）的范围，电磁转矩是驱动转矩，为电动机状态；图中 $s>1$ 的范围，对应于电磁转矩为正值，但 $s>1$ 时，转子反转 $n<0$，故电磁转矩是制动转矩，为电磁制动状态。

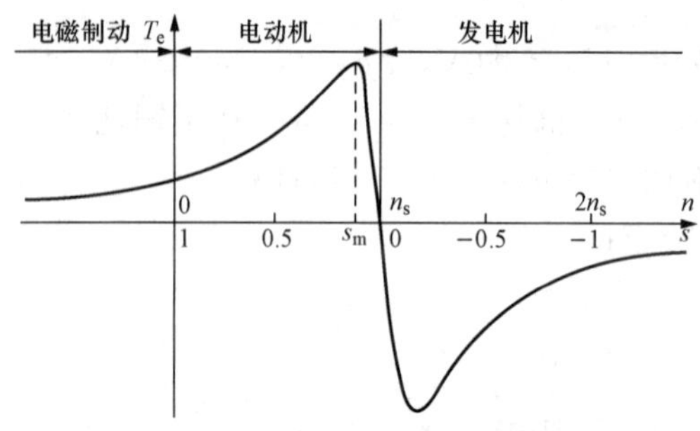


图 14-1　三相感应电动机的转矩—转差率特性

### 二、最大转矩和过载能力

从图 14-1 中可见，在 $s=s_m$ 时，电磁转矩达到最大值，称为最大转矩 $T_{max}$。产生最大转矩时的转差率 $s_m$，称为临界转差率，为 0.08～0.2。负载转矩一旦超过最大转矩，电动机就会停转，故最大转矩标志着电动机的极限负载能力，为此定义：最大转矩与额定转矩之比为电动机的过载能力 $k_T$，即

$$k_T = \frac{T_{max}}{T_N} \tag{14-2}$$

过载能力标志电动机正常运行时负载能力储备裕度，是电动机的一个重要性能指标。一般感应电动机过载能力 $k_T$ 为 1.8～2.2。

由式（14-1）可求出产生最大转矩时的转差率 $s_m$，称为临界转差率。令 $dT_e/ds=0$，即可求出产生最大转矩 $T_{max}$ 时的转差率 $s_m$ 为

$$s_m = \pm \frac{R'_2}{\sqrt{R_1^2 + (X_{1\sigma} + X'_{2\sigma})^2}} \tag{14-3}$$

将 $s_m$ 代入式（14-1），可得

$$T_{max} = \pm \frac{pm_1}{2\pi f_1} \times \frac{U_1^2}{2\left[\pm R_1 + \sqrt{R_1^2 + (X_{1\sigma} + X'_{2\sigma})^2}\right]} \tag{14-4}$$

式（14-3）和式（14-4）中，正号对应于电动机状态，负号对应于发电机状态。

由式（14-3）和式（14-4）可知：

（1）感应电动机的最大转矩 $T_{max}$ 与电网电压 $U_1$ 平方成正比。当电网电压降低，最大转矩按平方关系降低；

（2）最大转矩大小与转子电阻 $R'_2$ 的数值无关；

（3）临界转差率 $s_m$ 与转子电阻 $R'_2$ 成正比，$R'_2$ 越大，$s_m$ 也越大。

由上述分析可知，当 $R'_2$ 增大时，$s_m$ 增大，但 $T_{max}$ 保持不变，此时 $T_e-s$ 曲线的最大值将向左偏移，如图 14-2 所示。

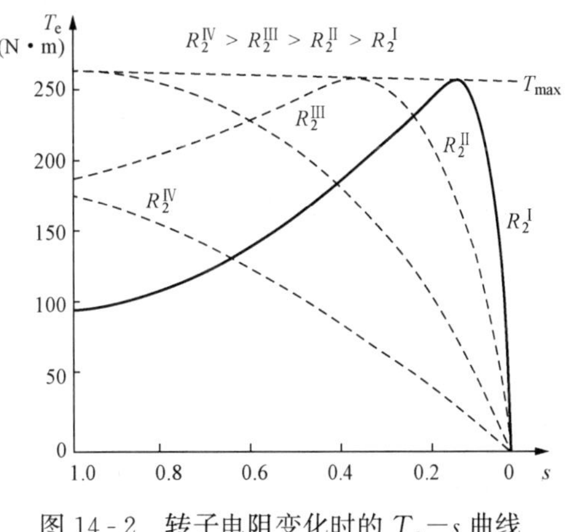


图 14-2　转子电阻变化时的 $T_e-s$ 曲线

**三、启动电流和启动转矩**

感应电动机接通电源开始启动时（$n=0$ 或 $s=1$）的定子电流和电磁转矩称为启动电流和启动转矩，也是感应电动机的主要技术性能指标。

由感应电动机简化等效电路，令 $s=1$ 可得启动电流计算式为

$$I_{st}=\frac{U_1}{\sqrt{(R_1+R'_2)^2+(X_{1\sigma}+X'_{2\sigma})^2}} \tag{14-5}$$

将 $s=1$ 代入式（14-1）得到启动转矩计算式为

$$T_{st}=\frac{pm_1}{2\pi f_1}\frac{U_1^2 R'_2}{(R_1+R'_2)^2+(X_{1\sigma}+X'_{2\sigma})^2} \tag{14-6}$$

由图 14-2 不难发现，可以利用改变绕线式感应电动机转子串联电阻阻值的方法改善其运行性能。例如，启动时，转子串联一组适当的电阻使 $s_m=1$，即启动时电磁转矩等于最大转矩，有利于减小启动时间；在正常运行时，切除外串电阻，转差率 $s$ 减小，降低转子铜耗 $p_{Cu2}=sP_e$，提高电动机的效率。当负载反力矩恒定不变时，可以通过改变转子电阻 $R'_2$，改变转差率，实现调速。这些都是绕线式感应电动机的优点。

## 第二节　三相感应电动机的机械特性和工作特性

### 一、机械特性和电力拖动系统稳定运行条件

1. 机械特性

把转矩—转差率曲线 $T_e=f(s)$ 的纵、横坐标对调，并利用 $n=n_s(1-s)$ 把转差率转换为对应的转速 $n$，就可以得到转速与转矩的关系 $n=f(T_e)$，称为机械特性，如图 14-3 所示。

把电动机的机械特性 $n=f(T_e)$ 和负载特性 $n=f(T_2+T_0)$ 画在一起，在交点处（图 14-3 中的 $A$ 点）电动机的电磁转矩与负载转矩相平衡，该点即为电动机和被拖动机械负载构成的电力拖动系统的运行点。

2. 电力拖动系统稳定运行的条件

电力拖动系统稳定运行的概念为：当它在某一转速运行时，受外界的突然扰动而使转速发生变化，当扰动消失时，系统应能恢复到原来的状态。图 14-4 中，$n=f(T_e)$ 为电动机的机械特性，$n=f(T_2+T_0)$ 表示被拖动机构的负载特性，两特性曲线的交点 $A$ 为运行点。若

由于负载扰动，转速 $n$ 有一增量 $\Delta n>0$，之后当外界扰动消失，则存在 $\Delta T=T_e-(T_2+T_0)<0$，这会使系统减速，直至最终恢复原来转速 $n$ 而回到 $A$ 点稳定运行。

不难看出，图 14-4 中的交点 $B$ 为不稳定运行点。因为形成 $\Delta n$ 的扰动消失后，$\Delta T=T_e-(T_2+T_0)>0$，将导致系统继续加速，回不到 $B$ 点。所以电力拖动系统稳定运行要以电动机的机械特性和负载特性的合理配合为条件。可以证明，若满足

$$\frac{dT_e}{dn}<\frac{dT_2}{dn} \tag{14-7}$$

则系统是稳定的；反之，若

$$\frac{dT_e}{dn}\geqslant\frac{dT_2}{dn} \tag{14-8}$$

则系统是不稳定的。这些概念原则上也适用于其他各类电动机。

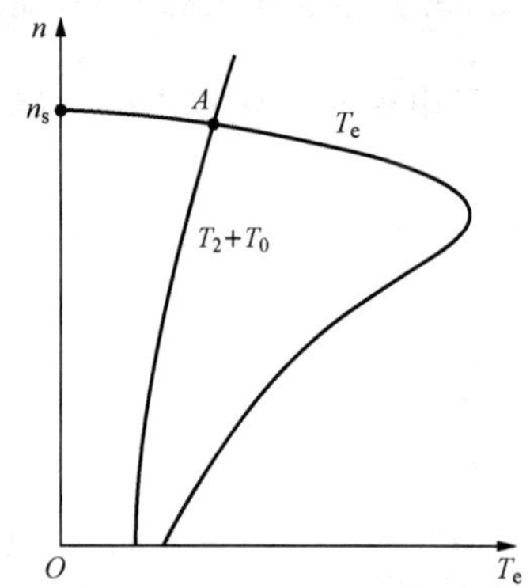

图 14-3 三相感应电动机的机械特性

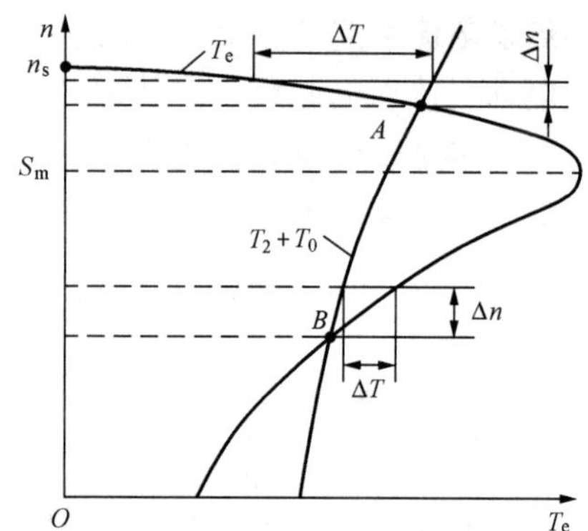

图 14-4 电力拖动系统稳定运行的条件
A—稳定运行点；B—不稳定运行点

## 二、工作特性

除了前述的过载能力、启动转矩和启动电流等几个性能指标外，感应电动机的用户对转速 $n$、效率 $\eta$、输出转矩 $T_2$、定子电流 $I_1$ 及定子功率因数 $\cos\varphi_1$ 在运行中的变化情况也很关心。

在额定电压和额定频率下，$n$、$\eta$、$T_2$、$I_1$、$\cos\varphi_1$ 随输出功率 $P_2$ 而变化的关系曲线，称为感应电动机工作特性。笼型感应电动机的工作特性曲线如图 14-5 所示。下面对各个特性曲线分别加以说明。

1. 转速特性和转矩特性

转速特性 $n=f(P_2)$ 和转矩特性 $T_e=f(P_2)$ 这两条特性曲线可以从感应电动机的转矩—转差率特性求出。图 14-1 中，转差率 $s$ 在 $0\sim s_m$ 段为感应电动机的稳定工作区。给定输出转矩 $T_2$，加上机械损耗和附加损耗引起的空载转矩 $T_0$，可求出电磁转矩 $T_e$，从转矩—转差率特性求出对应的转差率和转速，再利用 $P_2=T_2\Omega$ 求出输出功率 $P_2$，这样就可逐点求出 $n$ 和 $T_e$ 随 $P_2$ 变化的关系曲线，如图 14-5 所示。通常感应电动机转子电阻 $R_2'$很小，当负载转矩增加时，$s$ 增加很小，故 $n=f(P_2)$ 为略微下倾的曲线。$\Omega$ 变化甚小，故 $T_2$ 与 $P_2$ 关系曲线很接近于直线。但考虑到随负载增加 $\Omega$ 稍有降低，故 $T_e=T_2+T_0=f(P_2)$ 曲线呈略微上翘趋势。

2. 效率特性

感应电动机的效率特性曲线与变压器的效率曲线相似，感应电动机的损耗也可分为不变

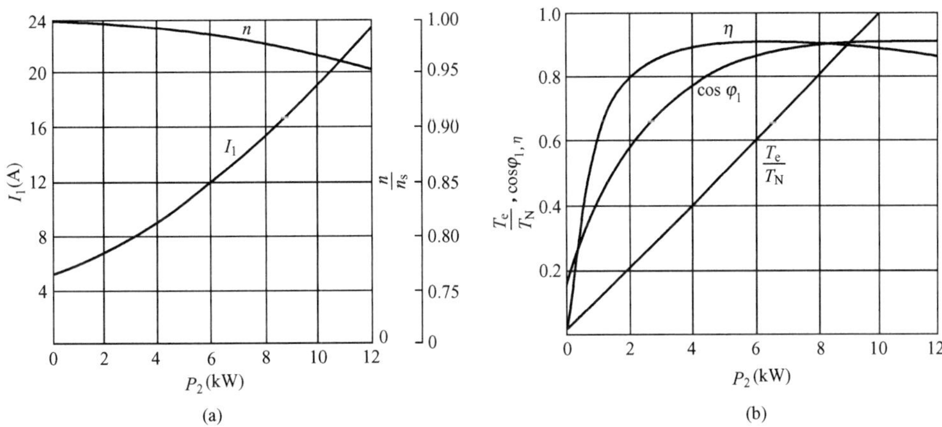


图 14-5　感应电动机的工作特性

(a) 转速、电流特性；(b) 效率、功率因数和转矩特性

损耗和可变损耗两部分。不变损耗主要是铁损耗和机械损耗。前者因电压不变时，铁芯内磁通近似不变，故铁损耗不随负载变化而变化；而后者则因转速变化甚小，故也不随负载变化而变化。可变损耗主要是定、转子铜耗和一部分附加损耗，它们与定、转子电流平方成比例。轻载时，在总损耗中不变损耗是主要的，可变损耗影响较小，随负载增加，总损耗增加较慢，故负载增加时效率上升；而在重载时，情况相反，总损耗随负载增加而增加很快，效率随负载加大而降低。效率特性曲线 $\eta=f(P_2)$ 如图 14-5（b）所示，通常在 0.7 ～ 1.0$P_N$ 范围内，电动机达到最高效率。

3. 定子电流特性

电动机空载时，定子电流为空载励磁电流，其大小为定子额定电流的 20%～30%。随着负载转矩的增大，输出功率增加，转子电流增大，定子电流也增大，定子电流特性曲线 $I_1=f(P_2)$ 如图 14-5（a）所示。

4. 功率因数特性

空载运行时，感应电动机定子电流主要为无功磁化电流，功率因数很低，通常在 0.2 以下。负载增加后，定子电流有功分量增加，故功率因数随负载增加而提高，在满载附近接近达最大值，额定功率因数 $\cos\varphi_N=0.7$～0.93。功率因数特性曲线 $\cos\varphi_1=f(P_2)$ 如图 14-5（b）所示。

因为满载时，功率因数和效率都比较高，较为经济，故从经济、节能的角度，应避免电动机在低负荷下运行，因此在选配电动机时，应尽可能使电动机与机械负载相匹配。

**【例 14-1】**　一台三相笼型感应电动机，$P_N=4$kW，$U_{1N}=380$V，$f_N=50$Hz，三角形接法，$R_1=4.47\Omega$，$X_{1\sigma}=6.7\Omega$，$R_m=11.9\Omega$，$X_m=188\Omega$，$R'_2=3.18\Omega$，$X'_{2\sigma}=9.85\Omega$，$n_N=$ 1442r/min。试求：

（1）额定转速时的电磁转矩；

（2）最大转矩；

（3）启动转矩。

**解**　（1）先求额定转差率

$$s_N = \frac{n_s - n_N}{n_s} = \frac{1500 - 1442}{1500} = 0.0386$$

根据式（14 - 1）得额定电磁转矩

$$T_{eN} = \frac{m_1 p U_1^2 \dfrac{R'_2}{s_N}}{2\pi f_1 \left[\left(R_1 + \dfrac{R'_2}{s_N}\right)^2 + (X_{1\sigma} + X'_{2\sigma})^2\right]}$$

$$= \frac{3 \times 2 \times 380^2 \times \dfrac{3.18}{0.0386}}{2\pi \times 50 \times \left[\left(4.47 + \dfrac{3.18}{0.0386}\right)^2 + (6.7 + 9.85)^2\right]} = 29.14(\text{N} \cdot \text{m})$$

（2）根据式（14 - 4）得最大转矩 $T_{max}$

$$T_{max} = \frac{m_1 p U_1^2}{4\pi f_1 [R_1 + \sqrt{R_1^2 + (X_{1\sigma} + X'_{2\sigma})^2}]}$$

$$= \frac{3 \times 2 \times 380^2}{4\pi \times 50 \times [4.47 + \sqrt{4.47^2 + (6.7 + 9.85)^2}]} = 63.8(\text{N} \cdot \text{m})$$

（3）根据式（14 - 6）得启动转矩 $T_{st}$

$$T_{st} = \frac{m_1 p U_1^2 R'_2}{2\pi f_1 [(R_1 + R'_2)^2 + (X_{1\sigma} + X'_{2\sigma})^2]}$$

$$= \frac{3 \times 2 \times 380^2 \times 3.18}{2\pi \times 50 \times [(4.47 + 3.18)^2 + (6.7 + 9.85)^2]} = 26.4(\text{N} \cdot \text{m})$$

## 第三节 深槽和双笼感应电动机

从以上对感应电动机启动和运行性能的分析可知，启动时，为了减小启动电流，增大启动转矩，要求转子电阻大一些；运行时，为了减小转子铜耗，提高效率，又要求转子电阻小一些。也就是说，如果在不同运行状态下，转子电阻可以按上述规律变化，就能得到理想的运行特性。除了绕线式感应电动机可以通过改变转子外串电阻的方法来满足上述要求外，深槽和双笼感应电动机的转子参数也有类似性质，可以兼顾启动和运行性能。本节将简要介绍这两种感应电动机的原理。

### 一、深槽感应电动机

深槽感应电动机的定子和普通感应电动机一样，转子也为笼型，但与普通笼型转子不同的是，它的转子槽制作得又深又窄。这样做的目的是利用电流的集肤效应增大启动时转子电阻，改善启动性能。其原理说明如下：

转子槽中的导条可以被看做是由沿槽高方向很多等厚小导体片并联构成，这些小导体片中的感应电流将产生如图 14 - 6（a）所示的槽漏磁场。由图 14 - 6 可见，与靠近槽底部的小导体片交链的漏磁链较大，漏电抗较大；而与上部小导体片交链的漏磁链较小，漏电抗也较小。由于主磁场在这些小导体片感应的电动势都相同，并且这些小导体片都由共同的端环短接起来，因而槽内上部小导体片漏阻抗小，电流较大；槽内下部小导体片漏阻抗大，电流较小。因此电流在槽内分布是不均匀的，大部分电流集中在导条的上部，其电流密度 $j$ 的分布如图 14-6（b）所示，这种现象称为集肤效应。集肤效应的强弱与频率有关，频率较低时，各小导体片中的电流主要取决于电阻，而上、下部小导体片的电阻是均匀的，因此转子导条电流就趋向于均匀分布；频率较高时，各小导体中的电流主要取决于漏电抗，因此转子导条电流就趋向于上大下小分布。

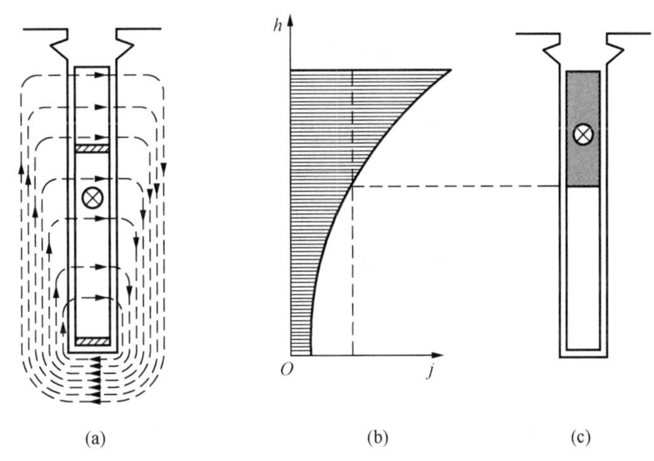

图 14-6 深槽感应电动机转子导条中的电流集肤效应

（a）槽漏磁通分布；（b）槽电流分布；（c）等效导条面积

深槽感应电动机就是利用深而窄的转子槽中较强的集肤效应来改变参数，进而改善启动性能。在启动时转子电流频率 $f_2=sf_1$，电流频率较高，转子导条电流大部分被排挤到转子表面，其效果相当于减小了导条的有效截面，使转子的电阻增大，因此可以产生较大的启动转矩。当启动完毕，电动机正常运行时，转子电流频率很低，仅为 1～3Hz，集肤效应很弱，导条电流趋向均匀分布，导条截面全部得到应用，导条电阻恢复到较小的正常值。有利于减小正常运行时的转子铜耗，提高电动机的效率。深槽感应电动机的转子槽漏抗比普通笼型电机大，因此功率因数稍低一些。

**二、双笼感应电动机**

双笼感应电动机转子上有两套笼型绕组，结构如图 14-7 所示。上笼通常用电阻率较大的黄铜或青铜制造，并且导条截面也较小，电阻较大；下笼导条截面较大，且用电阻率较小的紫铜制成，电阻较小。与深槽感应电动机相似，上笼漏抗较小，而下笼漏抗较大。

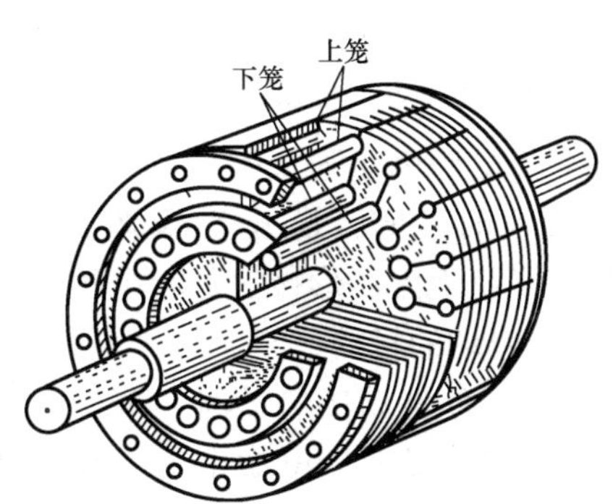

图 14-7 双笼型电动机转子

与深槽感应电动机转子槽中集肤效应相似，启动时，转子电流频率较高，上、下笼之间电流按漏电抗反比分配，电流多集中在电抗小、电阻大的上笼当中，下笼因电抗大，其中电流很小，不起主要作用。这时可以依靠上笼较大的电阻，产生较大的启动转矩。正常运行时，转子电流频率很低，漏电抗很小，上、下笼间电流分配主要取决于电阻，这时电流将集中于电阻很小的下笼当中，上笼不起主要作用。通常称上笼为启动笼，下笼为运行笼。

双笼感应电动机的转子槽漏抗也比普通笼型电动机大，因此功率因数也稍低一些。其优点是：通过改变上下笼的几何尺寸和材料，可以比较灵活地改变上、下笼的参数，从而得到各种启动和运行性能的配合，以满足各种负载的不同需要。

## 第四节 三相感应电动机的启动及电磁制动

### 一、三相感应电动机的启动

感应电动机接通电源后，从静止状态到稳定运行状态的过程叫做启动过程，简称启动。在电力拖动中，对电动机启动性能的要求有：①启动转矩大，以便加快启动过程；②启动电流小，以免电网电压波动，影响其他电气设备的正常工作；③启动设备简单、可靠、操作方便。

三相感应电动机常用的启动方法有：直接启动、降压启动及绕线式感应电动机转子串电阻启动。

1. 直接启动

直接启动也称全压启动，启动时，电动机定子绕组直接承受额定电压。感应电动机的启动技术指标有启动转矩倍数 $T_{st}/T_N$ 和启动电流倍数 $I_{st}/I_N$。把感应电动机直接接电网，刚开始时，转子静止（$s=1$），启动电流就是堵转电流，可达额定电流的 5～7 倍，启动转矩只有 1～2 倍额定转矩。随着转速的上升，转差率 $s$ 减小，定子电流逐渐减小，直到转速达到正常工作转速，定子电流达到正常的工作电流。

直接启动的优点是设备简单、操作方便、启动转矩大，缺点是启动电流大。直接启动仅适合于电动机容量小或电网容量大、启动电流不至于使电网电压波动太大的场合。

2. 降压启动

若电网容量不够大，无法承受电动机启动电流时，需要降压启动。常用的降压启动法有Y—△（星—三角）启动法、自耦变压器法、电力电子降压法、电力电子降频降压法、定子串接电抗器法、定子串接磁控饱和电抗器法和定子串接水电阻等。限于篇幅，这里仅介绍最常见的 Y—△启动法和自耦变压器法。

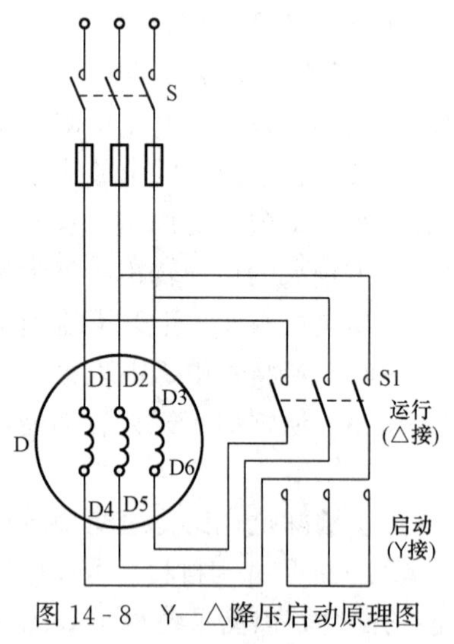

图 14-8 Y—△降压启动原理图

（1）Y—△启动法。Y—△启动法的接线圈如图 14-8 所示。该启动法适用于正常运行时为△形连接的电机。启动时 S1 合在“启动”位置，这时定子绕组为 Y 形接法，定子绕组相电压为线电压的 $1/\sqrt{3}$；待电动机接近额定转速时，把转换开关迅速投向“运行”位置，这时定子绕组为△形接法，相电压就等于线电压，达到降压启动的目的。

现比较电机 Y、△两种启动法启动时，电源电流的变化。△形接法直接启动时，电源电流（线电流）$I_{s(\Delta)}$ 为相电流的$\sqrt{3}$倍，即

$$I_{s(\Delta)}=\sqrt{3}\,\frac{U_{1N}}{Z_k} \tag{14-9}$$

式中：$Z_k$ 为电机堵转阻抗。

而改为 Y 形接法启动时，相电压降至 $U_{1N}$ 的 $1/\sqrt{3}$，故有

$$I_{s(Y)}=\frac{U_{1N}}{\sqrt{3}Z_k} \tag{14-10}$$

比较式（14-9）和式（14-10）可知，改为Y形接法启动时，电源供给电动机的启动电流为△形接法的1/3，即

$$I_{s(Y)}=\frac{1}{3}I_{s(\Delta)} \tag{14-11}$$

由于启动转矩与电动机相电压的平方成正比，故采用Y形连接将相电压降低至$1/\sqrt{3}$倍时，启动转矩将为△形连接直接启动的1/3。

Y—△启动设备比较简单，但启动转矩比较小，适合于正常运行时定子为△形接法的三相感应电动机在轻载或空载下启动。

（2）自耦变压器启动法。自耦变压器启动法的接线图如图14-9所示。启动时，自耦变压器的高压侧接电源，低压侧接电动机，以便降低电压，减小启动电流。启动完毕后，将自耦变压器切除，电动机直接与电网相接。

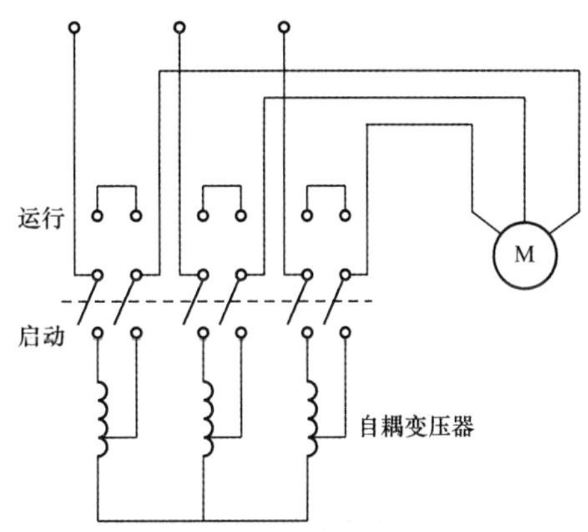

图14-9　自耦变压器降压启动接线原理图

设自耦变压器的变比为$k_a$，电源电压为$U_1$，电动机的启动电流为自耦变压器二次侧电流，即

$$I_{st}=\frac{U_1}{k_a Z_k} \tag{14-12}$$

而电源电流$I_s$为自耦变压器一次侧电流，它是

$$I_s=\frac{1}{k_a}I_{st}=\frac{U_1}{k_a^2 Z_k} \tag{14-13}$$

由式（14-13）可知：与直接启动比较，自耦变压器降压启动可使电网供给的电流减小$k_a^2$倍，同时因电机端电压降低$k_a$倍，启动转矩降低$k_a^2$倍。

自耦变压器启动的优点是不受绕组接线方式的限制，正常运行时定子为Y形接法或△形接法的电动机均可采用；缺点是启动设备较昂贵，且仅适用于对启动转矩要求不太高的场合。

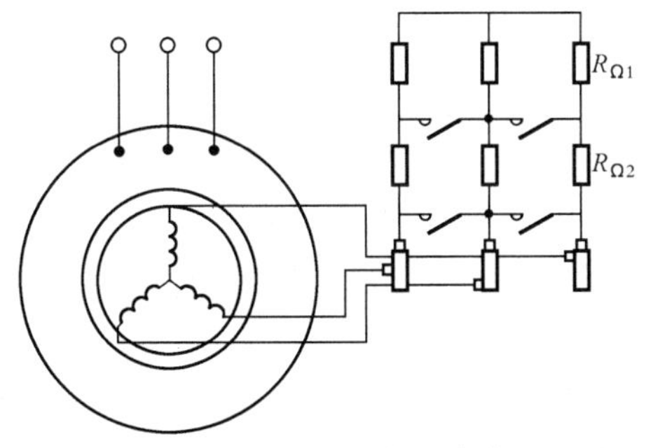

图14-10　转子串电阻启动接线原理图

3. 绕线式感应电机转子串电阻启动

降压启动可以减小启动电流，也同时降低了启动转矩。前者对启动有利，后者对启动不利，二者之间的矛盾难以调和。因此，既要启动电流小，又要启动转矩大的场合，就不能采用降压启动法，可以选用启动性能好的绕线式感应电动机，采用转子串电阻启动。

绕线式感应电动机转子串电阻启动接线如图14-10所示，在绕线式感应电动机的转子回路串入适当的电阻，即可降低启动电流，又能提高启动转矩。由式（14-3）可知，若欲使转矩在启动时（$s=1$）达到最大值，应满足

$$R'_{st}+R'_2=\sqrt{R_1^2+(X_{1\sigma}+X'_{2\sigma})^2}=\sqrt{R_1^2+X_k^2} \tag{14-14}$$

式中：$R'_{st}$为串入电阻归算值。由此不难得到所需外串电阻为

$$R_{st}=\frac{\sqrt{R_1^2+X_k^2}}{k_e k_i}-R_2\approx\frac{X_k}{k_e k_i}-R_2 \tag{14-15}$$

式中：$X_k$ 为堵转电抗；$k_e$ 和 $k_i$ 分别为电压比和电流比。

当外串电阻 $R_{st}$ 满足式（14-15）时，电动机的 $T_e-s$ 曲线为图 14-11 中曲线 1，这时启动电流比较小，启动转矩为电动机最大转矩，有利于电动机快速启动。电动机启动后，随着转速升高，电磁转矩将沿曲线 1 逐渐减小，为了缩短启动时间，可把串入的启动电阻逐段切除，以便使整个过程的电磁转矩始终接近最大转矩。例如，当转速 $n=n''$ 时，切除一段电阻，使 $T_e-s$ 曲线由曲线 1 变为曲线 2（这一过程转速不能跃变），电磁转矩又上升至接近最大值，并按曲线 2 变化。将外串电阻全部切除后，转子绕组通过集电环直接短路，$T_e-s$ 曲线如图 14-11 中曲线 3 所示，此后电动机按曲线 3 加速，最终在曲线 3 的 $A$ 点电磁转矩与负载转矩达到平衡而稳定运行，启动过程结束。

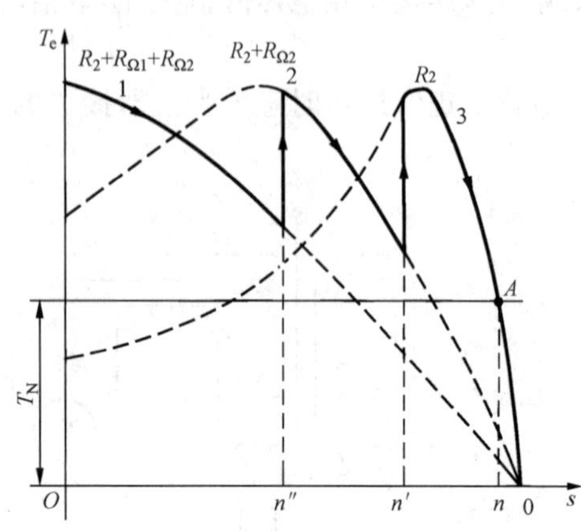


图 14-11 转子串电阻器逐段切除的启动过程

绕线式感应电动机的优点是启动特性好，适用于启动困难的机械，如吊车、铲土机等；缺点是电动机的结构复杂，维护不方便，价格也比较高。

中、大容量绕线式感应电动机的启动电阻可由铸铁制造，有时也用水电阻。近年来频敏变阻器得到大量应用。频敏变阻器类似于没有二次绕组的三相心式变压器，铁芯线圈的等效电阻 $R_m$ 正比于铁芯损耗，而铁芯损耗正比于频率的 1.3 次方，因此启动时 $s=1$，转子电流频率 $f_2=sf_1$ 较高，铁芯绕组等效电阻 $R_m$ 较大，有利于限制启动电流，同时提高启动转矩。随着转子转速逐渐增高，$s$ 变小，转子频率降低，等效电阻也逐渐变小，从而自动、平滑地改变了外串的启动电阻。

**二、感应电动机的电磁制动**

电动机在运行过程中，为了满足生产或安全的需要，往往要使电动机能很快停转，或者要使电动机很快减速以实现调速或改变转向，这就必须采用制动措施。电动机的制动，是靠与转向相反的制动转矩来实现的，若制动转矩为电磁转矩，则称为电磁制动。

对感应电动机来说，电磁制动的方法有反接制动、回馈制动和能耗制动三种。

1. 反接制动

将正在电动机状态下运行的感应电机供电电源相序改变，即将定子三根供电线中任意两根对调，则因定子电流相序改变，旋转磁场转向改变，这时电动机将在电磁制动状态下运行，称为反接制动。此时，因电动机的转向尚未改变，而旋转磁场转向改变了，故转差率 $s>1$。由第十二章分析可知，在反接制动时，一方面，电动机产生的机械功率 $P_\Omega=m_1 I'^2_2 R'_2\frac{1-s}{s}<0$，即在这种情况下感应电机吸收机械功率，电磁转矩是制动转矩；另一方面，电网通过定子向转子传送的电磁功率为 $P_e=m_1 I'^2_2\frac{R'_2}{s}>0$。这就是说，在反接制动时，电动机的转子既吸收转轴机械功率，又吸收定子方面传递过来的电磁功率，全部变成了转子的铜损耗。

在反接制动时，定、转子电流都很大，因此，绕线式感应电动机反接制动时，应在转子回路中串入电阻，这样即可以减少电流，又可以增加制动转矩，加速制动过程。

需要指出的是，当电动机转速降到零时，必须立即切断定子电源，否则电动机将反向启动。

2. 回馈制动

回馈制动即为发电机制动。从三相感应电机的转矩—转差率特性可知，当感应电机转速超过旋转磁场的同步转速时，电磁转矩与转向相反为制动转矩，这时感应电机吸收机械能，但不是把它变为热能消耗在转子上，而是送回电源。因为这时电磁功率 $P_e = m_1 I'^2_2 (R'_2/s) < 0$，是负值，而转子上消耗的功率 $P_{Cu2} = m_1 I'^2_2 R'_2$ 并不很大。

在实际运行中经常会遇到这种制动工作状态，如变极感应电动机从少极数变换到多极数的瞬间，旋转磁场转速突然降低，此时转子转速高于同步转速，电机运行在回馈（发电机）制动状态。

3. 能耗制动

将正在运行的感应电动机的定子绕组从交流电源断开后，给定子加上一个直流励磁，在气隙中产生一个静止不动的磁场。由于转子和磁场间有相对运动，转子绕组和铁芯中就会产生感应电流和损耗。根据能量守恒原理，铜耗和铁耗必然由转子的动能转化而来，转子感应电流与磁场作用产生制动转矩，成为能耗制动。调节直流励磁电流或转子回路电阻（绕线式感应电动机）可以控制制动转矩的大小。

## 第五节　三相感应电动机的调速

三相感应电动机的转速公式

$$n = n_s(1-s) = \frac{60 f_1}{p}(1-s) \tag{14-16}$$

由式（14-16）可知，调节感应电动机转速的方法有：①改变绕组的极对数 $p$；②改变电源频率 $f_1$；③改变转差率 $s$。

**一、变极调速**

改变定子绕组的接法，使绕组极数改变就可以改变电动机的同步转速和电动机的实际转速，用这种方法调速称为变极调速。由于同时改变定、转子绕组的极数不易实现，因此这种调速方法仅用于转子没有固定极对数的笼型感应电动机。此调速方法，转速不能平滑调节，是有级调速。

定子绕组变极的方法主要有两种：①在定子槽内嵌放两套绕组，各有不同的极数，每次用其中的一套，称为双绕组变极；②在定子槽中只嵌放一套绕组，通过改变绕组的接线来获得两种或多种极数，称为单绕组变极。因单绕组变极利用率高，应用得也比较广泛，本节将只介绍这种方法。单绕组变极的原理可用图 14-12 来说明，为分析方便，图中只画出 A 相绕组。

容易看出，当 A 相绕组如图 14-12（a）所示连接时，气隙基波磁场为四极 $2p=4$。按这种接法工作时，转子的转速将接近于 1500r/min。现若绕组中的一半线圈 A2X2 反接，这时无论是按图 14-12（b）中串联接法接线，还是按图 14-12（c）中所述的并联接法接线，只要 A2X2 线圈中电流流向相反，就可以在气隙中产生两极 $2p=2$ 的基波磁场。按这种接法工作时，转子的转速接近 3000r/min，从而实现了有级的变极调速。

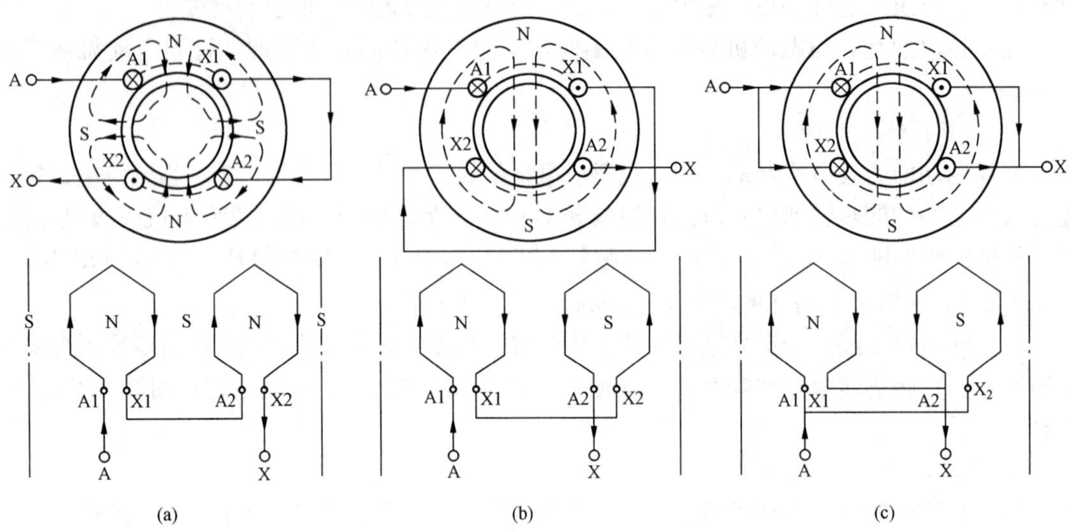


图 14 - 12 变极电机定子绕组的接法

(a) $2p=4$ 的接法；(b) $2p=2$ 的接法（串联）；(c) $2p=2$ 的接法（并联）

将一半绕组反接，使其内部电流流向相反来实现变极的接线方案可以有很多种。图 14 - 13 所示为一种典型的接线方案，称为△/YY 接线法，它常用于四极变两极的单绕组双速电动机。

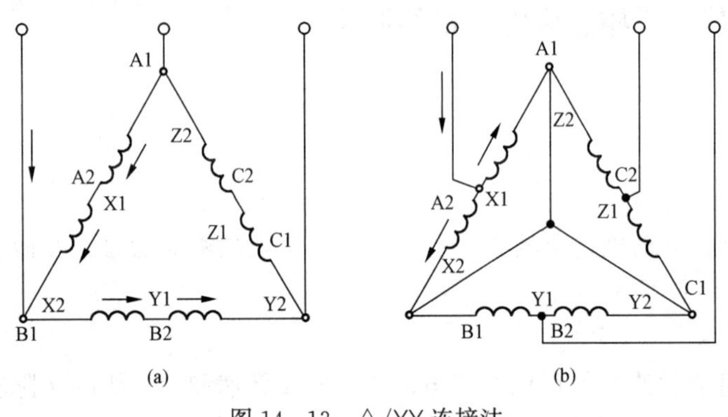


图 14 - 13 △/YY 连接法

(a) 四极△连接法；(b) 两极 YY 连接法

## 二、变频调速

由式（14 - 16）可知，电源频率 $f_1$ 改变时，电动机的转速 $n$ 也随之变化，平滑地调节电源的频率就可以平滑地调节感应电动机的转速，称为变频调速。

在变频调速时，通常保持主磁通 $\Phi_m$ 不变。这是因为，若 $\Phi_m$ 比正常运行时大，会引起磁路饱和而使励磁电流增加，功率因数下降；另外，若 $\Phi_m$ 比正常运行时小，将会使电动机有效材料利用率降低，造成浪费。同时，因为 $T_e=C_T\Phi_m I_2'\cos\Psi_2$，若 $\Phi_m$ 减小，则产生同样大小的电磁转矩，需要更大的转子电流，造成转子损耗增加，效率降低。因此在调速时，$\Phi_m$ 变化太大对电动机是不利的。

若忽略定子绕组漏阻抗压降，由式（13 - 16）和式（13 - 2）可得

$$U_1 \approx E_1 = 4.44 f_1 N_1 k_{w1} \Phi_m \tag{14 - 17}$$

由此可知，若要保持 $\Phi_m$ 不变，在调节频率时，必须同时按比例调节电压，即

$$\frac{U_1}{f_1} \approx 4.44 N_1 k_{w1} \Phi_m = 常数 \tag{14-18}$$

另外，由式（14-4）知，若忽略定子电阻，电动机的最大转矩为

$$T_{max} \approx \frac{pm_1}{2\pi f_1} \frac{U_1^2}{2(X_{1\sigma} + X'_{2\sigma})} = k\left(\frac{U_1}{f_1}\right)^2 \tag{14-19}$$

式（14-19）中，$k = \frac{m_1 p}{8\pi^2 (L_{1\sigma} + L'_{2\sigma})}$ 为一常值。由式（14-19）可知，若电压和频率按比例调节，保持 $\Phi_m$ 不变（也称恒磁通调速），则最大转矩也保持不变，这时三相感应电动机的转矩特性曲线如图 14-14 所示。由图 14-14 不难看出，电压与频率按比例调节的变频调速，特别适合于恒转矩负载的情况。

需要指出，电压与频率按比例调节的变频调速，在低频区域时，由于定子电阻压降不能忽略，将不能保持磁通 $\Phi_m$ 不变。由式（14-17）可知，在低频区域变频调速时若要保持磁通 $\Phi_m$ 不变，应进行感应电动势 $E_1$ 与频率 $f_1$ 按比例调节。在变频调速系统中，实现感应电动势 $E_1$ 与频率 $f_1$ 按比例调节的技术和方法已超出本书范围，读者可参阅相关文献。

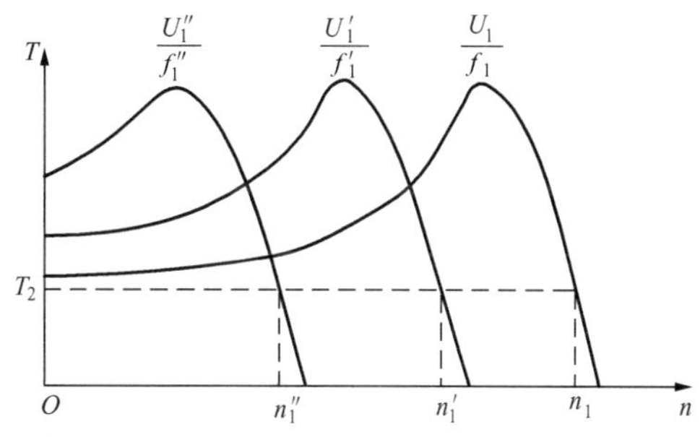

图 14-14　电压和频率按比例调节时的转矩特性

恒磁通变频调速的优点是：可无级调速，调速范围大，机械特性硬；启动转矩大，用逐步增大频率的方法，可以实现最大转矩启动。其缺点是必须有一套大于电机容量的变频电源。近年来随着电力电子技术的不断发展，变频电源的价格也愈来愈合理，这种调速方法用得越来越多，现已广泛应用于中小型感应电动机的调速。

### 三、变转差率调速

由式（14-16）可知，保持同步转速不变，改变转差率 $s$ 可以改变电动机转速。如前所述，感应电动机的电磁功率可分为两部分：一部分为机械功率，另一部分则为转差功率。前述变极调速、变频调速都是设法改变同步转速以达到调速目的。它们的共同特点是，无论调到高速或低速，转差功率仅由转子铜损耗构成，基本不变，故又称为转差功率不变型，其效率最高。变转差率调速则不同，转差功率与转差率成正比地改变，根据转差功率是全部消耗掉了，还是能够回馈到电网，又可将其分成转差功率消耗型和转差功率回馈型。转差功率消耗型有定子调压调速、绕线转子串电阻调速，由于全部转差功率都转换为热能消耗掉，故而效率最低；转差功率回馈型有串级调速与双馈调速，由于转差功率大部分能够回馈到电网，效率界于消耗型与不变型之间。

1. 定子调压调速

从式（14-1）可知，在其他参数不变时，电动机的电磁转矩与定子电压平方成正比，故此改变电压时，感应电动机的 $T_e - s$ 曲线将如图 14-15 所示。由图 14-15 可知，若电动机端电压从 $U_{1N}$ 降到 $0.7U_{1N}$，则转速将从 $n_1$ 降到 $n_2$，从而实现调速。

这种调速方法适用于转子电阻比较大的笼型感应电动机，调速范围比较小，效率也比较低，但调压设备比变频设备便宜得多，因而调压调速在小功率的风机、水泵负载下也有应用。

2. 转子串电阻调速

如图 14-16 所示，当转子串入电阻时，绕线式感应电动机的 $T_e-s$ 曲线由 1 变为 2，临界转差率 $s_m$ 向左移，对于图示的负载转矩，电动机的稳定运行点将从 $A$ 点变为 $B$ 点，相应的转差率从 $s_1$ 增加到 $s_2$，转速则从 $n_s(1-s_1)$ 变为 $n_s(1-s_2)$。外串电阻的阻值越大，$T_e-s$ 曲线越向左移，转速越低。

这种调速方法的缺点是转子回路串入电阻后转差损耗增大，效率下降。但这种调速法设备简单，可以平滑调速，而且转子电流可保持基本不变，因此在中小型绕线电动机中仍有应用。

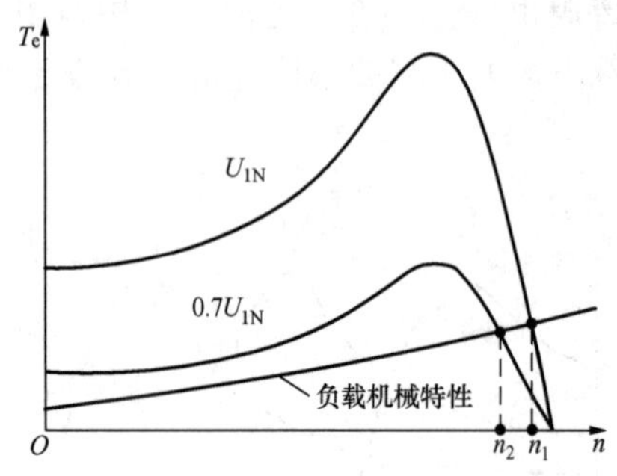


图 14-15 感应电动机定子调压调速

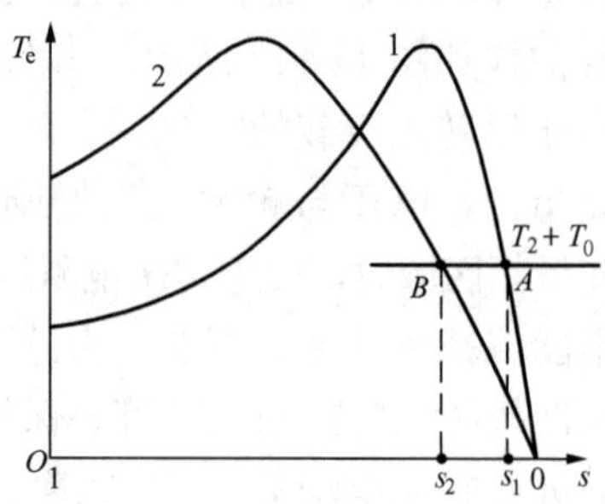


图 14-16 绕线转子串电阻调速

3. 双馈调速

如前所述，虽然可用转子串电阻的方法调节绕线式感应电动机的转速，但有大量的能量消耗在转子电阻和外串电阻上，二者损耗功率之和为转差功率 $sP_e$，电动机转速越低，$s$ 越大，损耗越大，因此，速度较低时，效率很低。随着电力电子技术的发展，出现了双馈调速系统，其原理如图 14-17 所示。

双馈调速系统是将定、转子三相绕组分别由两个独立的三相对称电源供电。定子绕组接入工频电源，转子绕组接入频率、幅值、相位都可以按照要求进行调节的交流电源，即采用交—交变频器或交—直—交变频器给转子绕组供电。其中，必须保证在任何情况下转子外加电压的频率都要与转子感应电动势的频率保持一致。

如果转子外加电压 $\dot{U}_2$ 超前转差电动势 $s\dot{E}_2$ 某一角度 $\theta$，可以将 $\dot{U}_2$ 分解为超前 $s\dot{E}_2 90°$ 的分量 $\dot{U}_2\sin\theta$ 和与 $s\dot{E}_2$ 同相的分量 $\dot{U}_2\cos\theta$，如图 14-18 所示。设 $s\dot{E}_2=sE_2e^{j0°}$，$\dot{U}_2=U_2e^{j\theta}$，转子电流为

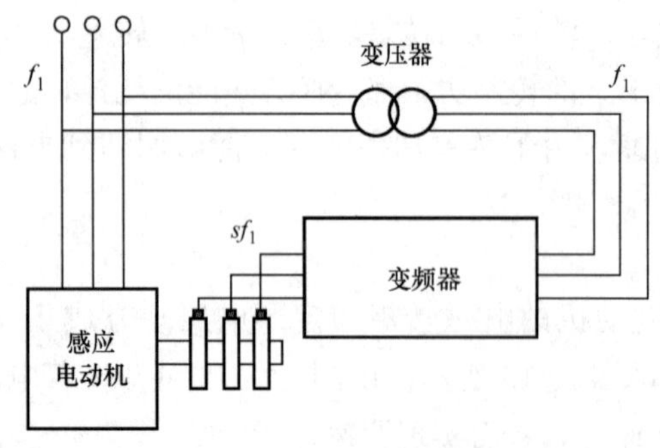


图 14-17 双馈调速系统原理图

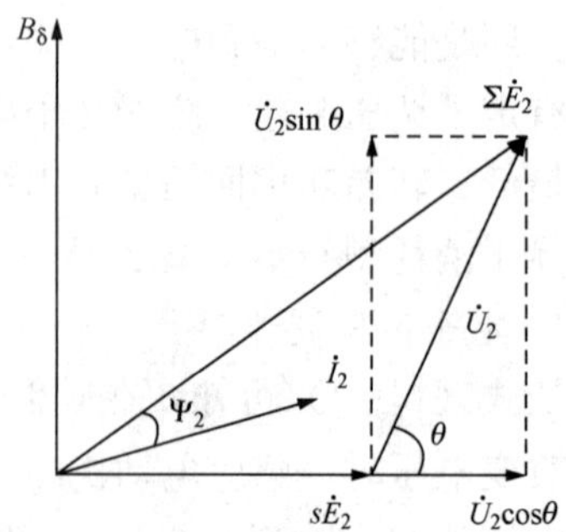


图 14-18 转子外加电压与转差电动势的关系

$$\dot{I}_2=\frac{s\dot{E}_2+\dot{U}_2}{R_2+\mathrm{j}sX_{2\sigma}}=\frac{sE_2}{|Z_2|}\mathrm{e}^{-\mathrm{j}\Psi_2}+\frac{U_2}{|Z_2|}\mathrm{e}^{\mathrm{j}(\theta-\Psi_2)} \tag{14-20}$$

$$Z_{2\sigma}=R_2+\mathrm{j}sX_{2\sigma}$$

$$\Psi_2=\arctan\left(\frac{sX_{2\sigma}}{R_2}\right)$$

式中：$Z_{2\sigma}$ 为转子漏阻抗，$\Psi_2$ 为转子的内功率因数角。

可见，双馈电机转子电流由两部分组成：一部分由转差电动势 $s\dot{E}_2$ 产生，即对应于转子短路的转子电流；另一部分由转子外加电压 $\dot{U}_2$ 产生。转子电流有功分量为

$$I_{2P}=\frac{sE_2}{|Z_2|}\cos\Psi_2+\frac{U_2}{|Z_2|}\cos(\theta-\Psi_2) \tag{14-21}$$

转子电流无功分量为

$$I_{2Q}=-\frac{sE_2}{|Z_2|}\sin\Psi_2+\frac{U_2}{|Z_2|}\sin(\theta-\Psi_2) \tag{14-22}$$

理想空载时，双馈电机的转子电流的有功分量应为零。由式（14-21），令 $I_{2P}=0$，可得理想空载时的转差率为

$$s_0=-\frac{U_2}{E_2}(\cos\theta+\sin\theta\tan\Psi_2) \tag{14-23}$$

由式（14-21）～式（14-23）可见，改变 $\dot{U}_2$ 的大小及相位角既能改变转速、转子电流有功分量，也能改变转子电流无功分量，从而达到既调节转速，又调节定子侧功率因数的目的。

如果转子外加电压 $\dot{U}_2$ 与转子感应电动势 $s\dot{E}_2$ 反相位，即 $\theta=180°$，由式（14-23）知，此种情况下 $s_0=\frac{U_2}{E_2}$，理想空载转速为

$$n_0=n_s(1-s_0)=n_s\left(1-\frac{U_2}{E_2}\right)<n_s \tag{14-24}$$

同理，如果 $\dot{U}_2$ 与 $s\dot{E}_2$ 同相位，将使转子转速增加。此种情况下，$\theta=0°$，由式（14-23）知 $s_0=-\frac{U_2}{E_2}$，理想空载转速为

$$n_0=n_s(1-s_0)=n_s\left(1+\frac{U_2}{E_2}\right)>n_s \tag{14-25}$$

4. 串级调速

串级调速的基本思路是把感应电动机转子感应电动势和转子外加电压都变为直流量，使原来随转差率而变化的变频率交流量转化为与频率无关的直流量，从而免去了对转差频率的检测、控制，主电路结构和控制系统较双馈调速都要简单得多。

在串级调速系统中利用半导体整流器将转子 $sf_1$ 频率的交流变为直流，再经过逆变器将直流变为电网频率的交流电回馈给电网，如图 14-19 所示。由于采用不控整流器整流，转差功率也仅仅是单方向地由转子侧送出，其作用与接入外串电阻相同，但这时送入整流器的能量并没有消耗掉，而是送回至电网，因而提高了系统的效率。

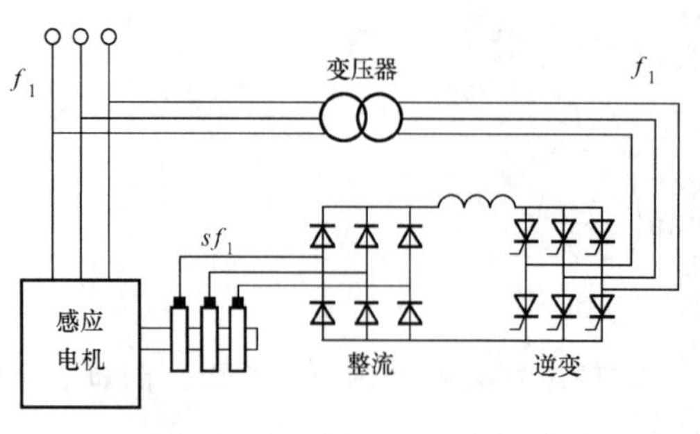


图 14-19 串级调速原理图

串级调速与双馈调速相比，系统结构简单，易于实现，分析、控制都方便，但串级调速只能低于同步转速调速（次同步调速），不能高于同步转速调速（超同步调速），也不能控制无功，因此二者在相同调速范围下，串级调速装置容量大一倍，功率因数也较低，因而往往推荐用于调速范围不太大的场合。

串级调速和双馈调速的调速装置均接于感应电动机转子侧，其电力电子元件承受的电压较接于定子侧时低。另外，在转差率不太大的调速场合，所需调速装置的容量将小于电机的容量许多，如转差率 $s=0.5$ 时，串级调速所需调速装置的容量近似为电机容量一半。因此，串级调速和双馈调速在中大型高压感应电动机调速中得到较多的应用。

## 小 结

（1）转差率 $s$ 是感应电机重要运行参数。$s$ 决定了感应电机的运行状态。外施转矩变化才能使感应电机运行状态发生变化。当外施驱动转矩时，转子会加速，使 $s<0$，感应电机运行于发电机状态。若外施制动转矩，转子就会减速，这时电磁转矩克服负载转矩，维持转子以低于同步速的速度旋转，此时 $0<s<1$，为电动机运行状态。若外施转矩拖转子反转时，$s>1$ 为制动运行状态。

（2）电力拖动系统稳定运行要以电动机的机械特性和负载特性的合理配合为条件，若满足 $\frac{dT_e}{dn}<\frac{dT_2}{dn}$，则系统是稳定的；反之，若 $\frac{dT_e}{dn}\geqslant\frac{dT_2}{dn}$，则系统是不稳定的。这些概念，原则上也适用于其他各种电动机。

（3）感应电机的工作特性可由等效电路计算得到，也可以通过试验测得，这些特性曲线标志电机的运行性能。

（4）深槽和双笼感应电动机利用启动时转子电流频率较高，因“集肤效应”引起转子电阻增加可改善启动性能。

（5）感应电动机的启动问题主要涉及启动电流和启动力矩。要求启动电流小、启动力矩大是互相矛盾的。笼型电动机只能采用直接启动或降压启动法。降压启动法可以限制启动电流，但启动力矩也减少了。绕线式感应电动机可以用转子串电阻启动，串电阻后提高了转子绕组的功率因数，可实现小启动电流，大启动转矩。

反接制动、回馈制动和能耗制动在生产实际中经常遇到，对其原理应有所了解。

（6）感应电动机调速方法有变极调速、变频调速、改变转差率调速。变极调速为有级调速，变频调速、变转差率调速为无级调速。随着电力电子技术的发展，变频调速现已广泛应用于中小型感应电动机的调速。变转差率调速可采用定子调压调速方法、绕线转子串电阻调速方法、定转子双馈调速方法以及串级调速方法。

## 习　题

14-1　分析漏电抗大小对感应电动机启动电流、启动转矩、最大转矩和功率因数有何影响。

14-2　试问在下列情况下绕线式感应电动机的最大转矩和启动转矩都会有什么变化？

（1）转子电阻增加；

（2）漏电抗增大；

（3）电源电压不变，频率由 50Hz 改为 60Hz。

14-3　一台感应电动机，原设计的频率为 60Hz，现接在 50Hz 的电网上运行，设电源电压和输出功率仍为原设计值。试问：

（1）电机内部的各种损耗、转速、功率因数和效率有什么变化？

（2）最大转矩、启动转矩将有什么变化？

14-4　为什么笼型感应电动机的启动电流大，而启动转矩并不太大？

14-5　为什么在绕线式感应电动机转子串电阻启动时即可减少启动电流又可增大启动力矩？转子回路串电感时又如何？

14-6　是不是负载转矩愈大感应电动机启动电流也愈大？为什么？负载转矩的大小对启动有什么影响？

14-7　为什么降压启动方式不适合于重载启动？

14-8　试说明深槽和双笼感应电动机能改善启动性能的原理。

14-9　一台笼型感应电动机，若将铜条的转子改为铸铝转子（转子电阻加大），试问在输出功率相同时，电动机的启动和运行性能有什么变化？

14-10　两台同样的笼型感应电动机转子同轴，拖动一个负载，若在启动时将两台电动机的定子绕组串联后接电网，而启动完后再改为并联，试问采用这种启动方法时启动电流和启动转矩有什么变化？

14-11　试分析绕线式感应电动机转子回路串电阻调速时，电动机内所发生的物理过程。如果负载转矩不变，调速前后转子电流如何改变？

14-12　为什么在绕线式感应电动机反接制动时，转子回路应串入大电阻？

14-13　感应电动机在反接制动时，等效电路中 $(1-s)R'_2/s$ 为负值，试解释其物理意义。

14-14　三相绕线式感应电动机数据：$P_N=150\text{kW}$，$U_N=380\text{V}$，$f_N=50\text{Hz}$，$2p=4$，星形接法。$R_1=R'_2=0.012\Omega$，$X_{1\sigma}=X'_{2\sigma}=0.06\Omega$，$R_m=0$，$X_m=\infty$，设在额定工况下 $p_{Cu2}=2210\text{W}$，$p_\Omega=p_\Delta=3640\text{W}$。试求：

（1）额定运行时的电磁功率 $P_e$、转差率 $s$，电磁转矩 $T_e$ 和输出转矩 $T_2$；

（2）启动转矩、最大转矩、产生最大转矩时对应的转差率；

（3）为使启动转矩等于最大转矩，转子回路应串入多大电阻（归算值）。

14-15　一台笼型感应电动机，4 极，定子为三角形接法，额定功率为 28kW，$U_N=380\text{V}$，$\eta_N=90\%$，$\cos\varphi_N=0.88$。在额定电压下直接启动时，启动电流为额定电流的 6 倍。试求用 Y－△启动时的启动电流。

14-16 绕线式感应电动机，$f_N=50Hz$，$2p=4$，转子每相电阻$R_2=0.02\Omega$，额定负载时转速$n_N=1485r/min$。若负载转矩保持不变，需在其转子电阻中串入多大电阻，才能使转速降到1000r/min?

14-17 三相绕线式感应电动机参数如下：$2p=4$，Y形接法，$f_N=50Hz$，$U_{1N}=380V$，$I_{1N}=45A$，$T_N=150N\cdot m$，启动参数$R_1=R'_2=0.2\Omega$，$X_{1\sigma}=X'_{2\sigma}=0.6\Omega$，$R_m=1.8\Omega$，$X_m=17.5\Omega$，$k_e=k_i=1.2$，试求：

(1) 若启动转矩最大，转子回路中串入的电阻以及这时的启动电流。

(2) 若使启动转矩$T_{st}=1.2T_N$，转子回路串入的电阻，以及这时的启动电流。

# 第十五章 其他常用感应电机

## 第一节 单相感应电动机

单相感应电动机只需单相交流电源供电，因此在家用电器、电动工具、医疗器械中应用非常广泛。与同容量三相感应电动机相比，单相感应电动机体积大、效率低，运行性能也比较差，故单相感应电动机多为小功率电机。

本节讨论单相感应电动机的工作原理，分析方法和有关运行问题。

**一、单相感应电动机的等效电路**

1. 单相感应电动机的物理模型

单相感应电动机定子铁芯槽中嵌放一相绕组，两端接单相交流电源。由第十章的分析可知，单相绕组产生脉振磁动势，磁动势基波可以分解为大小相等、转向相反的两个旋转磁动势，其转速均为同步速，即

$$f_{\varphi 1}(x,t)=\frac{F_{\varphi 1}}{2}\cos\left(\omega t-\frac{\pi}{\tau}x\right)+\frac{F_{\varphi 1}}{2}\cos\left(\omega t+\frac{\pi}{\tau}x\right) \tag{15-1}$$

式（15-1）中，右侧第一项为正转磁动势，产生正转磁场；第二项为反转磁动势，产生反转磁场。当转子以转速 $n$ 正向旋转时，转子对正转磁场的转差率为

$$s_{+}=\frac{n_{s}-n}{n_{s}} \tag{15-2}$$

转子对反转磁场的转差率为

$$s_{-}=\frac{n_{s}+n}{n_{s}}=2-\frac{n_{s}-n}{n_{s}}=2-s_{+} \tag{15-3}$$

可以把单相感应电机等效为转子同轴连接的两台电动机，如图 15-1 所示。两电机定子绕组串联，转子同轴连接。

电动机 1 中只有正转磁场，而电动机 2 中只有反转磁场。正转磁场在定子中感应电动势 $\dot{E}_{+}$（对应电压降 $\dot{U}_{+}=-\dot{E}_{+}$），反转磁场在定子中感应电动势 $\dot{E}_{-}$（对应电压降 $\dot{U}_{-}=-\dot{E}_{-}$），$\dot{U}_{+}$ 与 $\dot{U}_{-}$ 之和与端电压 $\dot{U}_{1}$ 平衡，故这两个等效电机的定子绕组是串联的。因单相电机合成电磁转矩应为正转磁场和反转磁场产生电磁转矩的代数和，故两等效电机的转子是同轴连接的。

2. 单相感应电动机等效电路

单相感应电动机的等效电路由两台电动机等效电路串联构成。不过，两台等效电动机的定子绕组和漏抗应合并在一起考虑，数值为单相绕组的实际电阻 $R_{1}$ 和漏电抗 $X_{1\sigma}$，于是得到图 15-2 所示单相感应电动机等效电路。

必须注意，图 15-2 中各参数与三相感应电动机等效电路参数是不同的。因单相绕组产生的两旋转磁动势均为单相脉振磁动势幅值的 1/2，而在三相电动机中三相绕组共同产生的旋转磁动势幅值为单相脉振磁动势幅值的 3/2 倍，故在每相有效串联匝数相同时，图 15-2 中励磁电抗 $X_{m}$ 应为三相电动机励磁电抗的 1/3。

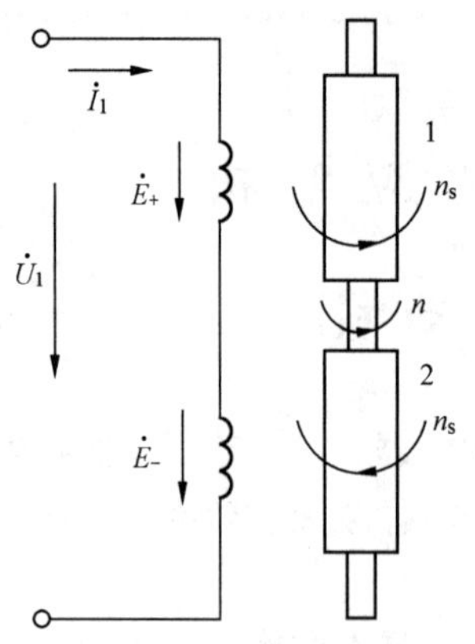


图 15-1 单相感应电动机等效模型

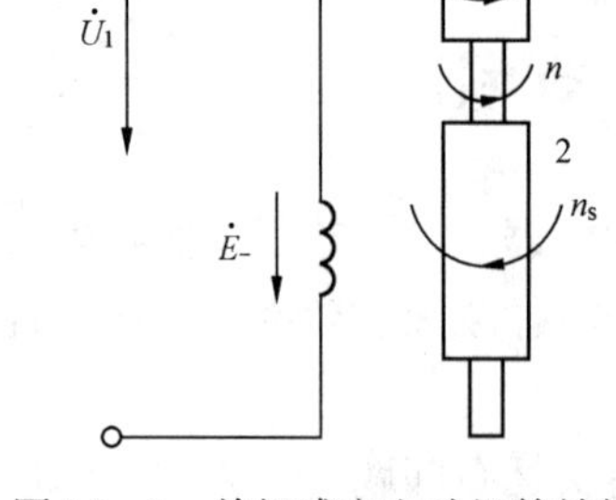


图 15-2 单相感应电动机等效电路

当转子绕组开路时，正转旋转磁场在定子绕组中感应的电动势 $\dot{E}_+=-\mathrm{j}X_m\dot{I}_1$。当转子绕组短路时，由于转子绕组中感应电流产生的阻尼磁动势的作用，气隙总磁场改变，在定子绕组中感应的电动势将变为

$$\dot{E}_+=-\dot{I}_1\frac{\mathrm{j}X_m Z'_{2+}}{\mathrm{j}X_m+Z'_{2+}}=-\mathrm{j}X_m\dot{I}_1\frac{Z'_{2+}}{\mathrm{j}X_m+Z'_{2+}}=-\mathrm{j}X_m\dot{I}_1 D_+ \tag{15-4}$$

式（15-4）中，$D_+=\dfrac{Z'_{2+}}{\mathrm{j}X_m+Z'_{2+}}=\dfrac{1}{1+\dfrac{\mathrm{j}X_m}{Z'_{2+}}}$为一个复数，表示转子感应电流对气隙磁场的阻尼因数，其中 $Z'_{2+}$ 为正转磁场的转子阻抗，$Z'_{2+}=\dfrac{R'_2}{s_+}+\mathrm{j}X'_{2\sigma}$。同理，对反转磁场亦有阻尼因数 $D_-$，它由励磁阻抗 $\mathrm{j}X_m$ 和转子阻抗 $Z'_{2-}$ 决定，$Z'_{2-}=\dfrac{R'_2}{2-s_+}+\mathrm{j}X'_{2\sigma}$。

当单相感应电动机励磁阻抗为三相电动机励磁阻抗的 1/3 时，单相电机转子阻抗归算值也应为三相时的 1/3，以保持阻尼因数不变，故在单相感应电动机等效电路中转子参数归算值为

$$\left.\begin{aligned}R'_2&=k_i k_e R_2\\X'_{2\sigma}&=k_i k_e X_{2\sigma}\\k_i k_e&=4(N_1 k_{w1})^2/Q_2\end{aligned}\right\} \tag{15-5}$$

式中：$R_2$ 为转子每根笼条的电阻；$X_{2\sigma}$ 为转子每根笼条的漏电抗；$Q_2$ 为转子槽数。

可以根据图 15-2 等效电路计算单相电动机的电磁功率 $P_{e+}$ 和电磁转矩 $T_+$，不难得出

$$\left.\begin{aligned}P_{e+}&=\frac{R'_2}{s_+}I'^2_{2+}=\frac{R'_2}{s}I'^2_{2+}\\T_+&=\frac{P_{e+}}{\Omega_s}\end{aligned}\right\} \tag{15-6}$$

作用在转子上的电磁转矩方向为正转磁场方向。类似地，反转磁场电功率为

$$P_{e-}=\frac{R'_2}{s_-}I'^2_{2-}=\frac{R'_2}{2-s_+}I'^2_{2-}=\frac{R'_2}{2-s}I'^2_{2-} \tag{15-7}$$

产生的电磁转矩作用方向沿着反转磁场的转向，表达式为

$$T_- = \frac{P_{e-}}{\Omega_1} \tag{15-8}$$

总电磁转矩应为 $T_+$ 与 $T_-$ 之代数和，因二者方向相反，故有

$$T_e = T_+ - T_- \tag{15-9}$$

根据等效电路计算得到的单相感应电动机转矩—转差率特性如图 15-3 所示。图中合成曲线 $T_e = f(s)$，可以认为是由对应于正转磁场的 $T_+ = f_+(s)$ 曲线与对应于反转磁场的 $T_- = f_-(s)$ 曲线叠加构成。在 $s_+ = s = 0 \sim 1$ 范围内，正转磁场产生 $T_+$ 为驱动转矩，而这时 $s_- = 2 - s$ 在 2～1 范围内，$T_-$ 为制动转矩。相反地，当转子反转时，$s_+ = s = 2 \sim 1$ 范围内，$T_+$ 为制动转矩，而 $s_- = 2 - s$ 在 0～1 范围内，$T_-$ 为驱动转矩。$T_+$ 和 $T_-$ 两条曲线形状完全相同，具有奇对称的性质。

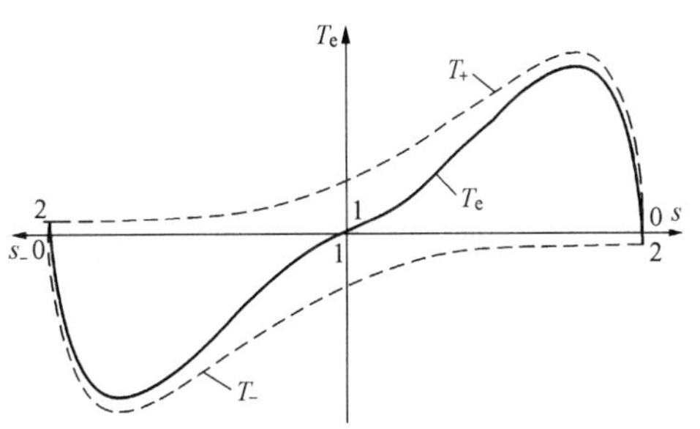


图 15-3 单相感应电动机转矩—转差率特性

由图 15-3 可见，当转速 $n=0$ 时，$s_+ = s = 1$，$s_- = 2 - s = 1$，此时正转磁场产生的转矩 $T_+$ 与反转磁场产生的转矩 $T_-$ 大小相等、方向相反，完全抵消，合成转矩 $T_e = 0$，故单相感应电动机不采取特殊措施不能自行启动。然而，如果在外力作用下，转子沿某一个方向转动起来后，因驱动转矩总是大于制动转矩，转子能够维持继续转动，所以单相感应电动机没有固定的旋转方向。

由于单相电动机中总是存在正、反两个方向的旋转磁场，它们产生的转矩 $T_+$ 和 $T_-$ 方向相反，会使单相感应电动机的最大转矩降低，过载能力减小。此外，转子中的铜耗为正、反两个旋转磁场在转子中感应电流产生的损耗之和，即转子铜耗为

$$p_{Cu2} = I'^2_{2+} R'_2 + I'^2_{2-} R'_2 \tag{15-10}$$

所以单相感应电动机的效率比较低。

**二、单相电容式感应电动机**

1. 工作原理

单相感应电动机除存在效率低、过载能力低等缺点外，最严重的问题是没有自启动能力，解决这些问题的关键在于消除反转磁场。单相电容式电动机是单相电源供电的两相电动机，其定子铁芯中装有在空间位置上相差 90°电角度的两相绕组。为了使两相绕组中电流相位也相差 90°相位角，其中一相绕组串联一适当的电容器，因未串联电容的那一相绕组是电感性的，电流相位滞后于电源电压，而串联了电容器的那一相是电容性的，电流相位超前于电源电压，适当地选择电容器可以使两相绕组中电流相位相差 90°，其原理图如图 15-4 所示。

若两相绕组分别记为 $\alpha$ 和 $\beta$，两绕组中电流正方向如图 15-4 所示，且转子转向顺时针为正。则 $\alpha$ 绕组产生的磁动势为

$$f_\alpha = F_\alpha \cos\frac{\pi}{\tau}x\cos\omega t = \frac{F_\alpha}{2}\cos\left(\omega t - \frac{\pi}{\tau}x\right) + \frac{F_\alpha}{2}\cos\left(\omega t + \frac{\pi}{\tau}x\right) \tag{15-11}$$

因 $\beta$ 绕组电流 $\dot{I}_\beta$ 相位落后 $\alpha$ 绕组电流 $\dot{I}_\alpha \varphi$ 角，在空间位置上沿转子转动方向移动 $\pi/2$ 电角度，故 $\beta$ 绕组的磁动势为

$$f_\beta = F_\beta \cos\left(\frac{\pi}{\tau}x - \frac{\pi}{2}\right)\cos(\omega t - \varphi)$$
$$= \frac{F_\beta}{2}\cos\left[\omega t - \frac{\pi}{\tau}x + \left(\frac{\pi}{2} - \varphi\right)\right] + \frac{F_\beta}{2}\cos\left[\omega t + \frac{\pi}{\tau}x - \left(\frac{\pi}{2} + \varphi\right)\right] \quad (15-12)$$

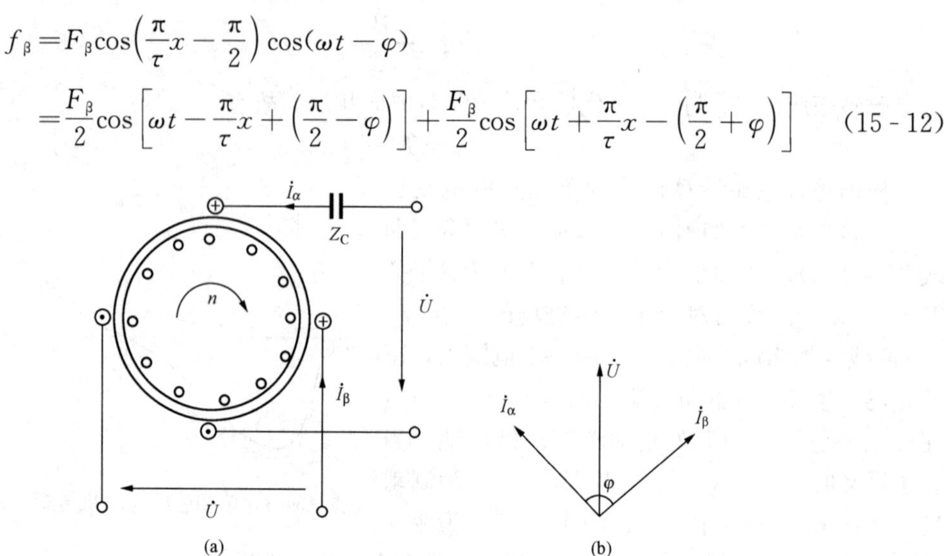


图 15-4 单相电容式感应电动机

(a) 原理图；(b) 相量图

由式（15-11）和式（15-12）可知，当 $F_\alpha = F_\beta$ 且 $\varphi = \pi/2$ 时两相绕组的反转磁动势完全抵消，即

$$\frac{F_\alpha}{2}\cos\left(\omega t + \frac{\pi}{\tau}x\right) + \frac{F_\beta}{2}\cos\left[\omega t + \frac{\pi}{\tau}x - \left(\frac{\pi}{2} + \varphi\right)\right] = 0$$

这时两绕组的正转合成磁动势为

$$f = f_\alpha + f_\beta = F_\alpha \cos\left(\omega t - \frac{\pi}{\tau}x\right)$$

合成磁动势为圆形旋转磁动势，运行情况和三相感应电动机相似，有较好的启动和运行性能。

2. 单相电容式感应电动机的分析

根据双旋转磁场理论方法，$\alpha$ 绕组电流 $\dot{I}_\alpha$ 产生正、反转的一对磁场，而 $\beta$ 绕组电流 $\dot{I}_\beta$ 也产生一对正、反转磁场，故气隙中将有四个旋转磁场。它们在 $\alpha$、$\beta$ 绕组中都产生感应电动势，由于两个绕组在空间位置上不同，感应电动势之间有相位差。按图 15-4 所规定的正方向，正转磁场总是先切割 $\alpha$ 绕组，后切割 $\beta$ 绕组，故 $\alpha$ 绕组中感应电动势相位超前 90°。对反转磁场而言则相反，$\alpha$ 绕组感应电动势相位滞后 90°。

为了定量分析的方便，首先将 $\beta$ 绕组归算至与 $\alpha$ 绕组有相同的匝数，并用 $\dot{I}'_\beta$，$\dot{U}'_\beta$表示归算值，则有

$$\left.\begin{aligned} \dot{I}'_\beta &= \dot{I}_\beta / k \\ \dot{U}'_\beta &= k\dot{U}_\beta \end{aligned}\right\} \quad (15-13)$$

$$k = \frac{N_\alpha k_{w\alpha}}{N_\beta k_{w\beta}}$$

式中：$k$ 为 $\alpha$ 绕组与 $\beta$ 绕组的有效匝数比。

从而可直接写出 $\alpha$、$\beta$ 绕组电压方程

$$\left.\begin{aligned}\dot{U}_{\alpha}&=(Z_{1\sigma}+Z_{c})\dot{I}_{\alpha}-(\dot{E}_{\alpha+}+\dot{E}_{\alpha-}+\dot{E}_{\alpha\beta+}+\dot{E}_{\alpha\beta-})\\\dot{U}'_{\beta}&=Z_{1\sigma}\dot{I}'_{\beta}-(\dot{E}_{\beta+}+\dot{E}_{\beta-}+\dot{E}_{\beta\alpha+}+\dot{E}_{\beta\alpha-})\end{aligned}\right\}\tag{15-14}$$

$$Z_{c}=-\mathrm{j}X_{c}$$

式中：$Z_{1\sigma}$ 表示绕组的漏阻抗，因 $\alpha$、$\beta$ 绕组已归算至相同匝数，可以假定两绕组漏阻抗是相等的；$Z_c$ 为 $\alpha$ 绕组串入的电容容抗；$\dot{E}_{\alpha+}$、$\dot{E}_{\alpha-}$ 分别为 $\alpha$ 绕组正、反转磁场在 $\alpha$ 绕组中感应的自感电动势；$\dot{E}_{\alpha\beta+}$、$\dot{E}_{\alpha\beta-}$ 分别为 $\beta$ 绕组正、反转磁场在 $\alpha$ 绕组中感应的互感电动势；$\dot{E}_{\beta+}$、$\dot{E}_{\beta-}$ 分别为 $\beta$ 绕组正、反转磁场在 $\beta$ 绕组中感应的自感电动势；$\dot{E}_{\beta\alpha+}$、$\dot{E}_{\beta\alpha-}$ 分别为 $\alpha$ 绕组正、反转磁场在 $\beta$ 绕组中感应的互感电动势。

由前面分析可知

$$\left.\begin{aligned}\dot{E}_{\alpha+}&=-\dot{I}_{\alpha}Z_{+}\\\dot{E}_{\alpha-}&=-\dot{I}_{\alpha}Z_{-}\\\dot{E}_{\beta+}&=-\dot{I}'_{\beta}Z_{+}\\\dot{E}_{\beta-}&=-\dot{I}'_{\beta}Z_{-}\end{aligned}\right\}\tag{15-15}$$

$$\left.\begin{aligned}Z_{+}&=\frac{\mathrm{j}X_{m}\left(\dfrac{R'_{2}}{s_{+}}+\mathrm{j}X'_{2\sigma}\right)}{\mathrm{j}X_{m}+\left(\dfrac{R'_{2}}{s_{+}}+\mathrm{j}X'_{2\sigma}\right)}\\Z_{-}&=\frac{\mathrm{j}X_{m}\left(\dfrac{R'_{2}}{s_{-}}+\mathrm{j}X'_{2\sigma}\right)}{\mathrm{j}X_{m}+\left(\dfrac{R'_{2}}{s_{-}}+\mathrm{j}X'_{2\sigma}\right)}\end{aligned}\right\}\tag{15-16}$$

考虑到 $\alpha$、$\beta$ 两绕组在空间位置上相差 90°电角，则有

$$\left.\begin{aligned}\dot{E}_{\alpha\beta+}&=\mathrm{j}\dot{E}_{\beta+}\\\dot{E}_{\alpha\beta-}&=-\mathrm{j}\dot{E}_{\beta-}\\\dot{E}_{\beta\alpha+}&=-\mathrm{j}\dot{E}_{\alpha+}\\\dot{E}_{\beta\alpha-}&=\mathrm{j}\dot{E}_{\beta-}\end{aligned}\right\}\tag{15-17}$$

将式（15-15）～式（15-17）代入式（15-14）则得到

$$\left.\begin{aligned}\dot{U}_{\alpha}&=(Z_{1\sigma}+Z_{c}+Z_{+}+Z_{-})\dot{I}_{\alpha}+\mathrm{j}(Z_{+}-Z_{-})\dot{I}'_{\beta}\\\dot{U}'_{\beta}&=-\mathrm{j}(Z_{+}-Z_{-})\dot{I}_{\alpha}+(Z_{1\sigma}+Z_{+}+Z_{-})\dot{I}'_{\beta}\end{aligned}\right\}\tag{15-18}$$

已知 $\dot{U}_{\alpha}=\dot{U}$ 和 $\dot{U}'_{\beta}=k\dot{U}$（$\dot{U}$ 为电源电压），可由式（15-18）计算绕组电流 $\dot{I}_{\alpha}$ 和 $\dot{I}'_{\beta}$。

3. 电磁功率和电磁转矩

由电工学原理知，当绕组端电压为 $\dot{U}_{\alpha}$，流入电流为 $\dot{I}_{\alpha}$ 时，可用 $\dot{U}_{\alpha}\overset{*}{I}_{\alpha}$（$\overset{*}{I}_{\alpha}$ 为 $\dot{I}_{\alpha}$ 的共轭复数）计算输入的复功率，其实部代表有功功率。于是 $\alpha$ 绕组和 $\beta$ 绕组输入的复功率为

$$\left.\begin{aligned}\dot{U}_{\alpha}\overset{*}{I}_{\alpha}&=(Z_{c}+Z_{1\sigma}+Z_{+}+Z_{-})|\dot{I}_{\alpha}|^{2}+\mathrm{j}(Z_{+}-Z_{-})\dot{I}'_{\beta}\overset{*}{I}_{\alpha}\\\dot{U}'_{\beta}\overset{*}{I}{}'_{\beta}&=-\mathrm{j}(Z_{+}-Z_{-})\dot{I}_{\alpha}\overset{*}{I}{}'_{\beta}+(Z_{1\sigma}+Z_{+}+Z_{-})|\dot{I}'_{\beta}|^{2}\end{aligned}\right\}\tag{15-19}$$

在式（15-19）中，$Z_{1\sigma}$ 和 $Z_c$ 上消耗的复功率对应于定子绕组漏阻抗和容抗上消耗的有功和无功功率；而与 $Z_+$ 有关的各项代表正转磁场引起的复功率，其实部即为正转磁场产生的电磁功率。同样，与 $Z_-$ 有关的各项实部为反转磁场产生的电磁功率。于是，从式（15-19）可得

$$P_{e+}=\mathrm{Re}\{[I_\alpha^2+I'^2_\beta+\mathrm{j}\dot{I}'_\beta\dot{I}_\alpha^*-\mathrm{j}\dot{I}_\alpha\dot{I}'^*_\beta]Z_+\}=[I_\alpha^2+I'^2_\beta+2I_\alpha I'_\beta\sin\varphi]\mathrm{Re}(Z_+) \tag{15-20}$$

$$P_{e-}=\mathrm{Re}\{[I_\alpha^2+I'^2_\beta-\mathrm{j}\dot{I}'_\beta\dot{I}_\alpha^*+\mathrm{j}\dot{I}_\alpha\dot{I}'^*_\beta]Z_-\}=[I_\alpha^2+I'^2_\beta-2I_\alpha I'_\beta\sin\varphi]\mathrm{Re}(Z_-) \tag{15-21}$$

式中：$\varphi$ 为 $\dot{I}_\alpha$ 领前于 $\dot{I}'_\beta$ 的相角。

由式（15-16）可得

$$\left.\begin{aligned}\mathrm{Re}(Z_+)&=\mathrm{Re}\left\{\frac{\mathrm{j}X_m\left(\frac{R'_2}{s_+}+\mathrm{j}X'_{2\sigma}\right)}{\mathrm{j}X_m+\left(\frac{R'_2}{s_+}+\mathrm{j}X'_{2\sigma}\right)}\right\}=\frac{\frac{R'_2}{s}X_m^2}{\left(\frac{R'_2}{s}\right)^2+(X_m+X'_{2\sigma})^2}\\ \mathrm{Re}(Z_-)&=\mathrm{Re}\left\{\frac{\mathrm{j}X_m\left(\frac{R'_2}{s_-}+\mathrm{j}X'_{2\sigma}\right)}{\mathrm{j}X_m+\left(\frac{R'_2}{s_-}+\mathrm{j}X'_{2\sigma}\right)}\right\}=\frac{\frac{R'_2}{2-s}X_m^2}{\left(\frac{R'_2}{2-s}\right)^2+(X_m+X'_{2\sigma})^2}\end{aligned}\right\} \tag{15-22}$$

电磁转矩为正转磁场产生的转矩与反转磁场产生的转矩之差，即

$$T_e=T_+-T_-=\frac{P_{e+}}{\Omega_s}-\frac{P_{e-}}{\Omega_s} \tag{15-23}$$

$$\Omega_s=\frac{2\pi f_1}{p}$$

4. 消除反转磁场的条件、电容和变比的选择

为改善运行性能，应尽量减少反转电磁功率。由式（15-21）可知，反转电磁功率 $P_{e-}=0$ 的条件是 $\dot{I}_\alpha$ 与 $\dot{I}'_\beta$ 大小相等，且 $\dot{I}_\alpha$ 超前 $\dot{I}'_\beta$ 90°相位，即

$$\dot{I}_\alpha=\mathrm{j}\dot{I}'_\beta \tag{15-24}$$

将式（15-24）代入式（15-18），并注意到 $\dot{U}_\alpha=\dot{U}$，$\dot{U}'_\beta=k\dot{U}$，可得

$$\left.\begin{aligned}\dot{U}&=\dot{I}_\alpha[Z_c+Z_{1\sigma}+2Z_+]\\ \mathrm{j}k\dot{U}&=\dot{I}_\alpha[Z_{1\sigma}+2Z_+]\end{aligned}\right\} \tag{15-25}$$

若令 $Z_0=Z_{1\sigma}+2Z_+=R_0+\mathrm{j}X_0$，则由式（15-25）可得无反转磁场的条件为

$$\frac{Z_0}{Z_c+Z_0}=\mathrm{j}k \tag{15-26}$$

即

$$R_0+\mathrm{j}X_0=\mathrm{j}k(R_0+\mathrm{j}X_0-\mathrm{j}X_c)=k(X_c-X_0)+\mathrm{j}kR_0 \tag{15-27}$$

由式（15-27）两边实部和虚部应相等，可知变比 $k$ 和电容器容抗 $X_c$ 应分别为

$$\left.\begin{aligned}k&=\frac{X_0}{R_0}\\ X_c&=\frac{R_0^2+X_0^2}{X_0}\end{aligned}\right\} \tag{15-28}$$

因为 $R_0$ 和 $X_0$ 均为转差率 $s$ 的函数，即在不同的转速下要求变比 $k$ 和容抗 $X_c$ 也不同，实际上这是很难办到的。

由式（15-28）可知，在启动时 $s=1$，$R_0$ 比较小，故要求变比 $k$ 较大；而在正常运转时 $s\approx 0$，$R_0$ 比较大，则要求比较小的变比。在变比 $k$ 选定之后，可以按式（15-29）确定的容抗选定电容值。

$$X_c=\frac{R_0^2+X_0^2}{X_0}=R_0\frac{1+k^2}{k} \tag{15-29}$$

由式（15-29）可知，在启动时 $s=1$，$R_0$ 比较小，容抗也要比较小，须选用电容量较大的电容器；而在正常运行时 $s\approx 0$，$R_0$ 比较大，可以选用电容量较小的电容器。

**三、单相感应电动机的基本类型**

根据启动方法或运行方式不同，单相感应电动机可以分为单相电容启动式感应电动机、单相电容运转式感应电动机、单相电阻启动式感应电动机及罩极电动机。

1. 单相电容启动式感应电动机

单相电容式电动机两绕组的变比 $k$ 和电容器只按启动时（$s=1$）消除反转磁场的条件选择，以保证其最佳启动性能；并且串联电容器那一组绕组（称为启动绕组）按短时工作方式设计，导线比较细，长期运行会因过热而烧坏，必须在转速接近同步速时把启动绕组用离心开关切除，使电动机转换到单相运行情况。这种电容式电动机称为电容启动式单相感应电动机。

2. 单相电容运转式感应电动机

如果接有电容器的那一组绕组按长期工作方式设计，并按在正常小转差率运行时无反转磁场的条件选择变比和电容器，以保证在额定运行工况下有最佳的运行性能，这种电容式电动机称为电容运转式感应电动机。

3. 单相电阻启动式感应电动机

在启动绕组回路中串联电容器可以使 $\dot{I}_\alpha$ 和 $\dot{I}_\beta$ 之间产生相位差，称为电容裂相，如果将电容器换为电阻，也能使 $\dot{I}_\alpha$ 和 $\dot{I}_\beta$ 之间产生一定的相位差，产生启动转矩，称为电阻裂相。这时只要将式（15-18）中 $Z_c$ 换为外串电阻 $R$，即可计算电阻裂相感应电动机的启动性能。另外，串有电阻的 $\alpha$ 相绕组中电流相位也滞后于外施电压 $\dot{U}$，但滞后的相角比较小，而 $\beta$ 绕组未串电阻，电流 $\dot{I}_\beta'$落后于电压 $\dot{U}_\beta'$的相角比较大，仍然有 $\dot{I}_\alpha$ 超前 $\dot{I}_\beta'$的关系，此时 $\varphi$ 为小于 90°电角度，由式（15-20）和式（15-21）可知，仍然可以产生启动转矩。这种电动机启动性能不如电容裂相电动机，其启动绕组也按短时工作设计，并且在电动机启动后用离心开关切除，以避免启动绕组过热和减少损耗。

4. 罩极电动机

在电风扇等家用电器中经常使用罩极电动机，其结构如图 15-5（a）所示。其定子铁芯制作成凸极式，由硅钢片叠压而成。工作绕组套在磁极上，两端接单相电源。在磁极的边上开有小槽，并用短路铜环将磁极的一部分罩起来，短路铜环也称为罩极线圈。电动机的转子仍为笼型。

可以看出，如果没有罩极线圈或将罩极线路开路，这种电动机将和本节前面所述的单相电动机一样，没有自启动能力。装罩极线圈后，极中磁通 $\dot{\Phi}$ 将分为 $\dot{\Phi}'$ 和 $\dot{\Phi}''$ 两部分，其中穿

过罩极线圈的磁通 $\dot{\Phi}''$，因罩极线圈感应电流的阻碍作用，将滞后于不穿过罩极线圈的磁通 $\dot{\Phi}'$，其相量图如图 15-5（b）所示。这两个脉振磁通空间位置上不重合，时间上也有相位差，从而产生启动力矩。

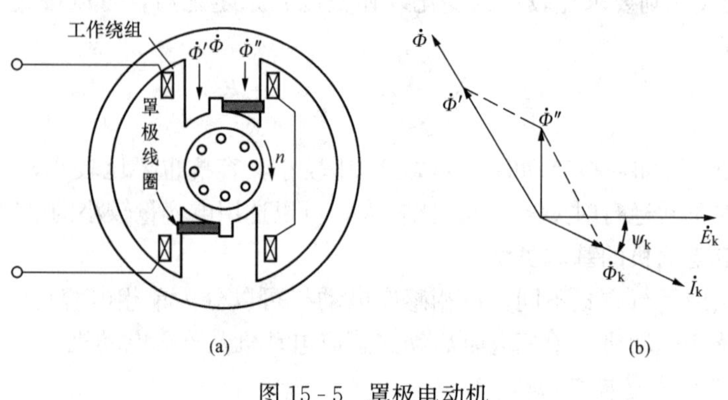


图 15-5 罩极电动机

（a）结构原理图；（b）相量图

## 第二节 直线感应电动机

### 一、直线感应电动机的基本结构

直线感应电动机是直接产生直线运动的电动机，它可以看成是把旋转电动机沿径向剖开，并将圆周展开成直线演变而来，如图 15-6 所示。旋转电动机的定子和转子，在直线电动机中称为初级和次级。旋转电动机的径向、周向和轴向，在直线电动机中对应地称为法向、纵向和横向。

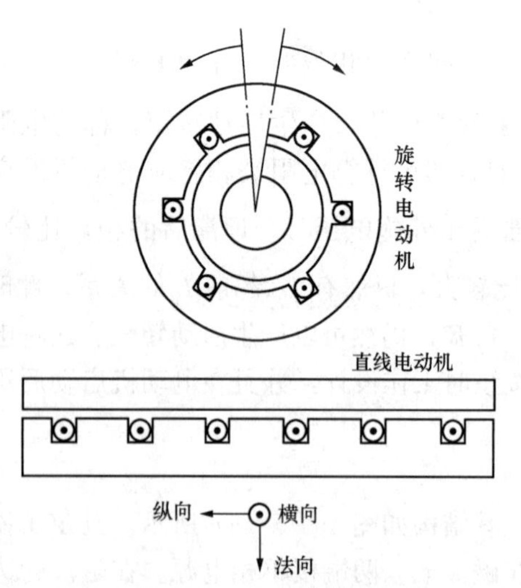


图 15-6 旋转电动机演变为直线电动机示意图

1. 初级和次级

直线感应电动机按结构分类可分为扁平型、圆筒形、弧形和圆盘形。图 15-6 所示的直线电动机即为扁平形结构。扁平形结构是最基本的结构，应用也最广泛。如果把扁平形结构直线电动机沿横向卷起来，就得到了圆筒形结构直线电动机，如图 15-7 所示。圆筒形结构直线电动机的优点是没有绕组端部，不存在横向边缘效应，次级的支撑也比较方便；缺点是铁芯必须沿周向叠片，才能阻挡由交变磁通在铁芯中感应的涡流，这在工艺上比较复杂，散热条件也比较差。扁平形和圆筒形结构是直线感应电机的基本结构，弧形和圆盘形感应电机虽然做旋转运动，考虑到它们也存在直线电机所特有的铁芯开断的特点，并由此而产生边缘效应，故仍归入直线电机范畴。

为了在运动过程中始终保持初级和次级耦合，初级或次级之一必须做得较长。次级做得

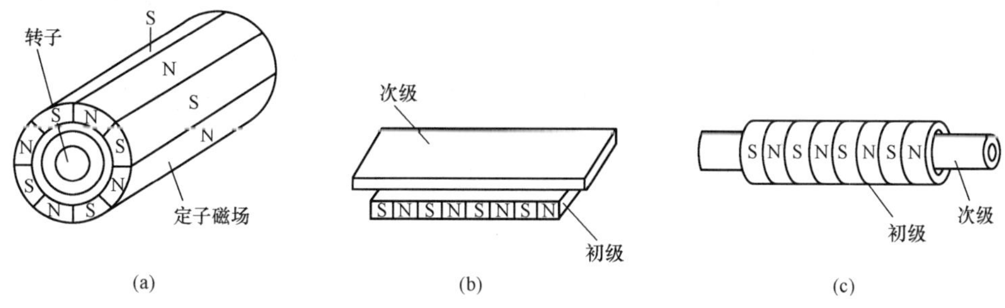


图 15-7 旋转电机演变为圆筒形直线电机示意图

(a) 旋转电机；(b) 扁平形；(c) 圆筒形

较长的称为短初级长次级结构，如图 15-7（c）和图 15-8 所示；初级做得较长的称为长初级短次级结构，如图 15-9 所示。直线感应电机的次级可以是整块均匀的金属材料，即采用实心结构，成本较低，适宜于做得较长。对于扁平形结构，可以仅在次级的一侧安放初级，称为单边结构，如图 15-8 所示；也可以在次级的两侧各安放一个初级，称为双边结构，如图 15-9 所示。双边结构可以消除单边磁拉力，次级的材料利用率也较高。

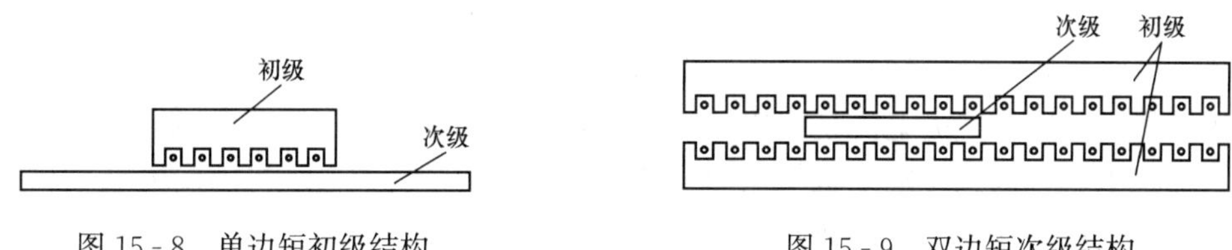


图 15-8 单边短初级结构

图 15-9 双边短次级结构

2. 气隙与电磁气隙

直线感应电机的气隙相对于旋转电机要大得多，以保证在运动中初级与次级不会相擦。对于复合次级和铜（铝）次级电机，除了通常的机械气隙（单纯的空气隙）外，还要引入电磁气隙的概念。因为铜（铝）属非磁性材料，其导磁性能与空气相同，故此铜（铝）板的厚度应归并到气隙中，总气隙应由机械气隙加上铜（铝）板的厚度构成，该总气隙称为电磁气隙。

## 二、直线感应电动机的工作原理

1. 基本工作原理

直线感应电动机不仅在结构上与旋转电动机相似，且其工作原理也相似，图 15-8 所示为扁平形单边直线感应电动机的示意图。在初级上嵌有多相绕组，当多相对称电流通入多相对称绕组时，与旋转电机一样，在初级和次级之间的气隙中会产生一个移动磁场（对应于旋转电机的旋转磁场）。由旋转磁场的理论可知，当绕组中的电流交变一次，多相对称绕组所产生的合成磁场在空间将移动过一对极距，若电机的极距为 $\tau$，电源的频率为 $f_1$，则移动磁场的同步速度为

$$v_s = 2\tau f_1 \tag{15-30}$$

式中：$\tau$ 为极距，m；$f_1$ 为电源频率，Hz；$v_s$ 为同步速度，m/s。

在我国电网的频率为 50Hz，则

$$v_s = 100\tau \tag{15-31}$$

在移动磁场的作用下，次级中会产生感应电动势，由于次级是由整块钢板或整块铜板制成，因此在导电板中会产生感应电流。该感应电流和移动磁场相互作用，就会产生电磁推

力，使初级和次级之间产生相对运动。如果将初级固定，则次级将会跟随着移动磁场移动的方向运动；反之，若将次级固定，则初级会朝着移动磁场移动的相反方向运动。固定部分称为定子，运动部分称为动子。与旋转电机一样，动子的稳定速度 $v$ 总是低于移动磁场的同步速度 $v_s$，它们之间的关系也用滑差率 $s$ 表示，即

$$s=\frac{v_s-v}{v_s} \tag{15-32}$$

动子的稳定速度为

$$v=v_s(1-s) \tag{15-33}$$

与旋转电机一样通过对换任意两相的电源接线，可以改变三相直线感应电动机的运动方向。

2. 特殊问题

虽然直线感应电动机的基本工作原理与旋转电动机相似，但是由于其铁芯的开断，形成了两个边端，因此存在着纵向和横向边缘效应。由于铁芯在磁场移动的方向上是开断的，长度也是有限的，对移动磁场而言，存在一个“入口端”和一个“出口端”，初级绕组的不连续造成各相绕组所处磁场有差异，因而各相绕组的阻抗不对称。此外，在扁平形直线感应电动机中，当电磁气隙与初级铁芯宽度的比值较大，而次级宽度又等于初级铁芯宽度时，会引起横向边缘处磁场的削弱。同时，由于扁平形直线感应电机的次级均用整块导体板制成，因此在次级导体板中所感应的电流是涡流，它不仅有横向的分量，还存在着纵向的分量。以上这些因素均将引起直线感应电动机气隙中移动磁场的畸变，造成电动机的出力减小和损耗增加。直线感应电机的功率因数和效率较低。

## 第三节 感 应 发 电 机

感应电机在某些情况下可以作为发电机运行，本节讨论感应发电机接电网并联运行和单独运行两种情况。

### 一、感应发电机与电网并联运行

由第十三章知，并联在电网上的感应电机，若不拖动机械负载，而是用原动机来驱动，使转子的转速高于旋转磁场的同步转速，转差率 $s=(n_s-n)/n_s$ 为负值，这时电磁功率和机械功率也为负值，即有

$$P_e=m_1I'^2_2\frac{R'_2}{s}<0$$

$$P_\Omega=m_1I'^2_2\frac{1-s}{s}R'_2<0$$

电磁功率为负值表明电磁功率由转子送入定子，由机械能转换为电能；而机械功率为负值表明这时已不是产生机械功率，而是吸收机械功率，故为发电机状态。

感应发电机与感应电动机一样都需要从电网上吸收无功励磁电流，用以产生旋转磁场。因此对无功而言，感应发电机仍然是电感性负载。所以感应发电机与电网并联运行将使功率因数变坏，正是由于这个原因，感应发电机用得较少。

### 二、感应发电机单机运行

感应发电机单机运行时，不与电网并联，这时需要在发电机端并联一组适当大小的电

容器，以供给感应电机励磁所需的滞后（感性）无功电流，如图 15 - 10 所示。这是因为电容从发电机吸收超前（容性）无功电流；也可以换一种说法，电容将向发电机发出滞后（感性）无功电流。然而，必须有端电压，电容才能供给发电机滞后的励磁电流，而没有励磁电流也就不能建立端电压，因此，与并励直流发电机相似，感应发电机也存在一个自励过程。

空载端电压建立过程可以用图 15 - 11 说明。当发电机被原动机拖动以转速 $n$ 旋转时，对应这一转速，可以画出空载端电压与励磁电流关系曲线 1。图中曲线 2 为电容器端电压与电流的关系曲线，称为电容线。自励过程刚开始时，因有剩磁，发电机初始端电压为 $E_r$，对应于此电压，电容电流为 $I_1$。显然这一点不能稳定，因为在这一点发电机端电压 $U_1$ 高于电容器端电压 $E_r$，促使电容电流增加，电容将向发电机发出更大的励磁电流，从而产生更大的端电压 $U_2$。同理，该端电压 $U_2$ 又作用于电容器，如此反复作用，发电机的端电压便逐步增大，如图中虚线所示，直至 $A$ 点。图中两曲线的交点 $A$ 为对应于该转速下的稳定工作点，在这一点，发电机端电压为 $E_0$，所需的励磁电流为 $I_0$，恰好是电容器所供给的电流。

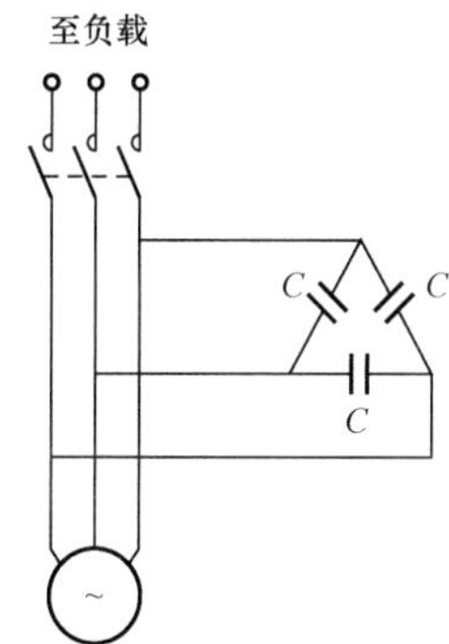


图 15 - 10　感应发电机单机运行

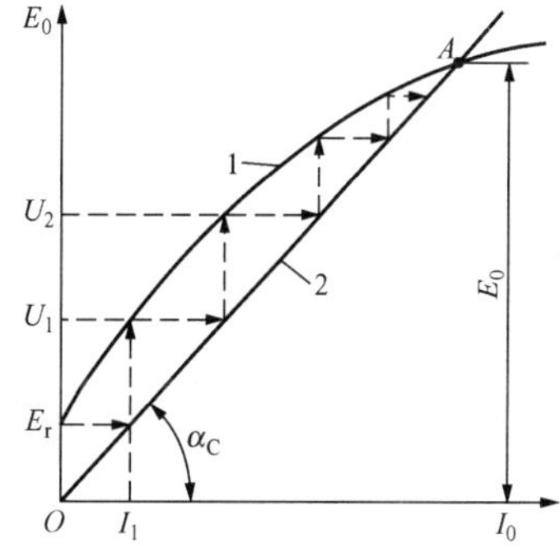


图 15 - 11　感应发电机的自励过程

保持转速不变时，若改变电容，则电容线的斜率随着改变。若增大电容，发电机空载端电压上升；反之，若减小电容，发电机空载端电压就会下降。电容过小，曲线 1 与曲线 2 相切，就得不到稳定的电压，甚至使电压消失，即在一定转速下，存在一个临界电容值，并联电容小于此临界值时电压消失。

若当转速变化时，如降低转速，这时因为频率降低，曲线 1 随着降低，同时容抗增大，曲线 2 变陡，也会使空载端电压降低。转速过低也存在端电压消失的危险，即在并联电容不变时，存在一个临界转速，低于此临界转速时电压消失。

总之，可以归纳出感应发电机三个自励条件：①有剩磁；②在一定转速下，并联电容大于临界电容值；③在并联电容不变时，转速大于临界转速。

发电机空载时，建立额定电压所需的电容称为主电容，可以根据发电机空载电流 $I_0$ 决定主电容大小。当电容器为 Δ 接法时，容抗应为

$$X_c = \frac{\sqrt{3}U_N}{I_0} = \frac{1}{\omega C} \tag{15-34}$$

故有

$$C=\frac{I_0}{\sqrt{3}\omega U_N} \tag{15-35}$$

在负载运行工况下，定子边将有无功和有功功率输出。因为有功功率的输出，转差率将由 0 变为负值，即定子旋转磁场的速度将低于转子的转速，故定子中感应电压频率会降低，为了保持频率不变，就必须调节原动机的转速。此外，负载所需的感性无功电流（负载通常是电感性的）和发电机励磁所需的无功电流都要由电容器提供，为了保持电压稳定，就必须加大电容，增加的这部分电容称为辅助电容。总之，端电压和机组的频率随着负载的变化而变化，没有自动控制装置，很难保证感应发电机恒频、恒压运行。因此，仅在某些特殊情况下，如农村小型水电站、风力发电等才使用感应发电机。

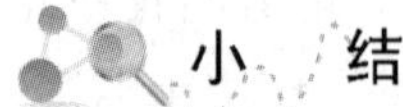

## 小　结

(1) 单相感应电动机的主要分析方法是双旋转磁场理论，它适合于分析转子对称，但定子不对称的感应电动机稳态运行。这种方法本质上是利用叠加原理把旋转电机问题变成电路问题进行分析，即把定子主绕组所产生的脉振磁动势分解成正向和反向旋转的两个磁动势和磁场；再分别求出转子对这两个磁场所产生的转子反应，并仿照三相电动机，对转子正向和反向电路分别进行频率归算和绕组归算；最后得到单相电动机的等效电路，并算出所有运行数据和 $T_e-s$ 曲线。

单相感应电动机定子上只有一个单相绕组时，由于正、反转磁场在启动时大小相等，产生的转矩互相抵消，没有自启动能力，必须加一辅助绕组，当它们电流相位不同，且空间位置上也不同时，就可使正转磁场强于反转磁场，并产生启动转矩。电容启动式电动机靠电容器改变电流相位；电阻启动式电动机利用电阻改变电流相位；罩极式电动机靠短路环电抗改变电流相位。

(2) 直线感应电动机是直接产生直线运动的电动机。它可以看成是把旋转电动机沿径向剖开，并将圆周展开成直线演变而来，不仅在结构上与旋转电机相似，工作原理也相似。

虽然直线感应电动机的工作原理与旋转电机相似，但是由于其铁芯的开断，形成了两个边端，因此存在着纵向和横向边缘效应。另外，直线感应电动机的气隙相对于旋转电机要大得多，对于复合次级和铜（铝）次级电机，除了通常的机械气隙外，还要引入电磁气隙的概念。直线感应电动机的功率因数和效率较低。

(3) 感应发电机是在 $s<0$ 时感应电机的运行状态，其运行数据亦可用 T 形等效电路来计算。在单机运行时，感应发电机的主磁场和漏磁场所需的无功功率需借助专门的电容器提供。负载运行时，端电压和机组的频率随着负载的变化而变化，没有自动控制装置，很难保证感应发电机恒频、恒压运行。

## 习　题

15-1　试说明为什么单相感应电动机励磁阻抗是每相匝数相同时三相感应电动机励磁阻抗的 1/3。

15-2　单相感应电动机转子绕组中有几种频率的电流？定子绕组中有几种频率的电流？

15-3　如何改变单相电容式电动机的转向？

15-4　罩极式电动机的转向能否改变？

15-5　单相感应电动机在接近同步转速下运行时，正转磁场和反转磁场大小有何不同？能否在等效电路图中看出？

15-6　若直线感应电动机的极距和电源频率保持不变，只改变初级的极数能否改变移动磁场速度？

15-7　为什么说在工频电源供电的条件下，要将直线感应电动机的速度做得过高或过低都很困难？

15-8　为什么直线感应电动机的气隙相对于旋转电机要大得多？解释电磁气隙的概念。

15-9　感应发电机单机运行时，为什么要在发电机端并联一组电容器？若改变电容器电容值对空载端电压有何影响？

15-10　为什么说感应发电机单机负载运行时，没有自动控制装置就很难保证恒频、恒压运行？

# 感应电机篇自测题

## 一、填空题

1. 一台三相感应电机接于频率为50Hz的电网，运行转速为735r/min，此时转差率为________，转子电动势的频率为________，为________运行状态。

2. 三相感应电动机空载运行时，电动机内损耗包括________、________、________和________，电动机空载输入功率 $P_0$ 与这些损耗相平衡。

3. 三相感应电动机，如使启动转矩到达最大，此时临界转差率 $s_m=$________。

4. 感应电动机启动时，转子电流 $I_2$ 的值比正常运行时要________，功率因数 $\cos\Psi_2$ 比正常运行时要________，主磁通比正常运行时要________，因此启动转矩________。

5. 若感应电动机的漏抗增大，则其启动转矩________，最大转矩________。

6. 深槽和双笼型感应电动机是利用________原理来改善电动机的启动性能的。

## 二、选择题

1. 某台三相感应电动机额定频率为50Hz，现在接于60Hz的交流电源上，则电动机的空载转速将________。

A. 相应提高　　B. 相应降低　　C. 保持不变　　D. 无法确定

2. 一台50Hz三相感应电动机的转速 $n=720$r/min，该电动机的极数和同步转速分别为________。

A. 4极、1500r/min　　B. 6极、1000r/min

C. 8极、750r/min　　D. 10极、600r/min

3. 笼型三相感应电动机转速下降10%，该电动机转子电流产生的旋转磁动势相对于定子的转速________。

A. 上升10%　　B. 下降10%

C. 上升1/（1+10%）　　D. 不变

4. 三相感应电动机气隙增大，其他条件不变，则空载电流________。

A. 增大　　B. 减小　　C. 不变　　D. 不能确定

5. 三相感应电动机等效电路中的附加电阻 $\frac{(1-s)}{s}R_2'$ 上所消耗的电功率应等于________。

A. 输出功率 $P_2$　　B. 输入功率 $P_1$　　C. 电磁功率 $P_e$　　D. 总机械功率 $P_\Omega$

6. 绕线式三相感应电动机，转子串适当电阻启动时可使________。

A. 启动转矩增大，启动电流增大　　B. 启动转矩增大，启动电流减小

C. 启动转矩增大，启动电流不变　　D. 启动转矩减小，启动电流增大

7. 三相绕线式感应电动机拖动恒转矩负载运行时，采用转子串电阻调速。运行在不同转速时，其转子回路电流的大小________。

A. 与转差率反比　　B. 与转差率无关

C. 与转差率正比　　D. 与转差率成某种函数关系

8. 三相感应电动机电磁转矩的大小与________成正比。

A. 电磁功率　　B. 输出功率　　C. 输入功率　　D. 全机械功率

9. 如果有一台三相感应电动机运行在转差率 $s=0.25$，此时通过气隙传递的功率有________。

A. 25%是转子铜耗　　B. 75%是转子铜耗

C. 75%是输出功率　　D. 75%是电磁功率

10. 与普通三相感应电动机相比，深槽或双笼型三相感应电动机正常工作时，性能差一些，主要是________。

A. 由于 $R_2$ 增大，增大了损耗　　B. 由于 $X_{2\sigma}$ 减小，使无功电流增大

C. 由于 $X_{2\sigma}$ 的增加，使 $\cos\Psi_2$ 下降　　D. 由于 $R_2$ 减少，使输出功率减少

**三、简答题**

1. 绕线式感应电动机转子绕组的相数、极数是否设计得与定子相同？笼型感应电动机的转子相数、极数又是如何确定的呢？与笼条的数量有关吗？

2. 三相感应电动机的堵转电流与外加电压、电动机所带负载是否有关？关系如何？若电动机参数不变，是否堵转电流越大堵转转矩也越大？负载转矩的大小会对启动过程产生什么影响？

**四、分析题**

1. 三相感应电动机在轻载下运行时，试分析其效率和功率因数都较额定负载时低的原因。如定子绕组为三角形接法的感应电机改为星形接法运行，在轻载下其结果如何？此时所能负担的最大负载必须小于多少？

2. 三相感应电动机带负载运行，若电源电压下降过多，会产生什么严重后果？如果电源电压下降20%，对最大转矩、启动转矩、转子电流、气隙磁通、转差率有何影响（设负载转矩不变）？

3. 一台笼型感应电动机，原来转子是铜条的，后因损坏改为铸铝的。如输出同样转矩，电动机运行性能有什么变化？

**五、计算题**

1. 一台三相感应电动机，额定功率 $P_N=7.5\text{kW}$，额定电压 $U_N=380\text{V}$，定子△形接法，频率为50Hz。额定负载运行时，定子铜耗为474W，铁耗为231W，机械损耗45W，附加损耗38W，已知 $n_N=960\text{r/min}$，$\cos\varphi_N=0.824$，试计算额定负载时的下列各值：

（1）转差率、转子电流频率；

（2）机械功率、转子铜耗；

（3）定子电流；

（4）效率。

2. 一台三相感应电动机，额定功率 $P_N=4\text{kW}$，额定电压 $U_N=380\text{V}$，$f_N=50\text{Hz}$，△形接法，额定转速 $n_N=1442\text{r/min}$，定、转子的参数为：$R_1=4.47\Omega$，$R'_2=3.18\Omega$，$R_m=11.9\Omega$，$X_{1\sigma}=6.7\Omega$，$X'_{2\sigma}=9.85\Omega$，$X_m=6.7\Omega$。试求在额定转速时的电磁转矩、最大转矩、启动电流和启动转矩。

# 第五篇 同 步 电 机

## 第十六章 同 步 电 机 概 述

同步电机是交流电机的一种，主要作为发电机运行，也可以作为电动机和补偿机运行。现代电站中所用的发电机多数为同步发电机。如第八章所述，当电机的磁极对数 $p$ 一定时，同步电机转子的转速 $n_s$ 和频率 $f$ 之间严格满足 $n_s=60f/p$ 的关系，$n_s$ 与定子旋转磁场的转速一致，称为同步转速，这也是"同步"一词的含义。我国电网的标准频率 $f=50\text{Hz}$，因此 2 极电机的同步转速应为 3000r/min，4 极电机则为 1500r/min 等，也就是说，对于一台已经造好的电机而言，极对数 $p$ 为定值，因此同步电机的转速是恒值，与负载的大小无关。

同步电机的分类方法有很多种，按照定、转子结构形式不同，同步电机可以分为旋转电枢式和旋转磁极式。旋转电枢式同步电机的主磁极装在定子上，电枢装在转子上，主要用于小型同步电动机中；旋转磁极式则在定子上装设电枢，在转子上装主磁极，主要用于中大型同步电机。按照主磁极的励磁方式不同，同步电机可分为永磁式和电励磁式。按照主磁极结构不同，又可以分为隐极式和凸极式。对于同步发电机若按原动机来划分，用汽轮机作为原动机时称为汽轮发电机，而用水轮机作为原动机则称为水轮发电机。

### 第一节 同步电机的基本结构

同步电机一般由定子、转子、端盖和轴承等部件构成，本节简单介绍隐极汽轮发电机和凸极水轮发电机的基本结构。

**一、汽轮发电机**

汽轮发电机采用汽轮机作为原动机，由于汽轮机在高速时运行效率较高，所以汽轮发电机一般制成高速电机，火电厂中多用 3000r/min 的 2 极电机，核电厂中则用 1500r/min 的 4 极电机。由于转速高、离心力大，因此汽轮发电机的转子直径受到限制。为了增大容量，只能增加转子长度，大容量电机转子本体长度可达到 6m 以上，轴长可达到十几米，容量越大，转子本体长度与直径之比越大，一般为 2～6。汽轮发电机均采用卧式结构，图 16 - 1 是 300MW 汽轮发电机组的结构图。

1. 定子

同步发电机的定子与感应电机基本相同，也是由铁芯、绕组、机座和端盖等部件组成。定子铁芯一般由 0.5mm 厚的高导磁硅钢片叠压而成，为了通风散热，每叠厚度为 30～60mm，两叠之间留有宽度为 10mm 左右的通风沟。铁芯叠好后，用非磁性压板压紧，再通过螺杆拉紧后固定在机座上。当定子铁芯直径较大时，用扇形硅钢片拼成一个整圆，在叠装时，应把各层接缝均匀错开，以保证磁路的对称。在扇形片表面上涂绝缘漆，以减少铁芯的

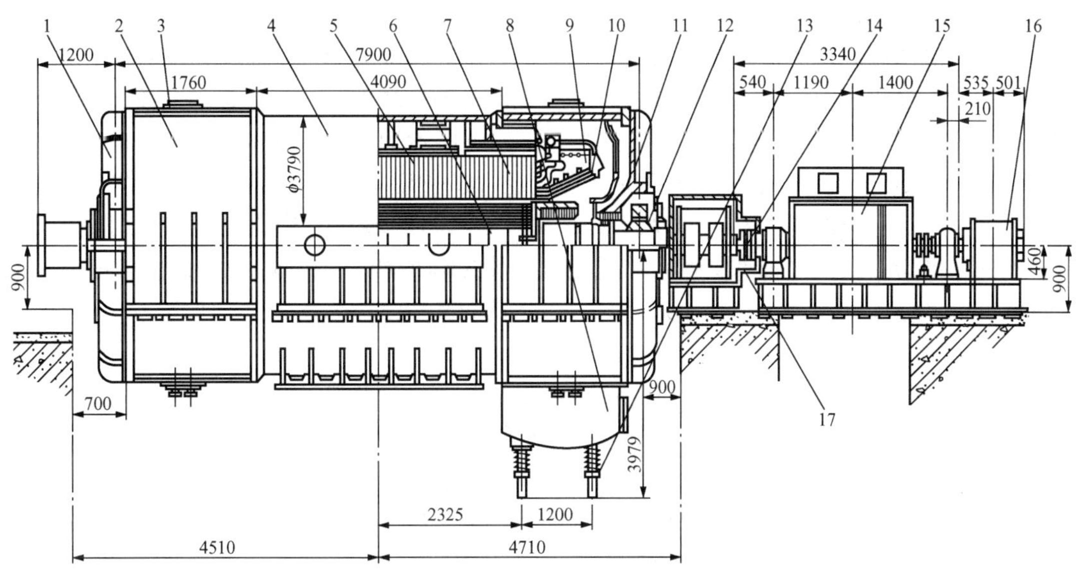


图 16-1 300MW 汽轮发电机组结构图

1—端盖；2—端罩；3—冷却器；4—定子机座；5—轴向弹簧板；6—转子；7—定子铁芯；8—定子出线罩；9—定子引线；10—定子绕组；11—油密封；12—轴承；13—定子出线；14—碳刷架；15—交流主励磁机；16—永磁副励磁机；17—隔声罩

涡流损耗。定子绕组多为双层短距叠绕组，绕圈为单匝条形线圈，每匝截面积较大，为减少杂散损耗，用多股导线并绕而成。为了方便下线，定子槽一般为矩形开口槽。定子槽和线圈形状如图 16-2 所示。

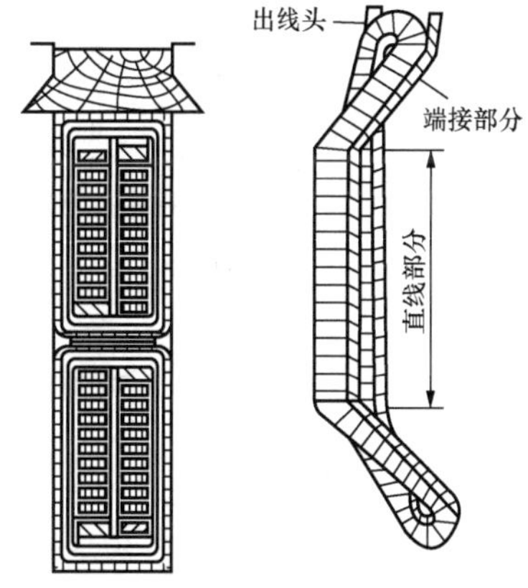


图 16-2 定子槽和线圈

放在定子槽中的导体靠槽楔压紧固定，绕组端部用支架固定。在定子铁芯外侧是用钢板焊接而成的机座，机座应有足够的刚度和强度以承受加工、运输和运行时的各种作用力。为了便于定子铁芯的散热，在机座中开有通风孔。

2. 转子

转子由高机械强度和导磁性能好的合金钢锻成，并且和转轴制成一个整体。转子铁芯上开槽，用来嵌放励磁绕组，转子表面槽的布置如图 16-3 所示。转子上不开槽的部分称为大齿，大齿的中心线即为磁极的中心线。从外形上看转子为圆柱形，磁极不明显，气隙基本均匀，故称为隐极式结构。

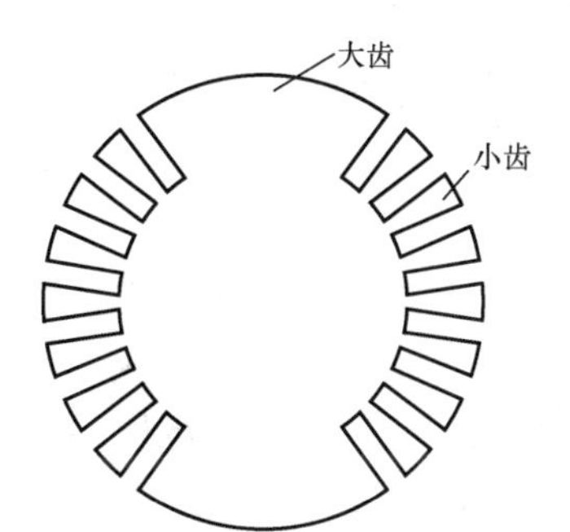


图 16-3 汽轮发电机转子表面槽的布置

励磁绕组用扁铜线绕成同心式绕组，由于转速高、离心力大，必须用高强度铝合金槽楔压紧槽中的励磁绕组，励磁绕组的端部用护环固定。励磁绕组通过装在转轴上的集电环和电刷与直流励磁电源连接，构成回路。

## 二、水轮发电机

以水轮机作原动机的发电机称为水轮发电机。水轮机的转速取决于电机的容量、水头和流量等因素，变化范围较大。水头较低时水轮机的转速比较低，如大容量的三峡机组转速为75r/min；水头高时转速较高，小容量的机组转速可以达到1000r/min。由于转速低，极数多，要求转动惯量大，水轮发电机的特点是直径大、长度短，定子外径和长度之比一般为5～7或更大，所以水轮发电机一般为立式结构，整个机组转动部分的质量和作用在水轮机转子上的水推力都由推力轴承支撑，并通过机架传递到地基上。根据推力轴承位置的不同，水轮发电机又可以分为悬吊式和伞式。水轮发电机的基本结构如图16-4所示。

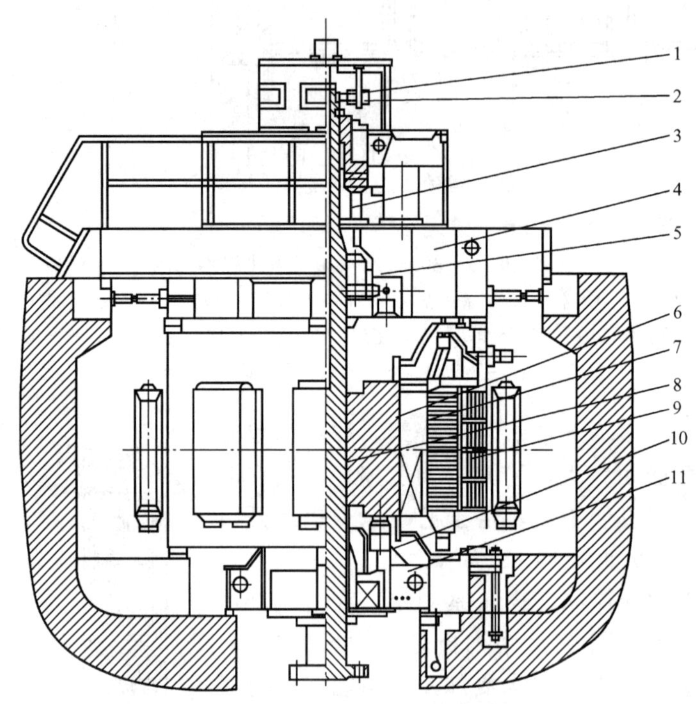


图16-4　水轮发电机的基本结构

1—集电环；2—电刷装置；3—推力轴承；4—上机架；5—上导轴承；6—转子；7—定子铁芯；8—轴；9—定子；10—下导轴承；11—下机架

1. 定子

水轮发电机的定子与汽轮发电机基本相同，也是由铁芯、绕组、机座和端盖等部件组成。但由于其定子铁芯直径很大，为了方便运输，大容量电机的定子铁芯多采用分瓣叠压，在工地安装成整圆定子。定子绕组多采用双层波绕组，单匝条形线圈，为了方便下线，定子槽均为矩形开口槽。

2. 转子

水轮发电机的转子为凸极式结构，一般由主磁极、磁轭、轴、转子支架等部件组成，如图16-5所示。主磁极由磁极铁芯、励磁绕组、磁极压板、阻尼绕组等部件组成。磁极铁芯有实心磁极和叠片磁极两种结构，实心磁极由整体锻钢或铸钢件制成，叠片磁极用1～1.5mm厚的钢板叠压而成。磁极上套装励磁绕组，大中容量水轮发电机的励磁绕组多采用矩形、五边形或七边形裸扁紫铜排绕制而成。除励磁绕组外，磁极上还常装有阻尼绕组。阻尼绕组类似于感应电机的笼型绕组，由裸铜条插入圆形阻尼槽中，在端部用端环将各阻尼条连接成闭合回路。在同步发电机中，阻尼绕组主要用来抑制转速振荡；在同步电动机和补偿机中，阻尼绕组主要当作启动绕组。磁轭是发电机磁路的组成部分，也是固定磁极的结构部件，一般用钢板冲成扇形片，交错叠成整体，再用拉紧螺杆固紧，其外缘有 T 尾缺口安装磁极。轴由高强度的钢锻成，为了减轻质量通常做成空心。转子支架是轴和磁轭的连接部件。

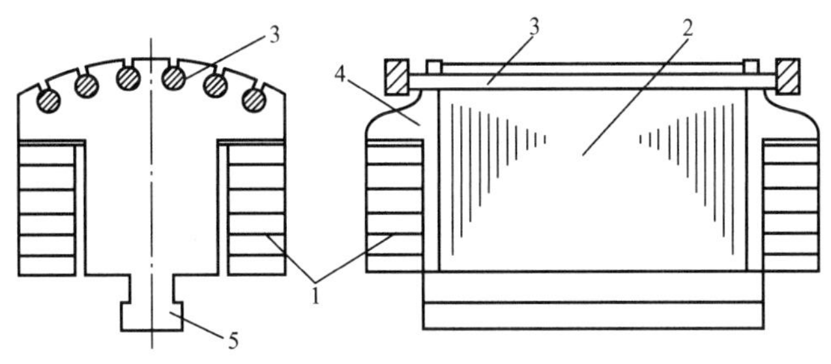


图 16-5　转子磁极铁芯

1—励磁绕组；2—磁极铁芯；3—阻尼绕组；4—磁极压板；5—T 尾

## 第二节　同步电机的运行状态

同步电机有发电机、电动机和补偿机三种运行状态。同步电机运行时，其内部存在两个磁场：①转子直流励磁磁动势产生的主极磁场；②由定子三相绕组通入三相对称电流后产生的电枢合成磁场。同步电机的运行状态取决于这两个磁场的相对位置。

若同步电机的转子由原动机拖动以同步转速旋转，转子加入直流励磁，定子绕组中感应电动势，并进一步形成电枢磁场。此时转子主极磁场超前于电枢磁场，转子上将受到一个与其旋转方向相反的制动性质的电磁转矩，如图 16-6（a）所示。原动机输入的机械功率将通过电机内部的电磁作用转换为电功率并由定子绕组送入电网或负载，同步电机工作在发电机运行状态。

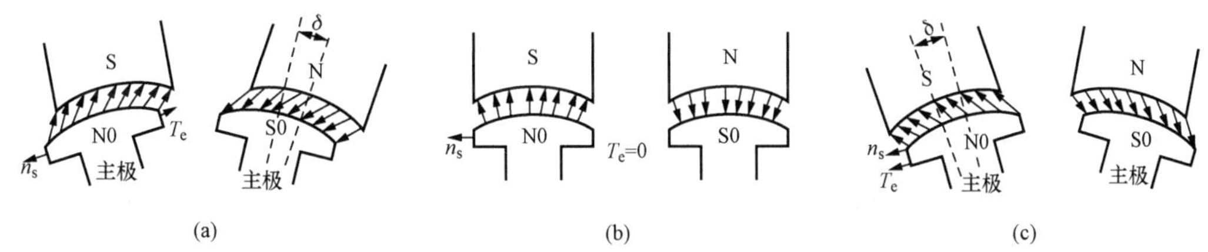


图 16-6　三相同步电机不同运行状态的示意图

（a）发电机运行状态；（b）补偿机运行状态；（c）电动机运行状态

若同步电机的定子三相绕组通入三相对称电流，转子加入直流励磁，转子主极磁场与电枢磁场重合，不产生电磁转矩，如图 16-6（b）所示。转子上不带机械负载，电机内没有有功功率转换，同步电机工作在补偿机运行状态。此时，调节转子励磁电流，可以改变电机输出无功功率的大小和性质，因此，同步补偿机有时又称作同步调相机。

若同步电机的定子三相绕组通入三相对称电流，转子加入直流励磁，转子主极磁场滞后于电枢磁场，转子上将受到一个与其旋转方向相同的驱动性质的电磁转矩，如图 16 - 6（c）所示。转子将拖动机械负载以同步转速运行，由定子绕组输入的电功率被转换为机械功率输出，同步电机工作在电动机运行状态。

## 第三节 同步电机的励磁方式

与感应电机不同，同步电机的励磁绕组必须由外部直流电源供电。向励磁绕组提供直流电的方式称为同步电机的励磁方式，主要有直流励磁机励磁和电力电子整流器励磁两大类。

### 一、直流励磁机励磁

采用直流励磁机励磁时，提供直流励磁的电机一般是他励或并励直流发电机，与同步发电机同轴安装。他励时还需要一台同轴安装的副励磁机为主励磁机励磁，副励磁机多采用并励直流发电机。图 16 - 7 是直流励磁机励磁方式原理图。

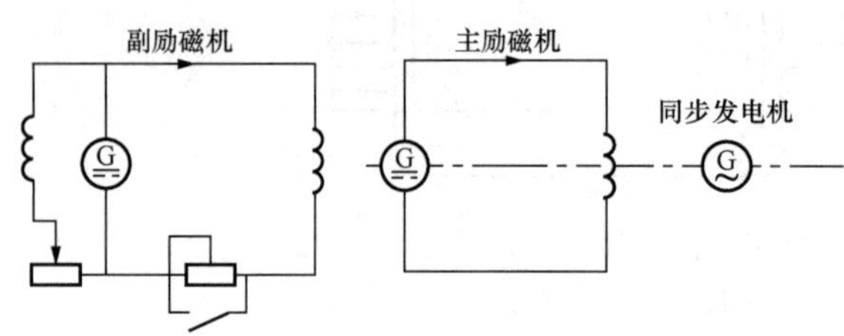


图 16 - 7 直流励磁机励磁方式原理图

### 二、电力电子整流器励磁

随着同步发电机容量的增大，励磁机的容量也增大，直流励磁机在制造、运行和维护等方面都存在一些问题。近年来，由于电力电子整流技术的快速发展，电力电子整流器励磁方式得到了广泛应用。整流器励磁又分为静止电力电子励磁方式和旋转电力电子励磁方式。

如图 16 - 8 所示晶闸管自并励励磁方式是一种典型的静止电力电子励磁方式。它的主要特点是取消了励磁机，利用全静止的半控桥式晶闸管整流器提供直流励磁，整流桥交流侧能源由电网或主发电机提供。

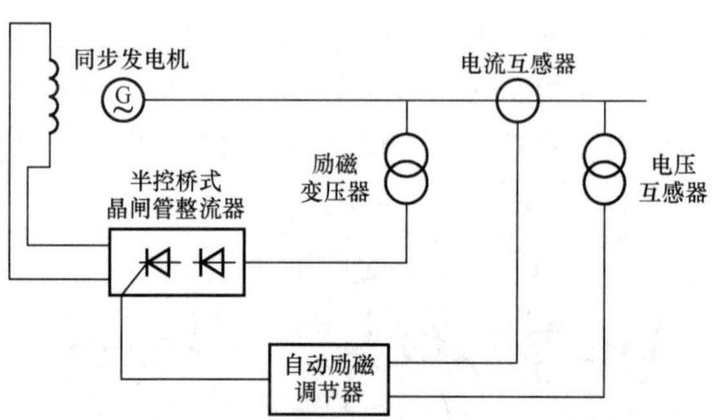


图 16 - 8 晶闸管自并励励磁方式原理

图 16 - 9 所示为旋转电力电子励磁方式的原理图。主励磁机为旋转电枢式的三相同步发电机，即三相交流绕组在转子上，磁极在定子上。三相交流绕组和电力电子整流元件都在同一轴上并和转轴一起旋转，这样主励磁机产生的三相交流电经电力电子整流后直接供给主发电机的励磁，不再需要电刷和集电环，减少了电刷和集电环上的损耗，提高了运行可靠性，这种系统又称为无刷励磁系统。交流主励磁机的励磁，由同轴的交流副励磁机经静止的可控硅整流器整流后供给。

各种励磁方式都需要有自动励磁调节器，以便按运行需要自动调节主发电机的励磁。

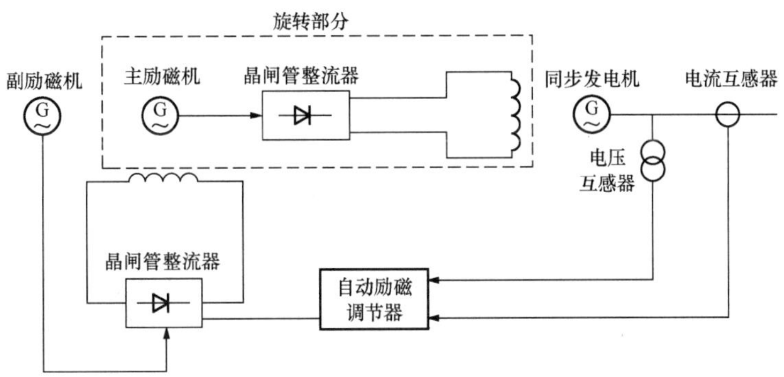


图 16-9　旋转电力电子励磁方式原理

## 第四节　同步电机的型号和额定值

同步电机的铭牌上标明其型号以及正常运行时的额定数据，这是选择同步电机的依据。同步电机在额定状态下可以获得最佳的运行性能。

### 一、同步电机型号

我国同步电机的型号一般用汉语拼音字母表示。例如，双水内冷汽轮发电机的型号为：

水轮发电机的型号为：

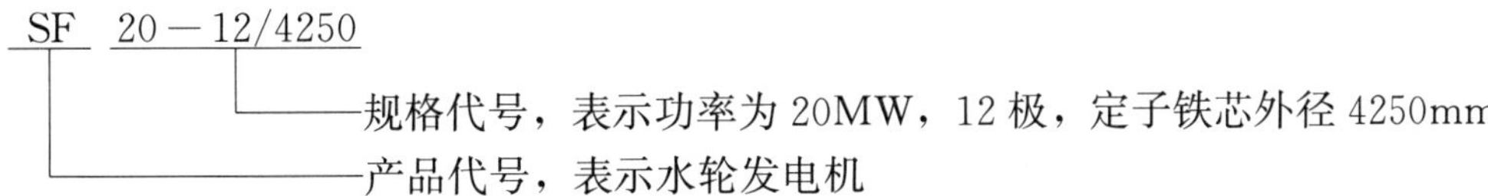


### 二、同步电机的额定值

同步电机的额定值（铭牌值）主要包括：

（1）额定电压 $U_N$：额定运行时定子绕组线电压有效值，单位为 V 或 kV。

（2）额定电流 $I_N$：额定运行时定子绕组线电流有效值，单位为 A。

（3）额定功率因数 $\cos\varphi_N$：额定运行时电机的功率因数。

（4）额定功率 $P_N$：额定运行时电机的输出功率，单位为 kW。对同步发电机是指从定子绕组端输出的有功电功率，且

$$P_N=\sqrt{3}U_N I_N \cos\varphi_N \times 10^{-3}$$

对同步电动机是指转子轴上输出的机械功率，且

$$P_N=\sqrt{3}U_N I_N \eta_N \cos\varphi_N \times 10^{-3}$$

（5）额定频率 $f_N$：额定运行时定子电流的频率，单位为 Hz。我国规定额定工业频率为 50Hz。

（6）额定转速 $n_N$：额定运行时电机转子的转速，即为同步转速，单位为 r/min。

(7) 额定效率 $\eta_N$：额定运行时电机输出功率与输入功率之比。

同步电机的铭牌数据一般还包括额定励磁功率 $P_{fN}$，额定励磁电压 $U_{fN}$，额定励磁电流 $I_{fN}$ 和额定温升等。

## 小　结

同步电机是指转子转速为同步转速的电机，也就是说，对于一台已经造好的同步电机，电机的极对数一定，则电机转子的转速与定子绕组电流的频率之间将保持固定不变的关系，与负载无关。

同步电机由定子、转子和气隙组成。一般情况下，定子上装有三相对称的电枢绕组，定子结构和感应电机完全相同；转子上装有励磁绕组和阻尼绕组，因此同步电机是双边励磁装置，这点与感应电机不同。根据转子结构不同，同步电机可分为凸极式和隐极式；根据原动机不同可分为汽轮发电机和水轮发电机。

同步电机有发电机、电动机和补偿机三种运行状态。原则上同步电机是可逆的，其工作在哪种运行状态取决于转子主极磁场与定子电枢磁场的相对位置。

同步电机运行时，为了建立主极磁场，转子励磁绕组中必须通入直流电流。提供励磁电流的方法称为同步电机的励磁方式，供给励磁电流的整个系统称为励磁系统。同步电机的励磁方式主要有旋转电机励磁和电力电子整流器励磁两大类。励磁系统是同步电机的重要组成部分，励磁系统和励磁元件的性能对电机的运行性能有重要影响。

同步电机的型号和额定值是选择同步电机重要依据。

## 习　题

16-1　什么叫同步电机？同步电机的转速与极数有什么关系？转速为 75r/min、频率为 50Hz 的同步电机的极数是多少？

16-2　汽轮发电机和水轮发电机在结构上有什么不同？

16-3　为什么大多数同步电机都制成旋转磁极式的？

16-4　试比较同步电机与感应电机结构上的主要异同点。

16-5　简述同步电机各种励磁方式的特点。

# 第十七章　同步发电机的基本理论

## 第一节　同步发电机的运行方式

### 一、同步发电机的空载运行

原动机拖动转子以同步转速旋转，励磁绕组通入直流励磁电流，定子三相绕组开路的运行方式，称为同步发电机的空载运行。这时在气隙中只有转子励磁电流激励的主极磁场，若转子直流励磁电流为 $I_f$，励磁绕组匝数为 $N_f$，则转子直流励磁磁动势为

$$F_f = N_f I_f \tag{17-1}$$

所产生的主极磁场如图 17-1 所示。主极磁场的磁路包括两部分：①由主磁通 $\Phi_0$ 构成的主磁路，包括转子轭、主极极身、气隙、电枢齿和电枢轭等；②由漏磁通 $\Phi_{f\sigma}$ 形成的漏磁路。

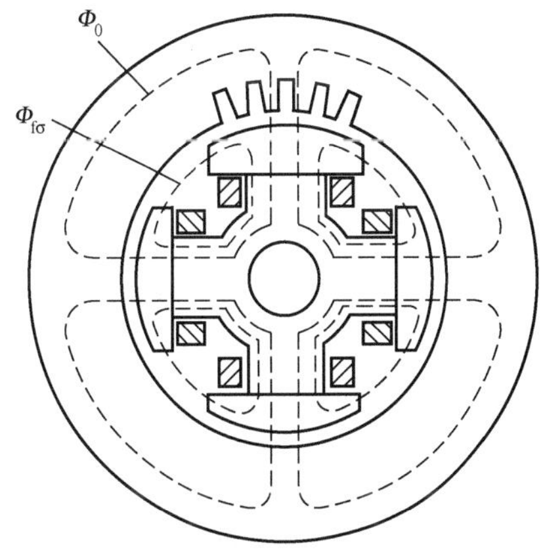

图 17-1　同步发电机的空载磁路

若忽略气隙磁场中高次谐波的影响，就可以认为气隙磁场在空间按正弦规律分布，并随转子一起以同步转速旋转，正弦波最大值与磁极中心线重合。旋转的主极磁场"切割"对称的三相定子绕组，就会在定子绕组中感应出频率为 $f$ 的对称三相电动势，称为空载电动势或励磁电动势，即

$$\left.\begin{aligned}\dot{E}_{0A} &= E_0\angle 0^\circ \\ \dot{E}_{0B} &= E_0\angle -120^\circ \\ \dot{E}_{0C} &= E_0\angle 120^\circ\end{aligned}\right\} \tag{17-2}$$

忽略高次谐波时，每相励磁电动势的有效值 $E_0$ 为

$$E_0 = 4.44 f N_1 k_{w1} \Phi_0 \tag{17-3}$$

式中：$N_1 k_{w1}$ 为定子绕组每相基波有效匝数；$\Phi_0$ 为每极的主磁通。

当调节励磁电流 $I_f$ 时，主极磁通 $\Phi_0$ 随着改变，空载电动势 $E_0$ 也改变。在同步转速下，空载电动势 $E_0$（也即为空载端电压）随励磁电流 $I_f$ 变化的关系曲线称为空载特性曲线，如图 17-2 所示。

由图 17-2 可见，在空载特性初始段，$I_f$ 较小时，磁通 $\Phi_0$ 较小，铁芯不饱和，$E_0$ 与 $I_f$ 成正比，为直线关系。当磁通 $\Phi_0$ 较大时，随着铁芯的饱和，$E_0$ 与 $I_f$ 之间的关系呈非线性关系。这时，因铁芯饱和，增加励磁电流，感应电动势的变化越来越小，空载特性逐渐弯曲。因此，同步电机的空载特性反映了电机主磁路的饱和情况。当 $E_0 = U_{N\varphi}$ 时，所加的励磁电流为 $I_{f0}$ 称为空载励磁电流。

空载运行时，以定子绕组 A 相为例，当 A 相绕组中的感应电动势为最大值时，主极磁通与定子绕组中感应电动势的相量关系如图 17-3 所示。图中电枢绕组中的方向为感应电动势的方向，由于空载运行，电枢电流为零。通常定义主磁极的轴线为直轴（d 轴），与直轴

正交（滞后于 d 轴 90°电角度）的轴线为交轴（q 轴）。

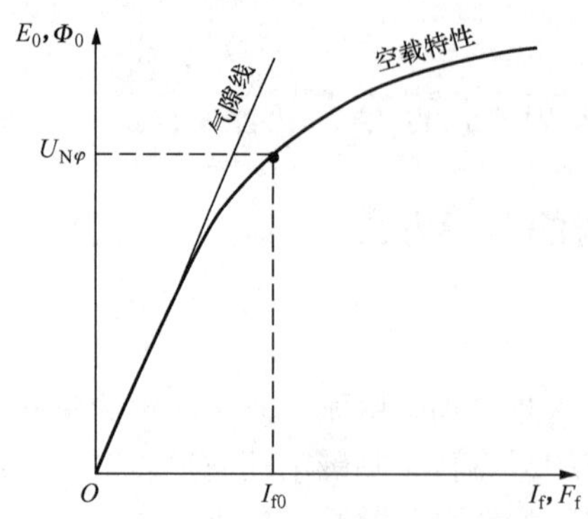


图 17 - 2 同步发电机空载特性曲线

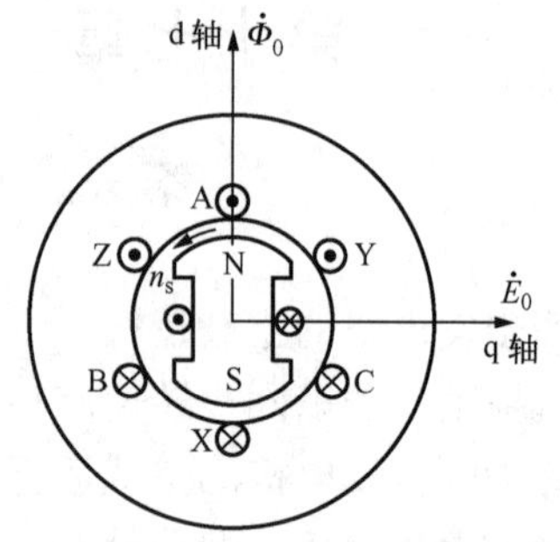


图 17 - 3 同步发电机空载时的相量图

## 二、同步发电机的负载运行与电枢反应

1. 同步发电机负载运行

同步发电机带上三相对称负载后，三相电枢绕组中将流过三相对称电流，此时电机内部除转子磁动势外，电枢绕组三相电流还将产生电枢磁动势。根据第十章中三相交流绕组磁动势分析可知，三相对称负载电流将产生电枢磁场，其基波为一以同步速度旋转的磁动势和磁场，与转子主极磁场保持相对静止。所以，同步发电机负载运行时，气隙内的合成磁场是由主极磁动势和电枢磁动势共同作用产生的。

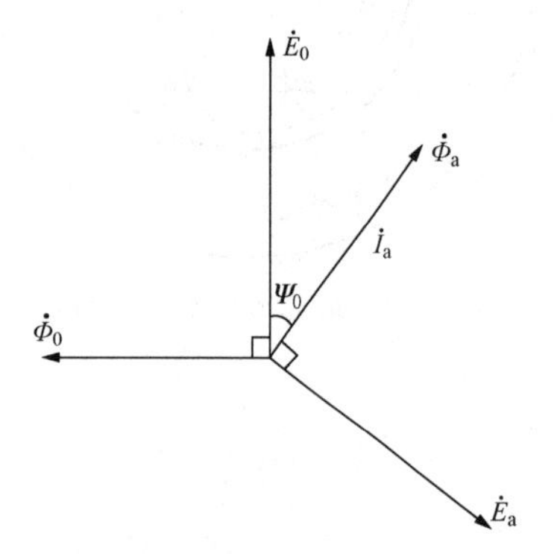


图 17 - 4 隐极同步发电机负载运行相量图

下面以隐极式同步发电机为例说明负载运行时各物理量的相位关系。当定子三相绕组接三相对称负载阻抗时，由于旋转的主极磁场在绕组中感应的三相对称电动势 $E_0$ 的作用，将有电枢电流 $I_a$ 流向负载。若规定电动势和电流的正方向相同，且与磁通正方向之间满足右手螺旋关系，而负载电流的相位取决于负载的性质。若为感性负载，$\dot{I}_a$ 将落后于 $\dot{E}_0$，若为容性负载，$\dot{I}_a$ 可能领先于 $\dot{E}_0$。$\dot{I}_a$ 落后 $\dot{E}_0\Psi_0$ 角时的相量图如图 17 - 4 所示。

2. 电枢反应

同步发电机负载运行时，随着电枢磁动势的产生，使气隙中的磁动势从空载时的主极磁动势变为负载时的合成磁动势。电枢磁动势使气隙中磁场的大小和位置发生变化，这种现象称为电枢反应，相应的电枢磁动势又称为电枢反应磁动势。电枢反应的性质主要取决于空载电动势 $\dot{E}_0$ 与负载电流 $\dot{I}_a$ 之间的夹角 $\Psi_0$，$\Psi_0$ 称为内功率因数角。下面分四种情况讨论：

（1）$\dot{I}_a$ 与 $\dot{E}_0$ 同相（$\Psi_0=0°$）。当电枢电流 $\dot{I}_a$ 与空载电动势 $\dot{E}_0$ 同相位时，对图 17 - 5(a) 所示瞬间，A 相电流将达到正的最大值，B 相和 C 相电流分别滞后于 A 相电流 120°和 240°，如图 17 - 5（b）所示。当 A 相电流为最大时，电枢磁动势 $\boldsymbol{F}_a$ 的基波幅值与 A 相绕组轴线重合，也就是说，$\boldsymbol{F}_a$ 与 $\dot{I}_a$ 同方向，即与 $\dot{E}_0$ 同向，又因为 $\dot{E}_0$ 与主极磁动势相互垂直，所以 $\boldsymbol{F}_a$ 与 $\boldsymbol{F}_f$ 在空间上相互垂直，与交轴重合，如图 17 - 5（c）所示。此时电枢反应表现为交磁

作用，$\boldsymbol{F}_a$ 是一个交轴磁动势，即

$$\boldsymbol{F}_{a(\Psi_0=0^\circ)}=\boldsymbol{F}_{aq} \tag{17-4}$$

交轴电枢磁动势所产生的电枢反应称为交轴电枢反应。此时，$\boldsymbol{F}_a$ 与 $\boldsymbol{F}_f$ 共同作用产生了气隙合成磁动势 $\boldsymbol{F}_\delta$，可以看出，由于交轴磁动势的作用使负载时的气隙合成磁场滞后于主极磁场一定的角度，于是主磁极上将受到一个来自气隙合成磁场的电磁转矩，所以交轴电枢反应与电磁转矩的产生密切相关，它们之间的关系如图 17-5（d）所示。

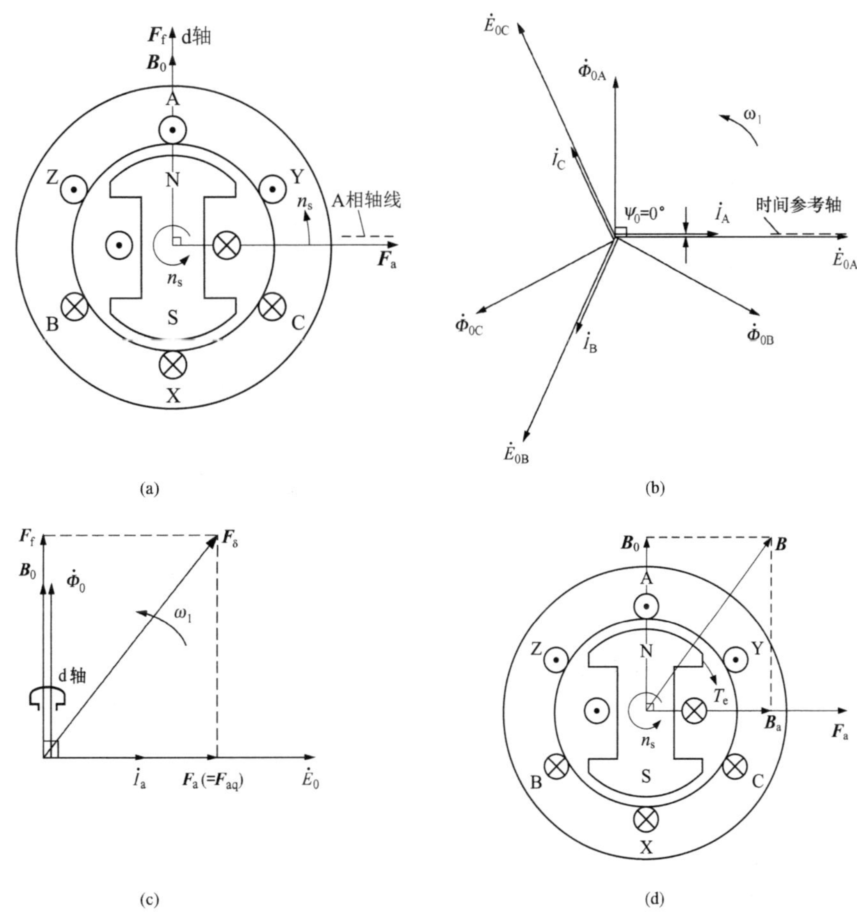


图 17-5　$\dot{I}_a$ 与 $\dot{E}_0$ 同相时电枢反应的相量—矢量图

（a）空间矢量图；（b）时间相量图；（c）相量—矢量图；

（d）气隙合成磁场与主极磁场、电枢磁场关系

在图 17-5 中，感应电动势、电枢电流和主磁通是时间相量，其变化频率为 $f$；主极磁动势、电枢磁动势和气隙合成磁动势是空间矢量，以同步转速旋转。由于以 $f$ 频率变化的速度也是同步转速，所以图中时间相量的变化速度与空间矢量的变化速度相同，各量相互之间保持相对静止。因此尽管空间矢量和时间相量代表完全不同的物理关系，习惯上仍然画在一个图上，称为相量—矢量图，如图 17-5（c）所示。

（2）$\dot{I}_a$ 滞后 $\dot{E}_0$ 90°相位（$\Psi_0=90^\circ$）。图 17-6 表示 $\dot{I}_a$ 滞后 $\dot{E}_0$ 90°相位时的相量—矢量图。可以看出，此时电枢磁动势与直轴重合，是一个直轴磁动势，即

$$\boldsymbol{F}_{a(\Psi_0=90°)}=\boldsymbol{F}_{ad} \tag{17-5}$$

相应的电枢反应称为直轴电枢反应。由于 $\boldsymbol{F}_a$ 与 $\boldsymbol{F}_f$ 方向相反，所以，当 $\dot{I}_a$ 滞后 $\dot{E}_0$90°相位时，直轴电枢反应表现为去磁作用，使合成气隙磁场削弱。

(3) $\dot{I}_a$ 超前 $\dot{E}_0$90°相位（即 $\Psi_0=-90°$）。图 17-7 表示 $\dot{I}_a$ 超前 $\dot{E}_0$90°相位时的相量—矢量图。可以看出，此时电枢磁动势仍与直轴重合，也是直轴磁动势，相应的电枢反应仍为直轴电枢反应。但由于此时 $\boldsymbol{F}_a$ 与 $\boldsymbol{F}_f$ 方向相同，所以直轴电枢反应表现为增磁（助磁）作用，使合成气隙磁场增强。

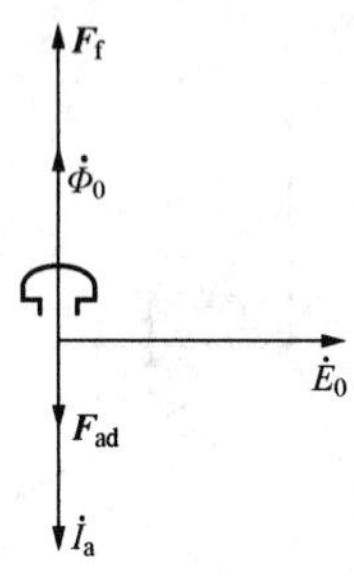


图 17-6 $\dot{I}_a$ 滞后 $\dot{E}_0$90°相位时的相量—矢量图

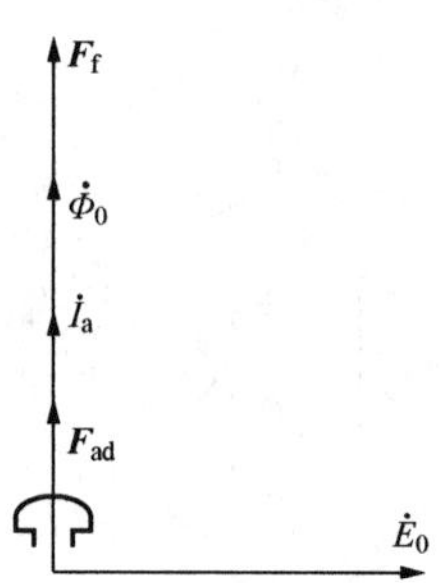


图 17-7 $\dot{I}_a$ 超前 $\dot{E}_0$90°相位时的相量—矢量图

(4) $\dot{I}_a$ 滞后 $\dot{E}_0\Psi_0$ 相位。如图 17-8 所示，当 $\dot{I}_a$ 滞后 $\dot{E}_0\Psi_0$ 相位时，电枢反应磁动势可以分解为两个分量，一个是交轴电枢磁动势 $\boldsymbol{F}_{aq}$，另一个是直轴电枢磁动势 $\boldsymbol{F}_{ad}$，即

$$\boldsymbol{F}_a=\boldsymbol{F}_{ad}+\boldsymbol{F}_{aq} \tag{17-6}$$

其幅值分别为

$$\left.\begin{aligned}F_{ad}&=F_a\sin\Psi_0\\F_{aq}&=F_a\cos\Psi_0\end{aligned}\right\} \tag{17-7}$$

交轴电枢磁动势产生交轴电枢反应，直轴电枢磁动势产生直轴电枢反应。相应的直交轴电流为

$$\left.\begin{aligned}I_d&=I_a\sin\Psi_0\\I_q&=I_a\cos\Psi_0\end{aligned}\right\} \tag{17-8}$$

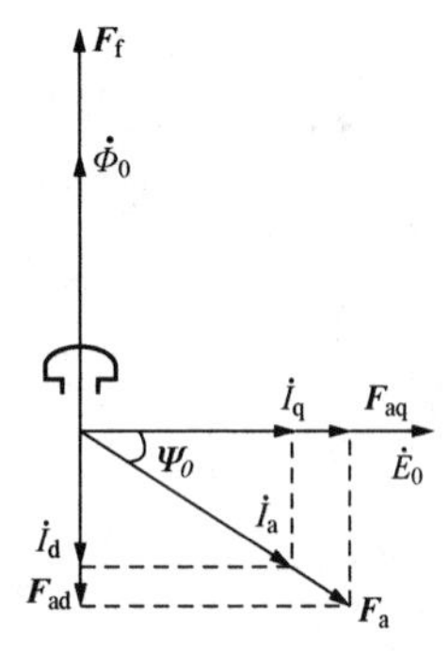


图 17-8 $\dot{I}_a$ 滞后 $\dot{E}_0\Psi_0$ 相位时的相量—矢量图

以上分析了同步发电机电枢反应的性质与内功率因数角之间的关系。分析表明，直轴电枢反应改变了主极磁场的大小，直接影响电机的运行性能。单机运行时，会引起同步发电机的端电压波动；并网运行时，会影响同步发电机的无功功率和功率因数。交轴电枢反应改变了电枢合成磁动势与主极磁动势之间的夹角，该夹角的大小决定了能量的传递方向，是同步发电机进行能量转换的基础。

## 第二节 隐极同步发电机的分析方法

根据同步电机在不同运行方式时内部磁场的作用关系，结合电磁感应定律和基尔霍夫定律，可以导出隐极同步发电机的电压方程，并画出相应的相量图和等效电路。

## 一、不计磁路饱和

如前所述，同步发电机负载运行时，电机内部存在两个磁动势：①由励磁电流 $I_f$ 产生的主极磁动势 $\boldsymbol{F}_f$；②由电枢电流 $\dot{I}_a$ 产生的电枢磁动势 $\boldsymbol{F}_a$。由它们形成的磁场都以同步速旋转，因此将在电枢绕组中感应电动势。当不考虑磁路饱和时，根据叠加定理，可以分别考虑主极磁场和电枢磁场在定子绕组中产生的感应电动势。主极磁动势 $\boldsymbol{F}_f$ 产生主磁通 $\dot{\Phi}_0$，感应空载电动势 $\dot{E}_0$，电枢磁动势 $\boldsymbol{F}_a$ 产生电枢反应磁通 $\dot{\Phi}_a$，感应电枢反应电动势 $\dot{E}_a$，将 $\dot{E}_0$ 和 $\dot{E}_a$ 相量相加，可得定子一相绕组的合成电动势 $\dot{E}$（又称气隙电动势）。若电枢相电流产生的电枢漏磁通所感应的漏电动势为 $\dot{E}_\sigma$，则可以写出定子一相绕组回路的电压方程

$$\dot{E}_a+\dot{E}_0+\dot{E}_\sigma=\dot{E}+\dot{E}_\sigma=\dot{U}+\dot{I}_aR_a \tag{17-9}$$

式中：$\dot{I}_aR_a$ 为每相电枢绕组的电阻压降；$\dot{U}$ 为定子绕组的端电压。电压方程中的正方向规定按发电机惯例，以输出电流作为电枢电流的正方向。

由于电枢反应电动势 $\dot{E}_a$ 正比于电枢反应磁通 $\dot{\Phi}_a$，在不计饱和时，$\dot{\Phi}_a$ 与 $\dot{I}_a$ 成正比。在时间相位上，$\dot{E}_a$ 落后于 $\dot{\Phi}_a 90°$相位，不计定子铁耗时，$\dot{\Phi}_a$ 与 $\dot{I}_a$ 是同相位，故 $\dot{E}_a$ 也落后电枢电流 90°相位。因此 $\dot{E}_a$ 与 $\dot{I}_a$ 之间的关系可以写为

$$\dot{E}_a=-\mathrm{j}X_a\dot{I}_a \tag{17-10}$$

式中：$X_a$ 为电枢反应电抗。

在电枢电流不变时，$X_a$ 越大，电枢反应电动势也越大，也就是说电枢电流产生磁场的影响越大。因此，$X_a$ 的大小也说明了电枢反应的强弱。

与感应电机情况相似，电枢电流 $\dot{I}_a$ 产生的漏磁场主要包括槽漏磁场、端部漏磁场和谐波漏磁场等。这些漏磁场在定子绕组中感应交变电动势 $\dot{E}_\sigma$，其大小也和 $\dot{I}_a$ 成正比，其相位也落后于 $\dot{I}_a 90°$，因此，亦可表示为

$$\dot{E}_\sigma=-\mathrm{j}X_\sigma\dot{I}_a \tag{17-11}$$

式中：$X_\sigma$ 为定子绕组的漏电抗，与感应电机的定子漏电抗含意相同。

将式（17-10）、式（17-11）代入式（17-9），经整理可得

$$\dot{E}_0=\dot{U}+\dot{I}_aR_a+\mathrm{j}\dot{I}_aX_\sigma+\mathrm{j}\dot{I}_aX_a=\dot{U}+\dot{I}_aR_a+\mathrm{j}\dot{I}_aX_s \tag{17-12}$$

式（17-12）中，$X_s$ 称为隐极同步发电机的同步电抗，$X_s=X_a+X_\sigma$，它是同步发电机对称稳态运行时的重要参数，综合反映了电枢反应磁通和电枢漏磁通的作用，当不计磁路饱和时，它是常值。

与式（17-12）相应的相量图和等效电路如图 17-9 所示。图中 $\delta$ 为 $\dot{E}_0$ 与 $\dot{U}$ 的夹角称为功角，它是同步电机运行的重要参数，功角的大小决定了同步电机的运行状态。

由图 17-9 中的相量关系，可确定内功率因数角为

$$\Psi_0=\arctan\frac{U\sin\varphi+I_aX_s}{U\cos\varphi+I_aR_a} \tag{17-13}$$

## 二、计磁饱和

考虑磁路饱和时，由于磁路的非线性，必须首先将主极磁动势 $\boldsymbol{F}_f$ 和等效的电枢磁动势

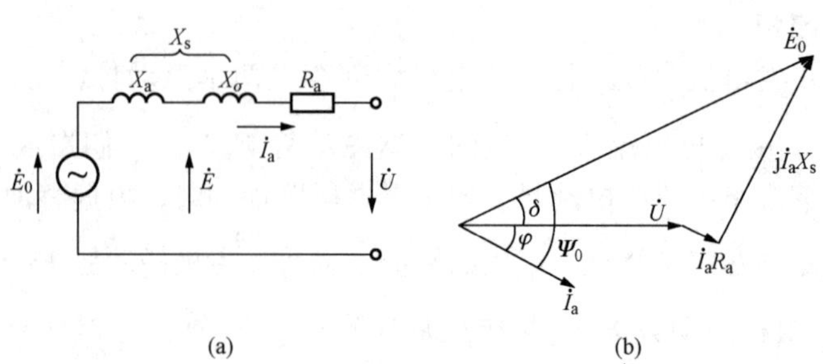


图 17-9 隐极同步发电机等效电路和相量图

(a) 等效电路；(b) 相量图

$k_a \boldsymbol{F}_a$ 进行矢量相加，求出主磁路的合成磁动势，即

$$\boldsymbol{F}_f + k_a \boldsymbol{F}_a = \boldsymbol{F} \tag{17-14}$$

式中：$k_a$ 为产生同样大小的基波气隙磁场时，1安匝的电枢磁动势相当于多少安匝的梯形波主极磁动势。

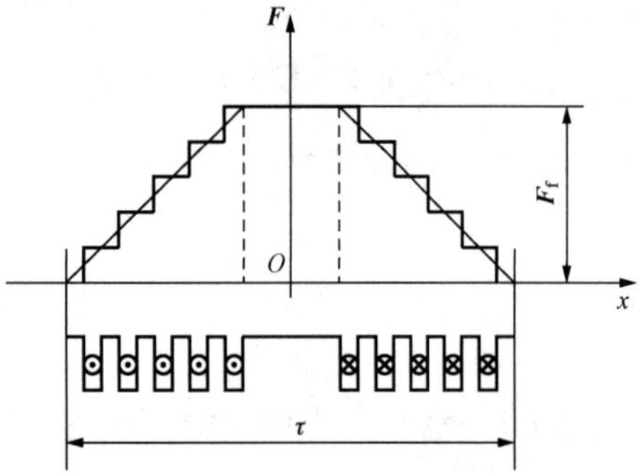

图 17-10 汽轮发电机主极磁动势分布

通常磁化曲线习惯上用励磁磁动势 $\boldsymbol{F}_f$ 的幅值表示，对隐极电机，励磁磁动势为一阶梯形波，如图 17-10 所示，而电枢磁动势 $\boldsymbol{F}_a$ 的幅值是基波的幅值，因此，需要把基波电枢磁动势幅值换算成等效的阶梯波的幅值，才能将 $\boldsymbol{F}_f$ 和 $\boldsymbol{F}_a$ 进行矢量相加。

然后根据电机的磁化曲线求出负载时的气隙磁通 $\dot{\Phi}$ 和相应的气隙电动势 $\dot{E}$，并进一步导出电枢的电压方程，即

$$\dot{E} = \dot{U} + \dot{I}_a(R_a + jX_\sigma) \tag{17-15}$$

相应的相量图和等效电路如图 17-11 所示。

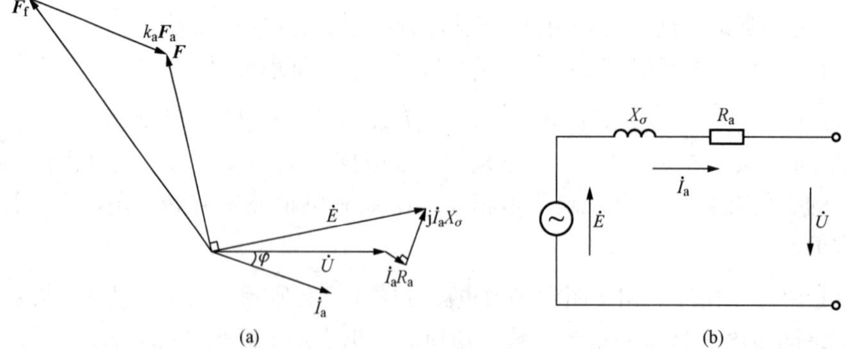


图 17-11 考虑磁路饱和时隐极同步发电机的相量—矢量图和等效电路

(a) 相量—矢量图；(b) 等效电路

工程上常采用饱和电抗的方法计及磁路饱和效应，即将磁化曲线逐段线性化，然后根据电机工作点用线性化后的磁导率来求解，得到同步电抗的饱和值。

## 第三节　凸极同步发电机的分析方法

凸极同步发电机与隐极同步发电机的区别在于凸极电机的气隙不均匀，这使得直轴与交轴磁路的磁阻不相同，同样大小的电枢磁动势作用在直轴和交轴磁路上时，所产生的电枢反应磁通不同。因此，当凸极同步发电机在对称负载下运行时，主极磁动势作用的磁路与气隙是否均匀无关，而电枢反应磁动势，由于 d 轴和 q 轴磁阻不同，电枢磁动势波作用在气隙的不同位置时，电枢磁场的大小就不同，给分析带来很大的困难。为了解决这一难题，勃朗台尔（Blondel）提出，将电枢反应磁动势分解为作用在 d 轴上的直轴电枢反应磁动势 $\boldsymbol{F}_{ad}$ 和作用在 q 轴上的交轴电枢反应磁动势 $\boldsymbol{F}_{aq}$；然后，不计磁路饱和的影响，和隐极电机相似地，分别计算相应的磁通和感应电动势，再叠加得到总电动势。这种计及凸极电机气隙磁阻不均匀的方法称为双反应理论。分析过程可以示意为

$$\dot{I}_f \longrightarrow \boldsymbol{F}_f \longrightarrow \dot{\Phi}_0 \longrightarrow \dot{E}_0$$

$$\dot{I}_a \begin{cases} \dot{I}_d \longrightarrow \boldsymbol{F}_{ad} \longrightarrow \dot{\Phi}_{ad} \longrightarrow \dot{E}_{ad} \\ \dot{I}_q \longrightarrow \boldsymbol{F}_{aq} \longrightarrow \dot{\Phi}_{aq} \longrightarrow \dot{E}_{aq} \\ \dot{\Phi}_\sigma \longrightarrow \dot{E}_\sigma \end{cases}$$

因为 $\dot{E}_{ad}$ 正比于 $\dot{\Phi}_{ad}$，也正比于 $\dot{I}_d$，并且落后于 $\dot{I}_d 90°$相位，故有

$$\dot{E}_{ad} = -jX_{ad}\dot{I}_d \tag{17-16}$$

式中：$X_{ad}$ 为直轴电枢反应电抗。

类似地，对交轴有

$$\dot{E}_{aq} = -jX_{aq}\dot{I}_q \tag{17-17}$$

式中：$X_{aq}$ 为交轴电枢反应电抗。

必须注意到，因直轴气隙比交轴气隙小，直轴磁阻也比交轴磁阻小，故有

$$X_{ad} > X_{aq}$$

这是凸极电机和隐极电机的不同。

与隐极电机情况相似，漏磁场在电枢绕组中感应电动势 $\dot{E}_\sigma = -jX_\sigma\dot{I}_a$，电枢绕组电阻压降为 $\dot{I}_a R_a$，若定子绕组端电压为 $\dot{U}$，则定子绕组电压方程可表示为

$$\dot{E}_0 + \dot{E}_{aq} + \dot{E}_{ad} + \dot{E}_\sigma = \dot{U} + R_a\dot{I}_a \tag{17-18}$$

将式（17-16）和式（17-17）代入式（17-18）则有

$$\begin{aligned} \dot{E}_0 &= \dot{U} + R_a\dot{I}_a + jX_{ad}\dot{I}_d + jX_{aq}\dot{I}_q + jX_\sigma\dot{I}_a \\ &= \dot{U} + R_a\dot{I}_a + j(X_{ad} + X_\sigma)\dot{I}_d + j(X_{aq} + X_\sigma)\dot{I}_q \\ &= \dot{U} + R_a\dot{I}_a + jX_d\dot{I}_d + jX_q\dot{I}_q \end{aligned} \tag{17-19}$$

$$X_d = X_{ad} + X_\sigma$$

$$X_q = X_{aq} + X_\sigma$$

式中：$X_d$ 为直轴同步电抗；$X_q$ 为交轴同步电抗。

直轴和交轴同步电抗是表征凸极同步发电机对称稳态运行时直轴和交轴电枢反应与电枢漏磁的综合参数。

对于凸极电机，由于电枢绕组电流 $I_d$、$I_q$ 的大小和相位与 $\Psi_0$ 角有关，必须首先确定 $\Psi_0$ 才能求出 $I_d$、$I_q$，所以不能像隐极电机那样根据电机的电阻、电抗参数和外部数据 $U$、$I_a$ 和 $\varphi$ 就可直接画出与式（17-19）相应的相量图和等效电路。

若在式（17-19）两边各减去 j（$X_d-X_q$）$\dot{I}_d$，则有

$$\begin{aligned}\dot{E}_0-\mathrm{j}(X_d-X_q)\dot{I}_d&=\dot{U}+R_a\dot{I}_a+\mathrm{j}X_d\dot{I}_d+\mathrm{j}X_q\dot{I}_q-\mathrm{j}(X_d-X_q)\dot{I}_d\\&=\dot{U}+R_a\dot{I}_a+\mathrm{j}(\dot{I}_q+\dot{I}_d)X_q\\&=\dot{U}+(R_a+\mathrm{j}X_q)\dot{I}_a\end{aligned}\tag{17-20}$$

进一步令

$$\dot{E}_Q=\dot{E}_0-\mathrm{j}(X_d-X_q)\dot{I}_d\tag{17-21}$$

则有

$$\dot{E}_Q=\dot{U}+\dot{I}_a(R_a+\mathrm{j}X_q)\tag{17-22}$$

式（17-22）有与隐极电机的电压方程完全相同的形式。这表明凸极同步发电机可以等效为一个内电动势为 $E_Q$（又称虚拟电动势），内阻抗为（$R_a+\mathrm{j}X_q$）的交流电源，据此可画出凸极同步发电机的等效电路，如图 17-12（a）所示。

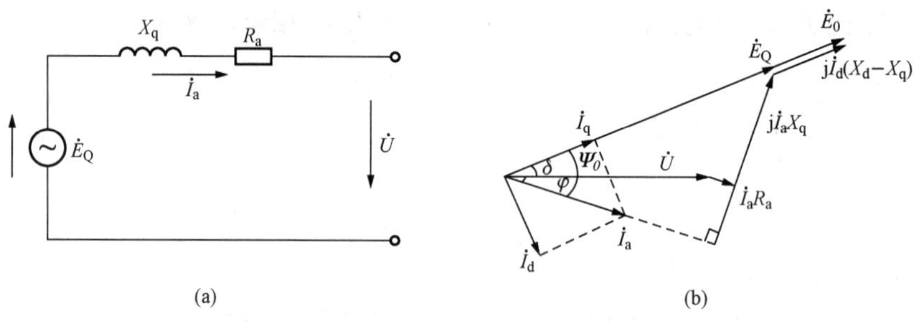


图 17-12 凸极同步发电机的等效电路

（a）等效电路；（b）电动势相量图

需注意到，这时 $\dot{E}_Q=\dot{E}_0-\mathrm{j}(X_d-X_q)\dot{I}_d$，其中多了一个修正项 $\mathrm{j}(X_d-X_q)\dot{I}_d$。这实质上是把直交轴电抗不同的影响计入内电动势中，所以 $\dot{E}_Q$ 不仅与励磁电流 $\dot{I}_f$ 有关，也与 $\dot{I}_d$ 有关。按式（17-20）～式（17-22）作相量图，如图 17-12（b）所示，可见 $\dot{E}_Q$ 与 $\dot{E}_0$ 相位是相同的。利用这一关系往往有助于画出凸极同步发电机的电动势相量图。由图 17-12（b）所示也不难导出内功率因数角 $\Psi_0$ 为

$$\Psi_0=\arctan\frac{U\sin\varphi+I_aX_q}{U\cos\varphi+I_aR_a}\tag{17-23}$$

这样，若已知凸极同步发电机的参数 $X_d$、$X_q$、$R_a$、端电压 $\dot{U}$、电流 $\dot{I}_a$ 和负载功率因数角 $\varphi$，则可先利用式（17-23）求出 $\Psi_0$，然后利用式（17-8）求出 $I_d$ 和 $I_q$，就可以直接画出与式（17-19）对应的相量图，如图 17-13 所示。

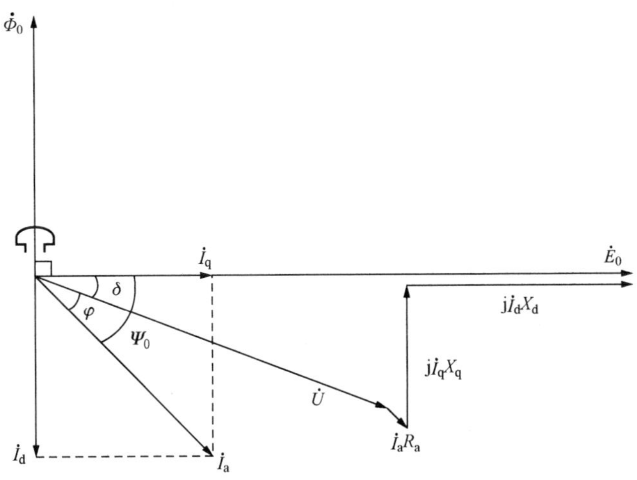

图 17-13　凸极同步发电机的相量图

## 第四节　同步发电机功率和转矩方程

### 一、功率方程

同步发电机的输入功率是机械功率 $P_1$，由 $P_1$ 中减去空载损耗 $p_0$，可得到通过定、转子磁场的相互作用转换为电能的功率，称为电磁功率 $P_e$，即

$$P_e = P_1 - p_0 \tag{17-24}$$

空载损耗 $p_0$ 一般包括由于机械摩擦和风阻引起的机械损耗 $p_\Omega$，定子铁芯中的涡流和磁滞损耗 $p_{Fe}$ 和杂散损耗 $p_\Delta$ 三部分，即

$$p_0 = p_\Omega + p_{Fe} + p_\Delta \tag{17-25}$$

再从电磁功率 $P_e$ 中减去电枢铜耗 $p_{Cua}$，便得到发电机输出的电功率 $P_2$

$$P_2 = P_e - p_{Cua} \tag{17-26}$$

$$P_2 = mUI_a\cos\varphi$$

$$p_{Cua} = mI_a^2R_a$$

由式（17-24）～式（17-26）可以画出同步发电机的功率流程图，如图 17-14 所示。

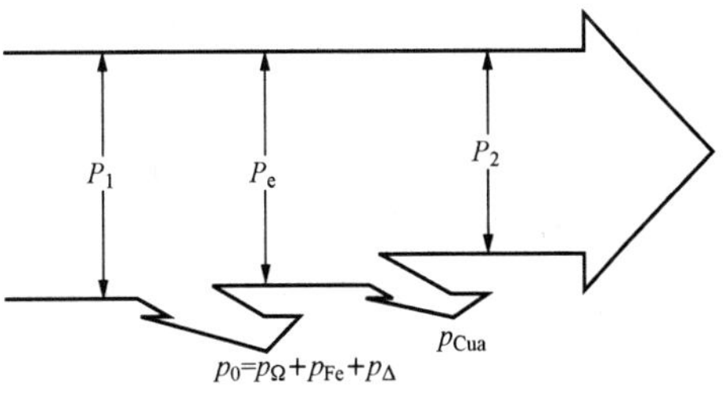

图 17-14　同步发电机的功率流程图

在上述功率转换过程中，没有考虑转子励磁损耗，这部分损耗一般由励磁电源供给。

### 二、转矩方程

同步发电机运行时，作用在转子上的转矩有原动机的驱动转矩 $T_1$，发电机的空载制动转矩 $T_0$ 和电磁制动转矩 $T_e$。

由式（17-24）的功率关系易知

$$T_e = T_1 - T_0 \tag{17-27}$$

转矩与功率之间的关系可表示为

$$\left.\begin{aligned} T_1 &= \frac{P_1}{\Omega_1} \\ T_0 &= \frac{p_0}{\Omega_1} = \frac{p_{Fe} + p_{\Omega} + p_{\Delta}}{\Omega_1} \\ T_e &= \frac{P_e}{\Omega_1} \end{aligned}\right\} \tag{17-28}$$

式中：$\Omega_1$ 为转子的机械角速度。

## 第五节　同步发电机的运行特性和电抗测定

本节主要介绍同步发电机稳态运行特性和稳态参数测量方法。同步发电机的特性曲线中，空载、短路和零功率因数负载特性曲线主要用于测量同步发电机的参数；而外特性和调整特性等则主要用于确定发电机单机运行的电压变化率和满载励磁电流，这些都是表征发电机性能的基本参量。

### 一、空载特性

空载特性是指在同步转速下，电枢电流为零时，电枢空载端电压与励磁电流的关系曲线，即

$$n = n_s, \quad I_a = 0, \quad U = f(I_f)$$

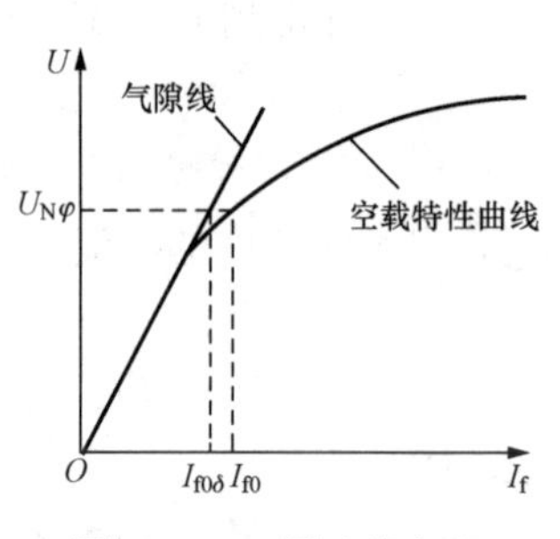


图 17-15　同步发电机的空载特性

典型的空载特性如图 17-15 所示，其横坐标为励磁电流，纵坐标为空载端电压 $U=E_0$，即可以用实际值，也可用标幺值表示。

从图 17-15 可知，在励磁电流较小时，发电机铁芯不饱和，铁芯磁阻可以略去不计，故磁通与励磁电流成正比，空载端电压与励磁电流呈线性关系，如图 17-15 中气隙线所示；当励磁电流增大至一定程度，由于磁通的增加，铁芯逐渐饱和，空载端电压与励磁电流的关系将偏离气隙线，如图 17-15 中空载特性曲线所示。

用试验法测量空载特性时，定子应开路，发电机转子由原动机拖动并维持同步转速不变，逐渐改变励磁电流，记录励磁电流和对应的空载电压，并绘成曲线。空载特性测量时，一般先增大励磁电流，使 $E_0$ 达到电机额定电压的 1.3 倍左右，然后单方向减少励磁电流并逐点记录 $I_f$ 及相应的 $E_0$，直至 $I_f=0$。

### 二、短路特性

短路特性是指在额定转速下，电枢绕组三相稳态短路时，电枢短路电流与励磁电流的关系曲线，即

$$n = n_s, \quad U = 0, \quad I_k = f(I_f)$$

同步发电机短路特性如图 17-16（a）所示。由图可知短路特性为一直线，这是因为短路时发电机端电压 $U=0$，且电枢绕组电阻 $R_a$ 很小可以忽略不计，电枢回路是纯电感电路，因此 $\Psi_0=90°$，电枢反应性质为直轴去磁，励磁磁动势和电枢反应磁动势互相抵消，合成的总磁动势和总磁通均很小，所以发电机铁芯是不饱和的。短路情况下电动势相量图如图

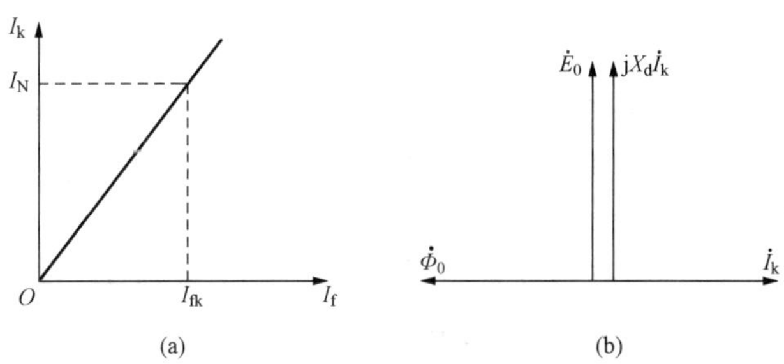


图 17-16　同步发电机短路特性与相量图

(a) 短路特性；(b) 相量图

17-16（b）所示。

铁芯不饱和时，感应电动势 $E_0$ 与 $I_f$ 成正比（按气隙线变化），$X_d$ 为一常数，因此 $I_k$ 与 $I_f$ 间呈线性关系，即

$$I_k = \frac{E_0}{X_d} \propto I_f \tag{17-29}$$

### 三、利用空载、短路特性确定 $X_d$ 和短路比

在一定的励磁电流 $I_f$ 下，从短路特性曲线可以得到短路电流 $I_k$，从空载特性曲线可以求出对应的空载电动势 $E_0$，则电抗 $X_d$ 为

$$X_d = \frac{E_0}{I_k} \tag{17-30}$$

由于在短路时铁芯是不饱和的，$E_0$ 与 $I_f$ 成正比，因此 $E_0$ 应当由气隙线求得，此时求得的同步电抗为不饱和值。由空载、短路特性计算 $X_d$ 的方法如图 17-17 所示。

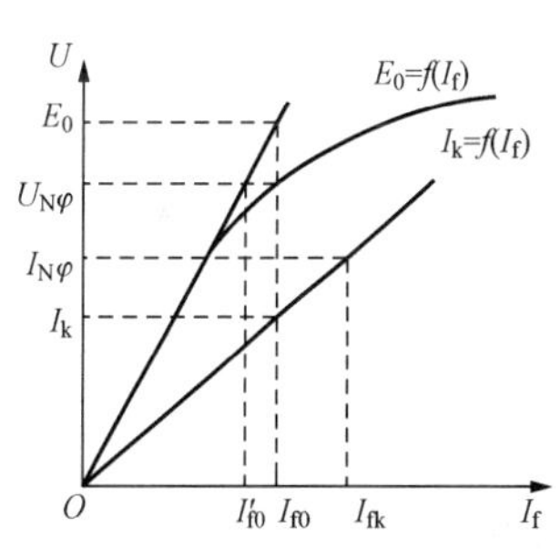


图 17-17　$X_d$ 与短路比的确定

发电机在额定电压附近运行时，磁路一般处于饱和状态，同步电抗的饱和值与发电机的短路比有关。短路比定义为产生空载电压为额定电压的励磁电流 $I_{f0}$ 与产生额定短路电流所需的励磁电流 $I_{fk}$ 之比，用 $K_c$ 表示。短路比为一个无量纲量，为

$$K_c = \frac{I_{f0(U_0=U_{N\varphi})}}{I_{fk(I_k=I_{N\varphi})}} \tag{17-31}$$

由图 17-17 可知

$$K_c = \frac{I_{f0}}{I_{fk}} = \frac{I_k}{I_{N\varphi}} = \frac{E_0}{X_{d(不饱和)} I_{N\varphi}} = \frac{K_s U_{N\varphi}}{X_{d(不饱和)} I_{N\varphi}} = \frac{K_s}{X^*_{d(不饱和)}} \tag{17-32}$$

式（17-32）中，$K_s = \frac{E_0}{U_{N\varphi}} = \frac{I_{f0}}{I'_{f0}}$，称为额定电压下的饱和系数。因为 $I_{f0}$ 代表铁芯饱和产生电压 $U_{N\varphi}$ 所需的磁动势，而 $I'_{f0}$ 代表铁芯不饱和时产生同样电压所需的磁动势，两者之比恰好是由于铁芯饱和使磁路磁阻增加的倍数，故将 $K_s$ 称为饱和系数。由于饱和同步电抗可近似为

$$X_{d(饱和)} \approx \frac{X_{d(不饱和)}}{K_s} \tag{17-33}$$

因此，短路比可表示为 $X_{d(饱和值)}$ 标幺值的倒数，即

$$K_c = \frac{1}{X^*_{d(饱和)}} \tag{17-34}$$

短路比与发电机尺寸、造价和发电机运行稳定性等因素有密切关系，并且非常容易通过空载、短路试验测量，所以在工程上常用短路比作为衡量发电机性能的参数。

**四、零功率因数负载特性**

零功率因数负载特性是指在额定转速下，保持电枢电流 $I_a$ 为常值，负载功率因数 $\cos\varphi=0$，发电机端电压与励磁电流的关系曲线，即

$$n=n_s,\quad I_a=常值,\quad \cos\varphi=0,\quad U=f(I_f)$$

典型的零功率因数负载特性曲线如图 17-18 所示，图中同时给出了 $I_a=0$ 时的空载特性曲线。两条曲线形状相似，在纯电感性负载时，空载特性曲线在左面，零功率因数负载特性曲线在右下方。

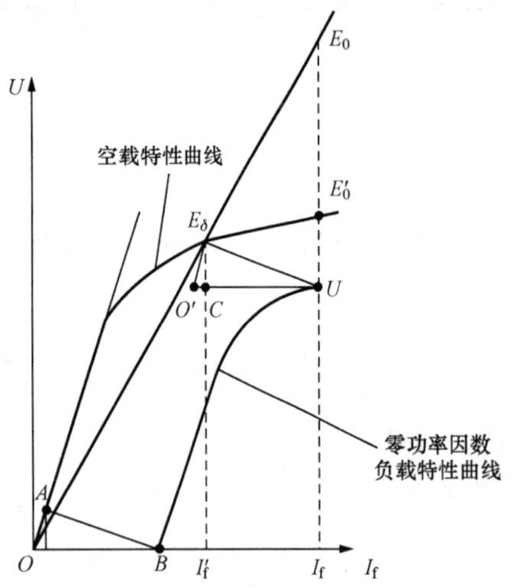


图 17-18 由零功率因数负载试验求 $X_\sigma$

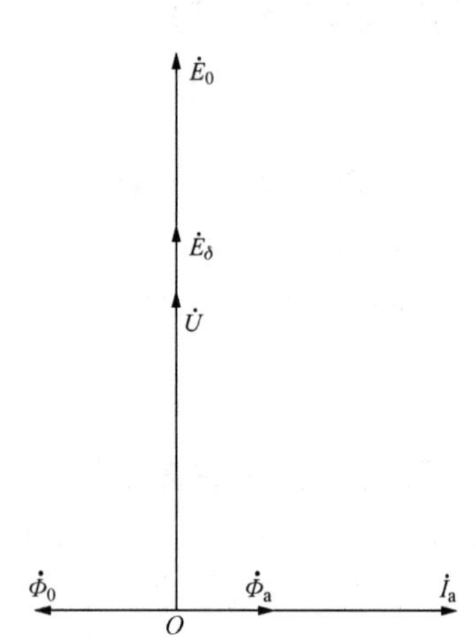


图 17-19 零功率因数负载运行相量图

由图 17-18 可见，在同样励磁电流下空载感应电动势 $E_0$ 高于负载端电压 $U$，这是由于在纯电感性负载时，若忽略电枢绕组的电阻，电流 $\dot{I}_a$ 落后于 $\dot{E}_0$ 90°，也滞后于端电压 90°，$\dot{E}_0$ 与 $\dot{U}$ 之夹角 $\delta$（功角）为 0°。即 $\dot{E}_0$ 与 $\dot{U}$ 同相位，所以电枢反应为纯去磁电枢反应，各量之间的相位关系如图 17-19 所示。

根据式（17-19）并考虑零功率因数负载条件，可知 $E_0$ 与端电压 $U$ 的差值应为 $X_d I_d = X_d I_a$，但由此差值确定 $X_d$ 是不准确的。这是因为，在空载时没有电枢反应，全部励磁电流用来产生铁芯和气隙当中的磁通，铁芯比较饱和，因此按空载特性曲线求得的 $E_0'$ 偏小。实际上在零功率因数感性负载运行时，存在直轴去磁电枢反应，总的合成磁动势应为转子励磁磁动势与电枢反应磁动势之差值，该总磁动势对应的励磁电流为 $I_f'$，产生的气隙电动势为 $E_\delta$，$E_\delta$ 与 $U$ 之差值为漏抗压降 $X_\sigma I_a$。$E_\delta$ 对应的总磁通决定了铁芯的饱和程度，因此 $OE_\delta$ 直线延长线上的 $E_0$ 点为对应于该饱和程度的空载电动势 $E_0$，$E_0$ 与 $U$ 之差值为 $X_d I_a$，故

$$X_{d(饱和值)} = \frac{E_0 - U}{I_a} \tag{17-35}$$

直角三角形 $CE_\delta U$ 的两个直角边中 $CE_\delta$ 为漏抗压降，$CU$ 为去磁电枢反应，大小均正比

于电枢电流 $I_a$，故电枢电流保持恒定时三角形大小也保持不变，该三角形称为特性三角形。特性三角形的 $E_\delta$ 点沿空载特性曲线平移，即可得到 $U$ 点的轨迹即零功率因数负载特性曲线。

由上面的分析可知，当用试验方法测出空载特性和零功率因数负载特性后，可以作出特性三角形并求出定子绕组漏抗 $X_\sigma$。为此，首先在零功率因数负载特性曲线上 $U$ 点，截 $O'U$ 等于图 17-18 中 $OB$，过 $O'$点作 $O'E_\delta$ 线段平行于 $OA$，$O'E_\delta$ 与空载特性曲线之交点为 $E_\delta$，由此得到特性三角形 $CE_\delta U$，即可求得定子绕组漏抗为

$$X_\sigma=\frac{E_\delta-U}{I_a}=\frac{\overline{E_\delta C}}{I_a} \tag{17-36}$$

用该方法求出的定子漏抗习惯上称为波梯（Potier）电抗，有时记作 $X_p$。对于隐极同步发电机，波梯电抗与定子漏抗基本相等；对凸极同步发电机，波梯电抗略大于定子漏抗。

**五、外特性和电压变化率**

外特性是指在 $n=n_s$、$I_f=$常数、$\cos\varphi=$常数的条件下，发电机单机运行时负载端电压 $U$ 与负载电流 $I_a$ 的关系曲线，即 $U=f(I_a)$ 曲线，如图 17-20 所示。

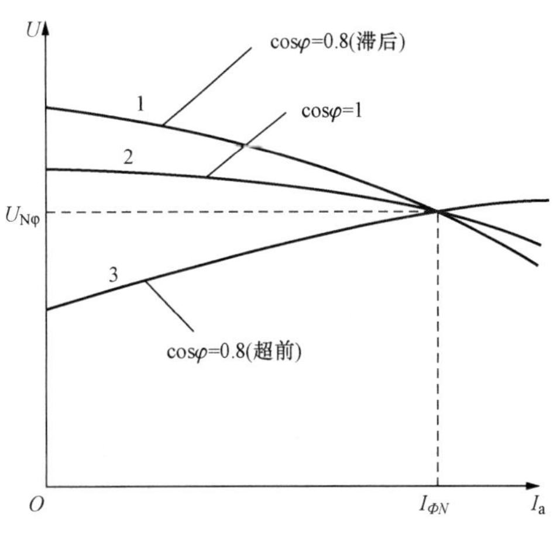

图 17-20　同步发电机的外特性

图 17-20 中，感性负载时的外特性如曲线 1 所示，空载端电压较高，随着负载电流的增大，电枢反应去磁效应增大，端电压降低，直到电枢电流为额定值，电枢端电压也降低到额定值；容性负载时的外特性曲线 3 所示，当容抗大于同步电抗时，电枢反应为助磁作用，随着电枢电流的增大，电机中总磁通增大，端电压逐渐增高；电阻负载的外特性如曲线 2 所示，介于曲线 1 与 3 之间。由图 17-20 可知，负载性质对外特性曲线的形状有很大影响，在感性负载时，空载端电压 $U_0$ 大于额定电压 $U_{N\varphi}$；而在容性负载时，空载端电压 $U_0$ 小于额定电压 $U_{N\varphi}$。对于同步发电机，随着负载的变化，端电压变化很大，为了保持端电压恒定，必须调节励磁。

发电机端电压随负载变化而变化，通常用电压变化率表示电压变化的程度，电压变化率定义为：在励磁电流保持不变的条件下，电机由空载到额定负载运行时电压变化的百分值，即

$$\Delta U^*=\frac{U_0-U_{N\varphi}}{U_{N\varphi}}\times 100\%=\frac{E_0-U_{N\varphi}}{U_{N\varphi}}\times 100\% \tag{17-37}$$

一般同步发电机的电压变化率在 20%～40%的范围内变化。

**六、调整特性**

同步发电机正常运行情况下，当发电机的转速保持为同步速，端电压和负载的功率因数为常数时，负载电流与励磁电流之间的关系曲线称为调整特性。即

$$n=n_s,\quad U=常值,\quad \cos\varphi=常值,\quad I_f=f(I_a)$$

调整特性反映的是当发电机的负载发生变化时，为了保持端电压不变，发电机励磁电流

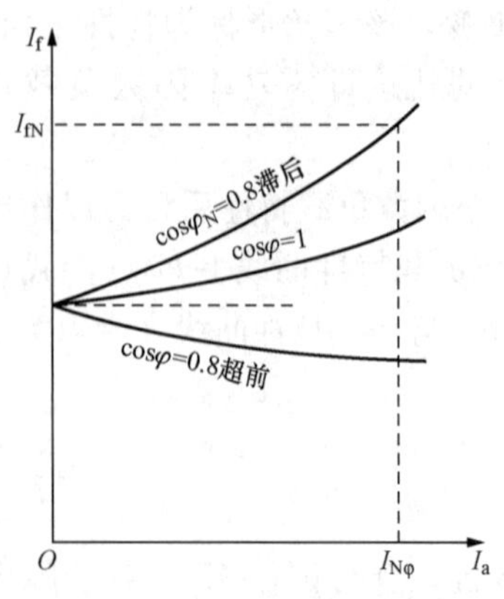


图 17-21　同步发电机的调整特性

的调节特性，如图 17-21 所示。可以看出，当发电机的端电压为额定电压时，不同功率因数的负载，调整特性的变化趋势不同。当感性负载和纯电阻性负载的电流增大时，为补偿电枢反应的去磁作用和漏阻抗压降，必须相应地增加励磁电流才能维持端电压不变，调整特性是上升的曲线；当负载为容性时，调整特性则有可能下降，也就是说减少励磁电流以平衡电枢反应的增磁作用，维持端电压恒定。

## 七、效率特性

同步发电机的效率特性是指转速为同步转速、端电压为额定电压、功率因数为额定功率因数时，发电机的效率与输出功率的关系，即

$$n=n_s,\quad U=U_{N\varphi},\quad \cos\varphi=\cos\varphi_N,\quad \eta=f(P_2)$$

与其他电机一样，同步发电机的效率也可以通过损耗分析法求出。

同步发电机的损耗分为基本损耗和杂散损耗两部分。基本损耗包括电枢的基本铁耗 $p_{Fe}$、电枢基本铜耗 $p_{Cua}$ 和机械损耗 $p_{\Omega}$。杂散损耗包括电枢漏磁通在电枢绕组和其他金属结构部件中引起的涡流损耗、高次谐波磁场掠过主极表面所引起的表面损耗等。

总损耗 $\sum p$ 求出后，效率就可以求出，即

$$\eta=\left(1-\frac{\sum p}{P_2+\sum p}\right)\times 100\% \tag{17-38}$$

现代空冷大型水轮发电机的额定效率一般为 96%～98.5%，空冷汽轮发电机的额定效率为 94%～97.8%；氢冷时，额定效率可提高约 0.8%。图 17-22 是国产 300MW 双水内冷水轮发电机的效率特性。

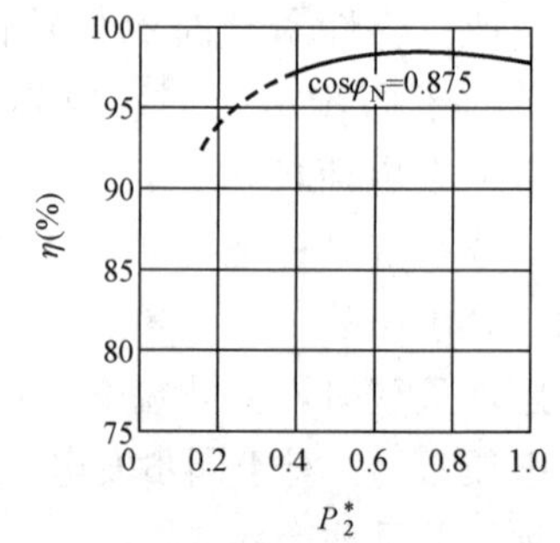


图 17-22　国产 300MW 双水内冷水轮发电机的效率特性

**【例 17-1】**　一台汽轮发电机，星形连接，额定功率 $P_N=25000$kW，额定电压 $U_N=10500$V，额定功率因数 $\cos\varphi_N=0.85$（滞后）。从空载特性上查得相电压 $U_0=10.5/\sqrt{3}$ kV 时，$I_{f0}=155$A；从短路特性上查得 $I_k=I_N=1718$A 时，$I_{fk}=280$A；从气隙线上查得 $I_f=280$A 时，$E_0=22.4/\sqrt{3}$ kV。试求同步电抗和短路比。

**解**　从气隙线查出，$I_f=280$A 时，励磁电动势 $E_0$ 为 $22400/\sqrt{3}=12933$V，在同一励磁电流下，短路电流 $I_k=1718$A，所以同步电抗为

$$X_d(\text{即 } X_s)=\frac{E_0}{I_k}=\frac{12933}{1718}=7.528(\Omega)$$

用标幺值计算时，有

$$E_0^*=\frac{E_0}{U_{N\varphi}}=\frac{22.4}{10.5}=2.133,\qquad I_k^*=1$$

故

$$X_d^* = \frac{E_0^*}{I_k^*} = \frac{2.133}{1} = 2.133$$

从空载和短路特性可知，$I_{f0}=155\text{A}$ 时，$I_{fk}=280\text{A}$，于是短路比为

$$K_c = \frac{I_{f0}}{I_{fk}} = \frac{155}{280} = 0.5536$$

同步电抗饱和值的标幺值则为

$$X_{d(饱和)}^* \approx \frac{1}{K_c} = \frac{1}{0.5636} = 1.806$$

## 小　结

本章介绍了同步发电机对称稳态运行时的基本理论和分析方法，包括表征电磁关系的电压方程、相量图和等效电路，表征能量转换的功率方程和转矩方程。讨论了同步发电机运行特性、性能指标及参数测定方法。

在分析同步发电机内部电磁关系时，电枢反应是指电机负载运行时，电枢磁场对主极磁场的影响，其性质主要取决于空载电动势 $\dot{E}_0$ 与电枢电流 $\dot{I}_a$ 的夹角 $\Psi_0$。当 $\Psi_0=0°$时，电枢反应表现为交磁作用的纯交轴电枢反应，使气隙磁场轴线偏离主极磁场轴线，形成电磁转矩，与发电机的能量转换密切相关；当 $\Psi_0=\pm 90°$时，电枢反应表现为直轴增磁或去磁的纯直轴电枢反应，使主极磁动势增加或减少，与电机的电压变化和励磁调节有关。

电压方程、相量图和等效电路是分析同步电机运行性能的重要工具。这三种方法是对电机内部电磁关系的不同表述，其中电压方程和相量图在分析计算中更常用到。由于转子结构的不同，隐极和凸极同步发电机的分析方法略有不同，在不计磁路饱和的情况下，隐极发电机的电压方程可以看成是凸极情况的特例，即令 $X_d=X_q=X_s$ 就可以很方便地从凸极发电机的电压方程得到隐极发电机的电压方程。

分析凸极同步发电机的电磁关系时，双反应理论是重要概念，其应用前提是不计磁路饱和效应，把电枢磁动势分解为直轴磁动势和交轴磁动势；然后分别求出相应磁场在电枢绕组中的感应电动势，再把它们叠加起来，并进一步写出电枢绕组的电压平衡方程。

同步发电机的电抗参数是发电机重要的电磁参数，反应的是发电机对称稳态运行时电枢反应磁场与发电机漏磁场的磁路情况，与发电机的运行性能密切相关，必须深入理解其物理意义。对于隐极同步发电机，由于气隙均匀，可用一个参数——同步电抗 $X_s$ 来表征电枢反应和漏磁所产生的效果；对于凸极同步发电机，由于气隙不均匀，同样大小的电枢磁动势作用在直轴和交轴磁路上产生的磁通不同，因此必须应用双反应理论分别定义两个参数——直轴同步电抗和交轴同步电抗，用来表征直轴和交轴磁动势所产生的电枢反应磁场和漏磁场的效果。利用试验方法测定同步电抗是获得电抗参数的重要手段。

同步发电机功率方程反映了电机能量转换过程中的功率流程，转矩方程则体现了电磁转矩在发电机能量转换过程中的作用。

同步发电机的特性可分为两类：一类是空载特性、短路特性和零功率因数负载特性，主要用于测定同步发电机的电抗参数；另一类如外特性、调整特性和效率特性，主要用来表示单机运行时的运行性能。外特性体现的是发电机的电压变化率，调整特性反映的是发电机的

励磁调节，效率特性体现的是发电机运行的经济指标。

## 习　题

17-1　简述同步发电机的空载特性曲线的形状，为什么它和电机铁芯磁化曲线形状非常相似？

17-2　同步发电机对称负载运行时，电枢反应磁动势相对电枢的转速是多少？相对于磁极的转速是多少？电枢反应磁场能否在磁极绕组中感应电动势？

17-3　同步发电机电枢反应的性质主要取决于哪些因素？在以下几种情况下电枢反应性质如何？

(1) 三相对称电阻负载；

(2) 三相对称纯电容负载，容抗 $X_c < X_s$ 情况如何？若容抗 $X_c > X_s$ 情况又如何？

(3) 三相对称纯电感性负载。

17-4　在凸极同步发电机稳态运行分析中，为什么把电枢反应磁动势分解为直轴和交轴两个分量分别研究？

17-5　在凸极同步发电机的相量图中，当励磁磁动势 $\boldsymbol{F}_f$ 与电枢反应磁动势 $\boldsymbol{F}_a$ 在空间相差 $90°+\boldsymbol{\Psi}_0$ 时，对应的两个磁链，其时间相位差是否亦为 $90°+\boldsymbol{\Psi}_0$，为什么？

17-6　同步电抗的大小与哪些因素有关？为什么励磁磁场产生的电动势 $E_0$ 不用一个电抗参数表示？

17-7　是否可以认为凸极同步发电机的总电枢反应电抗为 $X_{ad}$ 与 $X_{aq}$ 之和？为什么？

17-8　试画出隐极和凸极同步发电机在纯电容负载下的电动势相量图。

17-9　试述同步发电机能量转换过程中的功率流程，并分析其电磁功率与感应电机中电磁功率的异同。

17-10　为什么同步发电机稳态短路电流并不很大？为什么利用空载试验和短路试验只能测出直轴同步电抗 $X_d$，而不能测定交轴同步电抗 $X_q$？

17-11　在测定同步发电机短路特性曲线时，若转速降低至 $0.95n_N$，此时短路电流应如何变化？若在空载试验时，转速降低 5%，空载电压有何变化？

17-12　为什么零功率因数特性曲线与空载特性曲线形状相似？

17-13　发电机的磁路饱和程度主要取决于什么？磁路饱和后同步电抗有什么变化？漏电抗变化大不大？

17-14　同步发电机在感性和容性负载下，外特性曲线有什么不同？原因何在？

17-15　若一台同步发电机的气隙因制造误差比正常设计值大了，问同步电抗 $X_d$ 和电压变化率 $\Delta U^*$ 将如何变化。

17-16　若端电压均为 $U_N$，电流均为 $I_N$，同步发电机在额定负载与零功率因数负载两种运行工况下，定、转子铁芯饱和情况是否相同？为什么？

17-17　一台汽轮发电机，$P_N=25000\text{kW}$，$U_N=10.5\text{kV}$，星形接法，$\cos\varphi_N=0.8$（滞后），其同步电抗标幺值 $X_s^*=2.13$，电枢电阻忽略不计，试计算在额定负载下，发电机的励磁电动势 $E_0$ 与电压变化率 $\Delta U^*$。

17-18　有一台水轮发电机，$P_N=72500\text{kW}$，$U_N=10.5\text{kV}$，星形接法，$\cos\varphi_N=0.8$

（滞后），$X_d^*=1.0$，$X_q^*=0.554$，忽略电枢电阻。试求额定负载下发电机励磁电动势 $E_0$ 的标幺值和功角。

17 - 19　已知一台双水内冷汽轮发电机，其参数为 235 MV·A，200MW，$U_N=15.75$kV，星形接法。空载试验 $U=U_N=15.75$kV 时，$I_{f0}=630$A；从气隙线上求出 $U=15.75$kV 时，励磁电流 $I'_{f0}=560$A；其短路试验数据见表 17 - 1。试求发电机的直轴同步电抗（欧姆值和标幺值）和短路比。

**表 17 - 1　　发电机的短路试验数据**

| $I_k$(A) | 4270 | 4810 | 8625 |
|---|---|---|---|
| $I_f$(A) | 560 | 630 | 1130 |

17 - 20　有一台三相凸极同步发电机，定子绕组星形接法，额定相电压 $U_{N\varphi}=230$V，$I_N=9.06$A，$\cos\varphi_N=0.8$（滞后）。在额定运行状态下，若相电动势 $E_0=410$V，$\dot{E}_0$ 与 $\dot{I}_a$ 之相角差 $\Psi_0=60°$，若不计电阻压降，试求 $I_d$、$I_q$、$X_d$、$X_q$。

# 第十八章 同步发电机的并联运行

为了保证发电机的供电质量，提高电机运行的稳定性和可靠性，发电厂常将多台发电机并联在一起运行，由许多发电厂并联组成区域电网，各区域之间又可根据需要并联构成现代电力系统，亦称无穷大电网。由于无穷大电网由多台发电机构成，容量非常大，其运行情况不会因某一台发电机运行情况的改变而受到显著的影响，而且各台发电机都装有自动电压调整器和调速器，因此通常定义无穷大电网的电压大小和频率都保持不变。发电机并联到无穷大电网上后，发电机端电压和频率将和电网的电压和频率相同，这与发电机单机运行的情况不同。本章着重研究发电机并联到无穷大电网运行时的有关问题。

## 第一节 同步发电机的并网条件和方法

### 一、并联运行的优点

多台发电机并联运行有以下优点：

（1）提高供电的可靠性。在系统中一台发电机发生故障或需要检修时，系统中其他发电机可承担该发电机的负载，提高了供电的可靠性。

（2）提高发电厂的运行效率。由于负载在一天、一月、一年当中大小并不相等，经常在变化。用一台发电机供电时，发电机大部分时间处于效率较低的轻载运行工况。如果多台发电机并联运行供电，便可以根据负载的变化，决定投入并联运行发电机的台数，并使每台发电机均工作在最高效率，提高系统的运行效率。

（3）可以减少备用容量。

### 二、投入并联运行的条件

发电机投入电网并联运行时，必须满足一定的条件才能避免在发电机和电网中产生瞬态冲击电流，确保发电机和电网的安全。发电机并联运行的条件如下：

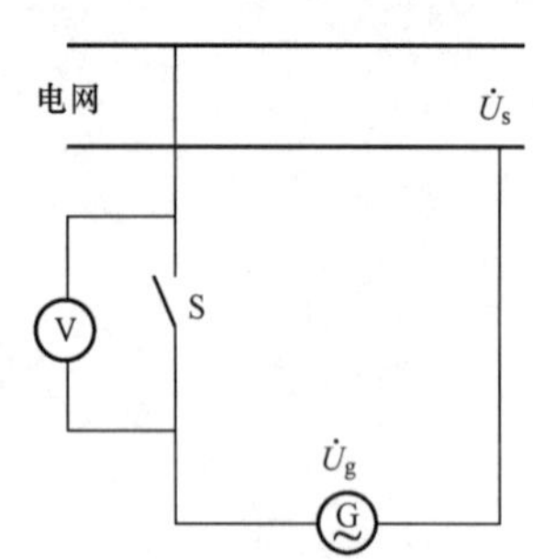

图 18-1 同步发电机与电网并联运行示意图

（1）发电机端电压与电网端电压应大小相等、相位相同。图 18-1 为同步发电机与电网并联运行时一相的示意图，设电网电压为 $\dot{U}_s$，发电机端电压为 $\dot{U}_g$，发电机与电网频率相同，若 $\dot{U}_s \neq \dot{U}_g$，则合上开关 S 时，将出现一个冲击电流，该冲击电流为 $\dot{I}=\dfrac{\dot{U}_s-\dot{U}_g}{X}$（$X$ 为投入并联运行的发电机的等效电抗），严重时该电流可达额定电流的 5～6 倍。

（2）发电机的频率和电网频率应相等。如果发电机频率和电网频率不相等，则 $\dot{U}_s$ 与 $\dot{U}_g$ 之间相位角将不断变化，$\dot{U}_s-\dot{U}_g$ 忽大忽小。频率差别越大，这个变化越剧烈。若不同频率时将发电机投入电网，将在发电机与电网之间引起很大的电流和功率振荡。

(3) 发电机相序和电网相序应一致。如图 18-2 所示，$\dot{U}_A$、$\dot{U}_B$、$\dot{U}_C$ 表示电网电压，$\dot{U}_a$、$\dot{U}_b$、$\dot{U}_c$ 表示发电机电压。如果前两个条件满足，即电压大小、相位相等，频率也相同时，但相序不同，由图 18-2 可知，A 相 $\dot{U}_A-\dot{U}_a=0$，合闸后没有冲击电流，但 B 相和 C 相，电压差值 $\dot{U}_B-\dot{U}_b$ 和 $\dot{U}_C-\dot{U}_c$ 很大，投入后会产生很大的电流冲击，因此必须避免。

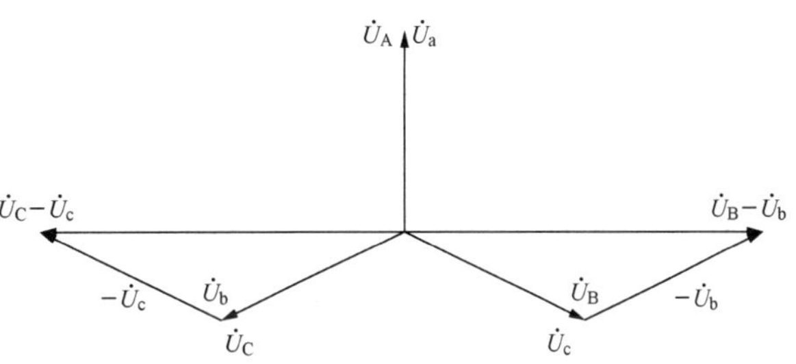

图 18-2 发电机与电网相序不同时相量图

显然，在上述三个条件中，第三个条件必须满足，其他两个条件允许稍有出入。

### 三、同步发电机投入并联运行的方法

为了避免发电机投入电网时引起电流、功率和转矩的冲击，在发电机准备投入并联运行时，必需测定和调整电压大小、频率和相序，使之与电网一致。工程中，电压大小可以用电压表测量，相序可以用相序指示器测定，此调节和操作过程称为整步过程。同步发电机的整步过程一般分为准确整步法和自整步法两种。

1. 准确整步法

发电机投入电网的时机通常用同步指示器来确定。最简单的同步指示器由三个指示灯构成。同步指示灯的连接方法有两种：①如图 18-3 (a) 所示，电网 A1 相和发电机 A 相间接指示灯 1，电网 B1 相和发电机 B 相间接指示灯 2，电网 C1 相和发电机 C 相间接指示灯 3，这种连接称为直接接法；②如图 18-3 (b) 所示，电网 A1 相和发电机 A 相间接指示灯 1，电网 B1 相和发电机 C 相间接指示灯 2，电网 C1 相和发电机 B 相间接指示灯 3，这种连接称为交叉接法。

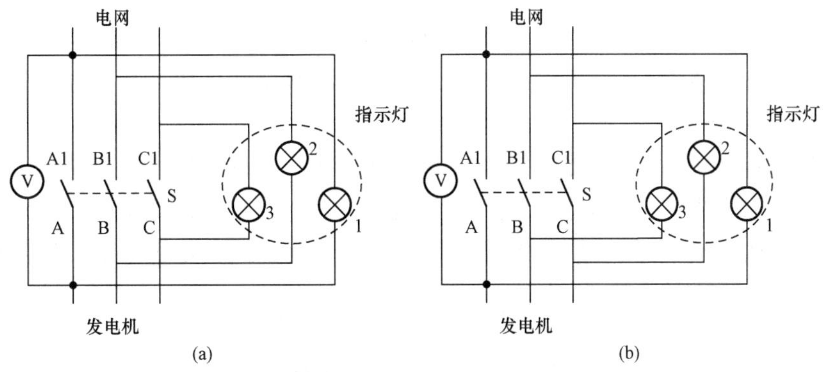

图 18-3 同步指示灯接线图

(a) 直接接法；(b) 交叉接法

准确整步法是使发电机投入并联的条件全部满足。当指示灯采用直接接法时，电压相量图如图 18-4 (a) 所示，每个指示灯上所承受的电压分别为 $\Delta\dot{U}=\dot{U}-\dot{U}_1$，如果电网电压与发电机电压大小、相位和频率一致，并且两者相序相同，则 $\Delta\dot{U}=0$，三相的指示灯全熄灭，此时可以合上开关 S，将发电机投入电网进行并联运行，所以这种方法又称为熄灯法。当指

示灯采用交叉接法时，电压相量图如图 18－4（b）所示，指示灯 1 上所加的电压为 $\dot{U}_{A1}-\dot{U}_A=0$，指示灯 1 是暗的，电压表指示为 0；而指示灯 2 所加电压为 $\dot{U}_{B1}-\dot{U}_C$，指示灯 3 所加电压为 $\dot{U}_{C1}-\dot{U}_B$，均不为零，指示灯 2，3 全是亮的，此时可以合闸，将发电机与电网并联，所以这种方法又称为亮灯法。

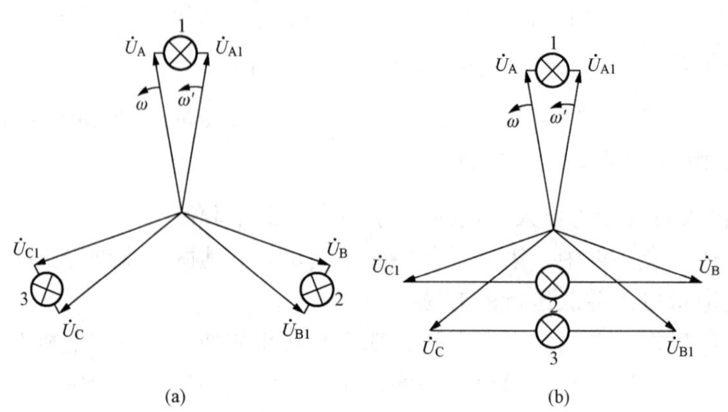


图 18－4 准确整步法电压相量图

（a）直接接法；（b）交叉接法

2. 自整步法

按准确整步法将发电机并入电网，投入瞬间电网和发电机基本没有电流冲击，但缺点是步骤繁杂、费时间，特别是在电网出现事故后，电网电压大小和频率都在变化，准确整步比较困难，这时可以采用自整步法。自整步法的操作程序是：①励磁绕组不接励磁电源，经外电阻短路；②启动原动机将发电机驱动至接近同步转速；③将发电机接入电网，在发电机定子绕组中产生电网频率的电流，并产生同步转速的旋转磁场；④将励磁绕组外接电阻切除，接上励磁电源，通入的励磁电流产生主极磁场，此时因转子转速与同步转速尚有差别，因此定、转子磁场间有一定的滑差，产生的电磁转矩也按此滑差变化，时而使转子加速，时而使转子制动，在制动阶段牵入同步；⑤牵入同步后再调节原动机的输入功率和励磁电流使发电机进入正常运行状态。

在自整步过程中励磁绕组不允许开路，因定子电流产生的旋转磁场与转子不同步，转子绕组开路时会在转子中感应高电压，危及转子绕组的绝缘，而励磁绕组直接短路时会在转子绕组中产生较大的电流，并引起发电机振动。因此，外接一适当电阻，既可避免产生过高电压，也可避免产生过大的电流。

## 第二节 同步发电机电磁功率与功角特性

### 一、电磁功率

在同步发电机中，电磁功率是通过电磁感应作用由机械功率转换而来的全部电功率，因此电磁功率是能量转换的基础。在大型同步发电机中，由于电枢绕组电阻很小，可以略去不计，则从式（17－26）可知发电机的电磁功率 $P_e$ 近似等于输出功率，即

$$P_e \approx mUI_a\cos\varphi \tag{18-1}$$

由图 18-5 的相量图可见，$\varphi=\Psi_0-\delta$，故有

$$\begin{aligned}P_e &\approx mUI_a\cos(\Psi_0-\delta)\\ &=mUI_a[\cos\Psi_0\cos\delta+\sin\Psi_0\sin\delta]\\ &=mUI_q\cos\delta+mUI_d\sin\delta \qquad (18-2)\end{aligned}$$

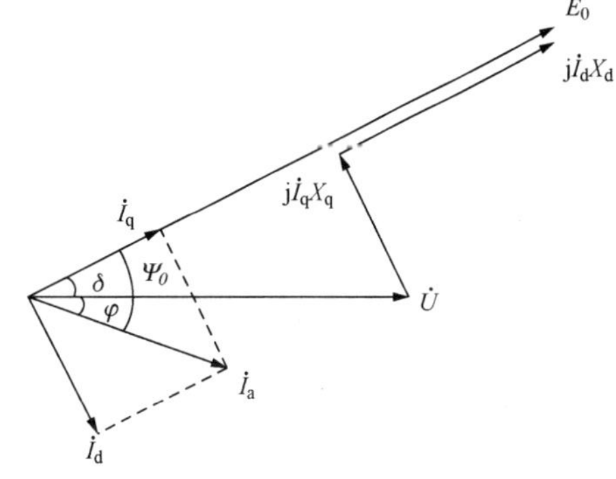

图 18-5　同步发电机电动势相量图

考虑到

$$\left.\begin{aligned}I_qX_q&=U\sin\delta\\ I_dX_d&=E_0-U\cos\delta\end{aligned}\right\}$$

则有

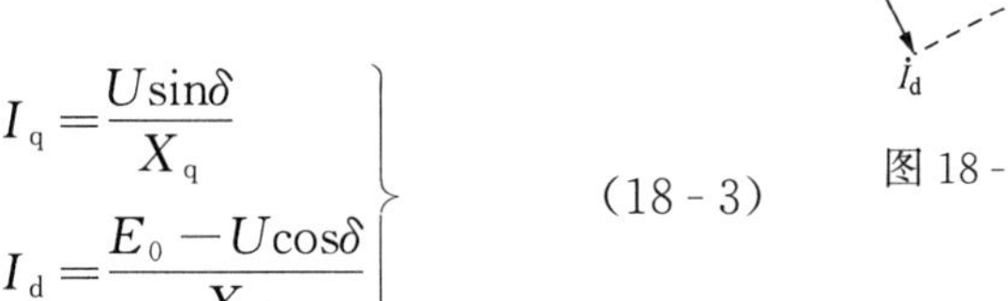

$$\left.\begin{aligned}I_q&=\frac{U\sin\delta}{X_q}\\ I_d&=\frac{E_0-U\cos\delta}{X_d}\end{aligned}\right\} \qquad (18-3)$$

将式（18-3）代入式（18-2）得到

$$P_e=m\frac{E_0U}{X_d}\sin\delta+\frac{m}{2}U^2\left(\frac{1}{X_q}-\frac{1}{X_d}\right)\sin2\delta \qquad (18-4)$$

式（18-4）中，第一项 $m\dfrac{E_0U}{X_d}\sin\delta$ 称为基本电磁功率，第二项 $\dfrac{m}{2}U^2\left(\dfrac{1}{X_q}-\dfrac{1}{X_d}\right)\sin2\delta$ 称为附加电磁功率。在数值上，基本电磁功率远大于附加电磁功率。

## 二、功角特性

由式（18-4）可以看出，当励磁电动势 $E_0$ 和端电压 $U$ 保持不变时，电磁功率的大小取决于功角 $\delta$，电磁功率 $P_e$ 与功角 $\delta$ 之间的关系曲线 $P_e=f(\delta)$ 称为发电机的功角特性，如图 18-6 所示。由图可知，当 $\delta$ 略小于 90°时发电机发出最大电磁功率 $P_{max}$，称为发电机的功率极限，且励磁电流愈大，$E_0$ 愈大，同步电抗 $X_d$ 愈小，功率极限也愈大。

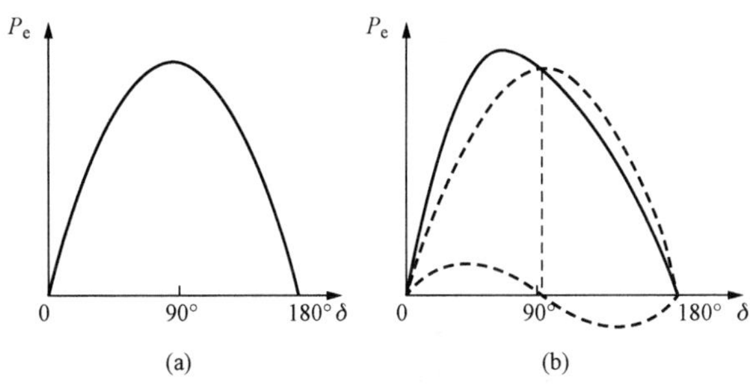

图 18-6　同步发电机的功角特性

（a）隐极发电机；（b）凸极发电机

对于隐极同步发电机，因 $X_d=X_q=X_s$，只有基本电磁功率，而附加电磁功率为零，此时最大电磁功率为 $P_{max}=m\dfrac{E_0U}{X_d}$，发生在 $\delta=90°$处，如图 18-6（a）所示。

对于凸极同步电机，因直交轴上磁阻不等，$X_d\neq X_q$，产生“凸极效应”引起的附加电磁功率，与之对应的转矩称为磁阻转矩或凸极转矩。只要端电压 $U\neq0$，且 $X_d\neq X_q$，就能产生磁阻转矩，磁阻转矩与励磁无关。此时，最大电磁功率为 $P_{max}$ 发生在 $0°<\delta<90°$处，如图 18-6（b）所示。

## 三、功角的空间概念

当略去定子绕组电阻和定子漏抗压降时，由式（17-18）可知定子绕组端电压近似等于各磁场在定子绕组中的感应电动势的和，即

$$\dot{U}=\dot{E}_0+\dot{E}_{ad}+\dot{E}_{aq}=\dot{E}_\delta \qquad (18-5)$$

$\dot{E}_\delta$ 亦可称为气隙合成电动势。功角 $\delta$ 为 $\dot{E}_0$ 与 $\dot{U}$ 的时间相位差角，也就可以近似地认为是气隙合成电动势 $\dot{E}_\delta$ 与空载电动势 $\dot{E}_0$ 的夹角。由于空载电动势 $\dot{E}_0$ 由主极磁场 $\boldsymbol{B}_0$ 感应产生，气隙合成电动势 $\dot{E}_\delta$ 由气隙合成磁场 $\boldsymbol{B}_\delta$ 感应产生，在时空统一相量—矢量图中，$\dot{E}_0$ 与 $\dot{E}_\delta$ 之时间相位差角等于 $\boldsymbol{B}_0$ 与 $\boldsymbol{B}_\delta$ 之间的空间电角度差。所以，功角 $\delta$ 也可近似地认为是主极磁场与气隙合成磁场在空间的夹角，各量之间的相互关系如图 18-7 所示。

功角是同步发电机的基本变量之一，它不仅决定着同步发电机电磁功率的大小，而且其正负还决定着同步电机的运行状态。给功角赋予空间的概念，结合第十六章第二节的讨论，可以更好地理解在能量转换过程中同步电机内部的电磁关系和磁场变化规律。

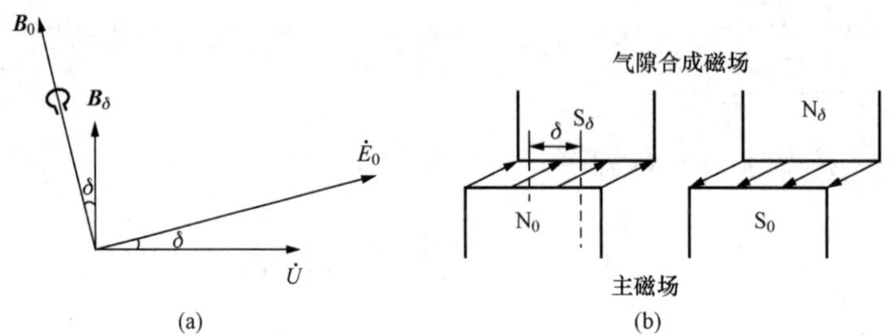


图 18-7 功角的空间概念

(a) 时空统一相矢图；(b) 功角的空间含义

## 第三节 同步发电机并联运行时的功率调节

同步发电机与电网并联运行的目的是向电网输出功率，并能根据负载需要调节其输出功率。由于现代电网的容量都很大，电网的频率和电压基本不受负载变化或其他扰动的影响而保持为常值，这种恒压、恒频的交流电网称为无穷大电网。下面以隐极发电机为例说明同步发电机与无穷大电网并联时的功率调节，分析时不计电枢电阻和磁路饱和的影响。

### 一、有功功率的调节与静态稳定性

1. 有功功率的调节

根据能量守恒原理，要调节发电机输出的有功功率就必须改变原动机的输入功率。对水轮发电机可以调节水轮机的水门以改变输入的进水量，对汽轮发电机可以调节汽轮机的汽门来改变输入的蒸汽量。输入能量的变化将使发电机的输入转矩（驱动转矩）$T_1$ 发生相应的变化，并进一步使输出有功功率发生变化。

首先说明发电机由空载到负载运行时有功功率的调节。发电机空载运行时，$P_e=0$，$P_1=p_0$，$T_1=T_0$。由图 18-8（a）可知，此时 $\delta=0°$，转子主极磁场和气隙合成磁场重合，$\dot{E}_0$ 和 $\dot{U}$ 大小相等、相位相同，发电机运行在功角特性的 $O$ 点。增加输入功率 $P_1$，发电机的输入转矩增大，原来的平衡状态被打破，使转子加速，因电网电压频率固定不变，合成磁场的转速仍为同步转速，因此转子磁极与合成磁场间产生相对运动，转子磁极轴线沿旋转方向向前移，使转子主极磁场超前于气隙合成磁场，功角 $\delta$ 增加，如图 18-8（b）所示，由此电磁功率增加，发电机输出有功功率，同时转子上受到一个制动的电磁转矩 $T_e$。当 $T_1=T_e+T_0$ 时，发电机达到新的平衡状态，发电机进入负载运行，转子仍保持同步转速，如图 18 - 8（c）中的 $a$ 点所示。

然后以减少输入功率为例说明有功功率的调节。设开始发电机在一定的负载下稳定运行，功角 $\delta'$ 为一个常数，电磁转矩也为一个常数，原动机的驱动转矩 $T_1$ 与电磁转矩 $T_e$ 和空载转矩 $T_0$ 相平衡，即 $T_1=T_e+T_0$，发电机运行在功角特性上的 $b$ 点，如图 18 - 8（c）所示。此时，减少原动机输入功率，发电机驱动转矩减少，从而使转子减速，转子主极磁场的转速低于气隙合成磁场的转速，使功角由原来的 $\delta'$ 减小为 $\delta$，在图 18 - 8（c）中运行点由 $b$ 点移动至 $a$ 点，电磁功率由 $P'_e$ 减少为 $P_e$，发电机输出功率减少。在 $a$ 点发电机电磁转矩与原动机驱动转矩又重新平衡，转子又恢复至同步转速，功角维持在 $\delta$。由此可见，减少原动机的输入功率可以减少发电机的输出功率；反之，增加原动机的输入功率可以增加发电机的输出功率。

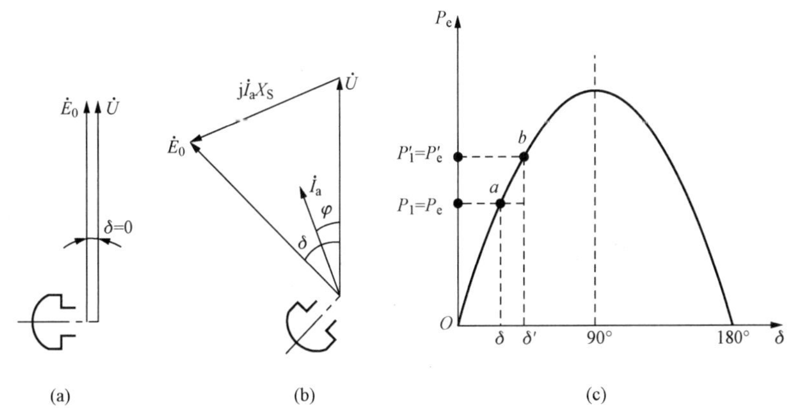


图 18 - 8　同步发电机有功功率调节

（a）功角 $\delta=0$ 时的相量图；（b）功角 $\delta\neq0$ 时的相量图；（c）功角特性

2. 静态稳定性

与电网并联运行，工作在某一运行点的同步发电机，当电网或原动机发生微小的扰动时，在扰动消除后发电机能否恢复到原先的稳定运行状态的能力，称为同步发电机的静态稳定性。若能恢复，发电机是稳定的；否则就是不稳定的。

同步发电机静态稳定的判据是：当功角 $\delta$ 有微小变化后，电磁功率 $P_e$ 亦随之改变，以微分形式表示则为

$$P_r=\frac{\mathrm{d}P_e}{\mathrm{d}\delta} \qquad (18-6)$$

式（18 - 6）中，$P_r$ 称为整步功率系数，当 $P_r>0$ 时能保持静态稳定运行，当 $P_r<0$ 时不能维持静态稳定运行。$P_r=f(\delta)$ 的关系曲线如图 18 - 9 中虚线所示。由曲线可以看出，对于隐极

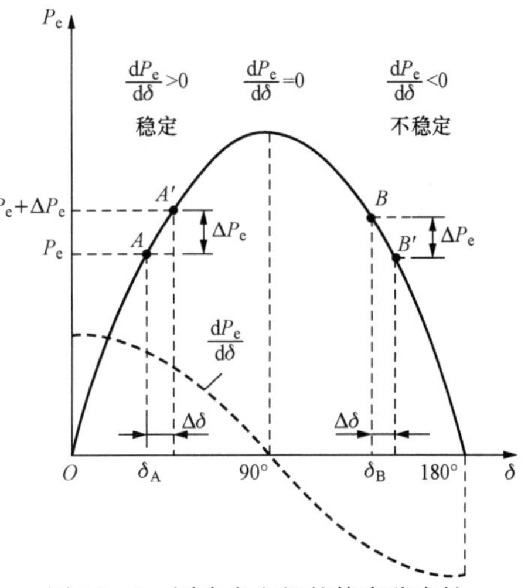


图 18 - 9　同步发电机的静态稳定性

发电机，$\delta>90°$时，$P_r$ 为负值，发电机将失去静态稳定；在 $\delta=90°$时，就达到稳定极限，此时对应的电磁功率为稳定极限功率。对凸极发电机，稳定极限对应的功角略小于 90°。

在图 18-9 中，功角 $\delta>90°$的区域是不稳定区，在该区间功角增加电磁转矩反而减小，即

$$\frac{dP_e}{d\delta}<0 \text{ 或 } \frac{dT_e}{d\delta}<0$$

在不稳定区发电机是不稳定的，如在 $B$ 点，一旦转子上作用的驱动转矩产生扰动，若增加 $\Delta T_1$，转子就开始加速，功角就会增加，而电磁制动转矩变得更小，转子还要进一步加速。输入的驱动转矩大于电磁转矩，发电机不能保持同步，此现象称为“失步”。失步后感应电动势频率高于电网端电压的频率，在发电机和电网中产生很大的环流，对发电机不利，也会危及电网的稳定，因此失步后，断路器应自动动作将发电机从电网上切除。

在实际运行中，发电机应在稳定极限范围内运行，且留有一定的静态稳定裕度，发电机正常运行的功角一般为 30°～45°。

## 二、无功功率的调节与 V 形曲线

### 1. 无功功率调节

同步发电机并网运行时，向电网输出有功功率的同时也输出无功功率，无功功率的调节可以通过调节发电机的励磁来完成。为了研究的方便，假定调节无功功率时有功功率保持不变，即电磁功率 $P_e$（近似等于输出功率 $P_2$）为常值，则

$$\left.\begin{aligned}P_2&=mUI_a\cos\varphi=\text{常数}\\P_e&=m\frac{E_0U}{X_d}\sin\delta=\text{常数}\end{aligned}\right\}\tag{18-7}$$

由于端电压 $U$ 和直轴同步电抗 $X_d$ 均为常数，因此

$$\left.\begin{aligned}I_a\cos\varphi&=\text{常数}\\E_0\sin\delta&=\text{常数}\end{aligned}\right\}\tag{18-8}$$

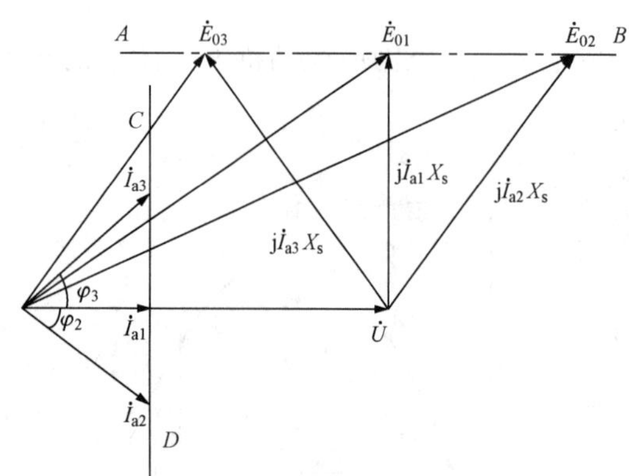


图 18-10　同步发电机与电网并联时无功功率调节的相量图

同步发电机与电网并联时无功功率调节的相量图如图 18-10 所示。由式（18-8）可知，仅调节无功功率时，电枢电流 $I_a$ 的有功分量 $I_a\cos\varphi$ 保持不变，相量 $\dot{I}_a$ 的轨迹沿图 18-10 中直线 $CD$ 移动，又因 $E_0\sin\delta$ 等于常数，相量 $\dot{E}_0$ 的轨迹应沿直线 $AB$ 变化。直线 $CD$ 与电压相量 $\dot{U}$ 垂直，直线 $AB$ 与电压相量 $\dot{U}$ 平行。

调节励磁电流可以改变发电机输出的无功功率，当励磁电流为 $I_{fI}$，对应的电动势为 $E_{01}$ 时，因 $\dot{E}_{01}=\dot{U}+jX_s\dot{I}_{a1}$，由图 18-10 可知，此时 $jX_s\dot{I}_{a1}$ 超前端电压 $\dot{U}$90°，即 $\dot{I}_{a1}$ 与 $\dot{U}$ 同相位。全部功率都是有功功率，无功功率输出为 0，此时 $\cos\varphi=1$，$\sin\varphi=0$，称发电机运行在正常励磁状态。

如果增加励磁，$E_{01}$ 将要增加至 $E_{02}$，$E_{02}>E_{01}$，如图 18-10 所示，$\dot{E}_0$ 的轨迹将沿直线 $AB$ 右移，此时电枢电流相量 $\dot{I}_{a2}$ 仍与 $jX_s\dot{I}_{a2}$ 垂直，将落后于电压 $\dot{U}$，发电机输出滞后电流和感性的无功功率，发电机运行在过励状态。

如果调节励磁电流使之比正常励磁还要小，则电动势 $E_{03}$ 比 $E_{01}$ 还要小，相量 $\dot{E}_{03}$ 将沿 $AB$ 直线左移，此时电枢电流 $\dot{I}_{a3}$ 与 $jX_s\dot{I}_{a3}$ 垂直，必然超前于端电压 $\dot{U}$。发电机输出超前电流和容性无功功率，即吸收感性无功功率，发电机运行在欠励状态。

同步发电机并网运行时无功功率调节具有上述特性的原因：电网电压是固定不变的，即气隙合成磁场是固定不变的，过励时，励磁电流超出了产生气隙合成磁场所需要的数值，必然会有一个具有去磁电枢反应作用的无功电流送入电网，由电枢反应的分析可知，该电流滞后于 $\dot{E}_0$ 90°，即为发出滞后无功功率；反之，欠励时，励磁电流不足以产生端电压 $\dot{U}$，则必送入电网一个具有增磁电枢反应的超前电流，以弥补励磁电流之不足。由于电网的负载大多为感应电机，需要感性无功功率，因此大多数同步发电机都工作在过励状态下。虽然发电机发出滞后无功功率时不会增加燃料（或水）的消耗，但增大励磁也会增加励磁损耗、定子绕组铜耗和输出线路损耗。

2. V 形曲线

发电机并网运行时，电枢电流与励磁电流的关系曲线如图 18-11 所示，该曲线称为 V 形曲线。图中每一条曲线对应于一个有功功率。每一条曲线的最低点对应于最小电枢电流，相当于 $\cos\varphi=1$ 的正常励磁状态，增加励磁，发电机进入过励状态，输出滞后无功电流，功率因数降低，电流增加；反之，由正常励磁减少励磁，则功率因数降低，为输出超前电枢电流，电枢电流也增加。

综上所述，当发电机与无穷大电网并联时，调节发电机的输入机械功率，可以调节发电机的输出有功功率；调节励磁电流的大小，可以改变发电机输出的无功功率。需要注意的是，当改变原动机的输入功率时，发电机的功角将相应地跟着变化，起到调节有功功率的作用，但此时如使励磁保持不变，输出的无功功率也会发生变化。因此，如果只要求改变有功功率，就应在调节原动机输入功率的同时适当地调节发电机的励磁；此外，如果只改变发电机的励磁而保持原动机的输入功率不变，则只能改变无功功率，并不会使有功功率发生变化。调节励磁电流的大小，不仅能改变无功功率的大小，还能改变无功功率的性质。当过励时，电枢电流是滞后电流，发电机输出感性无功功率；当欠励时，电枢电流是超前电流，发电机输出容性无功功率。

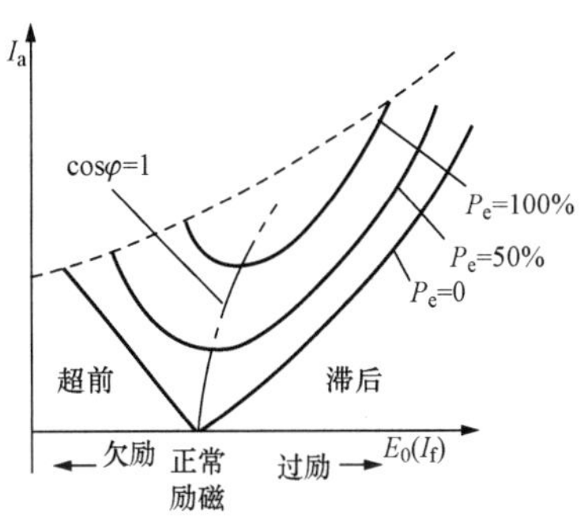


图 18-11　同步发电机的 V 形曲线

## 小　结

大型同步发电机一般都并联运行，由多台发电机并联，多个发电厂并联所组成的电力系统，定义为无穷大电网，无穷大电网的电压和频率为常值。同步发电机并入无穷大电网运行时，因发电机工作状态的改变对电网影响极小，可以认为端电压、频率恒定不变，发电机内合成磁场幅值近似不变，转速恒定。

同步发电机并网运行时，必须在满足相序、频率、电压大小与相位相同的条件下，才能实现无冲击电流的并网操作。

只有改变原动机输入的机械功率才能改变发电机输出的有功功率，电磁功率（近似等于输出功率）与功角的关系为

$$P_e = m\frac{E_0 U}{X_d}\sin\delta + \frac{m}{2}U^2\left(\frac{1}{X_q} - \frac{1}{X_d}\right)\sin 2\delta$$

当励磁保持恒定时（$E_0$＝常数），电磁功率 $P_e$ 有一最大值，对应的功角为 90°电角度（隐极发电机）或略小于 90°电角度（凸极发电机）。在 $dP_e/d\delta>0$ 的区域发电机能稳定运行，若输入机械功率超过最大电磁功率，发电机将失步。

改变发电机的励磁可以改变无功功率的输出，欠励时输出容性电流，过励时输出感性电流，同步发电机可以按运行需要改变功率因数。发电机输出的最大感性无功电流的数值取决于发电机转子所能加的励磁电流的大小。励磁电流过大会引起转子过热。在欠励状态下运行时，因励磁电流小，$E_0$ 也小，发电机稳定极限降低，故发电机输出的最大容性无功电流将受到运行稳定性的限制。

## 习 题

18-1 三相同步发电机投入并联运行的条件是什么？为什么要满足这些条件？用什么方法（或仪器）检验这些条件是否满足？

18-2 用旋转灯光法进行并网操作时，怎样判断并网前同步电机转速高于或低于同步转速？

18-3 试述同步发电机中电磁转矩产生的机理。为什么基本电磁转矩与 $E_0/X_d$、$\sin\delta$ 成正比？附加电磁转矩与哪些因素有关？

18-4 试述功角的物理意义。发电机的电磁转矩、功率与功角 $\delta$ 有什么关系？转子与气隙磁场转速不同时电磁转矩如何变化？为什么？

18-5 试分析同步发电机单机带负载运行和与电网并联运行时的性能差别。

18-6 比较在下述几种情况下同步发电机的静态稳定性：

(1) 发电机的短路比较大；

(2) 在欠励和过励两种工况下；

(3) 在轻载下运行；

(4) 通过长输电线接到大容量电网。

18-7 并联于无穷大电网的隐极式同步发电机，保持无功功率输出不变，调节有功功率输出时，功角 $\delta$ 及励磁电流 $I_f$ 是否应该变？此时电枢电流 $I_a$ 和电动势 $E_0$ 各按什么轨迹变化？画出向量图并说明为什么？

18-8 一台汽轮发电机，额定值为 25000kW，$U_N$＝10.5kV，星形接法，$\cos\varphi_N$＝0.8（滞后），不计磁路饱和及定子电阻，若其同步电抗标幺值 $X_s^*$＝2.13，试求：

(1) 额定运行时发电机的励磁电动势、功角 $\delta$ 和内功率因数角 $\Psi_0$；

（2）电磁功率。

18-9　一台8250kV·A三相凸极式水轮发电机，50Hz，$U_N=11$kV，星形接法，$\cos\varphi_N=0.8$（滞后），同步电抗$X_d=17\Omega$，$X_q=9\Omega$，电枢绕组电阻略去不计。试求：

（1）$X_d$、$X_q$的标幺值；

（2）该机在额定运行工况下的功角$\delta_N$和空载电动势$E_0$；

（3）最大电磁功率$P_{max}$和产生最大电磁功率时的功角$\delta_{max}$。

18-10　隐极同步发电机并网运行，发电机的额定数据如下：$S_N=7500$ kV·A，$U_N=3150$V，星形接法，$\cos\varphi_N=0.8$（滞后），$X_s=1.6\Omega$。若定子绕组电阻略去不计，试求：

（1）输出额定功率时的功角$\delta$；

（2）励磁电流不变，求输出有功功率减小1/2时的功角和功率因数。

# 第十九章　同步电动机和同步补偿机

同步电动机是一种广泛应用的电动机，具有在稳态运行时转子转速始终保持为同步转速、功率因数可以调节等特点。小容量的同步电动机常用于要求恒速的自动和遥控装置及仪表中。在要求转速恒定和需要改善功率因数的场合，或电动机容量在数百千瓦级以上的设备中，常优先选用三相同步电动机。随着变频技术的日益成熟，同步电动机的调速问题也得到了较好的解决，应用范围更加广泛。同步补偿机主要用来补偿电网的无功功率和功率因数。

## 第一节　同步电动机电压方程和相量图

由第十六章第二节的分析可知，发电机和电动机两种运行方式的差别仅仅是功角不同。发电机工况下沿旋转方向看，主磁极轴线超前于电枢合成磁场轴线，故 $\dot{E}_0$ 超前于 $\dot{U}$，功角 $\delta>0°$；在电动机工况下，电枢合成磁场轴线超前于磁极轴线，$\dot{E}_0$ 落后于 $\dot{U}$，功角 $\delta<0°$。因此，同步发电机的电动势平衡方程式也适用于同步电动机。如果仍按发电机惯例确定电流的正方向（流入电网方向作为电流正方向），隐极同步电动机的电动势平衡方程式为

$$\dot{E}_0=\dot{U}+j\dot{I}_aX_s+\dot{I}_aR_a \tag{19-1}$$

与式（19 - 1）对应的相量图如图 19 - 1（a）所示。

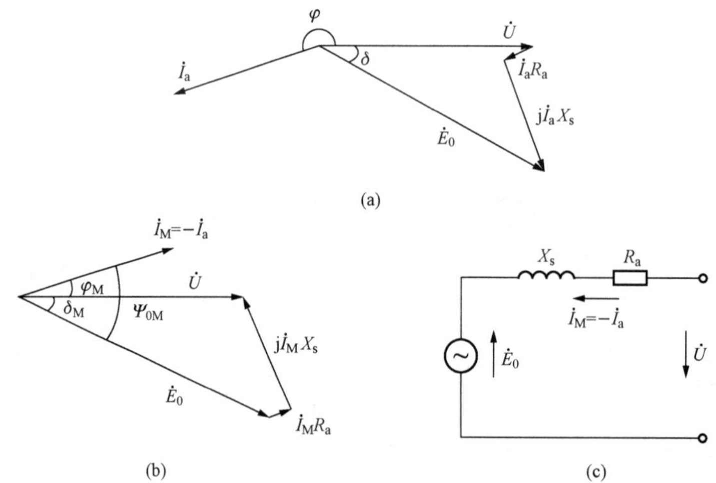


图 19 - 1　隐极同步电动机的相量图和等效电路

（a）按发电机惯例画出；（b）按电动机惯例画出；（c）等效电路

图 19 - 1（a）中，因 $\dot{U}$ 超前 $\dot{E}_0\delta$ 角，$\dot{I}_a$ 与 $\dot{U}$ 之夹角大于 90°，即同步电机送入电网的功率 $P=mUI_a\cos\varphi<0$。尽管向电网送负功率与从电网吸收正功率两种说法没有实质差别，但前一种说法不太符合工程习惯，因此在研究同步电动机时，总是按电动机的惯例确定电流

的正方向，即流入电动机方向作为电流正方向［见图 19-1（c）］。这样一来，原来 $\varphi>90°$ 的输出电流相量 $\dot{I}_a$ 转 180°，变成从电网流入电动机的电流相量 $\dot{I}_M$，将 $\dot{I}_a=-\dot{I}_M$ 代入式（19-1），即可得到按电动机惯例表示的隐极式同步电动机电动势平衡方程式

$$\dot{E}_0=\dot{U}+j\dot{I}_aX_s+\dot{I}_aR_a=\dot{U}-j\dot{I}_MX_s-\dot{I}_MR_a \tag{19-2}$$

与式（19-2）相对应的相量图如图 19-1（b）所示，电动机电流 $\dot{I}_M$ 领先于端电压 $\dot{U}$ 一个 $\varphi_M$ 角。这时从电网送入电动机的有功功率为 $mUI_M\cos\varphi_M$ 为正值。送入电动机的无功功率是超前的，类似于电容性负载。

与隐极式同步电动机类似地，按电动机惯例确定电流正方向，凸极同步电动机的电动势平衡方程为

$$\dot{U}=\dot{E}_0+\dot{I}_MR_a+j\dot{I}_{dM}X_d+j\dot{I}_{qM}X_q \tag{19-3}$$

式中：$\dot{I}_{dM}$ 为同步电动机定子电流的直轴分量；$\dot{I}_{qM}$ 为同步电动机定子电流的交轴分量。

按式（19-3）可画出凸极同步电动机电动势相量图，如图 19-2 所示。与发电机一样，画相量图时，必须首先确定内功率因数角，经推倒可得

$$\Psi_{0M}=\arctan\frac{U\sin\varphi_M+I_MX_q}{U\cos\varphi_M-I_MR_a} \tag{19-4}$$

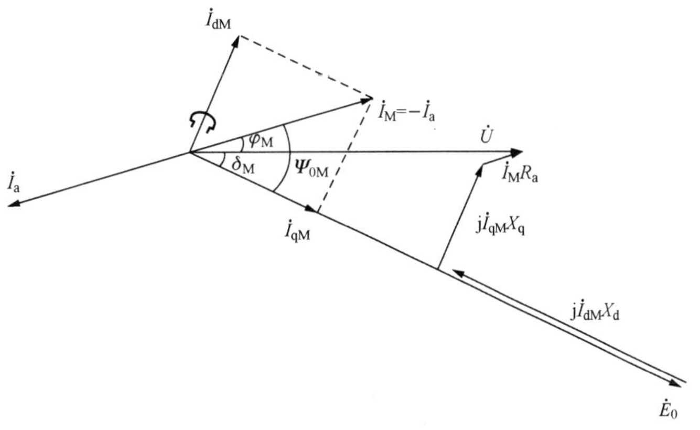


图 19-2　凸极同步电动机相量图

式（19-4）中，当 $\dot{I}_M$ 超前于 $\dot{U}$ 时，$\varphi_M$ 取正值；当 $\dot{I}_M$ 滞后于 $\dot{U}$ 时，$\varphi_M$ 取负值；计算出的 $\Psi_{0M}$ 角为正值时，表示 $\dot{I}_M$ 超前于 $\dot{E}_0$；计算出的 $\Psi_{0M}$ 角为负值时，表示 $\dot{I}_M$ 滞后于 $\dot{E}_0$。进一步可以求出电枢电流的直、交轴分量分别为

$$\left.\begin{aligned}I_{dM}&=I_M\sin\Psi_{0M}\\I_{qM}&=I_M\cos\Psi_{0M}\end{aligned}\right\} \tag{19-5}$$

## 第二节　同步电动机的功角特性与 V 形曲线

### 一、功角特性

在研究同步发电机功角特性时已将功角定义为主磁极轴线超前于合成磁场轴线的角度，亦即为 $\dot{E}_0$ 超前于 $\dot{U}$ 的角度。对于电动机运行方式，$\dot{E}_0$ 落后于 $\dot{U}$，故功角应为负值，以负功角代入同步发电机功角特性公式得到

$$P_e=-\left[m\frac{E_0U}{X_d}\sin\delta+m\frac{U^2}{2}\left(\frac{1}{X_q}-\frac{1}{X_d}\right)\sin2\delta\right] \tag{19-6}$$

即同步电动机工况下，电磁功率为负值。显然，这一结果是与同步电动机中实际的物理情况相吻合的。为了符合电动机的惯例，将电磁功率定义为输入功率，而功角 $\delta_M$ 定义为 $\dot{U}$ 超前

于$\dot{E}_0$之电角度，则可以去掉式（19-6）中的负号，得到同步电动机的功角特性

$$P_{eM}=m\frac{E_0U}{X_d}\sin\delta_M+m\frac{U^2}{2}\left(\frac{1}{X_q}-\frac{1}{X_d}\right)\sin2\delta_M \tag{19-7}$$

由式（19-7）可画出与图18-6形状完全相同的功角特性曲线，如图19-3所示。

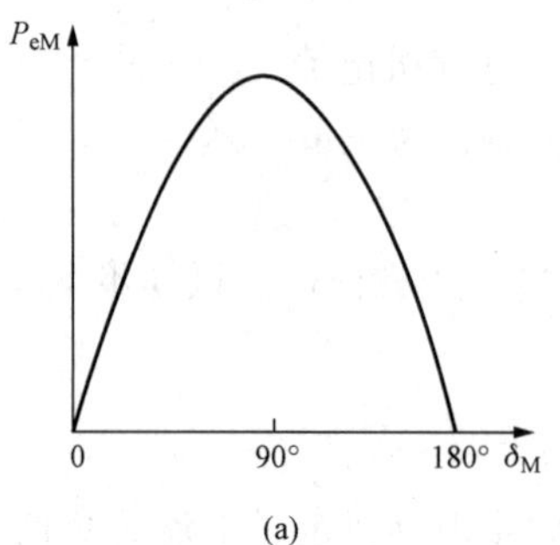


(a)

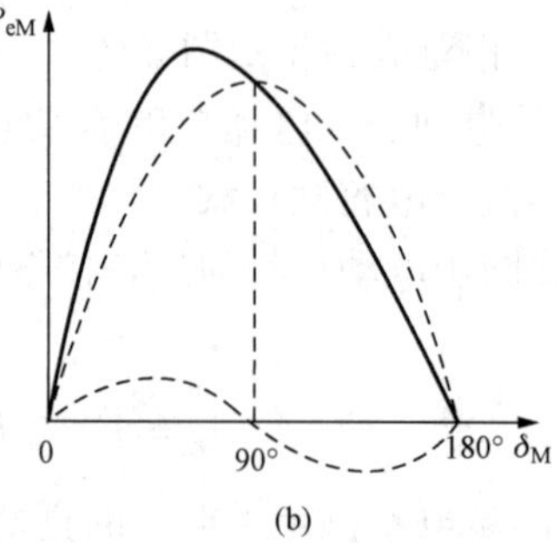


(b)

图19-3 同步电动机的功角特性

（a）隐极电动机；（b）凸极电动机

## 二、V形曲线

与发电机情况相似，同步电动机电流相位超前还是滞后取决于励磁电流的大小。由于合成磁场取决于端电压$U$，是保持不变的，所以过励磁时，电枢反应电流应当是去磁的。按发电机惯例确定电流正方向时（流入电网为正），滞后$\dot{E}_0$90°的电流有去磁电枢反应，则改变电流正方向后超前$\dot{E}_0$90°的电流有去磁电枢反应。因此，同步电动机在过励时吸收超前电流，电动机是电容性负载；在欠励时吸收滞后电流，电动机为电感性负载。所以说同步电动机的功率因数是可调的。同步电动机电枢电流与励磁电流$I_f$的关系曲线也是V形，如图19-4所示。

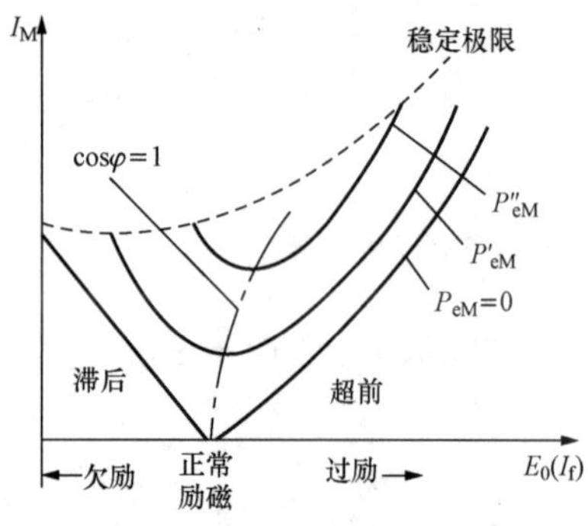


图19-4 同步电动机的V形曲线

与图18-11所示的同步发电机V形曲线比较可知，两条V形曲线形状完全相同。两者的差别是，图18-11中过励磁时输出滞后无功电流，而在图19-4中输入超前无功电流。

因现代工业中所应用的电动机多为感应电机，为电感性负载，因此利用同步电动机在过励磁下呈电容性这一特点，可以改善系统的功率因数，这是同步电动机的最大优点。

# 第三节 同步电动机的启动与调速

## 一、同步电动机的启动

同步电动机启动前，转子是静止的，当定子接三相交流电源后，在气隙中产生的旋转磁场的转速为同步转速，由于转子及其机械负载的惯性比较大，定、转子之间的磁拉力不足以把转子立刻从零转速拖至同步转速，使转子与定子旋转磁场同步转动。这样在启动时定、转子磁场之间就会有相对运动，作用在转子上的同步电磁转矩正、负交变，使转子上受到的平

均转矩为零。因此同步电动机是不能自行启动的，必须借助其他方法，才能把同步电动机启动起来。

同步电动机的启动方法有异步启动法、辅助电动机启动法和变频电源启动法等。

1. 异步启动法

同步电动机启动用得最广泛的是异步启动法，采用异步启动法时，应在转子磁极表面加装类似感应电机中的笼型导条的短路绕组，称为启动绕组。异步启动法的启动过程如下：

(1) 转子不加励磁，定子绕组接三相交流电源，定子电流产生的旋转磁场在转子启动绕组中感应电流并产生异步转矩，拖动转子到接近同步转速。这个过程中励磁绕组不能开路，这是因为励磁绕组匝数比较多，一旦开路，定子旋转磁场会在励磁绕组中感应高电压危及励磁绕组的绝缘和人身安全。同时励磁绕组也不可直接短路，否则励磁绕组中的感应电流会和定子磁场相互作用，产生“单轴转矩”，使转子卡在半同步转速，不能接近同步转速。因此启动过程中励磁绕组通常串联一个外加电阻，使励磁绕组既不完全短路，也不开路。外加电阻的阻值大约为励磁绕组本身电阻值的 5～10 倍。

(2) 转子转速接近同步转速后，加直流励磁，使转子达到同步，进入同步电动机工作方式。牵入同步后，转子以同步转速转动，启动绕组中没有感应电流，就不起作用了。

2. 辅助电动机启动法

大型同步电动机可以采用辅助电动机方法启动，即用一台极数与同步电动机相同的小容量感应电机作为辅助电动机，拖动同步电动机旋转，当其转速接近同步转速时，转子励磁绕组加直流励磁，定子接通三相电源，使转子靠同步电动机产生的牵入同步转矩将转子牵入同步，然后将辅助电动机从电源上切出。辅助电动机的容量一般为同步电动机容量的 10%～15%左右。

3. 变频启动法

变频启动法是利用三相变频电源供电的一种调频启动法。启动时，同步电动机的转子绕组加直流励磁电流，定子绕组由变频器供电，开始时把变频电源的频率调得很低，然后缓慢增加，使定子旋转磁场牵引着转子缓慢地同步加速，直到转子转速达到额定转速，最后将定子绕组投入电网，切除变频电源。

## 二、同步电动机的调速

同步电动机转子的转速与供电电源的频率之间满足严格的同步关系，所以同步电动机调速最常用的方法就是变频调速。在具有三相变频器供电的场合，改变供电电源的频率，就可以使转子的转速连续、平滑地调节。

同步电动机变频调速的原理、方法以及变频器的基本构成等与感应电机的变频调速基本相同，在基频以下采用恒转矩控制，在基频以上采用恒功率控制。但由于同步电动机在励磁方式方面有别于感应电机，所以同步电动机变频调速的控制要求与感应电机略有不同。同步电动机的变频调速可分为他控式变频和自控式变频两大类。

1. 他控式变频调速

他控式变频调速是利用独立的变频器给同步电动机定子三相绕组供电的调速方法。采用他控式变频调速时，频率属于开环控制，在基频以下，当同步电动机运行在高速时，定子绕组电阻可以忽略不计，只要保证$\dfrac{U_1}{f_1}$为常数，就可以使过载能力保持不变；当同步电动机运行在低速时，与感应电机一样，也应适当增加压频比，以补偿由于定子绕组电阻的作用所引起的过载能力下降。采用这种方法调速时，加速与减速不能太快，否则会造成同步电动机的不稳定或失步。

2. 自控式变频调速

除了利用独立的变频器给同步电动机定子绕组供电以外，还可以在同步电动机的转子上装一台转子位置检测器，以获得转子位置的信息，并根据转子的位置来控制变频器输出电压的频率和同步电动机定子绕组电流的大小，这种变频调速称为自控式变频调速。自控式同步电动机的供电频率严格受控于转子自身的位置和转速，因此是一种频率闭环控制方式。

自控式变频调速根据同步电动机的不同，采用的变频装置也有所不同。电动机本体采用转子直流励磁的同步电动机一般采用交—直—交变频系统，这类同步电动机又称为直流自控式同步电动机；电动机本体采用永磁转子的同步电动机一般采用交—交变频系统，这类同步电动机又称为交流自控式同步电动机。

## 第四节　同 步 补 偿 机

### 一、同步补偿机的工作原理

在空载状态下运行的同步电动机称为同步补偿机，亦称同步调相机，是一种专用于改善电网功率因数的同步电动机。由于不带任何机械负载，同步补偿机的输入功率仅供给电动机本身的损耗，所以运行时电动机的电磁功率和功率因数都近似为零。如果忽略同步补偿机的全部损耗，则电枢电流全部为无功分量，按电动机惯例，同步补偿机的电压方程为

$$\dot{U}=\dot{E}_0+\mathrm{j}\dot{I}_c X_s \tag{19-8}$$

式中：$\dot{I}_c$ 为流入电枢绕组的电流。

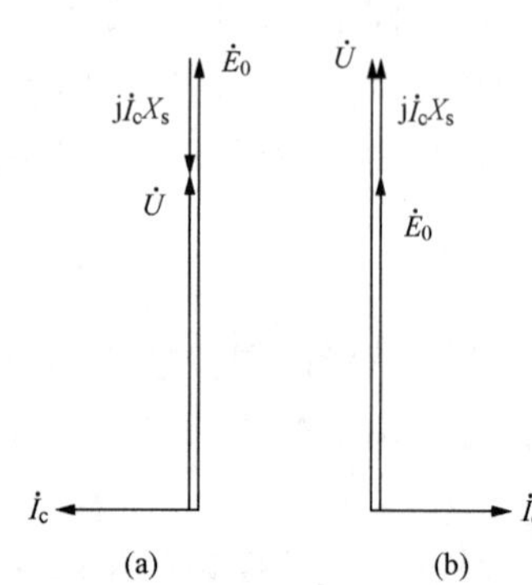


图 19-5　同步补偿机相量图
(a) 过励状态；(b) 欠励状态

与式（19-8）对应的相量图如图 19-5 所示。图 19-5(a) 所示为过励磁情况，电流 $\dot{I}_c$ 超前 $\dot{U}$90°，同步补偿机从电网吸收超前的无功电流；欠励磁时，电流 $\dot{I}_c$ 滞后 $\dot{U}$90°，如图 19-5 (b) 所示，从电网吸收滞后的无功电流。因此只要调节励磁电流，就能调节同步补偿机无功功率的性质和大小。同步补偿机的 V 形曲线相当于图 19-4 中电动机电磁功率等于零时的 V 形曲线。

现代电力系统中的主要负载为感性负载，所以同步补偿机通常工作在过励磁状态。下面以一个简单的系统为例来说明补偿的原理。如图 19-6（a）所示，设感应电机从电网吸取滞后的电流 $\dot{I}_a$，使同步补偿机在过励磁状态下运行，从电网吸取超前的无功电流 $\dot{I}_c$，则线路电流 $\dot{I}$ 为

$$\dot{I}=\dot{I}_a+\dot{I}_c \tag{19-9}$$

与式（19-9）相应的相量图如图 19-5（b）所示，可以看出，由于同步补偿机从电网吸收的超前的无功电流补偿了感应电机所需的滞后无功电流，使线路电流减少，功率因数显著提高。

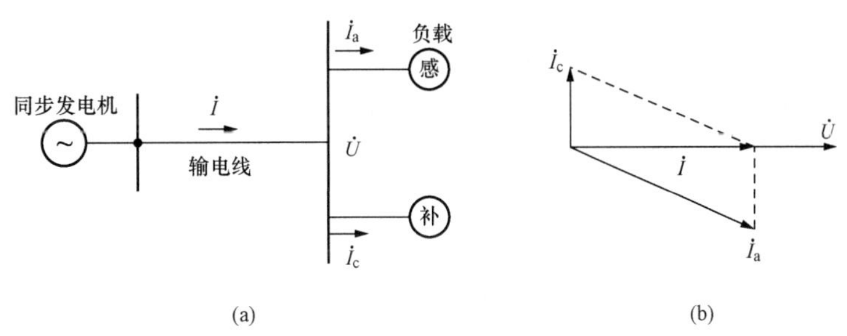


图 19-6　同步补偿机的补偿原理

(a) 在受电端装设的同步补偿机；(b) 相量图

**二、同步补偿机的特点**

同步补偿机与同步电动机相比，具有如下特点：

(1) 同步补偿机的额定容量是指它在过励磁时的视在功率，额定容量时的励磁电流称为额定励磁电流。

(2) 同步补偿机的转子一般做成凸极式，其转速不高，一般为 750～1000r/min。由于运行时不拖动任何机械负载，所以它的轴要较同容量的同步电动机细小，气隙也比同步电动机小。

**【例 19-1】**　有一工厂变电站，电压（线）为 10000V，该变电站总有功负载为 $P=3000$kW，功率因数 $\cos\varphi=0.65$，为感性负载。为了补偿功率因数使 $\cos\varphi=1$，试选择一台同步补偿机。

**解**　补偿前功率因数

$$\cos\varphi=0.65,\ \sin\varphi=\sqrt{1-\cos^2\varphi}=0.76$$

则线路总电流为

$$I=\frac{P}{\sqrt{3}U\cos\varphi}=\frac{3000\times10^3}{\sqrt{3}\times10000\times0.65}=266.5(\text{A})$$

加补偿后，$\cos\varphi=1$，需要同步补偿机的无功补偿电流为

$$I_r=I\sin\varphi=266.5\times0.76=202.5(\text{A})$$

故同步补偿机的额定容量应为

$$S_N=\sqrt{3}UI_r=\sqrt{3}\times10000\times202.5\times10^{-3}=3507.4(\text{kV}\cdot\text{A})$$

同步补偿机容量至少应为 3500kV·A，额定电压为 10000V，额定电流为 202A。

## 第五节　永磁同步电动机

磁场是电机实现机电能量转换的媒介，根据建立磁场方式的不同，电机可分为电励磁电机和永磁电机。在交、直流电机中，用永磁体替代直流励磁以产生气隙磁场的电机称为永磁电机。与普通电励磁电机相比，永磁电机由于取消了励磁系统，因此具有效率高，结构简单、紧凑，体积小，质量轻及运行可靠等优点。特别是随着永磁材料性能的提高，目前永磁电机在家用电器、医疗器械、交通运输、工业和国防等领域都获得了广泛的

应用。

永磁电机中使用的永磁材料主要有铁氧体和钕铁硼两种。铁氧体的特点是剩磁低、矫顽力高、相对回复磁导率小、抗去磁能力强，实际应用中宜做成扁平形状，主要用于小型永磁电机。钕铁硼是目前磁性能最强的永磁材料，但温度稳定性较差，价格较高，仅在特殊场合使用。

下面先简单介绍永磁同步电动机的磁路结构，然后介绍两种常用的永磁同步电动机，即异步启动永磁同步电动机和调速永磁同步电动机，最后简要说明永磁同步电动机分析方法。

**一、永磁同步电动机的磁路结构**

永磁同步电动机的定子与普通电励磁电动机相同，定子绕组为对称三相短距、分布绕组，与交流电网相连，定子电流为三相正弦电流。永磁同步电动机的转子与普通电励磁电机不同，转子的磁极由不同形状的永磁体构成。根据永磁体材料种类、安置方式及永磁体充磁方向的不同，可以形成不同的磁路结构。

1. 永磁体材料种类不同

根据电动机中永磁体所用材料种类的多少，可以形成单一式磁路结构和混合式磁路结构。单一式磁路结构的永磁体由一种材料构成，是最常用的磁路结构，如图 19 - 7（a）所示。若永磁体采用两种或两种以上材料构成，则称为混合式磁路结构。图 19 - 7（b）所示为由两种材料构成的永磁同步电动机的混合式磁路结构。混合式磁路结构能充分发挥永磁材料的优势，提高电动机的性能。

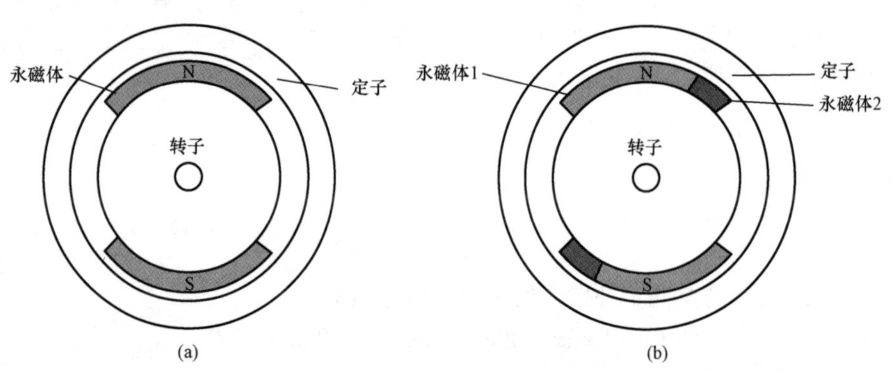


图 19 - 7 单一式和混合式磁路结构

（a）单一式；（b）混合式

2. 永磁体安置方式不同

按永磁体在转子上的放置方式不同，又可以形成表面式和内置式磁路结构，如图 19 - 8 所示。表面式磁路结构又分为凸出式和嵌入式。表面凸出式的转子永磁体磁极直接粘贴在转子铁芯表面，由于永磁体的磁导率与空气相近，所以这种磁路结构与电励磁同步电机的隐极转子结构相似，但计算气隙比电励磁电机大很多，同步电抗的标幺值比传统同步电机小得多。表面嵌入式的转子永磁体磁极置于转子表面的槽内，这种磁路结构与电励磁同步电机的凸极转子结构相似，但由于交轴气隙磁导大于直轴气隙磁导，所以其交轴同步电抗大于直轴同步电抗，与传统凸极同步电机相反。表面式磁路结构具有加工和安装方便的优点；内置式磁路结构的转子永磁体磁极置于转子铁芯内部，加工和安装工艺复杂，漏磁大，但可以放置较多的永磁体以提高气隙磁密，减少电机的质量和体积。

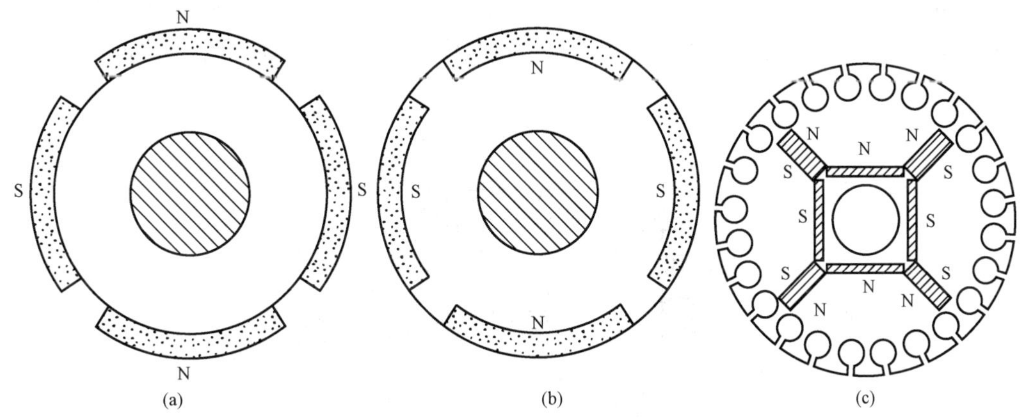


图 19-8　表面式和内置式磁路结构

(a) 表面凸出式；(b) 表面嵌入式；(c) 内置式

3. 永磁体充磁方向不同

根据永磁体充磁方向不同，则可形成径向和切向两种磁路结构，如图 19-9 所示。径向磁路结构的转子永磁体磁极沿径向磁化，多用于稀土永磁材料的永磁电机；切向磁路结构的转子永磁体磁极沿切线方向磁化。

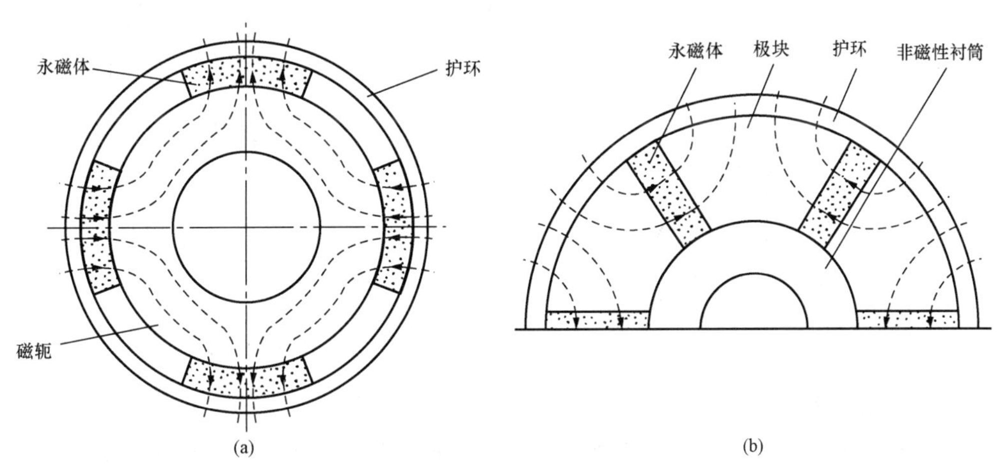


图 19-9　径向和切向磁路结构

(a) 径向；(b) 切向

## 二、异步启动永磁同步电动机

异步启动永磁同步电动机是具有自启动能力的永磁同步电动机，同时具有感应电机和电励磁同步电动机的特点。异步启动永磁同步电动机的基本结构如图 19-10 所示。其定子结构与感应电机基本相同，电动机的转子上除装有永磁体磁极外，还装有笼型启动绕组，如图 19-11 所示。启动时，定子绕组通入三相电流，在气隙中形成以同步转速旋转的气隙磁场，该磁场与转子笼型绕组中的感应电流相互作用，产生具有驱动性质的异步转矩 $T_M$，这与普通感应电机相似；当转子旋转时，转子永磁体在气隙中形成以 $(1-s)n_s$ 转速旋转的磁场，该磁场在定子绕组中感应频率为 $(1-s)f_1$ 的一组三相电流，该电流与永磁体产生的磁场相互作用，在转子上产生一个制动性质的电磁转矩 $T_G$，这种情况与同步发电机三相稳态短路时相似。启动时的合成电磁转矩 $T_e$ 是 $T_M$ 和 $T_G$ 的叠加，如图 19-12 所示。正常运行时，转子运行在同步转速，笼型转子不再起作用，其工作原理与电励磁同步电动机基本相同。

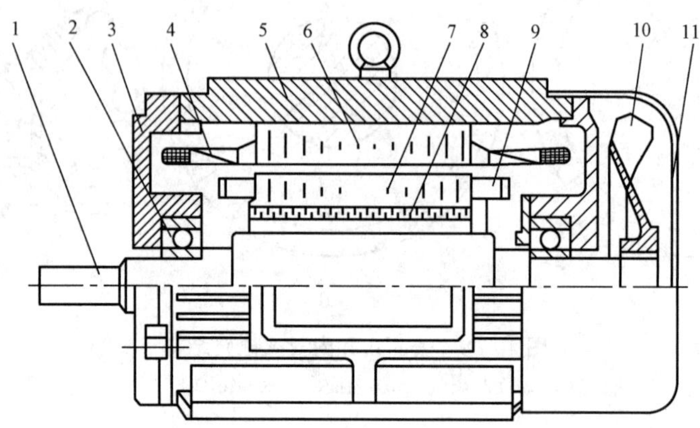


图 19-10 异步启动永磁同步电动机的基本结构

1—转轴；2—轴承；3—端盖；4—定子绕组；5—机座；6—定子铁芯；7—转子铁芯；8—永磁体；9—启动绕组；10—风扇；11—风罩

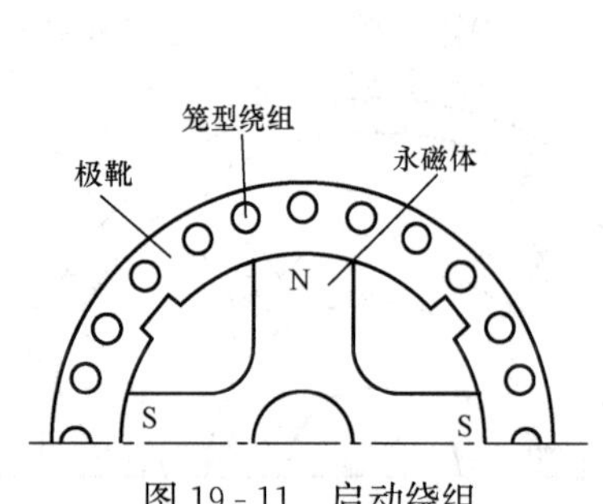


图 19-11 启动绕组

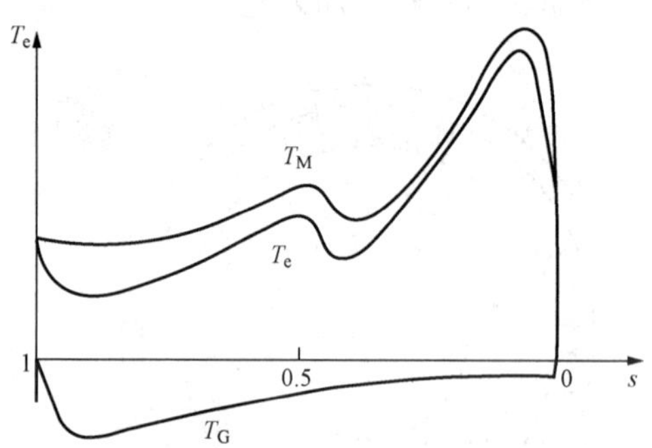


图 19-12 启动过程的电磁转矩

## 三、调速永磁同步电动机

调速永磁同步电动机又称为正弦波电流驱动永磁无刷电动机，其定子结构与普通感应电机相似。与异步启动永磁同步电动机不同的是，由于采用了变频启动，所以转子上没有用于启动的笼型绕组，其转子的磁路结构形式多种多样，通过选择适当的永磁体结构和表面设计确保其能够产生正弦分布的气隙磁场；定子由正弦波脉宽调制的电压型逆变器供电，三相电流为正弦或准正弦波。

严格地讲，调速永磁同步电动机是一种典型的机电一体化电机，它不仅包括电机本体，而且还涉及位置传感器、电力电子逆变器以及驱动电路。典型的调速永磁同步电动机的基本组成如图 19-13 所示。

调速永磁同步电动机的转速是通过调节供电变频器的频率来调节的，变频器输出定子电流的大小取决于负载，受发热的限制，频率取决于转子的实际位置和转速，转子转速越高，变频器的输出频率越高。转子的位置需要通过高准确度的位置传感器连续测量获得，定子三

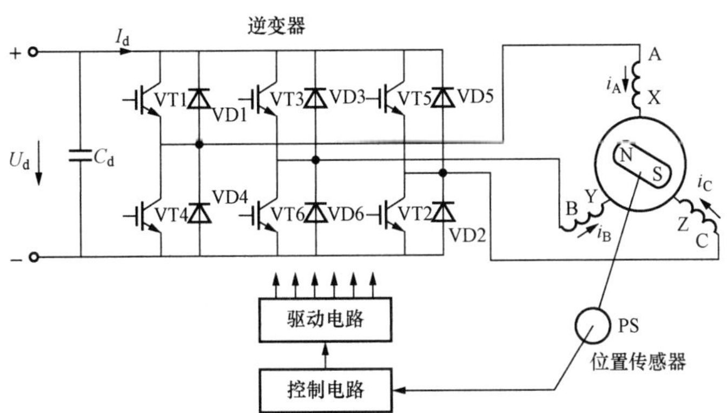


图 19-13　调速永磁同步电动机的基本组成

相电流的通断受控于转子的位置，以使定子电流的通断频率与转子转速同步，所以调速永磁同步电动机属于自控式同步电动机。

**四、永磁同步电动机分析方法**

永磁同步电动机的分析方法、基本方程和运行特性与电励磁同步电动机相似，可以采用分析传统同步电动机的方法来研究，但由于转子磁路结构的特殊性，分析时需要注意以下几方面：

(1) 根据转子永磁体的磁路结构，确定它是隐极式还是凸极式；

(2) 转子永磁体磁极产生的主磁通是无法调节的；

(3) 由于转子永磁体的存在，电动机启动时的转矩—转差率曲线与电励磁同步电动机不同。

同步电机有发电机、电动机和补偿机三种运行状态。如果按发电机工况定义电流正方向和功角 δ，这三种运行状态的特性见表 19-1。

**表 19-1　同步电机三种运行状态的特性**

| 运行状态 | 功角 | 电磁转矩 | 机械功率 | 电功率 |
|---|---|---|---|---|
| 发电机 | $\delta>0°$ | 电磁转矩为制动转矩 | 吸收原动机机械能 | 发出电功率，$UI_a\cos\varphi>0$ |
| 电动机 | $\delta<0°$ | 电磁转矩为拖动转矩 | 向负载送出机械能 | 吸收电功率，$UI_a\cos\varphi<0$ |
| 补偿机 | $\delta=0°$ | 无电磁转矩 | 空　转 | 没有有功功率，$UI_a\cos\varphi=0$ |

上述三种运行状态下的无功功率主要取决于励磁电流的大小，都是在过励磁情况下输出感性无功功率，而在欠励磁情况下输出容性无功功率，正常励磁时 $\cos\varphi=1$。

尽管在电动机运行状态下仍可按发电机惯例确定电流和功角的正方向，但这样输出功率 $UI_a\cos\varphi<0$，$\delta<0°$，与工程上的习惯做法不符合。通常在分析电动机时将电流和功角的正方向反过来，称为电动机惯例。这时电动势平衡方程式也应作相应的变化：

按发电机惯例

$$\dot{E}_0=\dot{U}+R\dot{I}_a+jX_d\dot{I}_d+jX_q\dot{I}_q$$

按电动机惯例

$$\dot{E}_0=\dot{U}-R\dot{I}_a-jX_d\dot{I}_d-jX_q\dot{I}_q$$

上述两式中符号的差别完全是由确定正方向的改变而引起的。

由于转子的惯性大，不能依靠同步转矩将转子在短时间内拖至同步转速，启动时功角作周期性变化，平均转矩为零，因此同步电动机没有自启动能力。可以加装启动绕组，利用异步启动方法解决启动问题，也可以利用变频启动或者辅助电动机启动法。由于同步电动机的转速与电源频率有着严格的对应关系，所以同步电动机最常用的调速方法是变频调速。同步电动机变频调速的原理、方法以及变频器的基本构成等与感应电机的变频调速基本相同，在基频以下采用恒转矩控制，在基频以上采用恒功率控制。

尽管同步电动机结构比较复杂，需要一个额外的直流励磁电源，价格也比感应电机高，但其功率因数好，过励磁时也可以改善电网的功率因数，因此在工业上也有广泛地应用。

## 习　题

19-1　为什么同步电机既可以作发电机运行也可以作电动机运行？在两种运行情况下外力矩和电磁转矩作用方向如何？

19-2　比较同步电机作电动机运行和发电机运行时参考方向、电动势平衡方程式、相量图和功角特性有什么不同？

19-3　同步电动机为什么不能用同步转矩启动，而必须加启动绕组？

19-4　同步补偿机的用途是什么？它和同步电动机有什么区别？

19-5　为什么大多数情况下同步电动机都在过励磁状态下工作？

19-6　同步电动机带额定负载运行时，若 $\cos\varphi=1$，如果保持励磁电流不变，在空载下运行，问此时功率因数会怎样改变？

19-7　有一台同步电动机在额定电压、额定功率、额定负载下运行，此时功角 $\delta=25°$，若电网情况有如下变化：

(1) 电网频率下降5%，负载转矩不变；

(2) 电网频率下降5%，负载功率不变；

(3) 电网频率和电压均下降5%，负载功率不变。

电枢电阻和凸极效应可忽略不计，励磁电流不变，试问在上述几种情况下功角有何变化？

19-8　某车间所消耗的总功率为200kW，$\cos\varphi=0.7$（滞后），其中两台感应电机的平均输入分别为：$P_1=40\text{kW}$，$\cos\varphi=0.625$（滞后）；$P_2=20\text{kW}$，$\cos\varphi=0.75$（滞后）。今欲以一台同步电动机代替此两台感应电机，并把车间的功率因数提高到0.9，试求该同步电动机的额定容量和额定功率。

# 同步电机篇自测题

**一、填空题**

1. 在同步电机中，只有存在________电枢反应才能实现机电能量转换。

2. 同步发电机并网的条件是：①________；②________；③________。

3. 同步发电机在过励时从电网吸收________，产生________电枢反应。

4. 同步电机的功角 $\delta$ 有双重含义，一是________和________之间的时间相量的夹角；二是________和________之间的空间矢量的夹角。

5. 凸极同步电机电枢绕组匝数增加使 $X_q$ 和 $X_d$ 将________；凸极同步电机气隙增加使 $X_q$ 和 $X_d$ 将________。

**二、选择题**

1. 同步发电机的额定功率指（　　）。

A. 转轴上输入的机械功率　　B. 转轴上输出的机械功率

C. 电枢端口输出的电功率

2. 同步发电机稳态运行时，若所带负载为感性 $\cos\varphi=0.8$，则其电枢反应的性质为（　　）。

A. 交轴电枢反应　　B. 直轴去磁电枢反应

C. 直轴去磁与交轴电枢反应

3. 同步发电机稳定短路电流不很大的原因是（　　）。

A. 漏阻抗较大　　B. 短路电流产生去磁作用较强

C. 电枢反应产生增磁作用

4. 对称负载运行时，凸极同步发电机阻抗大小顺序排列为（　　）。

A. $X_\sigma>X_{ad}>X_d>X_{aq}>X_q$　　B. $X_{ad}>X_d>X_{aq}>X_q>X_\sigma$

C. $X_d>X_{ad}>X_q>X_{aq}>X_\sigma$

5. 同步补偿机的作用是（　　）。

A. 补偿电网电力不足　　B. 改善电网功率因数

C. 作为用户的备用电源

**三、简答题**

1. 为什么大容量同步电机采用旋转磁极式而不用旋转电枢式？

2. 为什么同步电机的气隙要比容量相同的感应电机的大？

3. 同步发电机电枢反应性质由什么决定？

4. 试述直轴和交轴同步电抗的意义。凸极同步电机中，为什么直轴电枢反应电抗 $X_{ad}$ 大于交轴电枢反应电抗 $X_{aq}$？

5. 为什么同步发电机的短路特性是一条直线？

**四、计算题**

1. 有一台三相汽轮发电机，$P_N=25000\text{kW}$，$U_N=10.5\text{kV}$，星形接法，$\cos\varphi_N=0.8$

(滞后)，作单机运行。由试验测得它的同步电抗标幺值为 $X_s^*=2.13$，电枢电阻忽略不计，每相励磁电动势为7520V。试求下列几种情况下接上三相对称负载时的电枢电流值，并说明其电枢反应的性质：

(1) 每相是 7.52Ω 纯电阻；

(2) 每相是 7.52Ω 纯电感；

(3) 每相是 (7.52－j7.52) Ω 电阻电容性负载。

2. 有一台 $P_N=25000$kW，$U_N=10.5$kV，星形接法，$\cos\varphi_N=0.8$ (滞后) 的汽轮发电机，$X_s^*=2.13$，电枢电阻略去不计。试求额定负载下励磁电动势 $E_0$ 及 $\dot{E}_0$ 与 $\dot{I}_a$ 的夹角 $\Psi_0$。

3. 有一台 $P_N=725000$kW，$U_N=10.5$kV，星形接法，$\cos\varphi_N=0.8$ (滞后) 的水轮发电机，$R_a^*=0$，$X_d^*=1$，$X_q^*=0.554$。试求在额定负载下励磁电动势 $E_0$ 及 $\dot{E}_0$ 与 $\dot{I}_a$ 的夹角。

4. 有一台三相 1500kW 水轮发电机，额定电压是 6300V，星形接法，额定功率因数 $\cos\varphi_N=0.8$ (滞后)，已知额定运行时的参数：$X_d=21.2\Omega$，$X_q=13.7\Omega$，电枢电阻可略去不计。试计算发电机在额定运行时的励磁电势。

5. 有一台凸极同步发电机，其直轴和交轴同步电抗标幺值分别等于 $X_d^*=1.0$，$X_q^*=0.6$，电枢电阻可以忽略不计。试计算发电机在额定电压、额定容量、$\cos\varphi_N=0.8$ (滞后) 时的励磁电动势 $E_0^*$。

# 第六篇　直　流　电　机

直流电机是电机的主要类型之一。直流电机有直流发电机和直流电动机两类：把机械能转换为直流电能的为直流发电机；把直流电能转换为机械能的为直流电动机。

直流发电机可发出脉动很小的直流电，常常作为励磁电源。直流电动机则具有优良的运行特性，如启动和调速性能好、过载能力强。与交流电机相比直流电机的结构较复杂，成本较高，可靠性较差，使它的应用受到限制。近年来，与电力电子装置结合而具有直流电机性能的电机不断涌现，使直流电机有被取代的趋势。尽管如此，直流电机仍有一定的理论意义和实用价值。

本篇以广泛应用的换向器式直流电机为对象，研究其工作原理和基本结构，分析直流电机的磁路和电路系统，讨论直流发电机和直流电动机的工作特性。

## 第二十章　直 流 电 机 概 述

本章主要说明直流电机的工作原理，介绍直流电机的基本结构和额定值。

### 第一节　直流电机的工作原理

图 20 - 1 所示为一最简单的直流发电机工作原理图。在 N 极和 S 极之间，有一个圆柱形的导磁体，称电枢铁芯，电枢铁芯与磁极之间有小气隙，使电枢铁芯能自由旋转。线圈 abcd 敷设于电枢铁芯表层，该线圈称为电枢线圈，其两端分别连接到两片导电的换向片上。由换向片构成的换向器和电枢铁芯一同压装于转轴上，组成一个可转动的整体，即转子。换向片之间及换向器与转轴之间都是绝缘的。与两换向片相接触的电刷 A 和 B，可使电枢线圈与外电路相接通。磁极和电刷在空间是固定不动的。

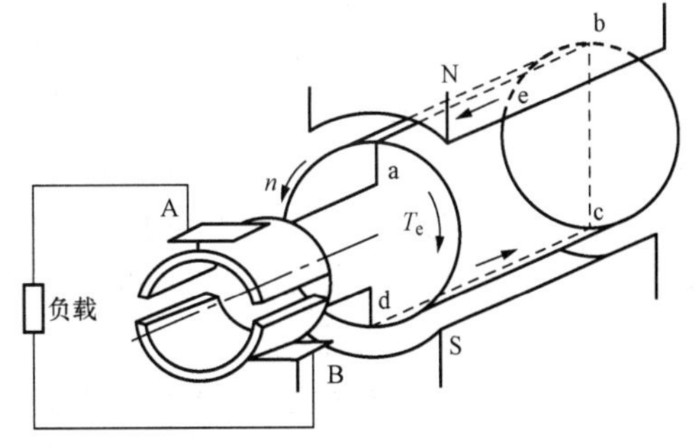

图 20 - 1　直流发电机工作原理图

若由原动机拖动，使其以恒定转速 $n$ 旋转，根据电磁感应定律，线圈两条导体边 ab 和 cd 将产生感应电动势，该感应电动势的方向用右手定则判定，如图 20 - 1 中箭头所示。从整个线圈来看，线圈两边的感应电动势是相加的。设一根导体的感应电动势瞬时值为 $e_{ab}$，则

$$e_{ab}=B(x)lv \tag{20-1}$$

式中：$B(x)$ 为考察瞬间导体所处位置的磁感应强度；因电枢以恒定转速 $n$ 旋转，故线速度 $v$ 为常数；有效长度 $l$ 在已制成的电机中也是常数。这样，感应电动势 $e_{ab}$ 将正比于磁感应强度 $B(x)$，其随时间的变化规律也将与 $B(x)$ 在空间的分布规律相同。设N极下磁感应强度为正、则S极下为负，横坐标为导体沿定子圆周的位置 $x$，可得出磁感应强度 $B(x)$ 的空间分布规律如图20-2所示。如以导体处于 $x=0$ 瞬间作为计时起点（$t=0$），则式（20-1）可写为

$$e_{ab}(t)=B(vt)lv \tag{20-2}$$

即导体感应电动势 $e_{ab}$ 随时间的变化波形将与 $B(x)$ 的空间分布规律一致。需强调的是，由于电枢旋转时两导体交替切割N极和S极的磁场，所以导体感应电动势也是交变的。但因为电刷A始终与处在N极下的导体相接触，电刷B始终与处在S极下的导体相接触，所以电刷A的极性总是“+”，电刷B的极性总是“−”。也就是说，电刷和换向器的功能相当于一个机械式的单相全波整流器，使电刷两端得到的电动势为单一方向的电动势 $e_{AB}$，如图20-3所示。

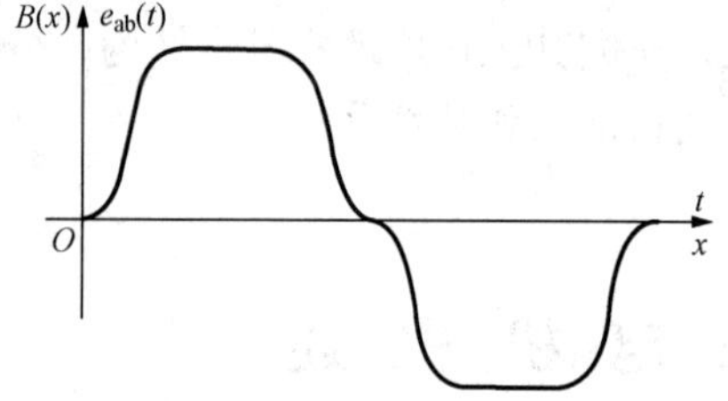


图20-2 气隙磁感应强度分布及导体感应电动势

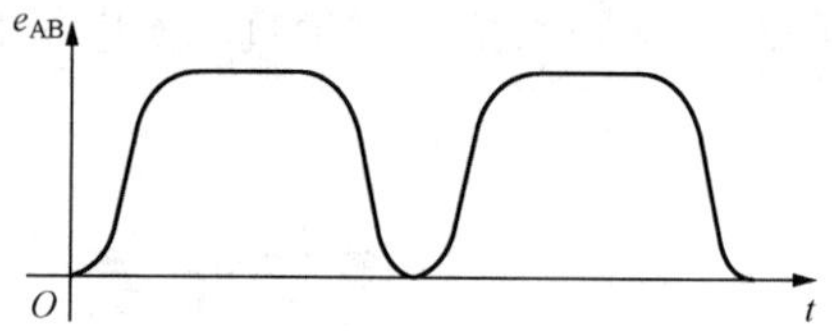

图20-3 两端电刷电动势波形

以上说明了直流电机建立电动势的原理。若将A、B与外电路接通，就可以输出直流电能。当有电流流过时，处于磁场之中的载流导体ab、cd将受到电磁力 $f$ 的作用，电磁力的大小为

$$f=B(x)li \tag{20-3}$$

其方向由左手定则确定，由此产生的电磁转矩 $T_e$ 与电枢旋转方向相反。故为使电枢保持恒定转速 $n$，原动机必须克服电磁转矩的制动作用而消耗机械能，这样电机就把原动机提供的机械能转换为直流电能输出。

若把图20-1的模型作为电动机，由外部直流电源经电刷A、B输入电流，例如电流从正电刷A进入，从负电刷B流出，于是载流线圈产生电磁转矩，使转子旋转，方向如图20-1中 $n$ 的方向。旋转时，由于换向器的作用，电流总是从N极下的导体流进，从S极下的导体流出，由此产生的电磁转矩方向始终不变。这样，该模型可以把直流电能转换成机械能输出，这也说明图20-1所示的直流电机模型既可作发电机运行，又可作电动机工作，具有可逆性。

图20-1所示的直流电机只有一个线圈、两片换向片，所以产生的电动势及电磁转矩的脉动都很大，同时电枢表层也没有得到充分利用，因此，直流电机不宜只有一个线圈，而应由许多线圈组成，称为“电枢绕组”。线圈均匀地分布于整个电枢铁芯表层，并按一定规律相连接，换向器的换向片数也相应增加，这就构成了一个实际的直流电机。

## 第二节 直流电机的结构

从直流电机的工作原理可知，直流电机由定子和转子两大部分构成。定子有机座、主磁

极、刷架组件和电刷等部件，其作用是产生磁场，并支撑整个电机；转子由电枢铁芯、电枢绕组、换向器、转轴等部件组成。图 20 - 4 为一小型直流电机的结构图，以下对各主要结构部件作简要介绍。

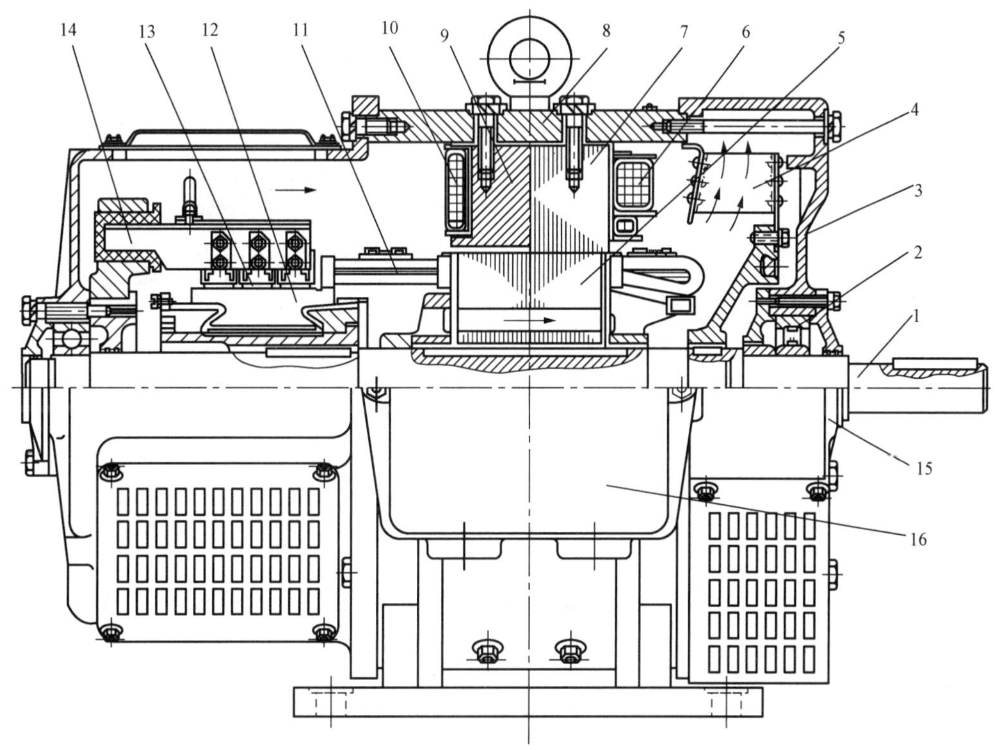


图 20 - 4　小型直流电机结构图

1—转轴；2—轴承；3—端盖；4—风扇；5—电枢铁芯；6—主磁极绕组；7—主磁极铁芯；8—机座；9—换向极铁芯；10—换向极绕组；11—电枢绕组；12—换向器；13—电刷；14—刷架；15—轴承盖；16—出线盒

## 一、定子

### 1. 机座

直流电机就整体而言，其结构的变化主要在机座。通常，定子为凸极结构的直流电机，其机座有两个作用：①作为主磁路的一部分；②作为电机的结构框架，起到支撑、固定作用。

机座一般用厚钢板弯成筒形焊接而成或铸造制成。随着直流电机使用范围的扩大，整流供电电源的采用，使直流电机机座从结构形式、采用的材料等诸方面均有相应的变化。为了提高空间的利用率，多角形机座被广泛采用。对于负载经常变动，特别是整流电源供电的直流电动机，为了减少电源交流分量在机座中产生的涡流损耗，机座不再采用厚钢板或整块铸钢，而是由冲片叠成，即机座冲片化。

### 2. 主磁极和换向极

长期以来，直流电机的定子采用凸极结构，磁极铁芯一般是用钢板冲制、叠压成一整体，套装励磁绕组后用螺钉固定于磁轭上，图 20 - 5 (a) 为典型的凸极结构。由于凸极结构直流电机的内部空间不能充分利用，以及需要安置电刷、换向器等原因使同中心高直流电机的容量比感应电机的要小许多。机座冲片化，促进了直流电机定子隐极化，图 20-5（b）为隐极结构的（冲片）截面图，其将磁轭、主磁极和换向极做成一体，用钢片直接冲制叠压而成。

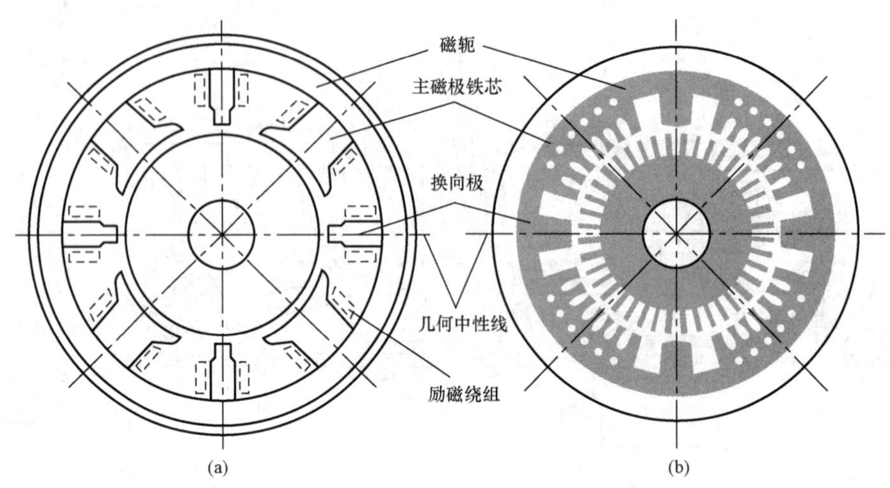


图 20-5 主磁极和换向极

（a）凸极结构；（b）隐极结构

主磁极的作用是建立主磁场，换向极的作用是改善电机的换向性能，主磁极由磁极铁芯和励磁绕组组成。相邻主极之间的分角线称为几何中性线，一般换向极就设置在几何中性线上，换向极绕组与电枢绕组串接，也有一些直流电机不装换向极。

3. 电刷装置

电刷装置是电枢电路的引出或引入装置，由电刷、刷握、刷杆、刷杆架和引线（铜丝辫）等组成，如图 20-6 所示。电刷与旋转的换向器保持滑动接触，外电路通过引线与电刷相连接。电刷是由电化石墨或金属石墨制成，它放在刷握中，靠弹簧压紧在换向器上，以便可靠导电。

## 二、转子

直流电机转子整体结构如图 20-7 所示。电枢是电枢铁芯和电枢绕组的总称，机电能量的转换就是在电枢上实现的。

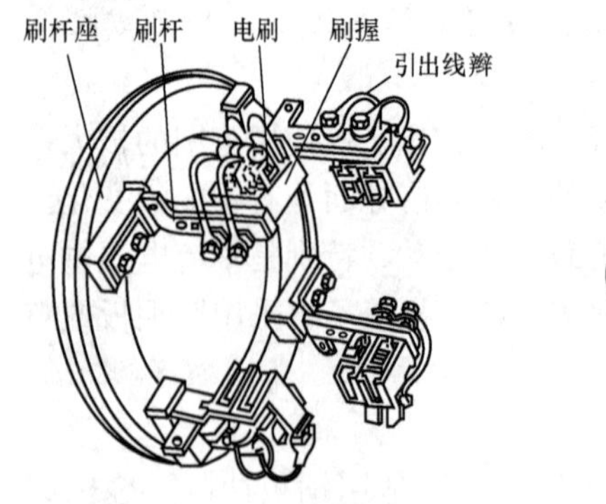


图 20-6 电刷装置

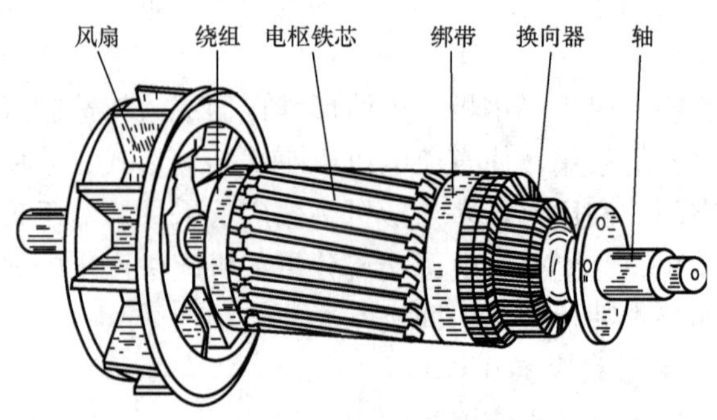


图 20-7 直流电机转子

1. 电枢铁芯

电枢铁芯的作用：一是作为主磁路的一部分，二是作为电枢绕组的支撑部件。为了减少铁耗，电枢铁芯用薄硅钢片冲制叠压而成。电枢铁芯表层有均匀分布的齿槽，槽内嵌有电枢绕组。

2. 电枢绕组

电枢绕组是直流电机的电路部分，它是由一定数目的电枢线圈按一定规律连接组成。电枢线圈用漆包铜线绕制，分上下两层嵌入槽内，如图 20-8 所示。

3. 换向器

换向器和电刷配合可以实现旋转电枢绕组内部交流电与电刷外部静止电路直流电之间的变换。换向器由许多换向片组成，片与片之间用云母片绝缘，并靠换向片的燕尾槽用机械结构固定或用高强度塑料塑压成整体。图 20-9 为剖开的换向器结构图。换向器压到轴上后，电枢线圈的端头就焊接到相应的换向片上，构成完整的电枢绕组和完整的直流电机转子组件，如图 20-7 所示。

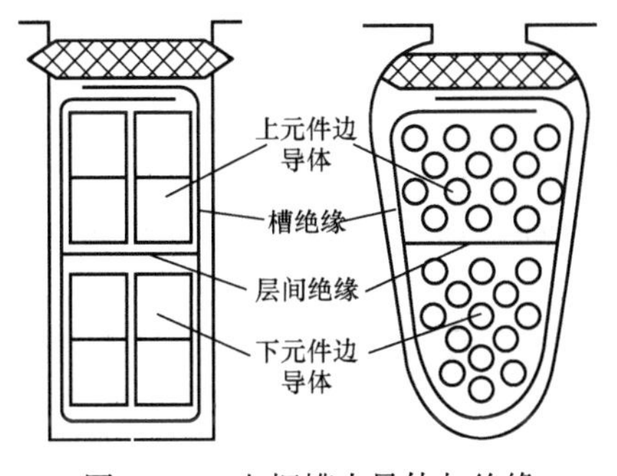


图 20-8　电枢槽内导体与绝缘

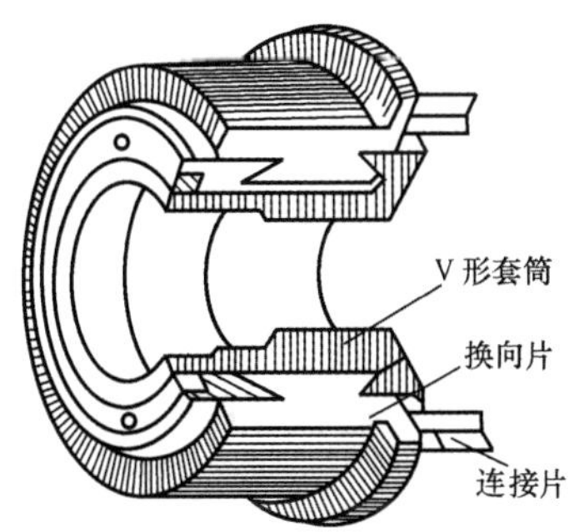


图 20-9　换向器结构图

## 第三节　直流电机的额定值

直流电机的额定值主要有：

(1) 额定功率 $P_N$：电机在额定状态下运行时，电机的输出功率，单位为 W 或 kW。对电动机，额定功率是指输出的机械功率；对发电机，额定功率是指输出的电功率。

(2) 额定电压 $U_N$：额定状态下电枢出线端的电压，单位为 V。

(3) 额定电流 $I_N$：电机在额定电压 $U_N$ 下运行，输出额定功率 $P_N$ 时，电机的端线电流，单位为 A。

(4) 额定转速 $n_N$：额定状态下运行时转子的转速，单位为 r/min。

(5) 额定励磁电压 $U_{fN}$：额定状态下运行时，他励电机励磁绕组所加电压，单位为 V。

## 小　结

直流电机是实现直流电能与机械能转换的装置。主磁场是实现能量转换的媒介，电磁感应定律和电磁力定律是转换的理论基础。

凡旋转电机均有定子、转子两大部件。直流电机定子有磁极、磁轭，可建立磁场；转子主要有电枢和换向器，在磁场中旋转的电枢可进行机电能量变换。电枢导体上的电动势和电流为交流，借助换向器和电刷实现与外部直流电之间的“整流”与“逆变”。

额定值是正常使用的限值，其中额定功率是指电机的输出功率。对于直流发电机是指输出的电功率，即 $P_N = U_N I_N$；对于直流电动机则为输出的机械功率，即 $P_N = U_N I_N \eta_N$ 或 $P_N = \frac{2\pi}{60} T_N n_N$。

## 习　题

20-1　描述直流发电机工作原理，并说明换向器和电刷的作用。

20-2　试判断在下列情况下，电刷两端的电压是交流还是直流：

(1) 磁极固定，电刷与电枢同步旋转；

(2) 电枢固定，电刷与磁极同步旋转。

20-3　什么是电机的可逆性？为什么说发电机作用和电动机作用同时存在于一台电机中？

20-4　直流电机有哪些主要部件？试说明它们的作用。

20-5　直流电机电枢铁芯为什么必须用薄硅钢片叠成？磁极铁芯为何可以不同？

20-6　某直流电机，$P_N = 4\text{kW}$，$U_N = 100\text{V}$，$n_N = 1000\text{r/min}$，$\eta_N = 80\%$。若是直流发电机，试计算额定电流 $I_N$ 和额定转矩 $T_N$；如果是直流电动机，再请计算 $I_N$ 和 $T_N$。

# 第二十一章　直流电机的电枢绕组

电枢绕组是直流电机实现机电能量转换的枢纽。无论是发电机还是电动机，由于气隙磁场的存在，旋转的电枢绕组会产生感应电动势；有电流流通的电枢绕组会产生电磁转矩，因此，一个电枢绕组，在一定条件下应能产生尽可能大的感应电动势和电磁转矩。此外，还要力求结构简单，制造方便，保证良好的换向性能。

直流电机的电枢绕组可分为单叠绕组、复叠绕组、单波绕组、复波绕组和混合绕组等。本章只研究作为电枢绕组基本形式的单叠和单波绕组，讨论它们的构成和特点。

## 第一节　直流电枢绕组的构成

直流电机的电枢绕组都是由形状相同的元件构成。所谓元件是指两端分别与两换向片相连接的单匝或多匝线圈。图 21 - 1 和图 21 - 2 为单匝和两匝线圈的叠绕组及波绕组元件示意图。

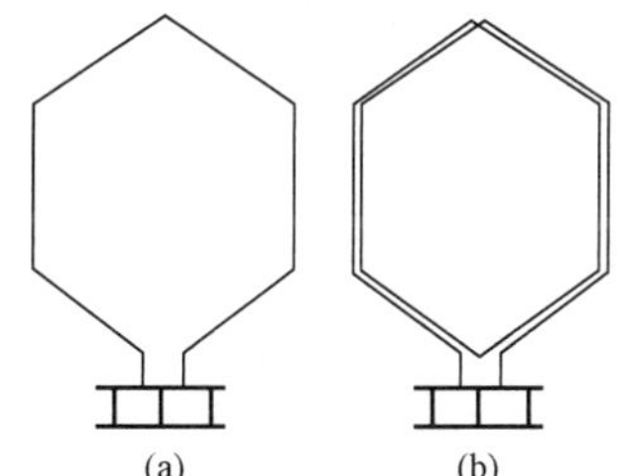


图 21 - 1　叠绕组元件
（a）单匝；（b）两匝

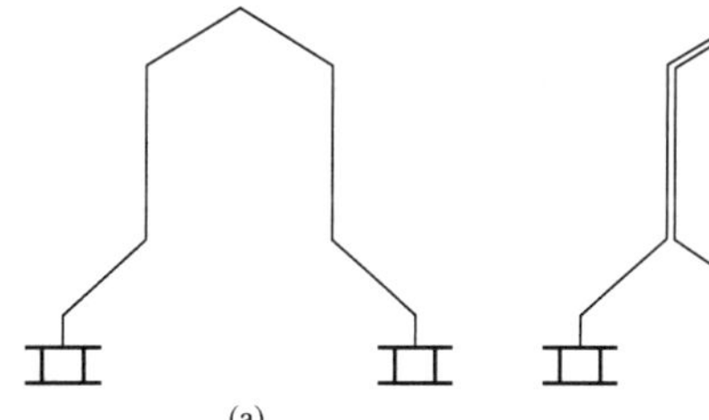


图 21 - 2　波绕组元件
（a）单匝；（b）两匝

现代直流电机均为双层绕组，每个元件的一个元件边放在某一槽的上层（称上层边），另一元件边则放在另一槽的下层（称下层边），如图 21 - 3 所示。

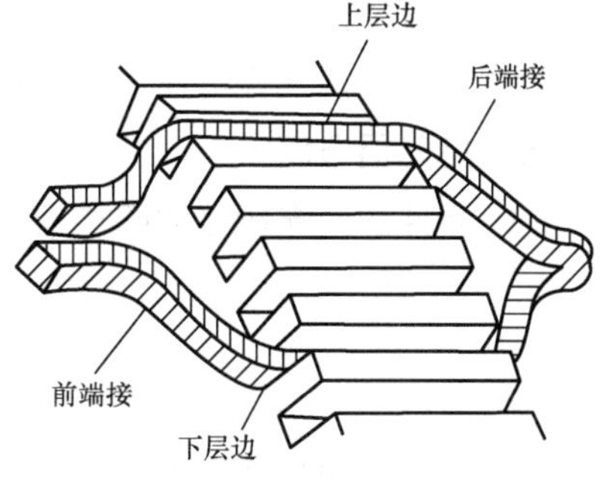


图 21 - 3　元件在槽内的安放

对于双层绕组，由于一个槽容纳上下两个元件边，即元件数 $S$ 应与电枢槽数 $Q$ 相等。考虑到每一换向片必须同时与一元件的上层边端头及另一元件的下层边端头相接，所以换向片数 $K$ 也与元件数 $S$ 相等。故有

$$Q = S = K \tag{21-1}$$

有些电机，为了减少电动势脉动和改善换向性能，成倍地增加换向片数和元件数，但电枢槽数不增。这好比每一个实际槽要当作两个、三个或一般说 $u$ 个槽，通常称之为虚槽，即电枢虚槽数 $Q_u = uQ$，则

$$Q_u = uQ = S = K \tag{21-2}$$

图 21 - 4 给出了 $u=2$ 时电枢元件的示意图。

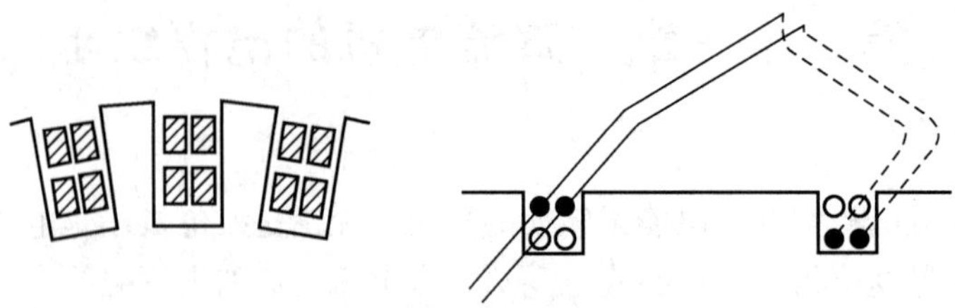

图 21 - 4 一个线圈内包括有两个元件（$u=2$）的绕组

电枢绕组的连接规律用节距来表示，有第一节距 $y_1$、第二节距 $y_2$、合成节距 $y$ 及换向器节距 $y_c$，现分述如下。

**一、第一节距 $y_1$**

一个元件的两条有效边在电枢表面所跨的圆弧长称为第一节距，通常用所跨的虚槽数计量。为使元件的感应电动势最大，$y_1$ 应等于或接近于极距 $\tau$。由于节距用槽数计量，因此极距 $\tau$ 也应该用槽数，即

$$\tau = \frac{Q_u}{2p} \tag{21-3}$$

若 $y_1=\tau$，称为整距绕组。因为 $y_1$ 必须是整数，否则绕组无法嵌放，若 $\tau=Q_u/2p$ 不是整数，那么 $y_1$ 只能取略小于或略大于 $Q_u/2p$ 整数，即

$$y_1 = \frac{Q_u}{2p} \pm \varepsilon = \text{整数} \tag{21-4}$$

当 $y_1<\tau$ 时称为短距绕组；当 $y_1>\tau$ 时称为长距绕组。短距绕组的端部较短，应用较广。无论长矩或短距，由于元件匝链的主磁通最大值比整距元件的小，所以元件感应电动势也略小。

**二、第二节距 $y_2$**

元件的下层边与紧相连接的下一元件的上层边在电枢表面所跨的圆弧长，称为第二节距。通常也用虚槽数计量。

**三、合成节距 $y$**

紧相连接的两元件对应边之间在电枢表面所跨的圆弧长，称为合成节距。

**四、换向器节距 $y_c$**

任一元件的两端所接的两换向片之间相隔的换向片数，称为换向器节距。

## 第二节 单 叠 绕 组

**一、单叠绕组的节距特点**

如图 21 - 5 所示，单叠绕组的元件总是后一个紧叠在前一个之上，对应的元件边相隔一个电枢槽，故得名单叠绕组。其节距特点是

$$y = y_c = 1 \tag{21-5}$$

## 二、单叠绕组的构成实例

某直流电机，$Q_u=S=K=16$，$u=1$，$2p=4$，要构成一单叠电枢绕组。

1. 极距和节距的确定

极距为

$$\tau=Q_u/2p=16/4=4$$

第一节距为

$$y_1=Q_u/2p\pm\varepsilon=16/4\pm0=4$$

合成节距、换向器节距为

$$y=y_c=1$$

第二节距为

$$y_2=y_1-y=4-1=3$$

2. 绘制绕组图

绕组图可以直观地表示出绕组各元件的连接规律以及元件和换向片之间的连接关系。绕组图有辐射图和展开图两种。

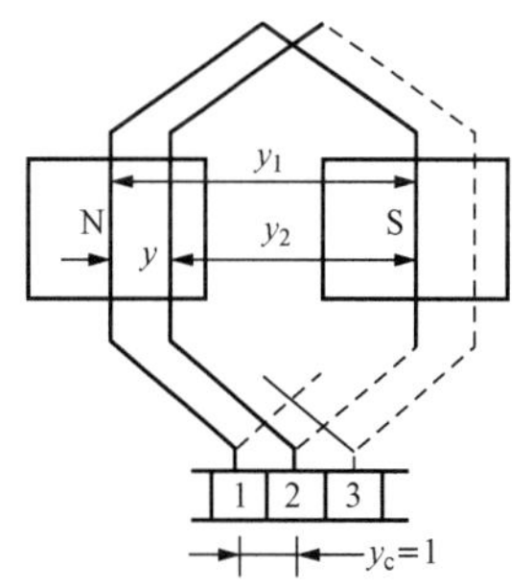

图 21-5　单叠绕组元件的节距

图 21-6 为绕组辐射图。它表示的是电机的一个截面，因此元件边只能用槽中的小圆圈表示，而元件的端接部分用弧线表示。例如，1 号元件，始于 1 号换向片，然后上层边在 1 号槽内、下层边在 5 号槽内（即 $y_1=4$），该元件末端接于 2 号换向片上（即 $y_c=1$）。紧相连接的第 2 号元件，始于 2 号换向片，上层边在 2 号槽内（即 $y=1$，$y_2=3$），末端接于 3 号换向片。依此类推，直到 16 号元件（$S=16$）末端回到 1 号换向片与 1 号元件相接，最后电枢绕组的 16 个元件构成了一个闭合回路。为清楚起见，所有下层边的连接线都用虚线表示。辐射图看起来直观性好，整体概念清晰，但绘制却很麻烦。工程上实用的另一种绕组图为展开图。

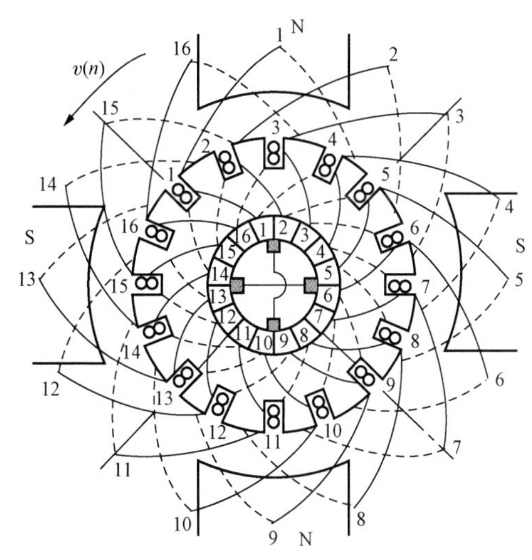

图 21-6　单叠绕组辐射图

图 21-7 为本例的绕组展开图。图中标出的磁极在绕组上面，因此 N 极处表示磁力线指向纸面，S 极处磁力线从纸面穿出。图中顶上的箭头表示绕组（随电枢）的旋转方向，因此可按右手定则确定各元件边在图示瞬间的感应电动势方向，如图中各元件边上的箭头（下层边未标）所示。

3. 电刷安放

电刷安放的原则应该是任何瞬间都能获得最大的电动势。由于电刷宽度常常比换向片宽度大，加上换向器旋转时，必然不断出现一个电刷与几片换向片同时接触，也即总是有某些元件经电刷短路。因此，上述电刷安放原则的等同概念是：被电刷短路的元件电动势应最小。

本例的绕组图中，该瞬间 1 号、5 号、9 号及 13 号槽处在几何中性线位置，此时第 1、5、9 及 13 号元件的电动势为零，这时电刷安放在这 4 个元件所接的换向片（1，2）、（5，6）、（9，10）及（13，14）上，符合电刷安放原则。电刷一经定位，其他瞬间也符合电

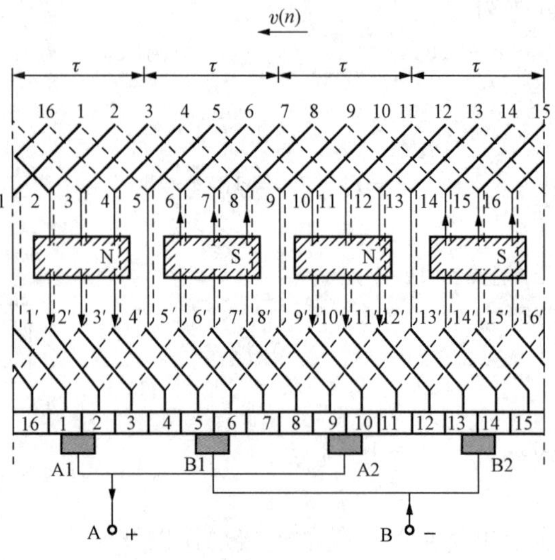


图 21 - 7 单叠绕组展开图

动势最大的原则。

对单叠绕组来说，只要找到线圈轴线与磁极中心线重合的元件，那么电刷应定位于该元件所连两换向片的交界面上。因为该元件在此瞬间匝链的主磁通最大，而电动势为零。据此，不管整距还是短距绕组，只要元件结构对称，电刷实际上必定是处在主磁极轴线的空间位置上。若是整距绕组，则电刷接触的元件边处在几何中性线上，所以也简称电刷应放在几何中性线上。电刷架是固定在机壳上的，但它可以移动以改动相对于机壳及磁极的位置，所以电刷安放的机械位置可以通过实验精确调整。

本例的电机为 4 极，每一极下的元件电动势方向一致，可串联成 1 条支路，因此有 4 条支路，需要 4 个电刷。电刷的正负极性由元件电动势方向确定，图例中两正电刷 A1、A2 并联，两负电刷 B1、B2 并联，最终得到电机的正、负引出线 A、B。这用符号图画出便更加清楚。

4. 符号图

若用线圈符号代表一个绕组元件，那么对应图 21 - 6 或图 21 - 7 的电路图，即为符号图，如图 21 - 8（a）所示。

在符号图中，用箭头标明该瞬间元件电动势方向。从负极引线 B 经电枢绕组到正极引线 A 共有 4 条并联支路，每极下的元件串联成 1 条支路。由于直流电枢绕组的支路都是成对出现的，故常用并联支路对数 $a_{=}$ 表达，对单叠绕组有

$$a_{=}=p \tag{21-6}$$

图 21 - 8（a）是图 21 - 6 或图 21 - 7 瞬间的符号图。若电枢转过 1/2 齿距时，对应的符号图为图 21 - 8（b）。由于各槽位置改变，各元件电动势也有所改变，但仍是 4 条并联支路，而各支路有 4 个元件电动势串联相加。若电枢再转过 1/2 齿距，就又成为图 21 - 8（a）的组态，只不过是各元件号和换向片号递增 1 号。这说明电机的感应电动势是以这两种状态为极限的脉动直流。脉动的程度与电机主磁场分布波形有关，也与槽数多少有关。理论分析证明，若 $Q/2p>8$，则直流电动势脉动量在 1%以内。

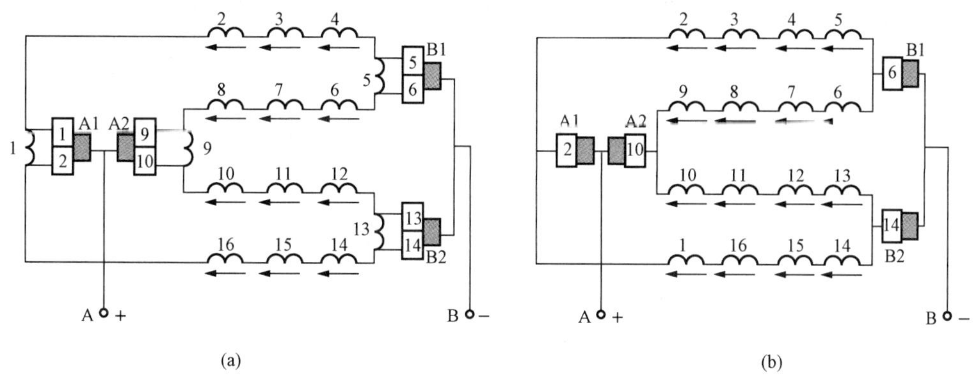


图 21-8　单叠绕组（$Q_u=S=K=16$，$u=1$，$2p=4$）符号图

（a）对应图 21-7 瞬间的符号图；（b）对应图 21-7 电枢转过 1/2 齿距时的符号图

### 三、对称绕组和均压线

从图 21-8 可见，每一对支路都可经电刷而成闭路。如果闭路总电动势不为零，那么就会产生较大的内部环流（绕组电阻一般是非常小的）。内部环流将产生损耗并发热，也会使部分电刷流过的电流过大，影响换向性能。因此，从电路角度要求绕组对称，即要求每对支路元件所占的槽数相等且为整数，即 $Q_u/a_=$ ＝整数。这样，在主磁场对称分布的情况下，每对支路内全部元件电动势之和为零，使电枢绕组内部无环流。

绕组对称不难实现，但是主磁场的不对称因素却很难避免。例如由于导磁材料的不均匀，加工和装配上的偏差等都可能使各极的磁场分布不同，从而导致各支路的感应电动势不等，在并联支路中引起环流。解决这一问题的办法是加设均压线。

通常，在换向器上把理论上（即磁场对称条件下）电位相同的点用铜线相连，这些联线就称为均压线。有了均压线后，主磁场稍有不对称，那么均压线就会流过电流，根据楞次定律，这些电流将会消减磁不对称程度。改善后的主磁场基本对称，因此不会再引起很大的环流，而且这些环流流经均压线闭合而不再流过电刷，改善了电刷的工作条件。

对于一对极的单叠绕组，绕组对称条件自然满足，而且唯一的 N 极和 S 极磁通必相等，不会出现上述不对称环流，所以，对称绕组和均压线只在多对极的绕组中有意义。

## 第三节　单　波　绕　组

### 一、单波绕组的节距特点

单叠绕组是将相邻位置的元件依次串联；单波绕组的连接规律则是从某一换向片（出发点）出发，将相隔大约两个极距、在磁场中差不多相对应的元件连接起来，形成如图 21-9 所示的波浪形。

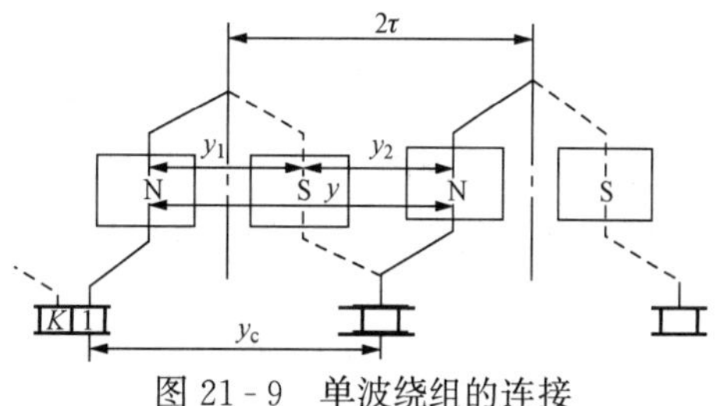


图 21-9　单波绕组的连接

单波绕组的第一节距 $y_1$ 也要求等于或接近于极距 $\tau$，但因紧相连接的是相邻极对下的元件，故合成节距 $y$ 及换向器节距 $y_c$ 应近似于 $2\tau$。当然，若 $y=y_c=2\tau$，即由出发点开始串联 $p$ 个元

件后正好绕电枢一周回到原出发点而闭合，将使绕组无法继续绕下去。因此，要求串联 $p$ 个元件后恰好回到原出发点的相邻换向片上，再从此换向片出发，接下去即可以再敷设第二周元件、第三周元件……直至连接完全部元件，并最终与出发点相接而成为闭合电路。从图 21-9 可以看出，要达到此目的就要求合成节距 $y$ 及换向器节距 $y_c$ 满足 $py=Q_u\pm1$ 及 $py_c=K\pm1$，结合式（21-2）得到

$$y=y_c=\frac{K\pm1}{p}=\text{整数} \tag{21-7}$$

式中："+1"为右行绕组；"−1"为左行绕组。左行绕组是绕行一周后，至原出发点左邻的换向片上，由于其端接线短于右行绕组，所以常用。

**二、单波绕组的构成实例**

某直流电机，$Q_u=S=K=15$，$u=1$，$2p=4$，要构成一单波电枢绕组。

1. 极距的计算和节距的确定

极距为　$\tau=Q_u/2p=\frac{15}{4}=3\frac{3}{4}$

第一节距为　$y_1=Q_u/2p-\varepsilon=\frac{15}{4}-\frac{3}{4}=3$

合成第距、换向器节距为　$y=y_c=\frac{K-1}{p}=\frac{15-1}{2}=7$

第二节距为　$y_2=y-y_1=7-3=4$

2. 绘制绕组展开图

根据绕组节距即可绘制单波绕组展开图如图 21-10 所示。

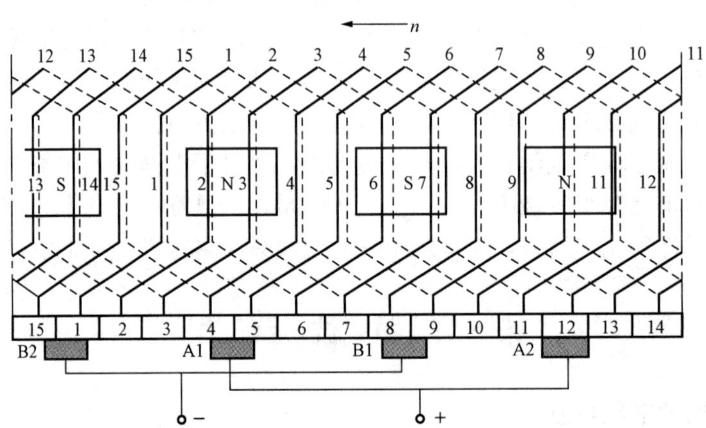


图 21-10　单波绕组（$Q_u=S=K=15$，$u=1$，$2p=4$）展开图

1 号元件始于 1 号换向片、终于 8 号换向片，即 $y_c=7$。其上层边在 1 号槽内，下层边在 4 号槽内，即 $y_1=3$。与 1 号元件紧相连的 8 号元件始于 8 号换向片、终于 15 号换向片，其上层边在 8 号槽内，即 $y=7$，$y_2=4$，…在展开图上可根据电枢的旋转方向来确定元件的电动势方向（图中标以箭头）及电刷的正负极性。

3. 电刷安放

单叠绕组电刷安放的基本原则在单波绕组中也可适用。同样也可看出，只要元件是对称

的结构，电刷的实际空间位置必与主磁极轴线位置一致。

4. 画出符号图

将图 21-10 展开图画成符号图，如图 21-11 所示。图示瞬间，正电刷 A1 和 A2 引出正电位，它们短路了元件 5、12；1、8、9 号元件被负电刷 B1 和 B2 短路。全部元件串接成一闭合回路，而对外则形成一对并联支路。仔细观察可知：全部上层边在 N 极下的元件串联成一条支路；全部上层边在 S 极下的元件串联成另一条支路。

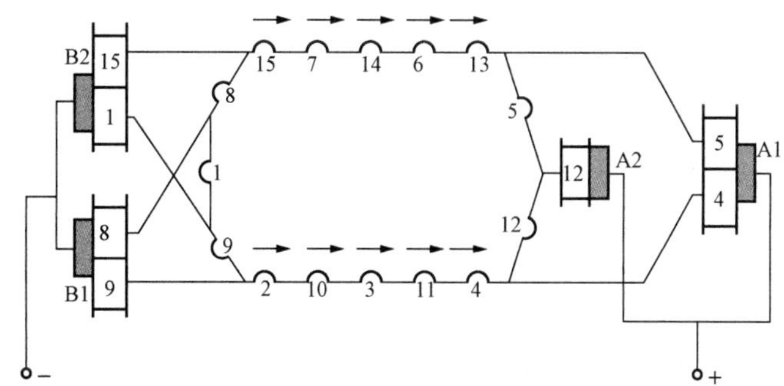


图 21-11　对应图 21-10 瞬间单波绕组符号图

### 三、单波绕组的特点

如上所述，单波绕组是将上层边在同名极性下全部元件串联成一条支路，故并联支路对数总为 1，即

$$a_{=}=1 \tag{21-8}$$

单波绕组的这一连接特点还可避免磁不对称引起的弊病，无需均压线。这是因为电机的磁不对称现象可能使各极磁通不等，但所有 N 极的总磁通量必等于 S 极的总磁通量，因此两支路电动势必定是平衡的，所以单波绕组无须均压线。

另外，单波绕组支路对数总是等于 1，故从理论上讲，它只需 1 只正电刷和 1 只负电刷。例如从图 21-11 看，它有 4 个电刷，若将正、负电刷各去掉 1 个，它照样能工作。实际上，单波绕组多采用全额电刷，即采用 $2p$ 个电刷。因为电刷数目增加，则每一电刷的电流减小，在一定的电刷允许电流密度下，电刷面积可以减小，因而可缩短换向器长度。另外，全额电刷对绕组支路的平衡也是有利的。

单波绕组支路数少，每支路元件数多，适于电流较小、电压较高的电机采用。单叠绕组支路数比单波绕组多，每支路元件数少，适于电流较大、电压较低的电机采用。

## 小　结

电枢绕组是直流电机实现机电能量转换的枢纽。在发电机中，由电枢绕组获得电能输出；对电动机，靠电枢绕组把电能转换成机械能。

电枢绕组的基本形式是单叠绕组和单波绕组。单叠绕组：$y=y_c=\pm1$（$-1$ 为左行绕组，不常用），$y_1\approx\tau$；单波绕组：$y=y_c=(K\pm1)/p$，$y_1\approx\tau$。在单叠绕组中，构成一条支路的元件的上层边处于同一个主极之下，因此并联支路对数与极对数相等；在单波绕组中，构成一条支路的元件的上层边分布在所有同极性的磁极下面，因此并联支路对数恒等于 1。

直流电枢绕组连接成闭合回路是一个主要特征。绕组符合对称条件且电机正常工作时，绕组内部每一闭合回路的总电动势为零，因此不致有环流。不论何种绕组，电刷应合理定位，以得到最大电枢电动势。

## 习 题

21-1 直流电机的电枢槽数、电枢绕组元件数和换向片数之间有什么关系？

21-2 如何确定绕组的第一节距？

21-3 绕组长距和短距为什么比整距的元件电动势小？为何一般不采用长距？

21-4 全面比较单叠绕组和单波绕组的异同点。

21-5 电刷的位置（包括电刷之间距离）和电刷数如何确定？

21-6 直流发电机电枢绕组分别如图 21-7 和图 21-10，若去掉 $A1$ 电刷或去掉 $A1$ 和 $B1$ 电刷，试分析其影响。

21-7 设计下列直流电机电枢绕组，画出展开图（应标明磁极位置和电刷位置）和相应的符号图：

（1）$2p=4$，$Q_u=S=K=22$，单叠绕组；

（2）$2p=6$，$Q_u=S=K=22$，单波绕组。

# 第二十二章 直流电机的磁场

直流电机的磁场是产生感应电动势和电磁转矩的基本要素，直流电机的运行性能在很大程度上也取决于其磁场的特性。那么该磁场是怎样产生的，其大小和分布情况又是怎样，这些问题都是学习直流电机运行原理时所必须具备的基础知识。

## 第一节 直流电机的励磁方式

在直流电机中，由磁极的励磁磁动势单独建立的磁场是电机的主极磁场，也称为励磁磁场。励磁绕组的供电方式称为励磁方式。按励磁方式不同，直流电机可分为他励式、并励式、串励式和复励式。

**一、他励式**

其励磁绕组由其他电源供电，励磁绕组与电枢绕组不相连，如图 22-1（a）所示。图中实线箭头表示发电机的电流方向；虚线箭头表示电动机的电流方向。以下并励式、串励式和复励式直流电机相同，不再一一说明。永磁直流电机也属这一类。

**二、并励式**

电机的励磁绕组与电枢绕组并联，如图 22-1（b）所示。其励磁绕组电压与电枢绕组电压相等，发电机电流关系为 $I=I_a-I_f$；电动机电流关系为 $I=I_a+I_f$。

**三、串励式**

电机的励磁绕组与电枢绕组串联，如图 22-1（c）所示。其励磁绕组电流与电枢绕组电流相等。

**四、复励式**

复励式直流电机主极铁芯上装有两个励磁绕组，一个为与电枢并联的并励绕组，另一个为与电枢串联的串励绕组，如图 22-1（d）所示。若串励绕组产生的磁动势与并励绕组产生的磁动势方向相同，称为积复励；若两个磁动势方向相反，则称为差复励。

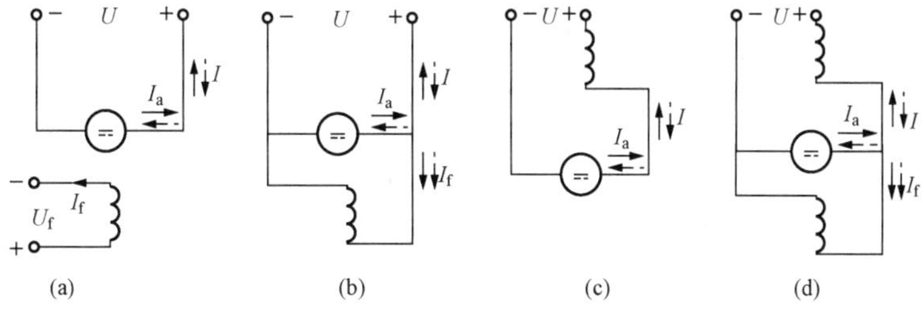


图 22-1 直流电机的励磁方式

（a）他励式；（b）并励式；（c）串励式；（d）复励式

⟶发动机电流方向；- - →电动机电流方向

在直流发电机中，并励式、串励式和复励式，都是利用自身发出的电流励磁，统称为自励式。

## 第二节 空载时直流电机的磁场

直流电机的空载是指电枢电流等于零或者近似为零的一种运行状态。所以直流电机的空载磁场是指由励磁磁动势单独建立的磁场。图 22-2 所示为一台四极直流电机空载时，由励磁电流单独建立的磁场分布图。由图可见，每极的磁通分为两部分：磁通主要的部分从磁极经气隙到电枢，然后再经气隙、相邻磁极和磁轭而闭合；另有一小部分则不经电枢就直接闭合。前者在电机中起主要作用，电枢旋转时电枢绕组切割它产生感应电动势，若电枢绕组有电流时与它作用将产生电磁转矩，所以称这部分为主磁通（$\Phi_0$）；后者因为不耦合电枢绕组，在电机中不起上述作用，称之为漏磁通（$\Phi_\sigma$）。主磁通磁路中的气隙较小，所以总磁导较大；而漏磁通的磁路中气隙较大，其总磁导较小。由于作用于这两个磁路中的磁动势都是励磁磁动势，故漏磁通的数量比主磁通要小得多。以 $\Phi_m$ 表示每极总磁通，则

$$\Phi_m = \Phi_0 + \Phi_\sigma = K_\sigma \Phi_0 \tag{22-1}$$

$$K_\sigma = 1 + \frac{\Phi_\sigma}{\Phi_0}$$

式中：$K_\sigma$ 为主极漏磁通系数，通常 $K_\sigma = 1.1 \sim 1.2$。

主磁极下的气隙是不均匀的，在极靴下磁极轴线附近的磁回路中气隙较小，接近极间处的磁回路中含有较大的气隙空间，如果不计铁磁材料中的磁压降，在气隙中各处所消耗的磁动势均为励磁磁动势。因此，在极靴下气隙小，气隙中沿电枢表面上各点磁通密度较大。在极靴范围以外，磁回路中气隙长度增加很多，磁通密度显著减小，至两极之间的几何中性线处磁通密度就等于零。若不计齿槽影响，直流电机空载时气隙磁场（主极磁场）$B_0(x)$ 分布如图 22-3 所示，图中 $\tau$ 为极距。

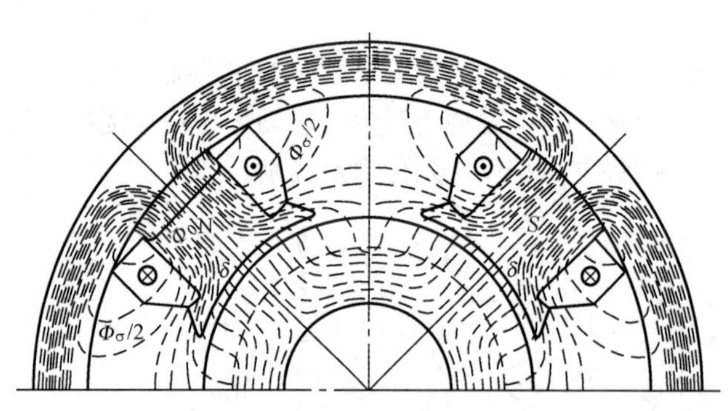


图 22-2 空载时直流电机内的磁场分布

⊙表示流出纸面；⊗表示流入纸面

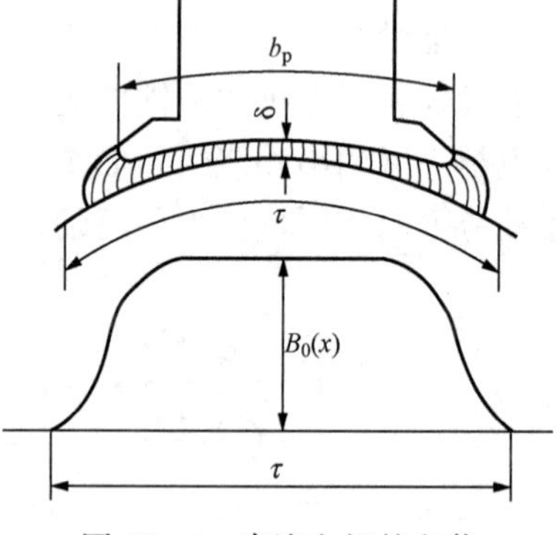


图 22-3 直流电机的空载气隙磁场分布

## 第三节 负载时直流电机的磁场及电枢反应

空载时电机内只有励磁磁动势建立的磁场，称为主极磁场。而当电枢绕组有电流流过，

就存在电枢磁动势，这时气隙磁场将由励磁磁动势和电枢磁动势共同建立，即空载时励磁磁动势所建立的主磁场，带负载后将受到电枢磁动势的影响。负载时电枢磁动势对主磁场的影响称为电枢反应。由于电枢反应会直接影响到电机的工作性能，因此深刻了解电枢反应，对分析电机运行时的各种特性是必不可少的。

**一、电枢磁动势及其磁场**

设有一光滑电枢，表面均匀排列有整距绕组，电刷置于几何中性线上，当从电刷通入电流时，将形成如图 22-4（a）所示的电枢磁场。由于电刷是固定不动的，所以无论电枢是否旋转，电枢导线中的电流在空间分布情况不变，总是以电刷为分界点，其两侧电流方向不同，这样由电枢磁动势所建立的电枢磁场在空间也是不动的，磁场轴线与电刷轴线相重合。图 22-4（a）中标出了电枢电流的流向，上半个圆周电流流出纸面，下半个圆周电流流入纸面，这时建立的磁场的极性如图 22-4 所示。

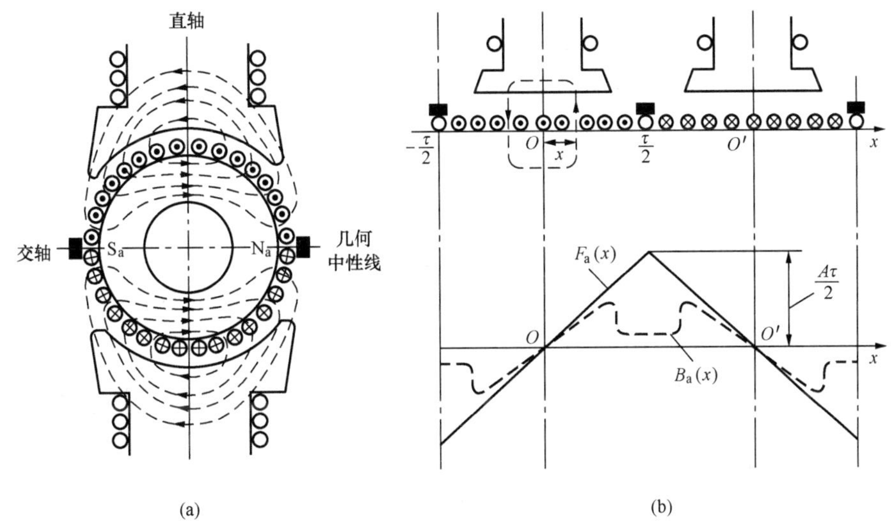


图 22-4　电刷置于几何中线上时的电枢磁动势和磁场

（a）电枢磁动势和磁场分布；（b）电枢磁场展开图

⊙表示流出纸面；⊗表示流入纸面

电枢电流在电枢表面的分布情况与电刷位置有密切关系，下面分别以电刷安置在几何中性线上和电刷偏离几何中性线两种情况进行讨论。

1. 电刷在几何中性线上时的电枢磁动势和磁场

图 22-4 为电刷置于几何中性线上时的电枢磁场。将图 22-4（a）电枢以某几何中性线位置剖开，并展开画成图 22-4（b）。由于电枢磁场的对称性，主磁极轴线对应的 $O$ 与 $O'$ 点，正是电枢磁场过零点。取 $O$ 点为坐标原点，考察以 $O$ 点为中心的一束磁力线流经的一条细小磁路，如忽略铁芯部分的磁压降，那么这条磁回路的总磁动势全部降落在两个气隙上。设电枢表面上单位弧长的安培导体数为 $A$，则过 $\pm|x|$ 点闭合回路的总磁动势为 $2Ax$，且因对称于 $O$ 点，所以这两个气隙磁压降数值上是相等的，记作 $F_a(x)$， 由此得 $2Ax = 2F_a(x)$， 即

$$F_a(x) = Ax \quad (-\tau/2 \leqslant x \leqslant \tau/2) \tag{22-2}$$

式中：$A$ 为电负荷，以电枢表面上单位长度的安培导体数表示，即

$$A=\frac{Z_a i_a}{\pi D_a} \tag{22-3}$$

式中：$Z_a$ 为电枢绕组总导体数；$i_a$ 为电枢导体电流，即支路电流，当电枢总电流为 $I_a$ 时，则 $i_a=I_a/(2a_=)$；$D_a$ 为电枢外径。

式（22-2）表明在 $\pm\tau/2$ 范围内，电枢磁动势呈线性分布。在 $O$ 点，$F_a(x)=0$；至电刷处出现最大值，为 $A\tau/2$。另一极下情况类同，完整的分布规律如图 22-4（b）所示。

有了电枢磁动势分布曲线以后，同样在不计铁芯磁压降的情况下，可根据圆周上各点的气隙长度来求得对应电枢磁场的气隙磁感应强度为

$$B_a(x)=\mu_0\frac{F_a(x)}{\delta} \tag{22-4}$$

$B_a(x)$ 分布曲线，如图 22-4（b）中的虚线所示。在极弧范围内，气隙是均匀的，可用过原点 $O$ 的直线来表示；而两极间由于气隙增大，因此磁感应强度随之下降，曲线呈马鞍形。至此可见，当电刷位于几何中性线上时，电枢磁动势的轴线就是几何中性线，与主极轴线正交，故此时的电枢磁动势称为交轴磁动势，用 $F_{aq}$ 表示。交轴每极磁动势幅值 $F_{aq}$（A/极）为

$$F_{aq}=A\frac{\tau}{2} \tag{22-5}$$

2. 电刷不在几何中性线上时的电枢磁动势

在实际电机中，由于装配上的误差或为了改善换向等原因，电刷可能不在几何中性线上。图 22-5（a）表示电刷偏离几何中性线 $\beta$ 角，相当于在电枢表面移过 $b_\beta$ 弧长距离，这时，可把电枢磁动势分为两部分：

（1）$2\beta$ 角以外，即由 $\tau-2b_\beta$ 范围内的导体电流产生的磁动势。由于该磁动势轴线垂直主磁极轴线，为交轴电枢磁动势，如图 22-5（b），其每极磁动势幅值 $F_{aq}$（A/极）为

$$F_{aq}=A\left(\frac{\tau}{2}-b_\beta\right) \tag{22-6}$$

（2）$2\beta$ 角以内范围内导体电流产生的磁动势，其轴线与主极轴线重合，如图 22-5（c）所示，称为直轴电枢磁动势，其每极磁动势幅值 $F_{ad}$（A/极）为

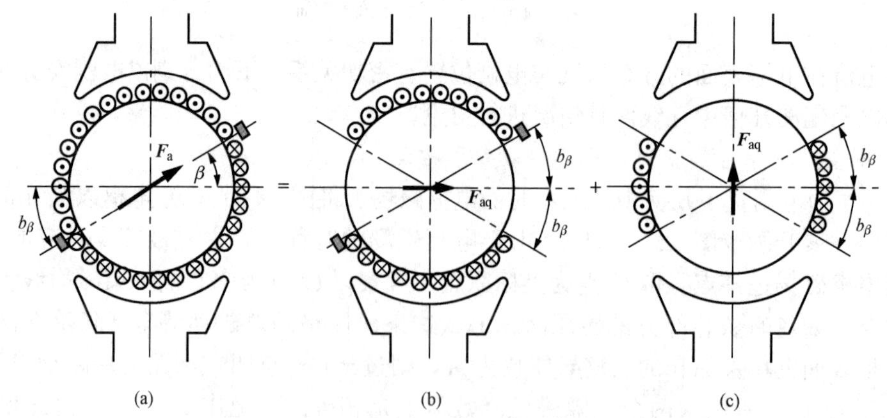


图 22-5 电刷偏离几何中性线 β 角时的电枢磁动势

（a）电枢磁动势；（b）电枢磁动势交轴分量；（c）电枢磁动势直轴分量

⊙表示流出纸面；⊗表示流入纸面

$$F_{ad} = Ab_{\beta} \tag{22-7}$$

## 二、交轴电枢反应和直轴电枢反应

交轴电枢磁动势对主磁场的影响称为交轴电枢反应；直轴电枢磁动势对主磁场的影响称为直轴电枢反应。

### 1. 交轴电枢反应

当电刷放在几何中性线上时，电枢磁动势全部为交轴分量，这时只有交轴电枢反应。交轴电枢磁动势对主磁场的影响与磁路饱和程度有关，所以需按磁路不饱和与磁路饱和两种情况来考虑。

磁路不饱和时，磁路是线性的，气隙合成磁场可由图 22-3 主极磁场 $B_0(x)$ 与图 22-4(b) 电枢磁场 $B_a(x)$ 用叠加法求得，如图 22-6（b）中 $B_\delta(x)$ 实线所示。从图中可以看出交轴电枢反应的结果：

（1）气隙合成磁场不再对称于磁极轴线，其中一个极尖的磁场被削弱，而另一极尖的磁场被增强，引起气隙合成磁场畸变，使气隙磁感应强度为零的位置，称为物理中性线，偏离几何中性线。作为发电机工作时，交轴电枢反应使得物理中性线顺转向偏转 $\alpha$ 角，如图 22-6（a）所示；若作为电动机工作时，物理中性线逆转向偏转 $\alpha$ 角。

（2）磁路不饱和时，磁极下面一侧磁场的削弱与另一侧磁场的增强程度相同，每极下有效磁通量不变。

磁路饱和时，磁路是非线性的，气隙合成磁场不能线性叠加合成。考虑磁饱和特性，交轴电枢反应使主磁极一侧增磁所增加的磁通量较不饱和时小，而另一侧去磁所削弱的磁通量较不饱和时基本不变甚至更多，即主磁极一侧增加的磁通量小于另一侧削弱的磁通量，如图 22-6（b）中 $B_\delta(x)$ 虚线所示。这就使得负载时每极下的磁通量较空载时减小，说明磁路饱和时交轴电枢反应有去磁作用。

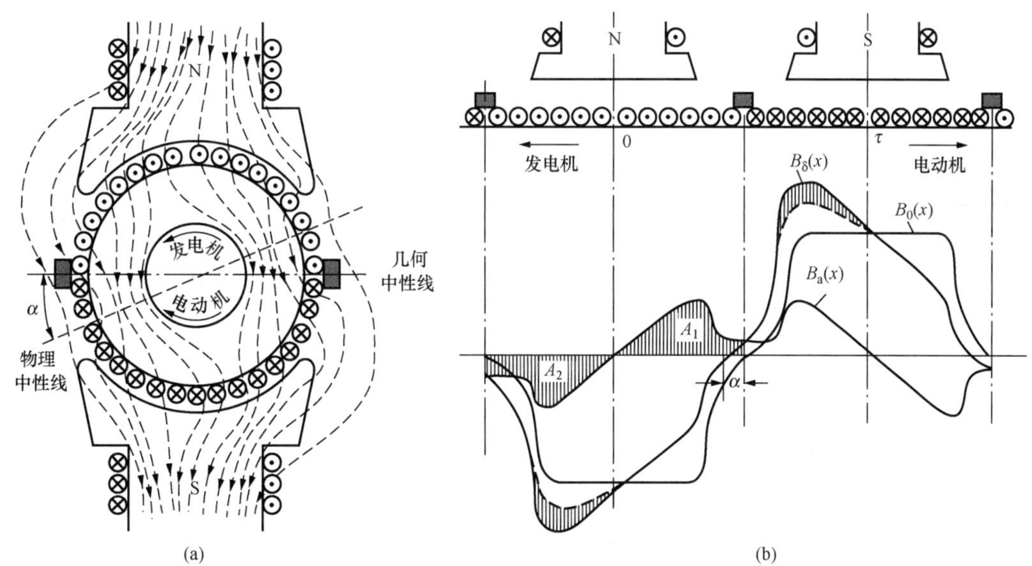


图 22-6　利用叠加法分析交轴电枢反应

（a）电枢磁动势和磁场分布；（b）电枢磁场展开图

⊙表示流出纸面；⊗表示流入纸面

2. 直轴电枢反应

如前所述，当电刷偏离几何中性线时，将同时存在交轴电枢反应和直轴电枢反应。交轴电枢反应上面已进行了分析，下面仅讨论直轴电枢反应。

从图 22-5（c）可以看出：直轴电枢磁动势轴线与主极轴线重合，当发电机的电刷顺电枢转向偏离几何中性线 $\beta$ 角度时，电枢磁动势直轴分量 $F_{ad}$ 起去磁作用。设主极励磁磁动势为 $F_f$，则计及直轴去磁电枢反应后，合成磁动势称为直轴磁动势 $F_d$，则

$$F_d = F_f - F_{ad} \tag{22-8}$$

当发电机电刷逆转向偏离几何中性线，则电枢磁动势直轴分量起增磁作用，相应的直轴合成磁动势为

$$F_d = F_f + F_{ad} \tag{22-9}$$

对电动机来说，以上结果恰好相反。

## 第四节 直流电机的感应电动势和电磁转矩

### 一、电枢绕组的感应电动势

1. 每根导体的感应电动势

如前分析，可设气隙磁场的分布如图 22-7 所示，则电枢表面第 $i$ 根导体的感应电动势为

$$e = B_\delta(x_i)lv \tag{22-10}$$

式中：$B_\delta(x_i)$ 为第 $i$ 根导体所在处的气隙磁密；$l$ 为导体的有效长度；$v$ 为导体相对气隙磁场的速度。

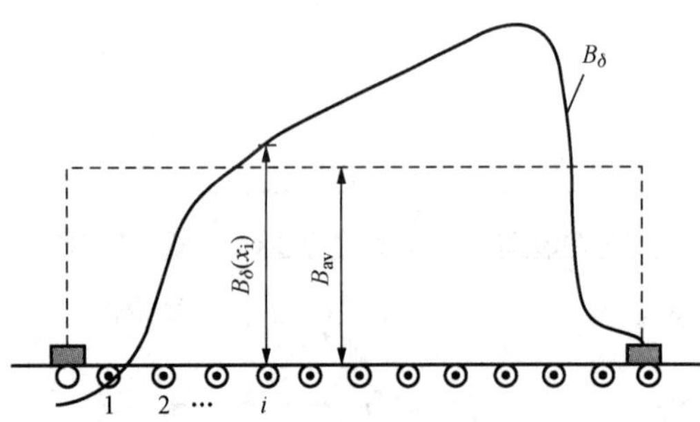


图 22-7 气隙磁场分布

⊙表示流出纸面

2. 每极导体的感应电动势

每极下 $\frac{Z_a}{2p}$ 根串联导体的电动势代数和为

$$E_{ap} = \sum_{i=1}^{\frac{Z_a}{2p}} B_\delta(x_i)lv = lv\sum_{i=1}^{\frac{Z_a}{2p}} B_\delta(x_i) \tag{22-11}$$

式中：$Z_a$ 为电枢总导体数。

令平均气隙磁密

$$B_{av} \approx \sum_{i=1}^{\frac{Z_a}{2p}} B_\delta(x_i)/(\frac{Z_a}{2p})$$

则式（22-11）可写为

$$E_{ap} = lv\frac{Z_a}{2p}B_{av} \tag{22-12}$$

3. 电枢电动势

电枢电动势 $E_a$ 应为一条支路各串联导体电动势的代数和。考虑到直流电枢绕组全部导体电动势为 $2pE_{ap}$，则一条支路串联导体的电动势，亦即电枢绕组的电动势为

$$E_a = \frac{2pE_{ap}}{2a_=} = lv\frac{Z_a}{2a_=}B_{av} \tag{22-13}$$

将 $v=2p\tau\frac{n}{60}$代入式（22-13）得

$$E_a = 2\frac{pn}{60}\frac{Z_a}{2a_=}(B_{av}\tau l) = \frac{pZ_a}{60a_=}\Phi n \tag{22-14}$$

或

$$E_a = C_e\Phi n \tag{22-15}$$

$$\Phi = B_{av}l\tau$$

$$C_e = \frac{pZ_a}{60a_=}$$

式中：$\Phi$ 为每极合成磁通；$C_e$ 为电动势常数。

**二、直流电机的电磁转矩**

1. 每根载流导体的电磁转矩

电枢表面第 $i$ 根载流导体的电磁转矩 $T_c$ 为

$$T_c = B_\delta(x_i)li_a\frac{D_a}{2} \tag{22-16}$$

2. 每极载流导体的电磁转矩

一个极下载流导体产生的电磁转矩 $T_p$ 为

$$T_p = li_a\frac{D_a}{2}\sum_{i=1}^{\frac{Z_a}{2p}}B_\delta(x_i) = \frac{Z_a}{2p}B_{av}li_a\frac{D_a}{2} \tag{22-17}$$

3. 直流电机的电磁转矩

整个电枢上载流导体产生的电磁转矩 $T_e$ 为

$$T_e = 2pT_p = Z_aB_{av}li_a\frac{D_a}{2} \tag{22-18}$$

再考虑到 $\pi D_a=2p\tau$，$\Phi=B_{av}l\tau$，$i_a=I_a/2a_=$，可得直流电机的电磁转矩公式为

$$T_e = Z_aB_{av}l\frac{I_a}{2a_=}\frac{p\tau}{\pi} = \frac{pZ_a}{2\pi a_=}\Phi I_a \tag{22-19}$$

或

$$T_e = C_T\Phi I_a \tag{22-20}$$

$$C_T = \frac{pZ_a}{2\pi a_=}$$

式中：$C_T$ 为直流电机的转矩常数。

## 小　结

（1）电机的磁场是产生感应电动势和电磁转矩的基本要素，电机的运行性能在很大程度上也取决于电机磁场的特性。

在直流电机中，由励磁磁动势单独建立的磁场称为励磁磁场，即主极磁场。励磁绕组的

供电方式称为励磁方式，可分为他励式、并励式、串励式和复励式。在直流发电机中，并励式、串励式和复励式，是利用自身发出的电流励磁，统称为自励式。励磁绕组通电产生的磁场按空间分布途径分为主磁场和漏磁场两部分。

（2）电枢绕组存在电流就有电枢磁动势。电枢磁动势对主磁场的影响，称为电枢反应。

1）当电刷位于几何中性线位置时，仅产生交轴电枢反应，它使气隙磁场的分布产生畸变。当磁路不饱和时，它不影响每极有效磁通量；但当计及磁路饱和时，则交轴电枢反应有去磁作用，使每极磁通量减小。

2）当电刷不在几何中性线位置时，除交轴电枢反应外，还有直轴电枢反应。后者对主磁场将起去磁或增磁作用，取决于电机的运行方式和电刷的位移方向。

（3）无论是发电机还是电动机，由于气隙磁场的存在，旋转的电枢绕组会产生感应电动势；有电流流通的电枢绕组会产生电磁转矩。

电枢绕组感应电动势为

$$E_a=\frac{pZ_a}{60a_=}\Phi n=C_e\Phi n$$

直流电机的电磁转矩为

$$T_e=\frac{pZ_a}{2\pi a_=}\Phi I_a=C_T\Phi I_a$$

以上的磁通 $\Phi$ 应理解为每极的合成磁通，计及磁路饱和时，它与励磁条件和电枢反应有关，即 $\Phi=f(I_f, I_a)$；不计磁路饱和时，其为 $\Phi=f(I_f)$。

## 习 题

22-1 直流电机有哪几种励磁方式？各有何特点？

22-2 直流电机的空载磁场是如何分布的？何谓主磁通？何谓漏磁通？

22-3 一台直流发电机，$2p=8$，当 $n=600\text{r/min}$，每极磁通量 $\Phi=3.59\times10^{-2}\text{Wb}$ 时 $E_a=230\text{V}$。试求：

（1）若为单叠绕组，电枢绕组总导体数；

（2）若为单波绕组，电枢绕组总导体数。

22-4 什么是直流电机的电枢反应？分别阐述交轴电枢反应和直轴电枢反应效果。

22-5 直流电动机如果电刷偏离几何中性线，分析说明直轴电枢反应性质。

22-6 若主极励磁磁动势不变，直流电机负载时的电枢电动势与空载时是否相等？为什么？

22-7 写出并解释直流电机的电磁转矩公式。

22-8 试述同一台直流电机的两常数 $C_T$ 与 $C_e$ 之间的关系。

22-9 直流电机中，直轴电枢磁场与励磁磁场作用不会产生电磁转矩，即只有交轴电枢磁场起到能量转换作用，试给予解释。

# 第二十三章　直 流 发 电 机

直流发电机是直流电机的基本运行状态，它把机械能转换成直流电能。本章研究直流发电机稳态运行时，内部的电磁关系和外部运行特性，即发电机的电压、电流、功率、转速、励磁电流等物理量之间的相互关系。

## 第一节　直流发电机的基本电磁关系

### 一、电压方程

图 23-1 所示为一台两极直流发电机，有恒定励磁。当电枢由原动机拖动以转速 $n$ 旋转，则在电枢绕组中感应电动势 $E_a$。若电枢两端接上负载电阻 $R_L$，就有电流由电枢输出，以 $I_a$ 表示电枢经电刷引出的总电流，电枢电流方向与感应电动势方向相同，相应的电路如图 23-2 所示，其稳态电压方程为

$$U=E_a-I_aR_a$$

或

$$E_a=U+I_aR_a \tag{23-1}$$

式中：$U$ 为端电压；$R_a$ 为电枢绕组总电阻（包括电枢绕组的电阻和电刷的接触电阻）。

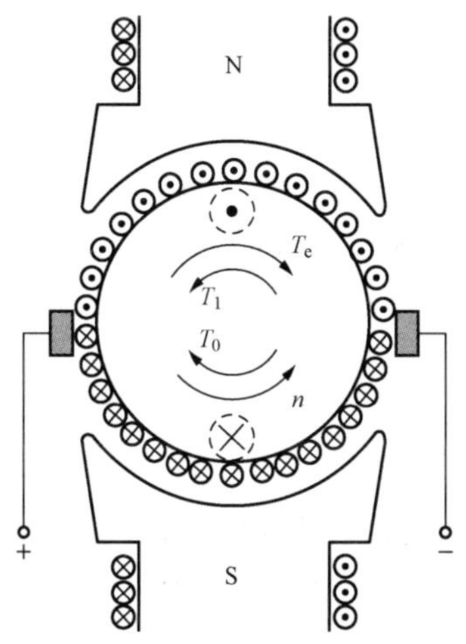

图 23-1　直流发电机的运行原理
⊙表示流出纸面；⊗表示流入纸面

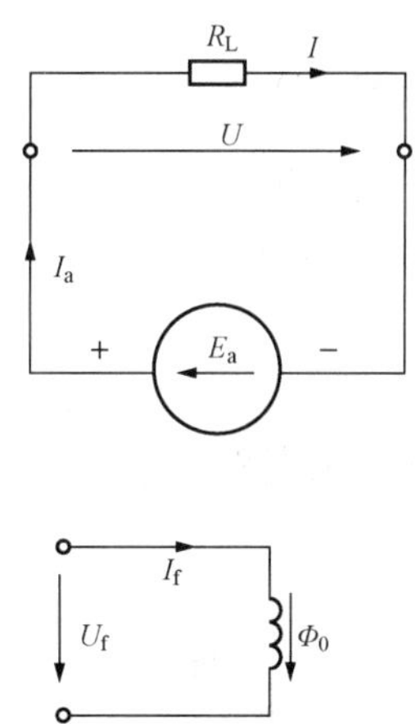

图 23-2　负载时直流发电机电路图

实际上，电刷与换向器的接触电阻并非常值，一般接触压降可近似为常值，因此电压方程也可写作

$$U=E_a-2\Delta U_s-I_aR \tag{23-2}$$

式中：$\Delta U_s$ 为每一电刷的接触压降，一般为 1V；$R$ 为电枢绕组电阻。

励磁电路相应的电压方程为

$$U_f = I_f R_f \tag{23-3}$$

式中：$U_f$ 为励磁电压；$I_f$ 为励磁电流；$R_f$ 为励磁绕组电阻。

## 二、转矩方程

电枢绕组有电流流过之后，一方面要产生电枢磁动势 $F_a$，形成电枢反应；另一方面则会产生电磁转矩 $T_e$。按图 23-1 可以判定，电磁转矩的方向与电枢的旋转方向相反，是制动转矩，即原动机必须提供能与之相平衡的转矩，才能维持电动机运行。当然，即使发电机空载，也存在由机械损耗和铁耗表现出来的制动性质的转矩，称为空载转矩，以 $T_0$ 表示。由此得发电机组的运动方程式为

$$T_1 = T_e + T_0 + J\frac{d\Omega}{dt} \tag{23-4}$$

式中：$T_1$ 为原动机的拖动转矩；$J$ 为发电机组的转动惯量；$\Omega$ 为电机转子的机械角速度。

当电机稳定运行时，$d\Omega/dt=0$，式（23-4）可简化为发电机稳定运行的转矩方程

$$T_1 = T_e + T_0 \tag{23-5}$$

## 三、电磁功率和功率方程

在式（23-1）两边分别乘以电枢电流 $I_a$，得

$$E_a I_a = UI_a + I_a^2 R_a \tag{23-6}$$

按图 23-2 所示，$UI_a = UI = P_2$ 即发电机的输出功率，而 $I_a^2 R_a = p_{Cua}$ 为电枢绕组的铜耗（包括了电刷接触电阻损耗）。同样，式（23-5）的两边乘以机械角速度 $\Omega$，可得

$$T_1\Omega = T_e\Omega + T_0\Omega \tag{23-7}$$

其中，$T_1\Omega = P_1$ 为原动机输入的机械功率；而 $T_0\Omega = p_0$ 是发电机的空载耗损，包括机械损耗和铁损耗。

不难证明，式（23-6）与式（23-7）中的 $E_a I_a = \frac{pZ_a}{60a_=}\Phi n I_a$ 与 $T_e\Omega = \frac{pZ_a}{2\pi a_=}\Phi I_a \Omega$ 是相等的。前者表示从发电机获得的电功率；后者表示向发电机提供的净机械功率，这部分机械功率 $T_e\Omega$ 全部转换为等量的电功率 $E_a I_a$，发电机中机械能转换成电能的功率称为电磁功率，用 $P_e$ 表示，即

$$P_e = E_a I_a = T_e \Omega \tag{23-8}$$

综上所述，可得他励直流发电机的功率方程为

$$P_1 = P_e + p_0 = P_2 + p_{Cua} + p_0 \tag{23-9}$$

据式（23-4）、式（23-9），可画出他励直流发电机的转矩、功率平衡关系图，如图 23-3 所

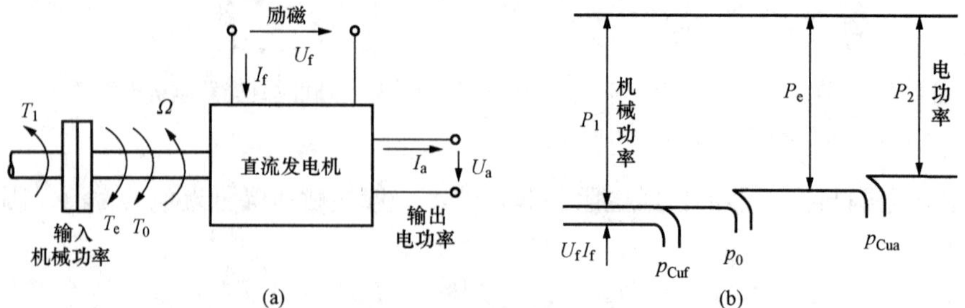


图 23-3 他励直流发电机的转矩、功率平衡关系图

(a) 能量转换和转矩平衡示意图；(b) 功率流图

示，它表示了发电机的机电能量转换过程和转矩、功率平衡关系。图 23-3（b）中单独表示了励磁功率 $p_{Cuf}$，如果是自励式发电机，则励磁功率需从发电机的输出端反馈供给。

## 第二节　他励直流发电机的运行特性

从直流发电机稳态运行的基本方程式可以看到，决定直流发电机运行状态的主要参数有：发电机端电压 $U$、励磁电流 $I_f$、负载电流 $I$（即电枢电流 $I_a$）、发电机转速 $n$。其运行特性就是指这些物理量之间的关系，包括空载特性、外特性及调节特性。

### 一、空载特性

1. 空载特性的物理意义

空载特性也称开路特性，指发电机在 $n$=常数、$I=0$ 时，空载电压 $U_0$ 与励磁电流 $I_f$ 的关系曲线 $U_0=f(I_f)$。空载时，由式（23-1）知发电机的端电压就是电枢绕组的电动势，即 $U_0=E_a$。根据式（22-15），当转速一定时，$E_a$ 正比于每极磁通量 $\Phi$，因为是空载，故此时每极磁通量为 $\Phi_0$。所以求得电机磁化曲线 $\Phi_0=f(I_f)$ 后，仅需改变坐标比例，就可得空载特性曲线 $U_0=f(I_f)$。

2. 空载特性的实验测定

发电机的空载特性可按图 23-4（a）线路直接由实验测定。当 $n$=常数，调节励磁电流 $I_f$ 从零逐渐增大，直到发电机空载端电压 $U_0$ 为额定电压的 1.25 倍左右，然后逐渐减小 $I_f$ 到零，并利用倒向开关使 $I_f$ 反方向，并使 $I_f$ 反方向增大。$I_f$ 反向后，也做到反向电压为 1.25 倍额定电压左右，最后再逐步把 $I_f$ 减小到零。在以上过程中，测读一系列 $U_0$ 及其对应的 $I_f$ 值，即可得出空载特性如图 23-4（b）所示。由于铁磁性材料的磁滞特性，空载特性曲线有上升和下降两分支，实验中需单方向调节，如局部往返调节就不可能得到光滑连续的曲线。工程上取上下两支的平均值作为直流发电机的空载特性，如图 23-4（b）的虚线所示。

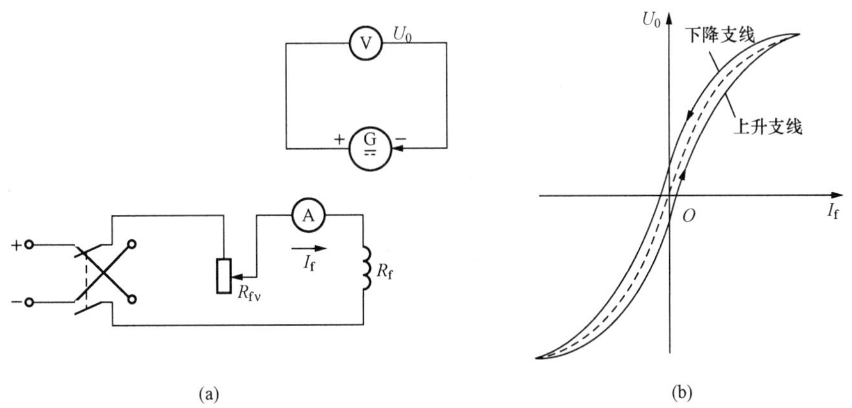


图 23-4　他励直流发电机空载特性及其测试原理电路图

（a）测试原理电路图；（b）空载特性

由图 23-4（b）可以看出，当励磁电流 $I_f$ 较小时，空载特性曲线接近为一条直线。至额定电压附近弯曲，若继续增大 $I_f$，则由于磁路饱和的原因，空载电压的增量越来越小。

一般来说，$I_f=0$ 时发电机还有一个不大的端电压值，称为剩磁电压，这是由于铁磁性材料有剩磁所致。

## 二、外特性

外特性是当 $n$、$I_f$ 为常值时，输出的电压 $U$ 和电流 $I$ 之间的关系 $U=f(I)$。同样可以用实验方法测得直流发电机的外特性，如图 23-5 所示。

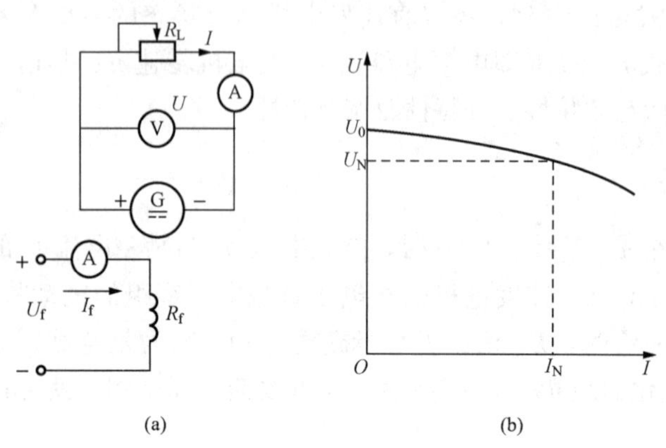


图 23-5　他励直流发电机外特性及其测试原理图
(a) 测试电路；(b) 外特性

由图 23-5 (b) 可见，当负载电流 $I$ 增大时，端电压 $U$ 略有下降。根据式 (23-2) 可知电压下降的原因有两个：①电枢绕组电压降 $I_aR$ 随负载电流增加而增大；②在励磁磁动势不变的情况下，电枢电流增大使电枢反应产生去磁效应，引起有效合成磁通量 $\Phi$ 减小，从而导致电枢电动势 $E_a$ 也减小。

外特性曲线下垂程度常用电压变化率 $\Delta U^*$ 表示。按国家对直流发电机试验方法的技术标准规定，直流发电机的电压变化率是指：保持转速和励磁电流不变，发电机由额定负载 ($U=U_N$、$I=I_N$ 及 $n=n_N$) 过渡到空载时端电压升高量对额定电压的比值，即

$$\Delta U^*=\frac{U_0-U_N}{U_N}\times 100\% \tag{23-10}$$

式中：$U_0$ 为空载时的端电压。

电压变化率是直流发电机的主要指标之一，也是选用发电机的基本依据。他励直流发电机的电压变化率一般为 10%左右。他励直流发电机电压变化率较小，工程上称此为特性“硬”。

## 三、调节特性

调节特性为 $n$、$U$ 为常值时，励磁电流 $I_f$ 与负载电流 $I$ 的关系为 $I_f=f(I)$。

他励直流发电机的端电压随负载电流的增大而降低，一般用电设备希望端电压保持不变或变化尽可能小，这就需要靠调节励磁电流来实现，相应的调节特性如图 23-6 所示。负载电流增大时，欲保持端电压为某一规定值不变，就必须增大励磁电流，以补偿电枢绕组电阻压降和电枢反应的去磁作用。

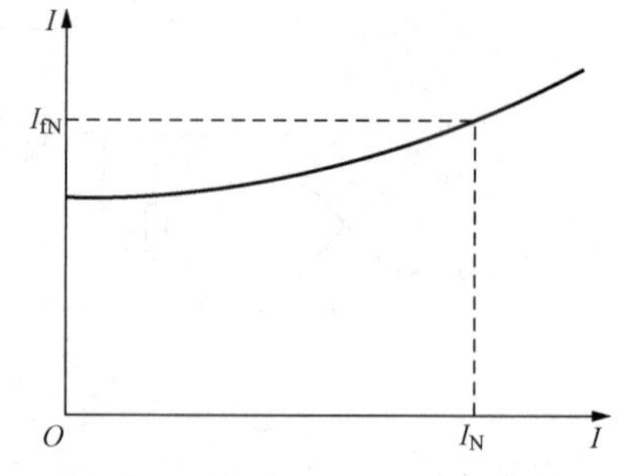


图 23-6　他励直流发电机的调节特性

**【例 23-1】**　某他励直流发电机，已知：$P_N=4\text{kW}$，$U_N=230\text{V}$，$n=1450\text{r/min}$，电枢回路总电阻 $R_a=0.6\Omega$，励磁绕组每极匝数 $N_f=300$。在 1450r/min 条件下测得空载特性如图 23-7 所示。设额定负载时电枢反应去磁磁动势为 $\Delta F=210\text{A}$，试求该发电机的电压变化率 $\Delta U^*$。

**解**　根据题意，额定工作时

$$I_{aN}=\frac{P_N}{U_N}$$
$$=\frac{4000}{230}=17.4(A)$$
$$E_{aN}=U_N+I_{aN}R_a$$
$$=230+17.4\times0.6$$
$$=240.4(V)$$

由图 23 - 7 所示空载特性曲线图得对应 $E_{aN}$ 所需要的励磁电流 $I_f'=3.9A$。补偿电枢反应去磁作用需增加的励磁电流为

$$\Delta I_f=\frac{\Delta F}{N_f}$$
$$=\frac{210}{300}=0.7(A)$$

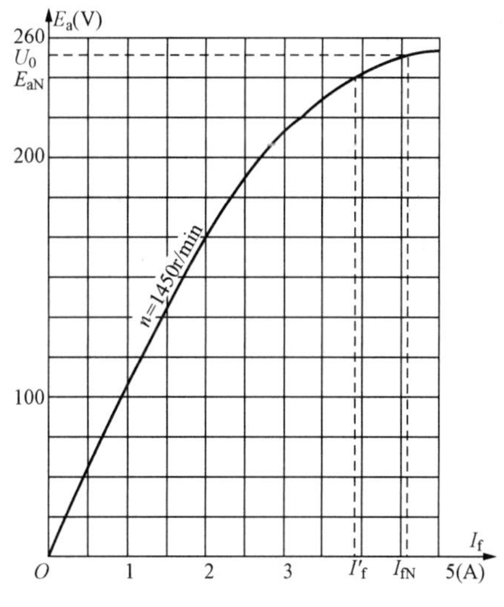

图 23 - 7　[例 23 - 1] 空载特性曲线

故

$$I_{fN}=I_f'+\Delta I_f=3.9+0.7=4.6(A)$$

从空载特性曲线查得对应 $I_{fN}$ 励磁的空载电压为 $U_0=252V$，于是由（23 - 10）式得

$$\Delta U^*=\frac{U_0-U_N}{U_N}=\frac{252-230}{230}=9.6\%$$

## 第三节　并励直流发电机的自励及运行特性

并励发电机是自励式直流发电机中最常见的一种，它的励磁电路与电枢电路并联，励磁电流由电枢绕组供给。图 23 - 8 是并励直流发电机的接线图，其电流关系为

$$I_a=I+I_f \tag{23 - 11}$$

### 一、并励直流发电机的自励

由于励磁电压 $U_f$ 就是电枢端电压 $U$，所以当发电机运转后有一个自己逐步建立电压的过程，称为自励过程。图 23 - 9 示出了并励直流发电机的自励条件和自励过程。

图 23 - 9 曲线 1 是某转速时发电机的空载特性曲线 $U_0=f(I_f)$，直线 2 是励磁回路的伏安线，其方程为

$$U=(R_f+R_{fv})I_f \tag{23 - 12}$$

由于空载时 $I=0$，电枢电流 $I_a=I_f$，此值一般比较小，可忽略它产生的电枢反应去磁及电枢绕组压降。这样曲线 1 和直线 2 的交点 $A$ 即可近似的认为是空载工作点，此时并励直流发电机的端电压为 $U_0$，励磁电流为 $I_{f0}$。

1. 并励直流发电机电压的建立过程

当发电机由原动机拖动以转速 $n$ 旋转时，由于电机磁路中有剩磁通 $\Phi_r$，使电枢绕组感应出剩磁电动势 $E_r=C_e\Phi_r n$。虽然 $E_r$ 很小，但它作用在励磁回路，产生励磁电流 $I_{f1}=E_r/(R_a+R_f+R_{fv})$。当这一电流建立的磁动势与原剩磁方向一致时，气隙磁场便得到加强，使电枢绕组中的感应电动势也增加到 $E_1$。同理，电动势 $E_1$ 又作用于励磁绕组，产生励磁电

流为 $I_{f2}=E_1/(R_a+R_f+R_{fv})$。如此反复作用，发电机的电压便逐步增大，直至 $A$ 点达到稳定。

2. 并励发电机的自励条件

如果励磁绕组极性接反，励磁回路中初始建立的电流将削弱剩磁磁通，此时励磁回路的伏安线为图 23-9 的直线 3，电机将工作在 $B$ 点，无法建立正常的电压。此外，若励磁绕组极性虽然正确，但是励磁回路电阻（$R_f+R_{fv}$）过大，励磁回路的伏安线（直线 4）与空载特性曲线 1 交点 $C$ 过低，发电机同样不能正常工作。还有，当发电机转速过低时，这时空载特性曲线如图中曲线 5，与励磁回路的伏安线 2 的交点 $D$ 也过低，发电机也不能建立正常电压。

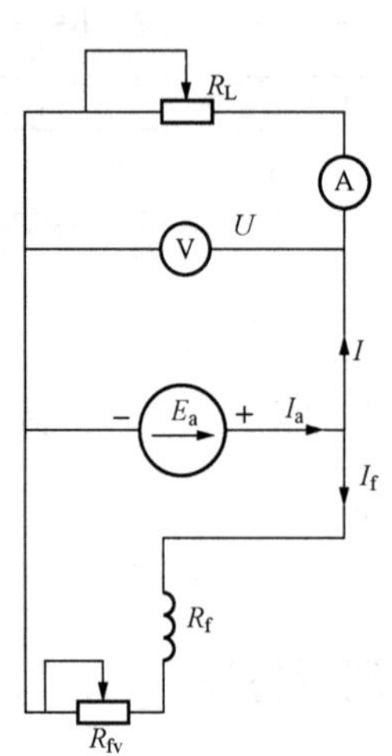


图 23-8 并励发电机接线图

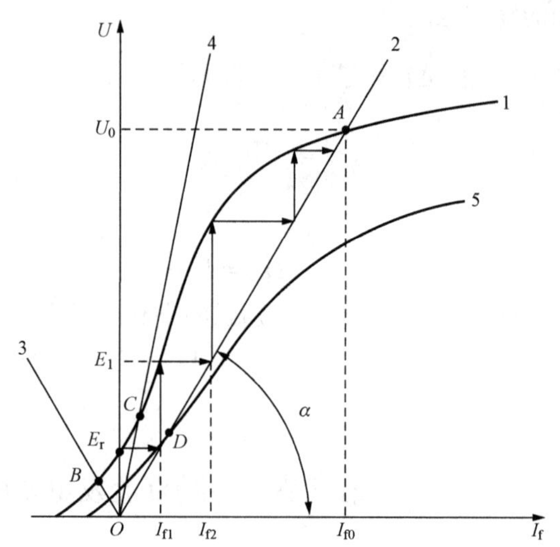


图 23-9 并励发电机电压的建立

综上所述，要使并励发电机自励，必须满足：

（1）发电机必须有剩磁；

（2）励磁绕组极性必须正确，即励磁电流建立的磁动势与原剩磁同向而起增磁作用，否则应将励磁绕组反接或让发电机反转；

（3）励磁回路总电阻不能大于某临界值；

（4）转速不能过低，不能小于某临界值（对于恒转速系统此条可略去）。

以上分析了并励直流发电机的自励过程和自励条件，只有在满足上述自励条件的时候，并励发电机才能建立起正常的电压。这些自励条件，亦适用于其他自励式直流发电机。

**二、并励直流发电机的主要运行特性**

1. 空载特性

并励直流发电机空载（$I=0$）条件下，$I_a=I_f\neq0$，因此空载电压为

$$U_0=E_a-I_aR_a=E_a-I_fR_a \tag{23-13}$$

其中，$E_a=f(I_f)$ 是并励直流发电机理想空载特性曲线，可以用他励法求得，由于 $I_fR_a$ 一般很小，所以也近似有 $U_0\approx E_a=f(I_f)$。

2. 调节特性

并励发电机的调节特性与他励发电机相仿，本节不再进行详细讨论。

3. 外特性

当转速及励磁回路电阻为常值时，两输出量之间的关系 $U=f(I)$ 即为并励直流发电机的外特性。按图 23-8 接线，可用实验方法求取并励直流发电机的外特性如图 23-10 中实线所示。图 23-10中还画出了该发电机作他励运行的外特性，用以比较。可以看出，随着负载电流的增大，并励发电机的电压下降比他励快。这是因为他励发电机电压下降源于电枢绕组电阻压降及电枢反应去磁作用；而对并励磁发电机来说，除上述两原因外，当端电压下降时励磁电流也随着减小，因而使端电压进一步降低。并励直流发电机的电压变化率一般在20%左右。

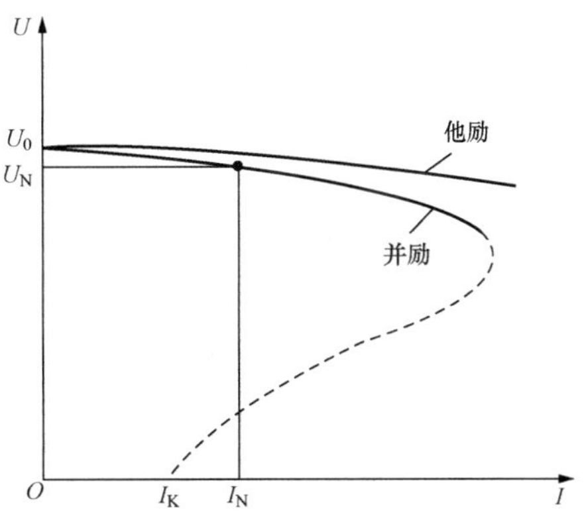

图 23-10　并励直流发电机的外特性

并励直流发电机的外特性还有以下特点：既当负载电阻不断减小时，负载电流随着增大，发电机端电压相应下降。当电流增大到某临界值 $I_c$（为额定电流的 2～3 倍）之后，电流不再增大反而减小。当负载电阻降到零时输出端短路，励磁电流也为零，此时的稳态短路电流仅由剩磁感应电动势决定，即

$$I_K=\frac{E_r}{R_a} \tag{23-14}$$

一般并励直流发电机的稳态短路电流 $I_K$ 小于额定电流，但是并不能由此得出并励发电机短路无害的结论。因为在电枢有电压情况下短路，短路瞬间励磁电流不能瞬即减小，这时同他励发电机一样，产生很大的短路电流冲击，所以并励直流发电机也要采用短路保护措施。

## 小　结

（1）直流发电机是直流电机的一种运行状态，他将机械能转化成直流电能，转换的功率为电磁功率 $P_e=E_aI_a=T_e\Omega$。

（2）直流发电机可以他励，也可以自励。对于恒转速自励直流发电机必须满足自励条件：①电机有剩磁；②励磁磁场与原剩磁场同向；③励磁回路的总电阻不能大于临界值。

（3）直流发电机基本稳态关系式有：

电压方程式　$U=E_a-I_aR_a$

转矩方程式　$T_1=T_e+T_0$

功率方程式　$P_1=P_e+p_0=P_2+p_{Cua}+p_0$

其中，电枢电流与励磁方式有关，对他励，$I_a=I$；对并励，$I_a=I+I_f$。

（4）直流发电机的特性主要是指端电压、输出电流、励磁电流及转速之间的相互关系。基本特性有三种，即空载特性、外特性和调节特性。其中外特性是最重要的特性，它表征发电机端电压随负载电流变化的规律。引起端电压变化的原因是电枢电阻的压降、电枢反应去磁及励磁磁动势变化。此外，励磁方式不同外特性有较大差异。

23-1 列写直流发电机稳态的电压、电流、转矩和功率方程式，并解释式中各量的物理意义。

23-2 什么叫直流发电机的空载特性？空载特性是怎样实验测取的？

23-3 他励和并励直流发电机，若转速都提高10%（不改变电路参数），试分析他们的空载电压变化值。

23-4 在同一图上画出他励、并励直流发电机的外特性曲线，并解释差别原因。

23-5 什么叫调节特性？试说明他励和并励直流发电机调节特性的差别。

23-6 试述并励直流发电机的自励条件。

23-7 怎样改变他励直流发电机输出电压的极性？

23-8 怎样改变并励发电机输出电压的极性？（提示：必须考虑自励条件）

23-9 设有一台他励直流发电机，当转速为750r/min时，空载特性见表23-1。

**表23-1 空 载 特 性**

| $I_f$ (A) | 1 | 1.5 | 2 | 2.5 | 3 | 3.5 | 4 | 4.5 | 5 |
|---|---|---|---|---|---|---|---|---|---|
| $E_a$ (V) | 78 | 114 | 146 | 173 | 193 | 206 | 216 | 223 | 228 |

已知电枢绕组电阻 $R_a=0.4\Omega$，额定电流 $I_N=20A$。设电枢反应影响可忽略不计，试计算：

(1) $n=750r/min$、空载电压 $U_0=220V$ 时所需励磁电流；

(2) $n=750r/min$、额定电流、电压 $U=220V$ 时所需励磁电流；

(3) $n=1000r/min$、空载电压 $U_0=220V$ 时所需励磁电流；

(4) $n=1000r/min$、额定电流、电压 $U=220V$ 时所需励磁电流。

23-10 有一电机数据同题23-9，励磁电路串入电阻 $R_{fv}$ 后做并励运行，$n=750r/min$，不计电枢反应去磁效应。设空载电枢电动势为220V，试计算：

(1) 励磁回路电阻 $R_f+R_{fv}$ 值；

(2) 续(1)，计算此时的空载端电压；

(3) 续(1)，逐步增加电流输出，计算当端电压为210V时的负载电流值。

23-11 一台并励直流发电机，单叠绕组，总电枢导体数 $Z_a=310$。已知负载电流 $I=30A$ 时，有 $U=110V$、$I_f=1A$、$\Phi=0.02Wb$。电枢绕组电阻 $R=0.2\Omega$，电刷接触压降 $2\Delta U_s=1.2V$。试计算电枢感应电动势 $E_a$、电磁转矩 $T_e$ 和转速 $n$。

23-12 一台直流发电机，并励运行，已知 $R=0.04\Omega$，$2\Delta U_s=2V$，当 $n=970r/min$ 时，输出电压 $U=210V$，$P_2=30kW$，$I_f=7A$。

(1) 试计算此工作状态电枢电动势 $E_a$；

(2) 若变为他励，在750r/min运行，保持 $I_f=7A$ 不变，不计电枢反应，试计算输出电流为150A时的端电压。

# 第二十四章　直 流 电 动 机

直流电动机把直流电能转换成机械能，它具有良好的启动和调速特性。按不同励磁方式分类，直流电机有他励、并励、串励等几种。

本章着重介绍直流电动机的基本电磁关系、运行特点以及启动、调速和制动性能。为了阐明直流电机作为发电机和电动机运行状态的区别和这两种状态之间的联系，将先说明直流电机的可逆原理。

## 第一节　直流电动机的基本电磁关系

### 一、直流电机的可逆原理

同一台直流电机，既可以作为发电机运行，又可作为电动机运行，这就是直流电机的可逆原理。

设有一台并励直流电机，并接到电压 $U$ 为常值的电网上，如图 24-1（a）所示。若由原动机拖动，使电枢电动势 $E_a>U$，则电枢将向电网输出电流，电机为发电机状态。这时，电枢电流 $I_a$ 与 $E_a$ 同方向，电枢绕组中所获得的电磁功率 $E_aI_a$ 是由原动机的机械功率转换而来。电枢电流 $I_a$ 将与主磁场相作用产生电磁转矩 $T_e$，利用电磁力定律判断，电磁转矩 $T_e$ 的方向与电枢旋转方向相反，起制动作用。

若降低原动机的机械转矩，则发电机的转速将降低，在励磁不变的情况下，电枢电动势 $E_a$ 降低到与电网电压 $U$ 相等时，发电机的输出电流 $I_a=0$，电磁转矩 $T_e=0$，电机处于理想空载状态。这时原动机输入的机械转矩只需克服空载转矩 $T_0$，并以较低的转速运行。

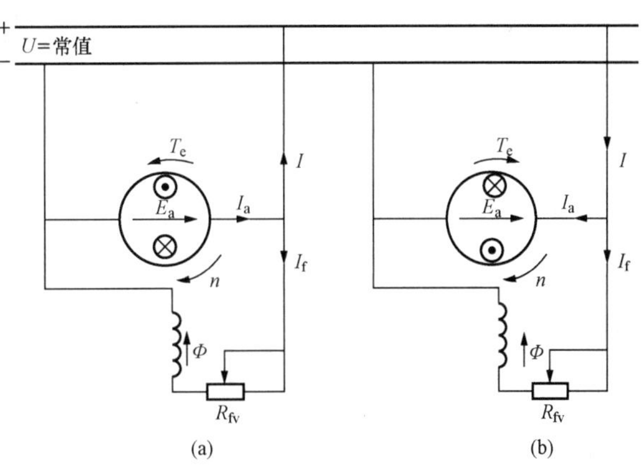


图 24-1　直流电机的运行状态
（a）发电机状态；（b）电动机状态

如果取消原动机的转矩，则电机转速将进一步降低，并会出现 $E_a<U$ 情况，这时电枢电流 $I_a$ 的方向与 $E_a$ 方向相反，如图 24-1（b）所示。此时电流由电网流入电机，电磁转矩的方向与电枢旋转方向相同，由制动性质转变为驱动性质。所以，即使原动机切除了，电机将仍能保持顺时针方向旋转。

如果进一步在电机轴上加机械负载，则电机将从电网吸取更大的电流以便产生更大的电磁转矩 $T_e$，来带动机械负载旋转，输出机械能。这时，它的电枢电流 $I_a$ 与电网电压 $U$ 方向相同，因此电网提供电能，电机将之转换成机械能输出。

归纳起来，发电机状态，$E_a>U$，$T_e$ 与 $n$ 的方向相反，吸收原动机的机械功率；电动机状态，$E_a<U$，$T_e$ 与 $n$ 的方向相同，从而输出机械功率。发电机或者电动机只是直流电机的一种运行状态，在一定条件下这两种运行状态是可互为转换的。

## 二、直流电动机的电压方程

由图 24-1（b）可见，直流电动机电枢电动势 $E_a$ 与电流 $I_a$ 方向相反，故 $E_a$ 有反电动势之称，相应电枢回路的电压方程为

$$U=E_a+I_aR_a \tag{24-1}$$

也可写作

$$U=E_a+2\Delta U_s+I_aR \tag{24-2}$$

与发电机相同，直流电动机励磁电路电压方程为

$$U_f=I_fR_f \tag{24-3}$$

## 三、直流电动机的转矩方程

直流电动机的电磁转矩 $T_e$ 驱动机械负载运转。当它与轴上输出的机械负载转矩 $T_2$ 及由空载损耗产生的空载转矩 $T_0$ 相平衡时，电动机则以恒定转速 $n$ 旋转，处于稳定运行状态。此时的转矩方程为

$$T_e=T_2+T_0 \tag{24-4}$$

## 四、直流电动机的功率方程

把式（24-1）两边乘 $I_a$，得

$$UI_a=E_aI_a+I_a^2R_a$$

即

$$P_1=P_e+p_{Cua} \tag{24-5}$$

式中：$P_e$ 为电磁功率，$P_e=E_aI_a$；$p_{Cua}$ 为电枢绕组的铜耗，$p_{Cua}=I_a^2R_a$。

把式（24-4）两边乘以角速度 $\Omega$，得

$$T_e\Omega=T_2\Omega+T_0\Omega$$

即

$$P_e=P_2+p_0 \tag{24-6}$$

式中：$P_e$ 为电磁功率，$P_e=T_e\Omega=E_aI_a$；$P_2$ 为电动机输出的机械功率，$P_2=T_2\Omega$；$p_0$ 为空载损耗，包括机械损耗和铁耗，$p_0=T_0\Omega$。

联合考虑式（24-5）和式（24-6），即得直流电动机的功率平衡关系式

$$P_1=P_2+p_{Cua}+p_0 \tag{24-7}$$

若是并励直流电动机，则还要由电源供给励磁损耗功率，则功率平衡关系式应为

$$P_1=P_2+p_{Cuf}+p_{Cua}+p_0 \tag{24-8}$$

式中：$p_{Cuf}$ 即为励磁电路所消耗的功率，$p_{Cuf}=UI_f$。其总损耗为

$$\sum p=p_{Cua}+p_0+p_{Cuf} \tag{24-9}$$

图 24-2 示出了并励直流电动机的转矩、功率平衡关系。

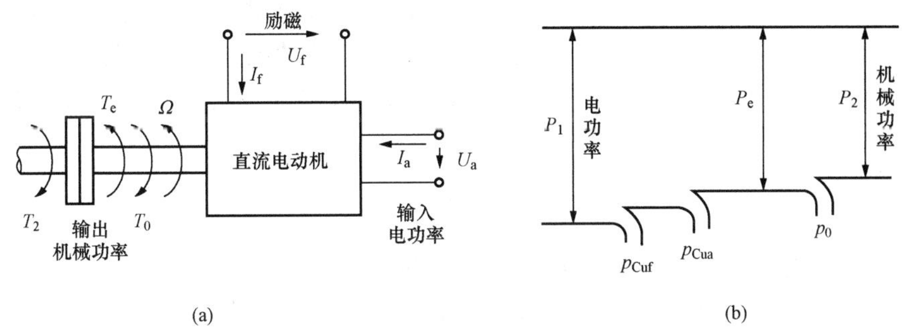


图 24-2　并励直流电动机的转矩、功率平衡关系图

(a) 能量转换和转矩平衡示意图；(b) 功率流图

## 第二节　直流电动机的运行特性

直流电动机的运行特性主要有机械特性和工作特性。分析表明，直流电动机的运行性能因励磁方式不同而有很大差异，下面分别加以讨论。

### 一、直流电动机的机械特性

电动机的机械特性为其转速 $n$ 与电磁转矩 $T_e$ 之间关系。由于电动机是作为原动机拖动机械负载运行，因而表达两个机械量之间关系的机械特性是最为重要的特性。

1. 他励、并励直流电动机的机械特性

由于他励和并励直流电动机具有相同的机械特性，故下面仅以并励为例加以讨论。并励直流电动机接线如图 24-3 所示。在 $U=U_N$ 和 $I_f=I_{fN}$ 均为常值条件下，并励直流电动机的机械特性 $n=f(T_e)$ 如图 24-4 所示。

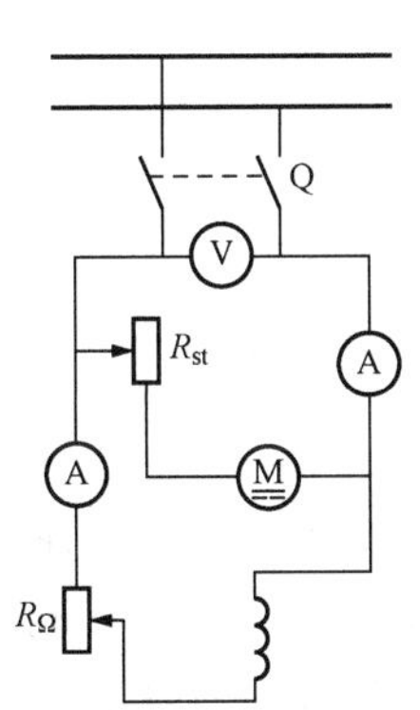


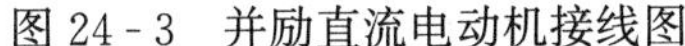
图 24-3　并励直流电动机接线图

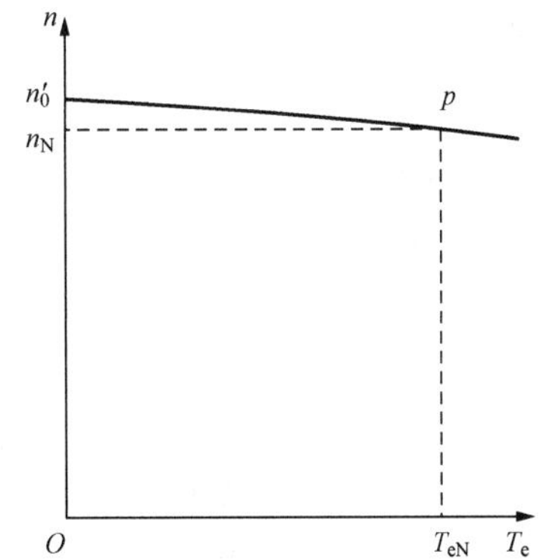


图 24-4　并励直流电动机的机械特性

根据直流电动机电枢回路的电压方程，可以对机械特性进行定量分析。由式 (24-1) 可得

$$n=\frac{U-I_aR_a}{C_e\Phi} \tag{24-10}$$

考虑到式 (22-20)，则

$$n=\frac{U}{C_e\Phi}-\frac{R_a}{C_eC_T\Phi^2}T_e \tag{24-11}$$

式（24-11）即为并励直流电动机的机械特性。由于并励直流电动机磁通 $\Phi$ 基本不变，且电枢电阻 $R_a$ 很小，所以随 $T_e$ 的增加，转速 $n$ 下降很小，称“硬”机械特性。

若忽略电枢反应的去磁效应，其为一稍下倾的直线，它在纵坐标的截距称理想空载转速 $n_0'$，即

$$n_0'=\frac{U}{C_e\Phi} \tag{24-12}$$

实际上，由于电机本身存在空载转矩 $T_0$，实际空载转速 $n_0$ 将略低于 $n_0'$。如果电动机拖动额定负载转矩，则电机将工作在机械特性的 $p$ 点（见图 24-4），对应以 $n_N$ 转速稳定运行。

应注意，他励、并励电动机在运行中，励磁绕组不允许断开。若励磁绕组断开，主磁通将迅速下降到剩磁磁通，使电枢电流迅速增大，此时若负载为轻载，则电动机的转速将迅速上升，造成“飞车”；若负载较大，所产生的电磁转矩克服不了负载转矩，则电动机可能停转，使电枢电流增大到启动电流，将引起绕组过热而烧毁电机。这两种情况都是危险的，实际应用中应加装失磁保护。

2. 串励直流电动机的机械特性

串励直流电动机接线如图 24-5 所示，其机械特性是指 $U=U_N$ 时 $n=f(T_e)$ 的关系。因为励磁绕组与电枢绕组串联，式（24-10）应写作

$$n=\frac{U-I_a(R_a+R_f)}{C_e\Phi} \tag{24-13}$$

若电机磁路不饱和，则 $\Phi=KI_f=KI_a$（$K$ 为常系数），代入式（24-13），可得到转速与电流的关系为

$$n=\frac{U}{C_e'I_a}-\frac{R_a+R_f}{C_e'} \tag{24-14}$$

$$C_e'=KC_e$$

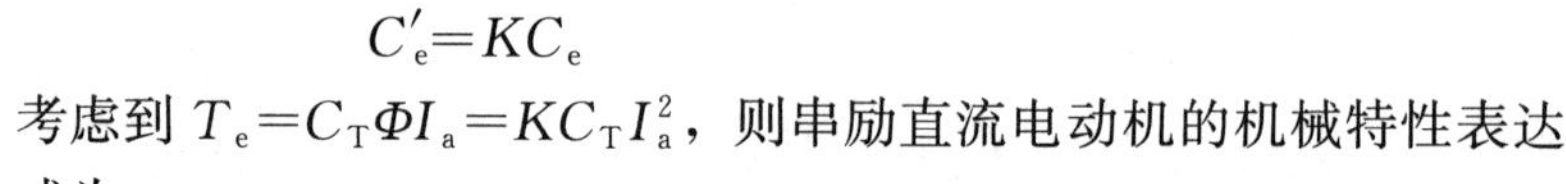

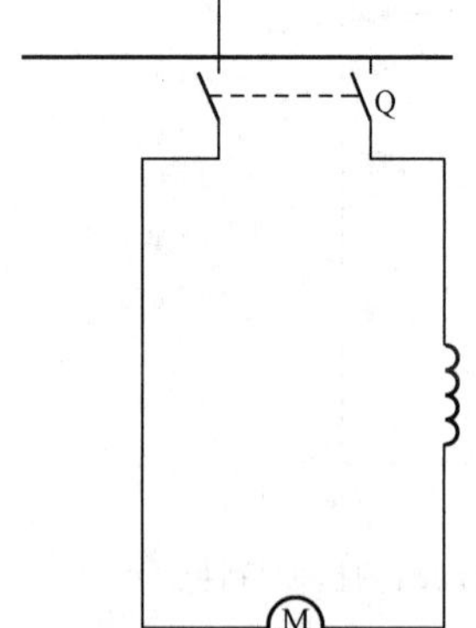

图 24-5 串励直流电动机接线图

考虑到 $T_e=C_T\Phi I_a=KC_TI_a^2$，则串励直流电动机的机械特性表达式为

$$n=\frac{U}{C_e''\sqrt{T_e}}-\frac{R_a+R_f}{C_e'} \tag{24-15}$$

$$C_e''=C_e'/\sqrt{KC_T}$$

式（24-15）说明，电机转矩增加时，转速将以幂函数关系显著下降，机械特性曲线如图 24-6 所示。对于并励直流电动机，转矩增加时转速下降小称为“硬”机械特性，那么串励直流电动机的机械特性则称为“软”机械特性。此外，串励直流电动机轻载时转速很高，可利用这一特性作轻载高速负载的拖动，如抛光机等的拖动。但应注意，串励直流电动机不能空载，因为空载转速 $n_0'$ 很高，会使电机造成机械损伤。在机械特性的另一端，转矩大、电流也大，电机可能出现饱和。一旦电机饱和，$\Phi\approx$常量，这时电流将随转矩线性增加，那么机械特性关系会趋于线性，如图 24-6 的虚线段。

以上分析也解释了串励直流电动机与并励直流电动机的特性差异。串励直流电动机由于

磁场随电流增加而增强，因此启动转矩大，过载能力强，能在较大的转速范围工作，且输出的机械功率 $P_2=T_2\Omega$ 变化不大，因此适合于一些要求启动转矩大、过载能力强以及需要较高转速的场合工作。

3. 复励直流电动机的机械特性

同时具有并励和串励励磁绕组的直流电动机称为复励直流电动机。当并励和串励励磁磁动势方向是相同时，即积复励直流电动机，其机械特性介于并励和串励直流电动机的机械特性之间。图 24-7 画出了不同励磁方式直流电动机的机械特性。图中曲线 1 为并励直流电动机的机械特性；曲线 2 为串励直流电动机的机械特性；曲线 3 为以并励为主的复励直流电动机的机械特性；曲线 4 为以串励为主的复励直流电动机的机械特性。

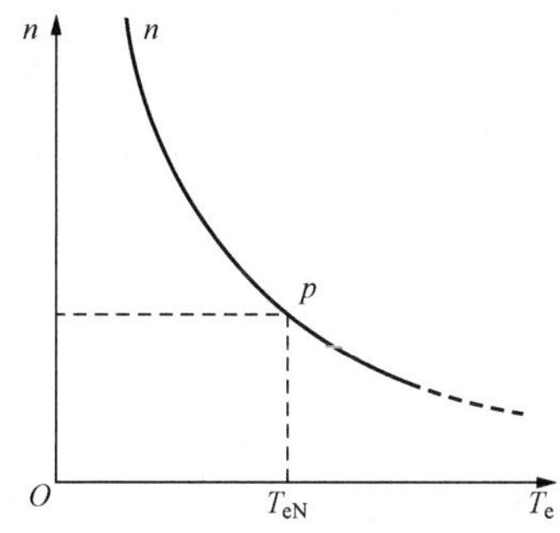


图 24-6　串励直流电动机的机械特性

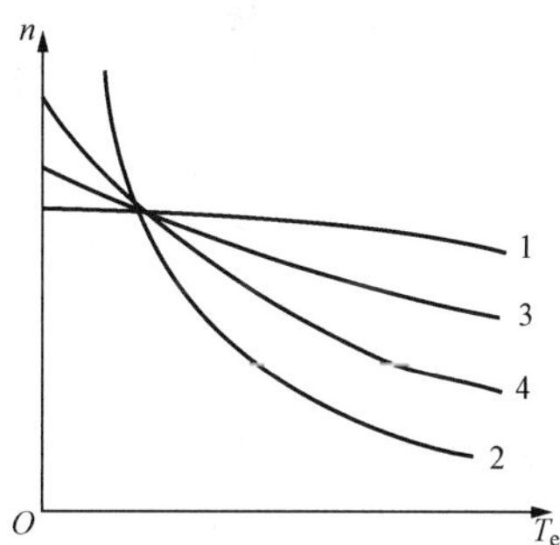


图 24-7　不同励磁方式直流电动机机械特性

**【例 24-1】**　某并励直流电动机 $U_N=220V$，$P_N=13kW$，$n_N=1500r/min$，$\eta_N=0.85$。已知并励绕组电阻 $R_f=160\Omega$，电枢总电阻 $R_a=0.2\Omega$。若不计电枢反应，并设空载转矩不变，试计算额定工作时的转矩及实际空载转速 $n_0$。

**解**　按题意计算额定工作的输入功率为

$$P_{1N}=\frac{P_N}{\eta_N}=\frac{13}{0.85}=15.3(kW)$$

相应电枢电流为

$$I_{aN}=I_N-I_f=\frac{P_{1N}}{U_N}-\frac{U_N}{R_f}=\frac{15300}{220}-\frac{220}{160}=68.2(A)$$

额定电枢电动势为

$$E_{aN}=U_N-I_{aN}R_a=220-68.2\times0.2=206.4(V)$$

由此可计算得

$$C_e\Phi=\frac{E_{aN}}{n_N}=\frac{206.4}{1500}=0.1376$$

$$C_T\Phi=\frac{60}{2\pi}C_e\Phi=\frac{60}{2\pi}\times0.1376=1.314$$

额定电磁转矩为

$$T_{eN}=C_T\Phi I_{aN}=1.314\times68.2=89.6(N\cdot m)$$

此时输出转矩为

$$T_N=\frac{P_N}{\frac{2\pi}{60}n_N}=\frac{13\,000}{\frac{2\pi}{60}\times1500}=82.8(N\cdot m)$$

空载转矩为

$$T_0 = T_{eN} - T_N = 89.6 - 82.6 = 6.8 (\text{N}\cdot\text{m})$$

若空载运行，则空载电枢电流和电枢电动势为

$$I_{a0} = \frac{T_0}{C_T\Phi} = \frac{6.8}{1.314} = 5.2(\text{A})$$

$$E_{a0} = U - I_{a0}R_a = 220 - 5.2\times 0.2 = 219(\text{V})$$

最后可计算空载转速为

$$n_0 = \frac{E_{a0}}{C_e\Phi} = \frac{219}{0.1376} = 1592(\text{r/min})$$

**二、他励、并励直流电动机的工作特性**

直流电动机的工作特性是指：当端电压 $U=U_N$、励磁电流 $I_f=I_{fN}$ 和电枢不串联附加调节电阻条件下，电动机的转速 $n$、电磁转矩 $T_e$、效率 $\eta$ 与输出功率 $P_2$ 之间的关系，即 $n$、$T_e$、$\eta=f(P_2)$。由于他励和并励直流电动机具有相同的工作特性，故下面仅以并励电动机为例加以讨论。

1. 转速特性

当 $U=U_N$ 和 $I_f=I_{fN}$ 时，$n=f(P_2)$ 的关系称为转速特性。并励直流电动机的转速特性为一条略为下垂的曲线，如图 24-8 中曲线 $n$。随输出功率增加，电机转矩和电枢电流增加，因而转速下降。可参考机械特性的分析。

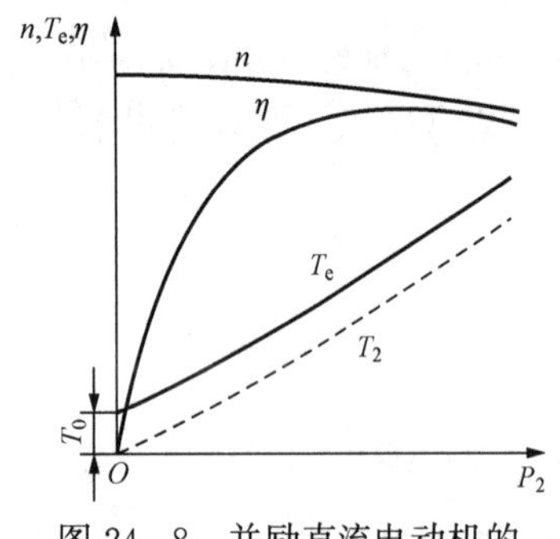


图 24-8　并励直流电动机的工作特性

2. 转矩特性

转矩特性指 $U=U_N$、$I_f=I_{fN}$ 时，$T_e=f(P_2)$ 的关系。由于 $T_2=\frac{P_2}{\Omega}$，可见若转速不变时，$T_2=f(P_2)$ 为一通过坐标原点的直线。但实际上当 $P_2$ 增大时，转速 $n$ 略有下降，故曲线将微有上翘，如图 24-8 虚线所示。又由于 $T_e=T_2+T_0$，故得转矩特性 $T_e=f(P_2)$，如图 24-8 曲线 $T_e$ 所示。

3. 效率特性

当 $U=U_N$ 和 $I_f=I_{fN}$ 时，$\eta=f(P_2)$ 的关系为效率特性。并励直流电动机的效率特性与其他电机相类似，如图 24-8 曲线 $\eta$ 所示。

## 第三节　直流电动机的启动、调速及电磁制动

启动和调速是评价电动机性能的另外两个重要方面。

**一、直流电动机的启动**

直流电动机更容易满足对启动性能的要求，故启动性能优于交流电动机。直流电动机常用的启动方法有直接启动、电枢串电阻启动、降压启动三种。

1. 直接启动

一些微型和小型直流电动机可以直接接入电源“直接”启动。图 24-9 和图 24-10 分别给出了并励直流电动机直接启动的电路和特性。刚开始启动时，电流 $i_a$ 增长很快，电磁转

矩随着很快增加，当其值大于负载转矩时，电机便开始旋转，并同时产生反电动势 $e_a$。随着转速的增加，反电动势也增大，使电枢电流增长变慢，并在达到某一最大值后开始下降，相应地电磁转矩也变小，转速上升变慢。当电磁转矩与电动机总的负载转矩相等时，电动机便以某一转速稳定运行，这时电枢电流也达到某一稳定值。

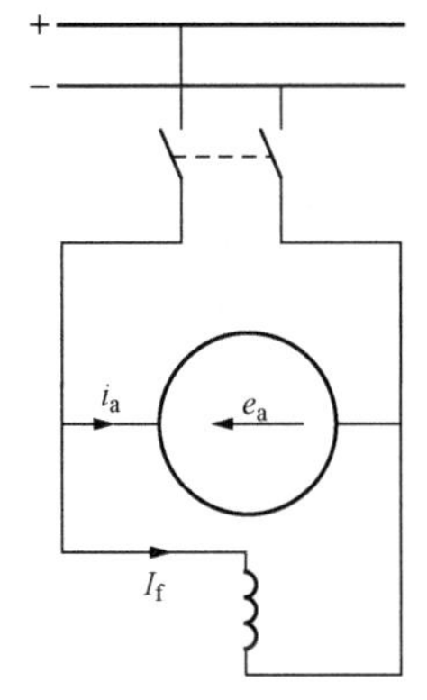


图 24-9　并励直流电动机直接启动电路

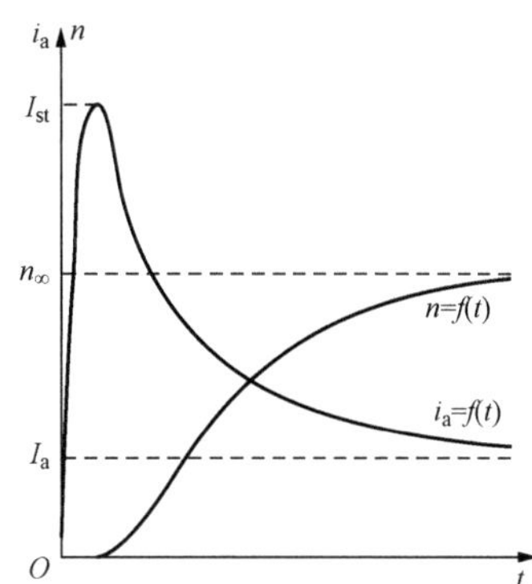


图 24-10　并励直流电动机直接启动时 $i_a$ 和 $n$ 的变化

启动电流是指启动过程所达到的最大冲击电流，如图 24-10 中的 $I_{st}$。由于启动开始阶段 $e_a \approx 0$，故有下列关系

$$I_{st} \approx \frac{U}{R_a} \tag{24-16}$$

与启动电流相对应的电磁转矩为启动转矩，即

$$T_{st} = C_T \Phi I_{st} \tag{24-17}$$

不难看出，启动阶段磁通 $\Phi$ 的大小影响启动转矩以及启动过程，应该在启动过程中尽可能保持 $\Phi$ 为最大值。对他（并）励电动机，应提前励磁，以使启动初瞬的磁场先建立起来。对串励电动机来说，启动电流要流过励磁绕组强化励磁，因此有很大的启动转矩。在对启动性能要求高或需反复启动的场合，多选用串励直流电动机，如汽车的启动电动机。

2. 电枢串电阻启动

直接启动时电流冲击大，功率较大的直流电动机启动时可在电枢回路串入电阻 $R_{st}$ 限流启动，其原理如图 24-11 所示。启动初瞬间接入适当启动电阻 $R_{st}=R_1+R_2+R_3$，启动电流被限制为

$$I_{st} = \frac{U}{R_a + R_{st}} \tag{24-18}$$

$I_{st}$ 应能产生足够大的启动转矩。随着转速及反电动势增加，电流按指数规律衰减，在适当时刻逐级减小启动电阻（如图 24-11 所示，逐个短路电阻 $R_1$、$R_2$、$R_3$），至最终全部切去启动电阻 $R_{st}$ 而正常运行。此过程可手动操作，也可用接触器实现程序控制。

理想配合的启动过程如图 24-12 所示，它限制启动电流在 $I_{max}$ 和 $I_{min}$ 范围内，以获得最佳的启动效果。

3. 降压启动

降压启动时，开始加于电动机电枢的端电压很低，随着转速的上升，逐步增高电枢电压，

以使电枢电流限制在一定范围以内。为使励磁不受电枢电压的影响，电动机应采用他励方式。

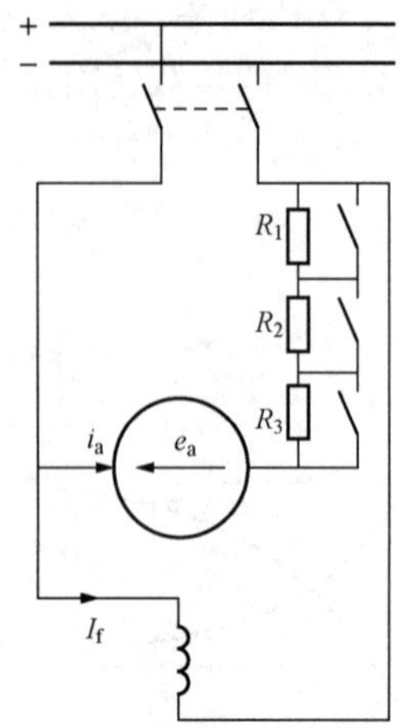


图 24-11　电枢串电阻启动电路

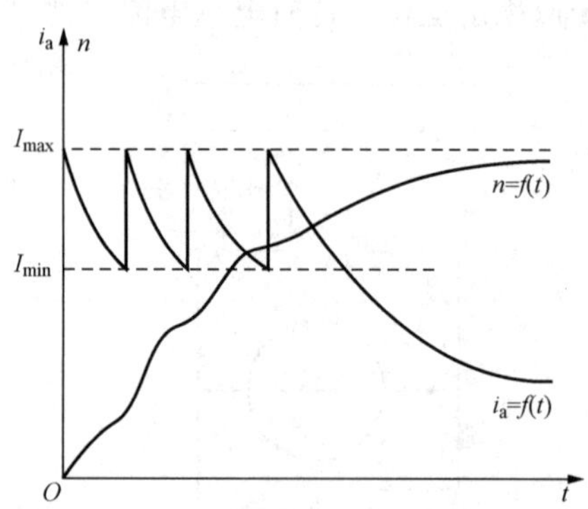


图 24-12　电枢串电阻限流启动过程

采用降压启动时，需要一套专用电源作为电动机的电源。现一般采用晶闸管相控整流电源去控制输出电压，以达到降压的目的。

降压启动法的优点是启动电流小，启动过程平滑，能量损耗少；缺点是投资较高。

**二、他励、并励直流电动机的调速**

根据被拖动生产机械的要求，常常希望电动机的转速能在一定甚至是宽广的范围内进行调节，且调节的方法要简单、经济、可靠。与交流电动机相比，直流电动机在这些方面有其独到的优点。

从直流电动机的转速公式（24-10）可得出

$$n=\frac{U-I_a(R_a+R_\Omega)}{C_e\Phi} \tag{24-19}$$

式中：$R_\Omega$ 为电枢串入的调节电阻。

由式（24-19）可知调速的方法有两种：①电枢控制，即调节电枢调节电阻 $R_\Omega$ 或电压 $U$；②磁场控制，即调节励磁电流以改变磁通 $\Phi$。

1. 电枢串电阻调速

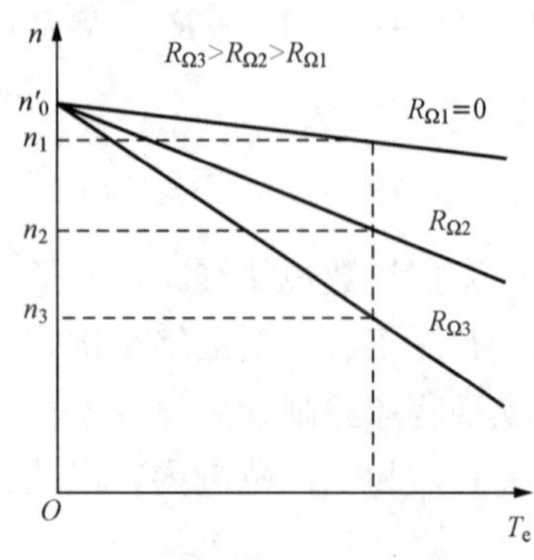


图 24-13　他励、并直流电动机电枢串电阻调速特性

在电源电压 $U$ 和磁通 $\Phi$ 保持不变的条件下，增大电枢回路的串联电阻时，由式（24-19）看出：电动机理想空载转速 $n'_0=U/(C_e\Phi)$ 不变，而机械特性的斜率随着电枢回路电阻的增大而增大，如图 24-13 所示。通常将电枢回路串入电阻 $R_\Omega$ 之后的机械特性称为人为机械特性，将对应 $R_\Omega=0$ 条件下的特性称为固有机械特性。从图 24-13 可见，若电动机带恒转矩负载，则不同电枢串联电阻值，对应不同的稳定转速 $n_1$、$n_2$ 及 $n_3$。$R_\Omega$ 越大，压降 $I_aR_\Omega$ 越大，电枢电动势 $E_a$ 越小，因而转速就越低。

这种调速方法的特点是：由于电枢串联电阻，使电枢电动势 $E_a$ 降低，因此转速只能从固有机械特性对应的转速

$n_1$ 往下调；电枢电流流经 $R_\Omega$，低速时效率低；调速范围随负载变化，轻载时调速范围变小。这种调速方法不宜应用于大容量直流电动机。

**【例 24-2】** 对［例 24-1］，设额定转矩不变，欲将电机转速调节到 $n=1000\text{r/min}$。试计算电枢需要串入的电阻值，再计算此时的效率。

**解** 按题意，转矩不变，则电枢电流不变，而电枢电动势与电机转速成正比，即调速后

$$E_a = E_{aN}\frac{n}{n_N} = 206.4\times\frac{1000}{1500} = 137.6(\text{V})$$

电枢串加电阻 $R_\Omega$ 后，满足

$$U = E_a + I_{aN}(R_a + R_\Omega)$$

所以

$$R_\Omega = \frac{U-E_a}{I_{aN}} - R_a = \frac{220-137.6}{68.2} - 0.2 = 1.01(\Omega)$$

此时的输出功率（转矩不变）

$$P_2 = P_N\frac{n}{n_N} = 13\times\frac{1000}{1500} = 8.67(\text{kW})$$

输出功率减少的部分，为电阻 $R_\Omega$ 上的消耗功率。因电流不变，输入功率仍为 $P_1=15.3\text{kW}$，所以

$$\eta = \frac{P_2}{P_1}\times 100\% = \frac{8.67}{15.3}\times 100\% = 57\%$$

2. 他励直流电动机调压调速

对于他励直流电动机，可直接用调节电枢电压的方法获得很好的调速特性。由式（24-11）可知：磁通 $\Phi$ 保持不变，不同电枢电压 $U$ 的机械特性为一族平行线。若电动机带恒转矩负载，则不同的电压 $U$ 对应不同的转速 $n$，如图 24-14 所示。实现这种调速需要有可调电压的直流电源，目前，广泛采用基于电力电子器件的相控整流电源或 PWM 整流电源去控制电枢电压实现调压调速。

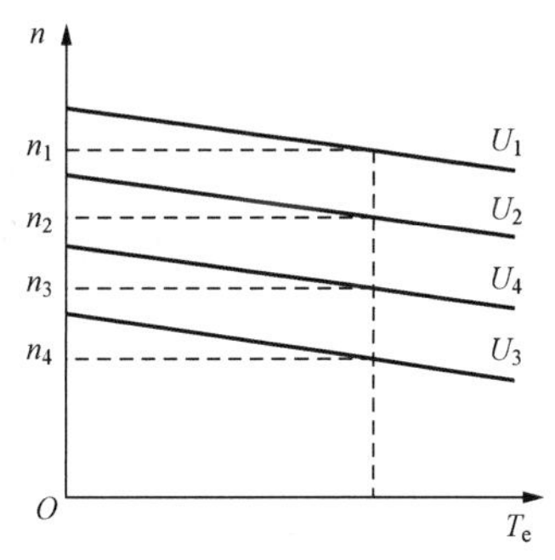


图 24-14　他励直流电动机调压调速特性

这种调速方法的特点是：由于电枢端电压 $U$ 不能超过额定电压 $U_N$，因此转速只能从额定电压对应的转速往下调；若负载转矩不变时，随着转速改变，电枢电流不变，适宜带恒转矩负载；电枢调节电阻 $R_\Omega=0$，故调速时无附加电阻损耗，效率高；平滑调速范围宽，机械特性斜率不变。如果配备转速和电流的反馈控制，即可构成性能优良的调速系统。这种调速方法在要求调速性能好的大型设备中应用较广。

3. 磁场控制调速——弱磁调速

根据式（24-19），减小励磁电流时，磁通 $\Phi$ 减小，电动机的转速将升高。图 24-15 示出了不同励磁电流时，他（并）励电动机的机械特性及稳态运行点。由于励磁电流大于额定值时磁路已饱和，不能通过调节励磁电流有效地改变磁通，所以磁场控制调速只能采用弱磁方式，即 $\Phi\leqslant\Phi_N$，因此也称弱磁调速。若负载转矩不变时，随着磁通 $\Phi$ 减小，转速增高，电枢电流增大，将引起电枢过电流，故不宜带恒转矩负载。若使 $T_e n=$常值，则电枢电流不变，故适宜带恒功率负载。

这种调速方法的特点是：由于只能采用弱磁，因此适宜从额定电压对应的转速往上调；

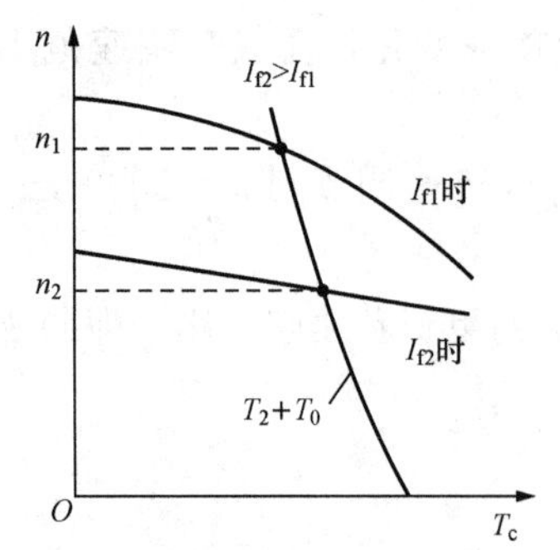


图 24-15 他（并）励直流电动机磁场控制调速特性

不宜带恒转矩负载，适宜带恒功率负载；由于励磁电流比电枢电流小得多，调节方便，且效率较高。

这种调速方法与调压调速相结合，可实现额定转速以上恒功率调速，额定转速以下恒转矩调速，获得更宽的调速范围。

### 三、他励直流电动机的电磁制动

与感应电动机一样，直流电动机电磁制动的方法也有能耗制动、回馈制动和反接制动三种。其共同特点是：在保持原来磁场方向、大小不变的情况下，改变电枢电流方向，以获得与电动机转向相反的制动转矩。

1. 能耗制动

据第二十三章所述，直流发电机的电磁转矩方向与转向相反，为一制动转矩，若在直流电动机停车过程中，让其工作在发电机状态，就能产生制动作用，控制电路如图 24-16 所示。电动机停车时，将开关 S 由位置“1”倒向位置“2”，这时电动机因惯性将继续旋转，故仍有电动势 $E_a=C_e\Phi n$ 产生。由于经电阻 $R_L$ 闭合，所以电枢有电流 $I_a$（注意此时为发电机状态，电枢电流方向与原电动机的电流方向相反），因此，惯性运动的机械能变成电能，并以热的形式 $I_a^2$（$R_a+R_L$）消耗于电枢回路的电阻上，故称为能耗制动。

能耗制动时的电磁转矩为

$$T_e=C_T\Phi I_a=-\frac{C_eC_T\Phi^2}{R_a+R_L}n \tag{24-20}$$

若认为 $\Phi$ 不变，则此电磁制动转矩与转速 $n$ 成正比。可见，能耗制动时的机械特性为处于第Ⅱ象限通过坐标原点的直线，如图 24-17 的 $aO$。

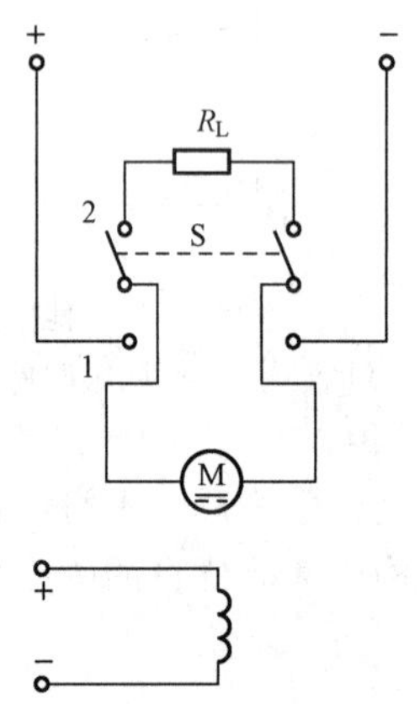


图 24-16 能耗制动控制电路

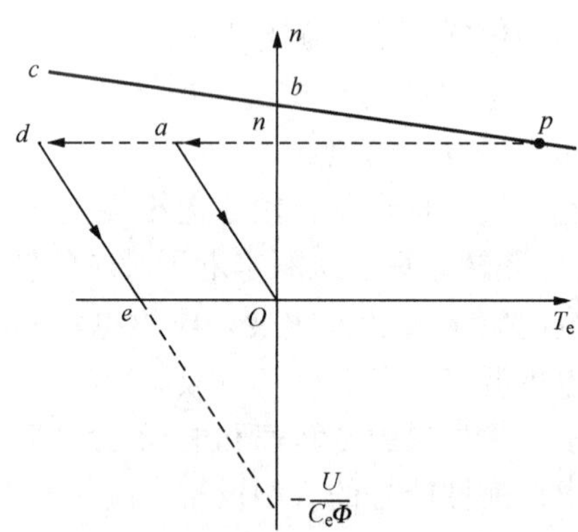


图 24-17 电磁制动的机械特性

由图 24-17 可说明能耗制动的过程。设 $p$ 点为电动机原工作点，转速为 $n$。当转换成能耗制动瞬间，电机工作点从 $p$ 点突跳至第Ⅱ象限的 $a$ 点。由于转速不能跃变，$a$ 点转速仍为 $n$，但电磁转矩变成负值，靠电磁转矩的制动作用，电机逐渐减速，沿着 $aO$ 线直至原点而停车。能耗制动过程中，制动转矩随转速降低而减弱，因而低速时制动转矩较小。

2. 回馈制动

回馈制动也叫再生制动，电气机车下坡就可采用这种制动方法。当电动机获得机械能而使转速高于理想空载转速 $n'_0$ 时，其反电动势 $E_a$ 大于电网电压 $U$，电枢电流变为与 $E_a$ 同方向，有电能反馈到电网，此时电机为发电机状态运行，产生制动转矩。显然，这时的机械特性将是原电动机机械特性向第Ⅱ象限的延伸，如图 24 - 17 中的线段 $bc$ 所示。

3. 反接制动

在要求电动机快速停车时，可利用反向开关将电枢两端反接到电网上，如图 24 - 18 所示。此时，端电压 $U$ 与电动势 $E_a$ 同向，将产生很大的制动电流，为将电流限制在一定的范围之内，反接制动时须在电枢回路串入限流电阻 $R$。反接制动时电枢回路电压方程为

$$E_a = C_e\Phi n = -U - I_a(R_a + R)$$

故此时机械特性为

$$n = \frac{-U - I_a(R_a + R)}{C_e\Phi} = -\frac{U}{C_e\Phi} - \frac{R_a + R}{C_e C_T \Phi^2} T_e \tag{24-21}$$

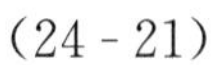

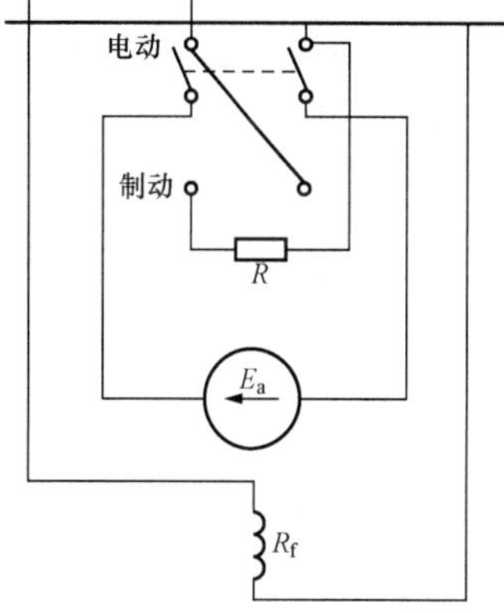


图 24 - 18 反接制动控制电路

这是一条在第Ⅱ象限的直线，如图 24 - 17 的直线 $de$。可以看出，反接制动过程中，当电动机转速降至零（图 24 - 17 中的 $e$ 点）时，仍有较大的制动转矩，因而制动效果好；但是，若不及时与电网脱开，电机将可能反转。

反接制动时，电枢电流的方向与 $E_a$ 及 $U$ 相同。这说明，电网提供的电功率 $UI_a$ 和机械能转换成的电功率 $E_aI_a$ 一起消耗于电阻的发热 $I_a^2(R_a + R)$ 上，可见反接制动时的损耗较大。

## 小结

（1）根据电机的可逆性，直流电机即可作发电机运行，也可作电动机运行。发电机状态和电动机状态的区别表现在：

1）发电机将机械能转换成电能；电动机将电能转换成机械能。

2）发电机状态 $E_a > U$，因而 $I_a$ 与 $E_a$ 同向；电动机状态 $U > E_a$，因而 $I_a$ 与 $E_a$ 反向。

3）发电机状态，电磁转矩与转向相反，为制动性质；电动机状态，电磁转矩与转向相同，为驱动转矩。

（2）直流电动机基本关系式：$U = E_a + I_aR_a$，$E_a = C_e\Phi n$，$T_e = C_T\Phi I_a$。表征直流电动机的性能主要有机械性能、工作性能、启动性能、调速性能及制动性能。不同励磁方式的直流电动机，具有不同的性能，因而也具有不同的应用。

（3）并（他）励直流电动机主要特点：励磁和电枢自为独立电路，因此 $I_f$ 不受负载影响，可认为 $\Phi$ 基本不变。固有机械特性为“硬”特性，表达式为

$$n = \frac{U - I_aR_a}{C_e\Phi} = \frac{U}{C_e\Phi} - \frac{R_a}{C_e C_T \Phi^2} T_e$$

并（他）励直流电动机调速性能好，常用调速方法有电枢控制和磁场控制两种，也可联合采用，获得更宽的调速范围。注意：并励、他励直流电动机在运行中，励磁绕组不允许断开。

（4）串励直流电动机主要特点：励磁和电枢串联，$I_f = I_a$，因此 $\Phi$ 将随电流和转矩的变化而变化。机械特性是“软”特性，表达式为

$$n=\frac{U-I_a(R_a+R_f)}{C_e\Phi}=\frac{U}{C''_e\sqrt{T_e}}-\frac{R_a+R_f}{C'_e}$$

因为电枢电流大时磁场也强，所以启动转矩大，启动性能好。不过串励直流电动机不允许空载运行。

（5）能耗制动、回馈制动、反接制动均为正转电磁制动，它们的机械特性都处于第Ⅱ象限，即转速为正、电磁转矩为负。类似的，若电机运行点在第Ⅳ象限内，转速为负、电磁转矩为正，则为反转电磁制动。再扩展到正转电动——第Ⅰ象限的机械特性、反转电动——第Ⅲ象限的机械特性，这就是电动机的四象限运行。

## 题

24-1 何谓电机的可逆原理？在什么条件下直流电机可以从电动机状态改变为发电机状态？

24-2 试写出并励直流电机作发电机及电动机运行时的电压、电流、功率和转矩方程式。

24-3 试述直流电机电磁功率的意义并写出计算式。

24-4 为什么并励直流电动机的机械特性是硬特性，而串励直流电动机的机械特性为软特性？

24-5 他励直流电动机直接启动时电枢电流大小由什么决定？正常稳定运行时电枢电流又由哪些因素决定？

24-6 并励直流电动机正在运行中，励磁绕组电路故障断开，试分析其后果。

24-7 串励直流电动机不能空载运行，为什么？电动车采用串励直流电动机是利用它的什么特点？

23-8 试述他励直流电动机各种调速方法及其优缺点。

24-9 直流电动机能耗制动时一般都接成他励形式，但若以并励形式实现能耗制动则效果差，为什么？

24-10 串励直流电动机若由单相交流电源供电，能产生电磁转矩并转动吗？

24-11 一台110V并励直流电动机，电枢回路总电阻$R_a=0.25\Omega$。空载时电枢电流为6A、转速为1200r/min。现负载运行，若电枢电流为30A，试求其转速。

24-12 有一台并励直流电动机，已知电枢绕组电阻$R=0.02\Omega$、励磁回路电阻$R_f=55\Omega$。电枢绕组为单叠绕组、总导体数$Z_a=300$，电刷接触压降$2\Delta U_s=2$V。某工作状态下$U=220$V、$I_a=396$A，且知每极磁通量$\Phi=0.048$Wb。试求输入功率和转速值。

24-13 某10kW并励直流电动机，$U_N=110$V，$I_N=107.6$A，已知电枢电阻$R_a=0.083\Omega$。试求额定电压直接启动时电枢启动电流为额定电流的多少倍？如果要限制启动电流不超过额定电流的3倍，那么至少应串加多大的启动电阻？

24-14 有一台24V串励直流电动机，当负载运行电流为10A时，转速为7500r/min。已知$R_a+R_f=0.4\Omega$，若不计电枢反应及磁路饱和的影响，求电磁转矩增加1倍时的电动机转速。

# 第二十五章　直流电机的换向

换向是指旋转着的电枢绕组元件，从一条支路经过电刷后转入另一支路时，元件中电流方向的变化过程。本章着重讨论换向的电磁现象，进而介绍改善换向的方法。

## 第一节　直流电机换向的电磁现象

### 一、换向过程的基本原理

图 25-1 表示一单叠绕组元件 b 的换向过程。设电刷宽度 $b_b$ 等于换向片宽度 $b_c$。当元件 b 处于图 25-1（a）换向前的位置时，该元件属于右边的一条支路，其电流 $i_a$ 以逆时针方向通过元件 b，设为 $+i_a$；随电枢旋转，当元件 b 进入图 25-1（c）所示换向后的位置时，该元件转入左边支路，支路电流以顺时针方向流过元件 b，设为 $-i_a$。由此可见，从图 25-1（a）～（c）的过程中，元件 b 的电流由 $+i_a$ 变化到 $-i_a$。此变化过程即为元件的换向过程，其电路如图 25-1（b）。从图 25-1（a）换向开始至图 25-1（c）换向结束所需时间称为换向周期，以 $T_c$ 表示。换向周期通常只有千分之几秒甚至更小。

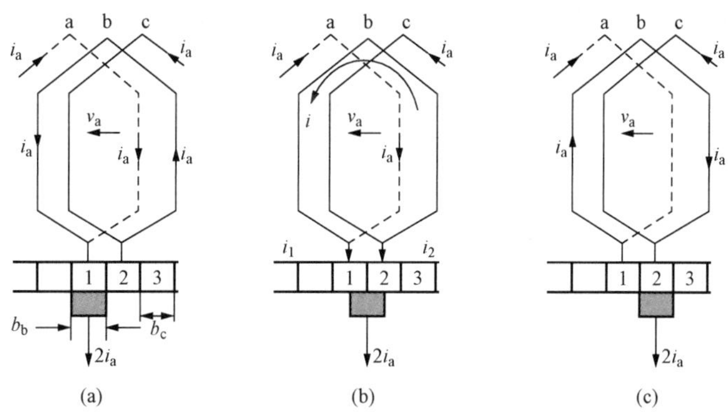


图 25-1　换向元件内电流变化过程

（a）$t=0$；（b）$0<t<T_c$；（c）$t=T_c$

### 二、换向元件中的电动势

换向元件中的电动势主要有电抗电动势 $e_r$ 和切割电动势 $e_c$。

1. 电抗电动势 $e_r$

元件换向过程中，换向电流 $i$ 的变化将在其中产生自感电动势 $e_L$。如果电刷宽度 $b_b$ 大于换向片宽度 $b_c$，那么每一电刷下有两个以上的元件同时换向，因此也存在互感电动势 $e_M$。换向元件的电抗电动势 $e_r$ 即为换向电流引起的自感和互感电动势之和，即

$$e_r=e_L+e_M=-L_r\frac{di}{dt} \tag{25-1}$$

式中：$L_r$ 为元件在换向时的合成等效电感。

根据楞次定律，电抗电动势总是企图阻止换向电流的变化，所以其方向与换向前元件的电流方向相同。急剧变化的换向电流 $i$ 所建立的磁场主要走漏磁路径，因此 $L_r$ 实际应为漏电感。

2. 切割电动势 $e_c$

在换向过程中，换向元件的元件边在空间的一定区域内移动，此区域称为“换向区域”。若换向区域内磁感应强度为 $B_c$，那么换向元件将产生切割电动势 $e_c$。

一般情况，换向元件处在几何中性线位置，因此空载时（无电枢反应）$B_c=0$，相应地 $e_c=0$。负载工作时，有交轴电枢反应，换向区域存在交轴电枢反应磁场 $B_c=B_{aq}$，这时的 $e_c$ 常称作为交轴电枢反应电动势，记作 $e_{aq}$。电机负载大，则 $e_{aq}$ 也大。参照图 22 - 6 可见，不管是发电机还是电动机，换向元件的 $e_{aq}$ 必与换向前的元件电流方向相同。所以说，$e_{aq}$ 与 $e_r$ 方向相同，都将阻止换向元件电流的变化，对换向不利。

## 三、换向电路的电阻

从图 25 - 1（b）可以看出，换向回路的电阻应包括：换向元件电阻 $R_c$，换向元件与换向片 1 和 2 的连接线电阻 $R_1$ 和 $R_2$，换向片 1、2 与电刷的接触电阻 $R_{bc1}$、$R_{bc2}$，电刷电阻 $R_b$。其中，$R_c$、$R_1$、$R_2$、$R_b$ 对具体电机来说均为定值，且比 $R_{bc1}$、$R_{bc2}$ 小得多。$R_{bc1}$ 和 $R_{bc2}$ 在换向过程中为变量，在分析时主要考虑电阻 $R_{bc1}$ 和 $R_{bc2}$。

设 $A$ 和 $R_{bc}$ 分别为一个换向片与电刷完全相接触的接触面积和接触电阻，若以图 25 - 1(a) 所示换向开始瞬间作为时间的起始点（$t=0$），$A_1$ 和 $A_2$ 分别表示当时间为 $t(0<t<T_c)$ 换向片 1、2 与电刷接触面积，则有

$$\left.\begin{aligned} A_1&=\left(1-\frac{t}{T_c}\right)A \\ A_2&=\frac{t}{T_c}A \end{aligned}\right\} \tag{25-2}$$

以上没有计及换向片间的绝缘厚度，且假设电刷与换向片之间的接触电阻与接触面积成反比，所以可得到简化表达式

$$\left.\begin{aligned} R_{bc1}&=R_{bc}\frac{T_c}{T_c-t} \\ R_{bc2}&=R_{bc}\frac{T_c}{t} \end{aligned}\right\} \tag{25-3}$$

## 四、换向电流的变化规律

当换向回路只计及电阻 $R_{bc1}$ 和 $R_{bc2}$ 时，处于换向的元件 b 满足如下电压方程式

$$\sum e=i_1R_{bc1}-i_2R_{bc2} \tag{25-4}$$

式中：$\sum e$ 为总电动势。$i_1$、$i_2$ 计算式为

$$\left.\begin{aligned} i_1&=i_a+i \\ i_2&=i_a-i \end{aligned}\right\} \tag{25-5}$$

将式（25 - 3）、式（25 - 5）代入式（25 - 4），并经整理得换向电流 $i$ 的表达式为

$$i=i_a\left(1-\frac{2t}{T_c}\right)+\frac{\sum e}{R_{bc}}\times\frac{(T_c-t)t}{T_c^2} \tag{25-6}$$

这表示换向电流 $i$ 由两项组成：前项称为直线换流电流，后项称为附加换向电流。下面

就$\sum e$可能出现的三种情况，对换向电流的变化规律分别加以讨论。

1. $\sum e=0$，直线换向

当换向元件切割电动势$e_c$与电抗电动势$e_r$相抵消时，$\sum e=0$。这时换向电流可表示为

$$i=i_a\left(1-\frac{2t}{T_c}\right) \tag{25-7}$$

式（25-7）表明，换向电流$i$随时间$t$呈线性变化，如图25-2直线1所示，称这种换向为直线换向。由于直线换向时电刷下的电流密度相等，电刷接触处的损耗和发热均较小，是理想的换向情况。

2. $\sum e>0$，延迟换向

由于电抗电动势$e_r$和交轴电枢反应电动势$e_{aq}$存在，因此总电动势$\sum e$与元件换向前的电流同方向，阻碍电流换向。这时的换向电流在直线换向基础上叠加了一个附加分量$i_c$，其可表示为

$$i_c=\frac{\sum e}{R_{bc}}\times\frac{(T_c-t)t}{T_c^2} \tag{25-8}$$

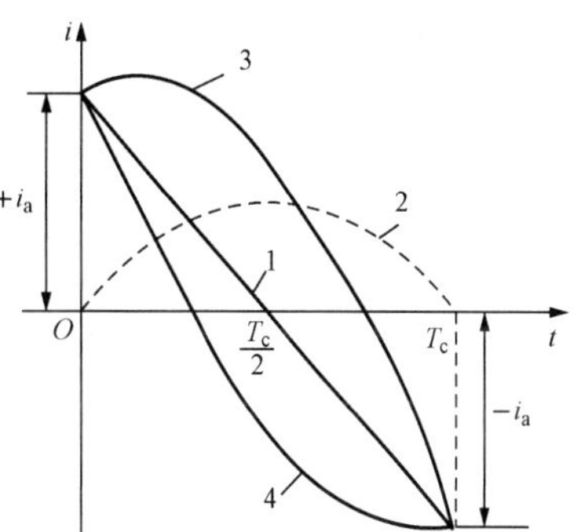

图25-2　各种性质的换向电流

图25-2曲线2表达了式（25-8）的关系。曲线3为曲线1、2之和，即为延迟换向电流的变化规律，可以看出，换向电流$i$变向的时刻比直线换向（图中直线1）延迟了一段时间，故称为延迟换向。

3. $\sum e<0$，超越换向

由于换向极的作用，产生了与$e_r$相反方向的电动势$e_c$，$e_c$抵消$e_r$有余，由此出现$\sum e<0$。这时，附加换向电流$i_c$的方向与上述延迟换向的相反，换向电流的变化规律将如图25-2中的曲线4所示。由于电流变向的时间比直线换向时超前，故称超越换向。

**五、换向过程产生火花的电磁原因**

直流电机换向火花产生的原因很多，也非常复杂，通常认为主要有电磁原因、机械原因和化学原因三类。

1. 电磁原因

综上分析，直线换向条件下，电刷下电流密度分布均匀，电刷和换向器表面接触层的损耗和发热都比较小，一般不会形成火花。而在延迟换向条件下工作时，后刷边电流密度增大，达到一定数值后，后刷边与换向片之间由于高温以致产生电离效应，因此接触电阻$R_{bc1}$急剧减小，使附加换向电流$i_c$在接近$T_c$时不能减小。如果$t=T_c$时，$i_c\neq0$，即在换向元件中存储有磁能$Li_c^2/2$。随着电枢旋转，相应的换向片必然离开电刷使换向电路突然切断，因此该磁能瞬间以电弧形式释放，即后刷边出现火花。同样，在严重超越换向条件下，前刷边在刚接触相应换向片瞬间产生热电离作用，形成离子导电，产生换向火花。

2. 机械原因

最常见的机械原因包括：换向器加工不同心、表面光洁度不好；换向片与片间绝缘的热膨胀系数不同或因受离心力造成凸片；电刷在刷盒中安装不良或压力不当，使运行中引起电刷跳动；机械损伤或动平衡不好而引起共振。这些都可能造成换向火花。

3. 化学原因

正常运行的电机，换向器表面被一层氧化亚铜薄膜所覆盖。实践证明，氧化亚铜薄膜的存在，是电机良好换向的必要条件。这是因为该氧化膜本身具有较高的电阻，可以限制附加换向电流 $i_c$，同时它具有较好的润滑作用，有利于电刷和换向器的磨合。因此，如果电刷压力过大，或者环境缺少必要的水分和氧气，会破坏或影响氧化亚铜薄膜的生成，容易引起换向火花。

## 第二节　改善换向的方法

改善换向的目的在于消除电刷下的火花。如上所述，产生火花的原因很多，若针对机械原因，则应严格加工和提高装配质量，改进换向器结构设计，合理调整电刷弹簧压力。此外，合理选用电刷、创造条件使换向器表面保持一层氧化亚铜薄膜也是抑制火花改善换向的有效措施。针对产生火花的电磁原因，常用如下一些改善换向的方法。

### 一、装置换向极

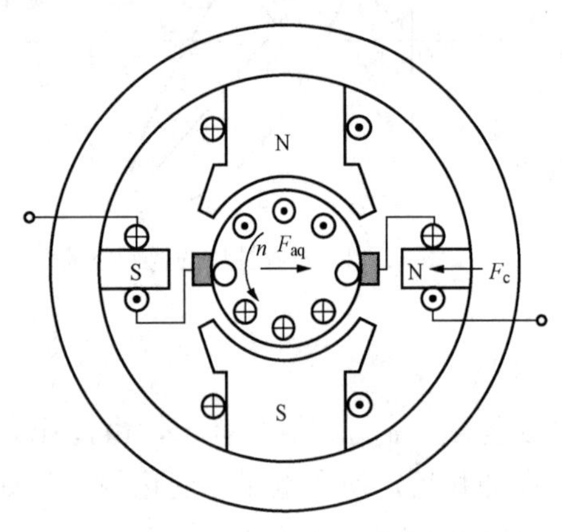


图 25-3　装置换向极改善换向

⊙表示流出纸面；⊗表示流入纸面

装置换向极是最广泛采用的改善换向的措施。利用换向极在换向区域内产生一个改善换向所需的磁场，使换向元件中电动势 $e_c$ 与 $e_r$ 方向相反、大小相等，则可获得理想的换向条件。换向极位于主极之间的几何中性线上，如图 25-3 所示。

由式（25-1）可知，换向元件电抗电动势的平均值与电枢电流大小成正比。因此，为了保证不同负载下的换向性能，要求换向极下的磁感应强度 $B_c$ 也与电枢电流成正比。实现的办法是：换向极绕组与电枢绕组串联，使流过换向极绕组的电流就是电枢电流。由图 25-3 可以看出，换向极磁动势 $F_c$ 方向与交轴电枢磁动势 $F_{aq}$ 方向相反（也适用于电动机），即换向极磁动势除一部分克服交轴电枢反应磁动势外，还应有一部分在换向区域产生一定的换向磁场 $B_c$。只要换向极磁路不饱和，那么 $B_c$ 将正比于电枢电流 $I_a$。

### 二、移动电刷

参照图 22-6（a），交轴电枢反应使物理中性线偏转了 $\alpha$ 角，因此若将电刷位置也同方向偏转 $\alpha$ 角，那么换向元件边处在物理中性线位置，不存在切割电动势 $e_c$。如果电刷偏转超过 $\alpha$ 角，使换向元件边所处的气隙磁场极性与几何中性线位置的磁场极性相反，这样就会产生与 $e_r$ 方向相反的 $e_c$，达到抵消电抗电动势目的。根据物理中性线偏转方向分析，为改善换向，直流发电机的电刷应顺转向偏转，而直流电动机则要逆转向偏转电刷。

这种方法的缺点在于，当负载变化时，无法始终保持 $e_c$ 和 $e_r$ 相抵消（因为 $i_a$ 增大时，电抗电动势 $e_r$ 加大，而 $e_c$ 随磁场扭斜加剧变小）；其次当电机旋转方向改变时，也要改变电刷的偏转方向才能改善换向。因此，移动电刷方法来改善换向有其局限性，仅在少数小容量且负载变化也不大的直流电机中应用。

### 三、减小电抗电动势 $e_r$

从电抗电动势的基本概念出发，减小 $e_r$ 可采用如下方法：①采用短距元件，使同槽的两元件边不同时换向，减小互感及互感电动势；②适当增大电刷宽度，使换向周期变长而减小电抗电动势；③减小电枢绕组元件匝数，但由于匝数减少，则元件数 S 和换向片数 K 都要增加，应注意机械和工艺条件的限制。

## 第三节　补　偿　绕　组

补偿绕组敷设在主磁极表面，如图 25-4 所示。补偿绕组与电枢绕组串联连接，并使其磁动势方向与电枢磁动势相反，因而补偿绕组的磁动势与电枢电流成正比，可保证在任何负载情况下随时能抵消电枢磁动势，减少了由电枢反应引起的气隙磁场的畸变。

如果强烈的电枢反应得不到补偿，不仅给换向带来困难，而且在极弧下增磁区域内会使磁通密度达到很大数值。当元件切割该处磁通密度时，会感应出较大的电动势，以致使处于该处换向片间的电位差加大。当这种换向片间电位差的数值超过一定限度，就会使换向片间的空气击穿，在换向片间产生电位差火花。特别在换向火花的触发下，互相促成，致使火花电弧连成一片。最严重的是从正电刷到负电刷之间直接形成电弧，称为“环火”。所以，直流电机中安装补偿绕组也是一种保证电机安全运行的措施。

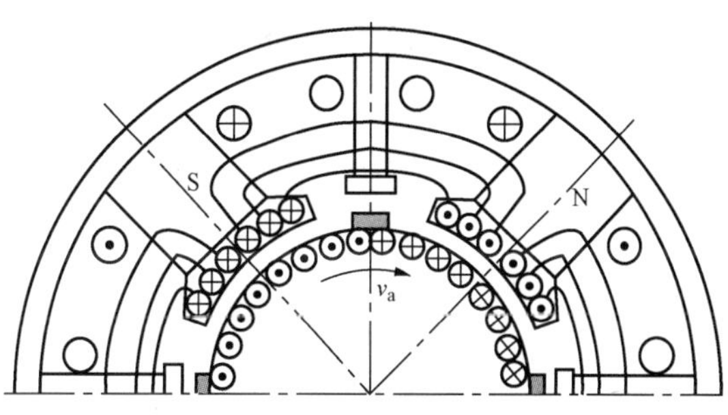


图 25-4　补偿绕组示意图

⊙表示流出纸面；⊗表示流入纸面

但由于补偿绕组使直流电机的结构和加工工艺复杂化，且增加用铜量；又因补偿绕组串联于电枢，故也增加电阻压降和损耗，一般中小功率直流电机并不常采用。不过，采用补偿绕组后，气隙磁场畸变小，可减小气隙和主磁极励磁磁动势，进而可减小电机体积；同时，由于电枢反应得到补偿，可大大减轻对换向极的要求，并对电机其他性能也有所改善。所以，功率大、电枢反应严重的直流电机，均采用补偿绕组以补偿电枢反应。

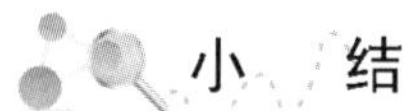

## 小　结

直流电机的换向，是指电枢元件从一条支路转入另一条支路时，元件中电流改变方向的过程。火花是判别换向好坏的主要标志，换向不良时，电刷下产生危害性火花。

产生换向火花的原因很多，换向的电磁理论认为：电刷下产生火花的主要原因是当 $\sum e\neq 0$ 时，换向回路内有附加换向电流 $i_c$。此电流一方面导致电刷电流密度增加并引起局部过热；另一方面使换向回路储存磁能，导致换向回路的电刷与换向片之间产生火花。

改善换向方法的核心是尽可能减小附加换向电流 $i_c$。用装置换向极来产生抵消 $e_r$ 的切割电动势 $e_c$ 是采用最广泛的改善换向措施。

## 习　题

25-1　试述直流电机的换向过程及换向电流的变化规律。

25－2 换向元件在换向过程中可能产生哪些电动势？它们对换向有什么影响？

25－3 什么原因造成延迟换向？延迟换向可能产生什么后果？

25－4 采用移动电刷位置来改善换向的直流电动机，为什么要标明旋转方向？若将其作发电机运行（不调整电刷位置），转向是否应保持原来标明的方向？

25－5 简述换向极的作用，它应装在何处？如何确定其极性？换向极绕组如何连接？

25－6 一台有换向极的并励直流发电机，若作并励直流电动机运行，那么为保证良好换向，换向极绕组是否要改接？注意讨论电动机运行有两种不同的转向要求。

25－7 某台直流电动机在运行时，后刷边有明显火花。若在换向极根部加钢垫片，在运行便无火花，试解释其原因。

25－8 什么情况下要装补偿绕组？试阐明补偿绕组的作用和意义。

# 直流电机篇自测题

## 一、填空题

1. 直流电机的电枢绕组的元件中的电动势和电流是________（直流；交流）。

2. 一台四极直流发电机采用单叠绕组，若取下一支或相邻的两支电刷，其额定电流和功率________（减小；增大；不变），而电刷间电压________（减小；增大；不变）。

3. 并励直流电动机，当电源反接时，其中电枢电流 $I_a$ 的方向________（反向；不变），电磁转矩方向________（反向；不变）。

4. 直流发电机的电磁转矩是________（制动；驱动）转矩，直流电动机的电磁转矩是________（制动；驱动）转矩。

5. 电枢反应对并励直流电动机转速特性和转矩特性有一定的影响，当电枢电流 $I_a$ 增加时，转速将________（减小；增大；不变），电磁转矩将________（减小；增大；不变）。

6. 直流电动机调速时，在励磁回路中增加调节电阻，可使转速________（减小；增大；不变），而在电枢回路中增加调节电阻，可使转速________（减小；增大；不变）。

7. 串励直流电动机在电源反接时，电枢电流方向________（反向；不变），磁通方向________（反向；不变），转速 $n$ 的方向________（反向；不变）。

8. 并励直流发电机的励磁回路电阻和转速同时增大 1 倍，不计饱和，则其空载电压________（减小；增大；不变）。

9. 直流发电机的电刷顺电枢旋转方向移动一角度，直轴电枢反应是________（去磁的；增磁的）。

## 二、选择题

1. 一台他励直流发电机，由额定运行状态转速下降 30%，而励磁电流及电枢电流不变，则________。

A. $E_a$ 下降 30%　　B. $T_e$ 下降 30%

C. $E_a$ 和 $T_e$ 都下降 30%　　D. 端电压下降 30%

2. 一台并励直流电动机，在保持转矩不变时，如果电源电压由 $U_N$ 降为 $0.5U_N$，忽略电枢反应和磁路饱和的影响，此时电动机的转速________。

A. 不变　　B. 转速降低到原来转速的 0.5 倍

C. 下降　　D. 无法判定

3. 在直流电机中，公式 $E_a=C_e\Phi n$ 和 $T_e=C_T\Phi I_a$ 中的 $\Phi$ 指的是________。

A. 每极合成磁通　　B. 所有磁极的总磁通

C. 主极每极磁通　　D. 以上都不是

4. 他励直流电动机在电枢串电阻调速过程中，若负载转矩保持不变，则________保持不变。

A. 输入功率　　B. 输出功率

C. 电磁功率　　D. 电机的效率

5. 启动他励直流电动机时，励磁回路应________电源。

A. 与电枢回路同时接入　　B. 比电枢回路先接入

C. 比电枢回路后接入　　D. 根据具体情况而定

6. 直流电动机的电刷在几何中性线位置逆转向移动一个小角度，电枢反应性质为________。

A. 去磁与交磁　　B. 增磁与交磁

C. 纯去磁　　D. 纯增磁

7. 一台他励直流发电机，额定电压为 200V，六极，额定支路电流为 100A，电枢为单叠绕组时，其额定功率为________。

A. 20kW　　B. 40kW　　C. 80kW　　D. 120kW

8. 在直流电机中，右行单叠绕组的合成节距 $y=y_c=$________。

A. $Q_u/2p$　　B. $\frac{Q_u}{2p}\pm\varepsilon$　　C. 1　　D. 2

9. 若并励直流发电机转速上升 20%，则空载时发电机的端电压 $U_0$ 将________。

A. 升高 20%　　B. 升高大于 20%

C. 升高小于 20%　　D. 不变

10. 直流电动机的额定功率指________。

A. 转轴上吸收的机械功率　　B. 转轴上输出的机械功率

C. 电枢端口吸收的电功率　　D. 电枢端口输出的电功率

**三、简答题**

1. 直流电机的励磁方式有哪几种？每种励磁方式的励磁电流或励磁电压与电枢电流或电枢电压有怎样的关系？

2. 直流电机空载和负载运行时，气隙磁场各由什么磁动势建立？负载后电枢电动势应该用什么磁通进行计算？

**四、分析题**

1. 对于一台并励直流电动机，如果电源电压和励磁电流保持不变，总制动转矩为恒定值。试分析在电枢回路串入电阻 $R_\Omega$ 后，对电动机的电枢电流、转速、输入功率、铜耗、铁耗及效率有何影响，为什么？

2. 做直流发电机实验时，若并励直流发电机的端电压升不起来，应该如何处理？

**五、计算题**

1. 一台并励直流电动机的额定数据如下：$P_N=17\text{kW}$，$U_N=220\text{V}$，$n=3000\text{r/min}$，$I_N=88.9\text{A}$，电枢回路电阻 $R_a=0.0896\Omega$，励磁回路电阻 $R_f=181.5\Omega$，若忽略电枢反应的影响，试求：

（1）电动机的额定输出转矩；

（2）在额定负载时的电磁转矩；

（3）额定负载时的效率；

（4）在理想空载（$I_a=0$）时的转速；

（5）当电枢回路串入电阻 $R=0.15\Omega$ 时，在额定转矩时的转速。

2. 一台并励直流电动机，额定数据为：$U_N=110V$，$I_N=28A$，$n_N=1500r/min$，电枢回路总电阻 $R_a=0.15\Omega$，励磁电路总电阻 $R_f=110\Omega$。若将该电动机用原动机拖动作为发电机并入电压为 $U_N$ 的电网，并忽略电枢反应的影响，试问：

（1）若保持电枢和励磁绕组为额定电流不变，此时发电机转速为多少？向电网输出的电功率为多少？

（2）当此发电机向电网输出电功率为零时，转速为多少？

# 附录 自 测 题 答 案

## 第一篇 基 础 理 论

**一、填空题**

1. 直流磁路，交流磁路。

2. 软磁材料。

3. $\mu_r \gg 1$，$\mu_r \approx 1$。

4. 磁动势。

5. 减小，减小，不变。

**二、选择题**

1.C 2.A 3.A 4.A 5.A

**三、简答题**

1. 电机和变压器的磁路常采用硅钢片制成，它的导磁率高，损耗小，有饱和现象存在。

2. 磁滞损耗由于 $B$ 交变时铁磁物质磁化不可逆，磁畴之间反复摩擦，消耗能量而产生的，它与交变频率 $f$ 成正比，与磁密幅值 $B_m$ 的 $n$ 次方成正比，$p_h = C_h f B_m^n V$。涡流损耗是由于通过铁芯的磁通 $\Phi$ 发生变化时，在铁芯中产生感应电动势，再由于这个感应电动势引起电涡流而产生的电损耗。它与交变频率 $f$ 的平方和 $B_m$ 的平方成正比。$p_e = C_e \Delta^2 f^2 B_m^2 V$。

3. 铁磁材料按其磁滞回线的宽窄可分为两大类：软磁材料和硬磁材料。磁滞回线较宽，矫顽力大、剩磁也大的铁磁材料称为硬磁材料，也称为永磁材料。这类材料一经磁化就很难退磁，能长期保持磁性。常用的硬磁材料有铁氧体、钕铁硼等，这些材料可用来制造永磁铁。磁滞回线较窄，即矫顽力小、剩磁也小的铁磁材料称为软磁材料。电机铁芯常用的硅片、铸钢、铸铁等都是软磁材料。

4. (1) 电流通过电阻时有功率损耗，直流磁通通过磁阻时无功率损耗；

(2) 自然界中无对磁通绝缘的材料；

(3) 空气也是导磁的，磁路中存在漏磁现象；

(4) 含有铁磁材料的磁路几乎都是非线性的。

5. 有安培环路定律、磁路的欧姆定律、磁路的串联定律和并联定律；

不能，因为磁路是非线性的，存在饱和现象。

**四、计算题**

1. 二次绕组中感应电动势的瞬时值为

$$e_2 = -N_2 \frac{\mathrm{d}\phi}{\mathrm{d}t} = -N_2 \Phi_m \omega \cos\omega t$$

感应电动势 $e_2$ 的有效值计算式为

$$E_2 = \frac{1}{\sqrt{2}} N_2 \Phi_m \omega$$

2. 铁芯叠片的磁密为

$$B_{Fe}=\frac{\phi}{A_{Fe}}=\frac{11\times10^{-4}}{12.25\times10^{-4}}=0.90(\mathrm{T})$$

根据 DR320 型硅钢片的磁化曲线，查出对应 $B_{Fe}$ 的磁场强度为

$$H_{Fe}=230\mathrm{A/m}$$

铁芯内部的磁压降为

$$F_{Fe}=H_{Fe}l_{Fe}=230\times0.4=92(\mathrm{A})$$

当不考虑气隙的边缘效应时，空气隙的磁密为

$$B_{\delta}=B_{Fe}=0.90\mathrm{T}$$

空气隙的磁场强度为

$$H_{\delta}=\frac{B_{\delta}}{\mu_0}=\frac{0.90}{4\pi\times10^{-7}}=7.16\times10^{5}(\mathrm{A/m})$$

空气隙的磁压降为

$$F_{\delta}=H_{\delta}\delta=7.16\times10^{5}\times0.5\times10^{-3}=358(\mathrm{A})$$

则励磁磁动势为

$$F=F_{\delta}+F_{Fe}=358+92=450(\mathrm{A})$$

所以励磁电流为

$$I_f=\frac{F}{N}=\frac{450}{600}=0.75(\mathrm{A})$$

3. (1) 铁环中磁路平均长度为

$$l_D=2\pi R=2\pi\times0.3=1.88(\mathrm{m})$$

圆环的截面积为

$$A=\frac{1}{4}\pi D^2=\frac{1}{4}\pi\times0.05^2=1.96\times10^{-3}(\mathrm{m}^2)$$

铁环内的磁感应强度为

$$B=\frac{\phi}{A}=\frac{0.003}{1.96\times10^{-3}}=1.53(\mathrm{T})$$

查磁化曲线得磁场强度为

$$H=3351\mathrm{A/m}$$

铁环内的磁压降为

$$F=Hl_D=3351\times1.88=6300(\mathrm{A})$$

所以线圈应有的匝数为

$$N=\frac{F}{I}=\frac{6300}{5}=1260(\text{匝})$$

(2) 磁通减少一半时磁密为

$$B_1=\frac{B}{2}=0.765(\mathrm{T})$$

查磁化曲线得出磁场强度为

$$H_1=600\mathrm{A/m}$$

磁压降为

$$F_1=H_1l_D=600\times1.88=1128(\mathrm{A})$$

所以此时绕组内应流过电流为

$$I_1=\frac{F_1}{N}=\frac{1128}{1260}=0.90(\mathrm{A})$$

(3) 当绕组中电流为4A时磁动势为

$$F_2=NI_2=1260\times4=5040(\mathrm{A})$$

设 $F_2$ 所产生的磁通为0.0027Wb，则产生的磁感应强度为

$$B'_2=\frac{\phi'_2}{A}=\frac{0.0027}{1.96\times10^{-3}}=1.38(\mathrm{T})$$

查磁化曲线得磁场强度为

$$H'_2=2000\mathrm{A/m}$$

磁压降为

$$F'_2=H'_2l_D=2000\times1.88=3760(\mathrm{A})$$

假设值小了，使 $F'_2$ 比 $F_2$ 小了很多，现重新假设 $\phi''=0.00289\mathrm{Wb}$，则磁感应强度为

$$B''_2=\frac{\phi''_2}{A}=\frac{0.00289}{1.96\times10^{-3}}=1.474(\mathrm{T})$$

查磁化曲线得磁场强度为

$$H''_2=2681\mathrm{A/m}$$

磁压降为

$$F''_2=H''_2l_D=2681\times1.88=5040.28(\mathrm{A})$$

在 $F'_2$，$F_2$，$F''_2$ 中采用插值得 $F_2$ 产生的磁通为

$$\begin{aligned}\phi'''_2&=\phi''_2-\frac{\phi''_2-\phi'_2}{F''_2-F'_2}\times(F''_2-F_2)\times\frac{1}{2}\\&=0.00289-\frac{0.00289-0.0027}{5040.28-3760}\times(5040.28-5040)\times\frac{1}{2}\\&=0.00289(\mathrm{Wb})\end{aligned}$$

# 第二篇 变 压 器

## 一、填空题

1. 主磁通，(一次绕组的) 漏磁通。

2. 采用三角形接法。

3. 可变损耗，不变损耗。

4. (1) 空载时并联的变压器之间无环流；

(2) 负载时能按照各台变压器的容量合理地分担负载；

(3) 负载时各变压器分担的电流应为同相。

5. 不变，不变，增大，增大。

6. 变压器空载时所消耗的功率主要取决于励磁回路，而励磁回路的无功消耗比有功消耗大很多。

7. 二次绕组相电压波形畸变。

8. 负载电流的变化。

**二、选择题**

1. A　2. A　3. B　4. B　5. C，F

**三、判断题**

1. ×　2. ×　3. ×　4. ×　5. √

**四、简答题**

1. 变压器的联结组为 Yy6、Yd7，如附图 1 所示。

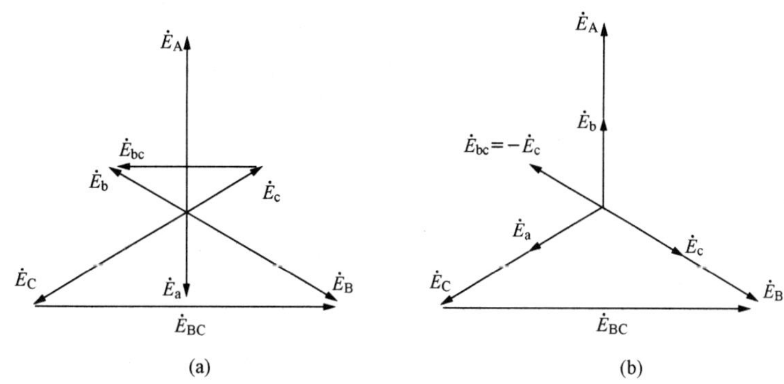


附图 1　变压器联结组相量图

(a) Yy6；(b) Yd7

2. (1) 一次侧加 380V，$U_{1\varphi}=220V$，每台单相变压器的 $U_1=220V$，与原来的空载运行一样，所以 $I_0$、$X_m$ 与 $X_{1\sigma}$ 均不变。

(2) 一次侧加 220V，则 $U_{1\varphi}=220/\sqrt{3}=127V$，即每台单相变压器的一次侧所加电压为 127V<220V，所以此时的 $I_0$ 降低，$X_m$ 增加，$X_{1\sigma}$ 不变。

3. 根据 $\Phi_m=\dfrac{U_1}{4.44fN_1}$ 可知，一次绕组匝数减少，主磁通 $\Phi_m$ 将增加，磁密 $B_m=\dfrac{\Phi_m}{A}$，因 $A$ 不变，$B_m$ 将随 $\Phi_m$ 的增加而增加，铁芯饱和程度增加，磁导率 $\mu_{Fe}$ 下降。因为磁阻 $R_m=\dfrac{l}{\mu_{Fe}A}$，所以磁阻增大。根据磁路欧姆定律 $I_0N_1=\Phi_mR_m$，当线圈匝数减少时，励磁电流增大。又由于铁芯损耗 $p_{Fe}\propto B_m^2f^{1.3}$，所以铁芯损耗增加。励磁电抗减小的原因是：励磁电抗 $X_m=\omega L_m=2\pi f\dfrac{N_1^2}{R_m}$，因为磁阻 $R_m$ 增大，匝数 $N_1$ 减少，所以励磁电抗减小，变比将减小。

**五、计算题**

1. (1) 一次侧
$$U_{1N\varphi}=\frac{10}{\sqrt{3}}=5.7735(\text{kV})$$

二次侧
$$U_{2N\varphi}=3.15\text{kV}$$

所以
$$N_1=\frac{U_{1N\varphi}}{14.189}=\frac{5773.5}{14.189}=407(\text{匝})$$

$$N_2=\frac{U_{2N\varphi}}{14.189}=\frac{3150}{14.189}=222(\text{匝})$$

（2）额定容量 $S_N=\sqrt{3}U_{2N}I_{2N}=\sqrt{3}\times 3.15\times 183.3=1000(\text{kV}\cdot\text{A})$

$$I_{1N}=\frac{S_N}{\sqrt{3}U_{1N}}=\frac{1000}{\sqrt{3}\times 10}=57.74(\text{A})$$

2.（1）空载试验可以得到归算到高压侧的参数

$$Z_m=k^2\frac{U_0}{I_0}$$

而 $k=60/6.3=9.524$，所以

$$Z_m=9.524^2\times\frac{6300}{10.1}=56.577(\text{k}\Omega)$$

$$R_m=k^2\frac{p_0}{I_0^2}=9.524^2\times\frac{5000}{10.1^2}=4.446(\text{k}\Omega)$$

$$X_m=\sqrt{Z_m^2-R_m^2}=56.402(\text{k}\Omega)$$

根据短路试验得到高压侧参数

$$Z_k=\frac{U_k}{I_k}=\frac{3240}{15.15}=213.86(\Omega)$$

$$R_k=\frac{p_k}{I_k^2}=\frac{14000}{15.15^2}=61.0(\Omega)$$

$$X_k=\sqrt{Z_k{}^2-R_k^2}=204.98(\Omega)$$

$$R_1=R'_2=\frac{R_k}{2}=30.5(\Omega)$$

$$X_{1\sigma}=X'_{2\sigma}=\frac{1}{2}X_k=102.49(\Omega)$$

$$I_{1N}=\frac{S_N}{U_{1N}}=\frac{1000}{60}=16.67(\text{A})$$

$$Z_{1N}=\frac{U_{1N}}{I_{1N}}=3.6(\text{k}\Omega)$$

所以

$$R_m^*=\frac{R_m}{Z_{1N}}=\frac{4.446}{3.6}=1.235$$

$$X_m^*=\frac{X_m}{Z_{1N}}=\frac{56.402}{3.6}=15.667$$

$$Z_k^*=\frac{Z_k}{Z_{1N}}=\frac{213.86}{3.6\times 10^3}=0.0594$$

$$R_k^*=\frac{R_k}{Z_{1N}}=\frac{61.0}{3.6\times 10^3}=0.01694$$

$$X_k^*=\frac{X_k}{Z_{1N}}=\frac{204.98}{3.6\times 10^3}=0.05694$$

$$R_1^*=R_2^*=\frac{1}{2}R_k^*=8.47\times 10^{-3}$$

$$X_{1\sigma}^*=X_{2\sigma}^*=\frac{1}{2}X_k^*=2.847\times 10^{-2}$$

(2) 归算到高压侧的T型等效电路如附图2所示。

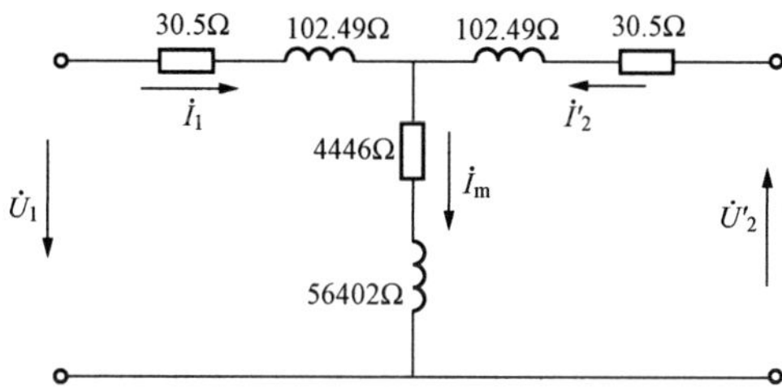


附图2 归算到高压侧的T型等效电路

(3) 额定电流时的短路电压百分比为

$$u_{kN}^* = \frac{U_{kN}}{U_{1N}} \times 100\% = \frac{I_{kN}Z_{kN}}{U_{1N}} \times 100\%$$

由于短路特性 $I_k = f(U_k)$ 为直线，所以

$$Z_{kN} = Z_k = 213.86(\Omega)$$

故

$$u_{kN}^* = \frac{I_{kN}Z_k}{U_{1N}} \times 100\% = Z_k^* \times 100\% = 5.94\%$$

(4) 满载时电压变化率

$$\Delta U^* = I_2^*(R_k^* \cos\varphi_2 + X_k^* \sin\varphi_2) = 1 \times (0.01694 \times 0.8 + 0.05694 \times 0.6) = 4.77\%$$

由于满载时

$$p_{kN} = \left(\frac{I_{1N}}{I_k}\right)^2 p_k = \left(\frac{16.67}{15.15}\right)^2 \times 14000 = 16950(\mathrm{W})$$

所以满载时的效率为

$$\eta = \frac{S_N I_{2N}^* \cos\varphi_2}{S_N I_{2N}^* \cos\varphi_2 + p_0 + p_{kN}} = \frac{1000 \times 10^3 \times 1 \times 0.8}{1000 \times 10^3 \times 1 \times 0.8 + 5000 + 16950} = 97.33\%$$

(5) 达到最大效率时，$p_{Cu} = p_{Fe} = 5000\mathrm{W}$，所以

$$I_2^* = \sqrt{\frac{p_0}{p_{kN}}} = \sqrt{\frac{5000}{16950}} = 0.5431$$

故

$$\begin{aligned}\eta_{max} &= \frac{I_2^* S_N \cos\varphi_2}{I_2^* S_N \cos\varphi_2 + p_0 + p_{kN}} \\ &= \frac{0.5431 \times 1000 \times 10^3 \times 0.8}{0.5431 \times 1000 \times 10^3 \times 0.8 + 5000 + 5000} \\ &= 97.75\%\end{aligned}$$

# 第三篇 交流电机理论的共同问题

## 一、填空题

1. 脉振磁动势，相等，相反，相等。

2. 9，3，20°，0.96，0.98，0.94。

3. 0。

4. 短时工作制。

5. 不变，变大，不变。

**二、选择题**

1. D　2. A　3. A　4. B　5. C

**三、判断题**

1. ×　2. √　3. ×　4. ×　5. √

**四、简答题**

1. 同步发电机无论采用星形接线还是三角形接线，都能改善线电动势波形，但是接三角形接线后，三角形接的三相线圈中，会产生 3 次及 3 的奇次倍谐波环流，引起附加损耗，使电机效率降低，温升升高，所以同步发电机一般不采用三角形接来改善电动势波形。而变压器无论在哪一侧接成三角形，都可提供 3 次谐波励磁电流通路，使主磁通波形为正弦波，感应的相电动势为正弦波，改善变压器相电动势的波形。

2. 交流电机单相磁动势幅值为$F_{\varphi 1}=0.9\dfrac{Nk_{w1}}{p}I_{\varphi}$。单相绕组基波磁动势幅值大小与一条支路匝数 $N$、绕组因数 $k_{w1}$、磁极对数 $p$ 及相电流 $I_{\varphi}$ 有关，其中 $N$、$k_{w1}$ 及 $p$ 由构造决定，$I_{\varphi}$ 由运行条件决定。

幅值位置恒于绕组轴线上，由绕组构造决定。

频率即为电流频率，由运行条件决定。

3. 我国国家标准规定的环境温度是 40℃，温升限＝绝缘材料限值工作温度－环境温度。B 级绝缘的温升限值＝130－ 40＝90（K）。

**五、计算题**

1. 极距

$$\tau=\frac{Q}{2p}=\frac{36}{4}=9$$

节距

$$y_1=\frac{7}{9}\tau=\frac{7}{9}\times 9=7$$

每极每相槽数

$$q=\frac{Q}{2pm}=\frac{36}{4\times 3}=3$$

槽距角

$$\alpha=\frac{p\times 360^{\circ}}{36}=\frac{2\times 360^{\circ}}{36}=20^{\circ}$$

基波短距因数

$$k_{p1}=\sin\frac{y_1}{\tau}90^{\circ}=\sin\frac{140^{\circ}}{2}=0.94$$

基波分布因数

$$k_{d1}=\frac{\sin\dfrac{q\alpha}{2}}{q\sin\dfrac{\alpha}{2}}=\frac{\sin\dfrac{3\times 20^{\circ}}{2}}{3\times\sin\dfrac{20^{\circ}}{2}}=0.96$$

每条支路匝数

$$N=\frac{2pqN_c}{a}=\frac{4\times3\times20}{1}=240(\text{匝})$$

基波相电动势

$$\begin{aligned}E_{\varphi1}&=4.44fNk_{p1}k_{d1}\Phi_1\\&=4.44\times50\times240\times0.94\times0.96\times7.5\times10^3\\&=360.6(\text{V})\end{aligned}$$

2.（1）根据 $n=60f/p$ 得电机极对数 $p=2$（对极）。

（2）定子槽数

$$Q=2pmq=2\times2\times3\times3=36(\text{槽})$$

（3）绕组因数

$$\alpha=\frac{p\times360^\circ}{Q}=\frac{2\times360^\circ}{36}=20^\circ$$

$$k_{w1}=\sin\left(\frac{y_1}{\tau}\times90^\circ\right)\frac{\sin\frac{q\alpha}{2}}{q\sin\frac{\alpha}{2}}=\sin\left(\frac{8}{9}\times90^\circ\right)\frac{\sin\frac{3\times20^\circ}{2}}{3\times\sin\frac{20^\circ}{2}}=0.9452$$

$$k_{w3}=\sin\left(\nu\frac{y_1}{\tau}\times90^\circ\right)\frac{\sin\nu\frac{q\alpha}{2}}{q\sin\nu\frac{\alpha}{2}}=\sin\left(3\times\frac{8}{9}\times90^\circ\right)\frac{\sin\frac{3\times3\times20^\circ}{2}}{3\times\sin3\times\frac{20^\circ}{2}}=-0.5774$$

$$k_{w5}=\sin\left(\nu\frac{y_1}{\tau}\times90^\circ\right)\frac{\sin\nu\frac{q\alpha}{2}}{q\sin\nu\frac{\alpha}{2}}=\sin\left(5\times\frac{8}{9}\times90^\circ\right)\frac{\sin\frac{5\times3\times20^\circ}{2}}{3\times\sin5\times\frac{20^\circ}{2}}=0.13985$$

$$k_{w7}=\sin\left(\nu\frac{y_1}{\tau}\times90^\circ\right)\frac{\sin\nu\frac{q\alpha}{2}}{q\sin\nu\frac{\alpha}{2}}=\sin\left(7\times\frac{8}{9}\times90^\circ\right)\frac{\sin\frac{7\times3\times20^\circ}{2}}{3\times\sin7\times\frac{20^\circ}{2}}=0.06066$$

（4）相电动势

$$E_{\varphi\nu}=4.44f_\nu Nk_{w\nu}\Phi_\nu$$

所以

$$\begin{aligned}E_{\varphi1}&=4.44f_1Nk_{w1}\Phi_1\\&=4.44\times50\times108\times0.945\,2\times1.015\times10^{-2}\\&=230.02(\text{V})\end{aligned}$$

$$\begin{aligned}E_{\varphi3}&=4.44f_3Nk_{w3}\Phi_3\\&=4.44\times3\times50\times108\times(-0.5774)\times0.66\times10^{-2}\\&=-274.1(\text{V})\end{aligned}$$

$$\begin{aligned}E_{\varphi5}&=4.44f_5Nk_{w5}\Phi_5\\&=4.44\times5\times50\times108\times0.13985\times0.24\times10^{-2}\end{aligned}$$

$$
\begin{aligned}
&=40.236(\mathrm{V})\\
E_{\varphi 7}&=4.44 f_7 N k_{w7} \Phi_7\\
&=4.44\times 7\times 50\times 108\times 0.06066\times 0.09\times 10^{-2}\\
&=9.163(\mathrm{V})
\end{aligned}
$$

则

$$E_{\varphi}=\sqrt{E_{\varphi 1}^2+E_{\varphi 3}^2+E_{\varphi 5}^2+E_{\varphi 7}^2}=360.2(\mathrm{V})$$

计算线电动势时 $E_{\varphi 3}$ 相互抵消了，所以

$$E_{\mathrm{L}}=\sqrt{3}\times\sqrt{E_{\varphi 1}^2+E_{\varphi 5}^2+E_{\varphi 7}^2}=404.8(\mathrm{V})$$

# 第四篇　感　应　电　机

**一、填空题**

1. 0.02，1Hz，电动机。

2. 定子铜耗，定子铁耗，机械损耗，附加损耗。

3. 1。

4. 大 5～7 倍，小很多，小一些，不大。

5. 减小，减小。

6. 集肤效应。

**二、选择题**

1. A　2. C　3. D　4. A　5. D　6. B　7. B　8. A　9. A　10. C

**三、简答题**

1. 绕线式感应电动机转子绕组的相数、极数总是设计得与定子相同。笼型感应电动机转子相数就是笼型转子上的导条数；转子极数是靠定子绕组产生的磁场感应而得的，因此它始终与定子绕组的极对数相等，与转子的导条数无关。

2. 堵转电流与外加电压成正比关系，与负载大小无关。若电机参数不变，则堵转电流越大，堵转转矩也越大。负载转矩的大小会对启动时间的长或短产生影响。

**四、分析题**

1. (1) 轻载时功率因数低的原因是，轻载时定子电流大小主要取决于无功的励磁电流。在感应电机中，由于气隙的存在，励磁电流较大。轻载时效率低的原因是：在输入的电功率中，输出的有功功率小，而不变损耗（铁芯损耗和机械损耗）所占的分量较大，因此效率低。

(2) 轻载时如将三角形接法改为星形接法，由于相电压只为原来的 $1/\sqrt{3}$，因此，励磁电流及铁芯损耗都大为减少，功率因数及效率将显著改善。此时最大转矩必须小于三角形连接时电动机的最大电磁转矩的 1/3。

2. 最大转矩和启动转矩与电压的二次方成正比。如果电源电压下降过多，当启动转矩下降到小于负载转矩时，电动机不能启动。当最大转矩下降到小于负载转矩时，电动机将停转。

电源电压下降 20%，如电机参数不变，则最大转矩下降到原来的 64%，启动转矩也下

降到原来的 64%。磁通下降 20%，不考虑饱和的影响时，空载电流下降 20%。在负载转矩不变的情况下，$I_2\cos\Psi_2$ 上升 20%，定子电流相应上升，电动机的转速有所降低，$s$ 增大，$s_m$ 不变。

3. 转子由铜条改为铝条后，相当于转子回路电阻增大，使得启动电流减小、启动转矩增大，最大转矩不变，临界转差率 $s_m$ 增大。在负载转矩不变的情况下，$s$ 增大，转速下降，效率降低。

**五、计算题**

1. （1）转差率

$$s=\frac{n_s-n}{n_s}=\frac{1000-960}{1000}=0.04$$

转子电流频率

$$f_2=sf_1=0.04\times50=2(\text{Hz})$$

（2）机械功率

$$P_\Omega=P_2+p_\Omega+p_\Delta=7500+45+38=7583(\text{W})$$

电磁功率

$$P_e=\frac{P_\Omega}{1-s}=\frac{7583}{1-0.04}=7898(\text{W})$$

转子铜耗

$$p_{Cu2}=sP_e=0.04\times7898=316(\text{W})$$

（3）定子输入功率

$$P_1=P_e+p_{Cu1}+p_{Fe}=7898+474+231=8603(\text{W})$$

定子线电流

$$I_{1L}=\frac{P_1}{\sqrt{3}U_N\cos\varphi_1}=\frac{8603.4}{\sqrt{3}\times380\times0.824}=15.86(\text{A})$$

（4）效率

$$\eta=\frac{P_2}{P_1}=\frac{7500}{8603}=87.17\%$$

2. 转差率

$$s=\frac{n_s-n}{n_s}=\frac{1500-1442}{1500}=0.0387$$

电磁转矩

$$T_e=\frac{1}{\Omega_s}\frac{3U_1{}^2\dfrac{R'_2}{s}}{\left(R_1+\dfrac{R'_2}{s}\right)^2+(X_{1\sigma}+X'_{2\sigma})^2}$$

$$=\frac{1}{\dfrac{2\pi\times1500}{60}}\frac{3\times380^2\times\dfrac{3.18}{0.0387}}{\left(4.47+\dfrac{3.18}{0.0387}\right)^2+(6.7+9.85)^2}=29.14(\text{N}\cdot\text{m})$$

最大转矩为

$$T_{max}=\frac{1}{\Omega_s}\frac{3U_1^{\ 2}}{2[R_1+\sqrt{R_1^{\ 2}+(X_{1\sigma}+X'_{2\sigma})^2}]}$$

$$=\frac{1}{\frac{2\pi\times1500}{60}}\times\frac{3\times380^2}{2\times[4.47+\sqrt{4.47^2+(6.7+9.85)^2}]}=63.77(\text{N}\cdot\text{m})$$

启动电流为

$$I_{st}=\frac{U_1}{\sqrt{(R_1+R'_2)^2+(X_{1\sigma}+X'_{2\sigma})^2}}$$

$$=\frac{380}{\sqrt{(4.47+3.18)^2+(6.7+9.85)^2}}=20.84(\text{A})$$

启动线电流 $I_{stL}=\sqrt{3}I_{st}=\sqrt{3}\times20.84=36.05(\text{A})$

启动转矩 $$T_{st}=\frac{1}{\Omega_s}\frac{3U_1^{\ 2}R'_2}{(R_1+R'_2)^2+(X_{1\sigma}+X'_{2\sigma})^2}$$

$$=\frac{1}{\frac{2\pi\times1500}{60}}\frac{3\times380^2\times3.18}{(4.47+3.18)^2+(6.7+9.85)^2}=26.39(\text{N}\cdot\text{m})$$

# 第五篇　同　步　电　机

## 一、填空题

1. 交轴。

2. 发电机相序和电网相序要一致；发电机频率和电网频率要相同；发电机电压和电网电压大小要相等、相位要一致。

3. 超前无功功率，直轴去磁。

4. 励磁电动势，电压，主极轴线，气隙合成磁场轴线。

5. 增加，减小。

## 二、选择题

1. C　2. C　3. B　4. C　5. B

## 三、简答题

1. 由于励磁绕组电流相对较小、电压低，放在转子上引出较方便；电枢绕组电压高、容量大，放在转子上使结构复杂、引出不方便。故大容量电机将电枢绕组作为定子，磁极作为转子，为旋转磁极式。

2. 感应电机的励磁电流由电源供给，需要从电网吸取感性无功功率，如果气隙大，则励磁电流大，电机的功率因数低，因此在机械允许的条件下，气隙要尽量小一些。同步电机的气隙磁场由转子电流和定子电流共同激励，从同步电机运行稳定性考虑，气隙大，同步电抗小，短路比大，运行稳定性高。但气隙大，转子用铜量增大，制造成本增加。气隙大小的选择要综合考虑运行性能和制造成本这两方面的要求。

3. 电枢磁动势的基波与励磁磁动势同转速、同转向，在空间上始终保持相对静止的关系，但电枢反应的性质取决于这两个磁动势幅值的相对位置，而这一位置与励磁电动势 $\dot{E}_0$

和电枢电流 $\dot{I}_a$ 之间的相位差，即角度 $\Psi_0$ 有关，角 $\Psi_0$ 又决定于负载的性质。当 $\dot{E}_0$ 与 $\dot{I}_a$ 同相时，$\Psi_0=0°$，电枢反应为交轴电枢反应，交轴电枢反应使气隙合成磁场幅值增加，而其轴线从主极轴线逆转子转向后移一个锐角。当 $\dot{I}_a$ 滞后 $\dot{E}_0$ 90°时，电枢反应为直轴电枢反应，其性质完全是去磁的。当 $\dot{I}_a$ 超前 $\dot{E}_0$ 90°时，也为直轴电枢反应，其性质完全是助磁的。一般情况下，$0°<\Psi_0<90°$，此时的电枢反应兼有直轴去磁作用和交磁作用。

4. 在凸极同步电机中，由于气隙不均匀，为了计算方便，将电枢磁动势 $F_a$ 分解为 $F_{ad}$ 和 $F_{aq}$，分别除以直轴磁阻和交轴磁阻，可得到 $\Phi_{ad}$ 和 $\Phi_{aq}$，它们分别在定子绕组感应电动势 $E_{ad}$ 和 $E_{aq}$，写成电抗压降形式，即

$$\dot{E}_{ad}=-j\dot{I}_d X_{ad}$$

$$\dot{E}_{aq}=-j\dot{I}_q X_{aq}$$

$X_{ad}$ 和 $X_{aq}$ 分别称为直轴电枢反应电抗和交轴电枢反应电抗，它们分别反映出上述直轴和交轴电枢反应磁通的强弱。

直轴同步电抗为　$X_d=X_{ad}+X_\sigma$

交轴同步电抗为　$X_q=X_{aq}+X_\sigma$

$X_d$ 和 $X_q$ 表征了当对称三相直轴或交轴电流每相为1A时，三相总磁场在电枢绕组中每相感应的电动势。

利用空载和短路特性可测定 $X_d$ 的不饱和值；利用空载和零功率因数负载特性可测定 $X_d$ 的饱和值；利用转差法可测定 $X_d$ 和 $X_q$ 的不饱和值。

5. 同步发电机稳态短路时，电枢磁动势基本上是一个纯去磁作用的直轴磁动势，气隙合成磁动势为 $F'_\delta=F_f-F'_{ad}$，合成电动势为 $\dot{E}_\delta\approx j\dot{I}X_\sigma$，即合成电动势只等于漏抗压降。所以其对应的气隙合成磁通很小，电机的磁路处于不饱和状态，由于气隙合成磁动势 $F'_\delta\propto E_\delta\propto I_a$，而 $F'_{ad}=k_{ad}F_{ad}\propto I_a$，所以励磁磁动势 $F_f=F'_\delta+F'_{ad}$ 必然正比于 $I_a$，故短路特性 $I_k=f(I_f)$ 是一条直线。

**四、计算题**

1. 阻抗基值

$$Z_b=\frac{U_{N\varphi}}{I_N}=\frac{U_N}{\sqrt{3}I_N}=\frac{U_N^2\cos\varphi_N}{P_N}=\frac{10.5^2\times0.8\times10^6}{25000\times10^3}=3.53(\Omega)$$

同步电抗　$X_s=X_s^*Z_b=2.13\times3.53=7.52(\Omega)$

（1）纯电阻负载时

电枢电流　$$\dot{I}_a=\frac{\dot{E}_0}{R_a+jX_s}=\frac{7520\angle0°}{7.52+j7.52}=707\angle-45°(A)$$

电流滞后于 $\dot{E}_0$ 的角度为 $\Psi_0=45°$，故电枢反应是直轴去磁兼交磁作用。

（2）纯电感负载时

电枢电流　$$\dot{I}_a=\frac{\dot{E}_0}{j(X_s+X)}=\frac{7520\angle0°}{j(7.52+7.52)}=500\angle-90°(A)$$

此时为 $\Psi_0=90°$，故电枢反应是直轴去磁作用。

（3）阻容性负载且 $X=X_s$ 时，电枢电流

$$\dot{I}_a=\frac{\dot{E}_0}{R_a+j(X_s-X)}=\frac{7520\angle 0^\circ}{7.52}=1000\angle 0^\circ(\text{A})$$

此时为 $\Psi_0=0^\circ$，故电枢反应是交磁作用。

2. $E_0^*=\sqrt{(U^*\cos\varphi)^2+(U^*\sin\varphi+I_a^*X_s^*)^2}=\sqrt{0.8^2+(0.6+1\times 2.13)^2}=2.845$

故

$$E_0=E_0^*\frac{10.5}{\sqrt{3}}=2.845\times\frac{10.5}{\sqrt{3}}=17.25(\text{kV})$$

$$\tan\Psi_0=\frac{I_a^*X_s^*+U^*\sin\varphi}{U^*\cos\varphi}=\frac{1\times 2.13+1\times\sin 36.87^\circ}{\cos 36.87^\circ}=3.41$$

因

$$\cos\Psi_0=\frac{U^*\cos\varphi}{E_0^*}=\frac{0.8}{2.845}=0.281$$

得

$$\Psi_0=73.68^\circ$$

3.

$$\cos\varphi_N=0.8\qquad \varphi_N=36.87^\circ$$

$$\tan\Psi_0=\frac{I_a^*X_q^*+U^*\sin\varphi_N}{U^*\cos\varphi_N}=1.4425$$

$$\Psi_0=55.27^\circ$$

$$I_d^*=I_a^*\sin\Psi_0=1\times\sin 55.27^\circ=0.822$$

$$\dot{I}_a^*=1\angle 0^\circ,\quad \dot{U}^*=1\angle 36.87^\circ$$

$$\dot{I}_d^*=0.822\angle 55.27^\circ-90^\circ=0.822\angle -34.73^\circ$$

$$I_q^*=I_a^*\cos\Psi_0=1\times\cos 55.27^\circ=0.57$$

$$\dot{I}_q^*=0.57\angle 55.27^\circ$$

$$\begin{aligned}\dot{E}_0^*&=\dot{U}^*+j\dot{I}_d^*X_d^*+j\dot{I}_q^*X_q^*\\&=1\angle 36.87^\circ+j1\times 0.822\angle -34.73^\circ+j0.57\angle 55.27^\circ\times 0.554\\&=1.771\angle 55.30^\circ\end{aligned}$$

故

$$E_0=E_0^*\frac{U_N}{\sqrt{3}}=1.771\times\frac{10.5}{\sqrt{3}}=10.74(\text{kV})$$

$$\delta=\Psi_0-\varphi_N=55.27^\circ-36.87^\circ=18.4^\circ$$

4.

$$Z_b=\frac{U_N}{\sqrt{3}I_N}=\frac{U_N^2\cos\varphi_N}{P_N}=21.17(\Omega)$$

$$X_d^*=\frac{X_d}{Z_b}=1,\quad X_q^*=\frac{X_q}{Z_b}=0.647$$

$$\dot{E}_Q^*=\dot{U}^*+j\dot{I}_a^*X_q^*=1+0.647\angle(90-36.87)^\circ=1.482\angle 20.45^\circ$$

则

$$\Psi_0=\delta+\varphi_N=20.45^\circ+36.87^\circ=57.32^\circ$$

将参考向量改为 $\dot{E}_Q$，则有

$$\dot{U}^*=1\angle -20.45^\circ=0.937-j0.349$$

$$\dot{I}_d^*=-jI_a^*\sin\Psi_0=0.842\angle -90^\circ$$

$$\dot{I}_q^*=I_a^*\cos\Psi_0=0.54$$

则 $$\dot{E}_0^* = \dot{U}^* + j\dot{I}_d^* X_d^* + j\dot{I}_q^* X_q^*$$
$$= 0.937 - j0.349 + 0.842 + j0.54 \times 0.647 = 1.78\angle 0^\circ$$

故 $$E_0 = E_0^* \frac{U_N}{\sqrt{3}} = 1.78 \times \frac{6300}{\sqrt{3}} = 6474.4(\text{V})$$

5.（1）方法一。令 $\dot{U}^* = 1.0\angle 0^\circ$，因为 $\varphi = \arccos 0.8 = 36.87^\circ$

所以 $$\dot{I}_a^* = 1.0\angle -36.87^\circ$$

计算电动势为

$$\dot{E}_Q^* = \dot{U}^* + j\dot{I}_a^* X_q^* = 1\angle 0^\circ + j0.6\angle -36.87^\circ = 1.442\angle 19.44^\circ$$

$\dot{I}_a^*$ 与 $\dot{E}_0^*$ 的夹角为

$$\Psi_0 = 19.44^\circ + 36.87^\circ = 56.31^\circ$$

直轴电枢电流

$$I_d^* = I_a^* \sin\Psi_0 = 1 \times \sin 56.31^\circ = 0.832$$

励磁电动势

$$E_0^* = E_Q^* + I_d^*(X_d^* - X_q^*) = 1.442 + 0.832(1 - 0.6) = 1.775$$

（2）方法二。

$$\Psi_0 = \arctan\frac{I^* X_q^* + U^* \sin\varphi}{U^* \cos\varphi + I_a^* R_a^*} = \arctan\frac{1 \times 0.6 + 1 \times 0.6}{1 \times 0.8} = \arctan 1.5 = 56.31^\circ$$

直轴电枢电流

$$I_d^* = I_a^* \sin\Psi_0 = 1 \times \sin 56.31^\circ = 0.832$$

励磁电动势

$$E_0^* = U^* \cos(\Psi_0 - \varphi) + I_d^* X_d^* = 1.0 \times \cos(56.31^\circ - 36.87^\circ) + 0.832 \times 1$$
$$= 0.943 + 0.832 = 1.775$$

# 第六篇　直　流　电　机

## 一、填空题

1. 交流。
2. 减小，不变。
3. 反向，不变。
4. 制动，驱动。
5. 减小，增大。
6. 增大，减小。
7. 反向，反向，不变。
8. 不变。
9. 去磁的。

## 二、选择题

1.A　2.C　3.A　4.A　5.B　6.A　7.D　8.C　9.B　10.B

**三、简答题**

1. 直流电机励磁方式四种：①他励—励磁电流 $I_f$ 由独立电源供给，与电枢电流 $I_a$ 无关；②并励—励磁绕组并在电枢两端，励磁电压 $U_f$ 等于电枢电压 $U_a$；③串励—励磁绕组与电枢绕组串联，$I_f=I_a$；④复励—既有并励绕组又有串励绕组，按两绕组磁动势方向的异同分成积复励（串励与并励磁动势同向）和差复励（串励与并励磁动势反向）。

2. 空载时的气隙磁场由励磁磁动势建立，负载时气隙磁场由励磁磁动势和电枢磁动势共同建立。负载后电枢绕组的感应电动势应该用气隙合成磁场对应的主磁通进行计算。

**四、分析题**

1. 由转矩平衡方程式 $T_e=T_0+T_2$ 可知，制动转矩不变时电磁转矩是不变的。当电动机的励磁电流保持不变，在不考虑电枢反应的影响或电枢反应保持不变时，气隙磁通 $\Phi$ 为常数，因而电枢电流 $I_a$ 是不变的。又由于电压 $U$ 不变，所以输入功率 $P_1=U(I_a+I_f)$ 不变。从 $n=\dfrac{U-I_a(R_a+R_\Omega)}{C_e\Phi}$ 可知，当 $U$、$I_a$、$\Phi$ 不变时，转速将随着 $R_\Omega$ 的接入而减小。而 $P_2\propto T_2 n$，所以输出功率随 $n$ 下降而下降，因此电机的效率将降低。励磁回路铜耗 $P_{Cua}=I_a^2(R_a+R_\Omega)$ 随 $R_\Omega$ 接入而增大，铁耗随 $n$ 下降而减少。因此电枢回路串电阻后，电机的转速下降，电枢电流不变，输入功率不变，输出功率减少，铁耗减少，铜耗增加，效率降低。

2. 并励直流发电机的端电压升不起来，可先检查一下线路和仪表接法是否正确，然后按下述步骤进行处理：①检查电机转速是否达到额定转速；②调节励磁回路所串电阻，使励磁回路电阻小于临界电阻；③把励磁绕组两端对调接在电枢绕组两端，使励磁磁通与剩磁磁通方向一致；④若电机没有剩磁，则应给发电机充磁。

**五、计算题**

1. (1) $T_N=\dfrac{P_N}{\Omega_N}=\dfrac{17000\times 60}{2\pi\times 3000}=54.1(\text{N}\cdot\text{m})$

(2) $I_{fN}=\dfrac{U_N}{R_f}=\dfrac{220}{181.5}=1.212(\Omega)$

$I_{aN}=I_N-I_{fN}=88.9-1.212=87.688(\text{A})$

$E_{aN}=U_N-I_{aN}R_a=220-87.688\times 0.0896=212.14(\text{V})$

$P_{eN}=E_{aN}I_{aN}=212.14\times 87.688=18602.13(\text{W})$

$T_{eN}=\dfrac{P_{eN}}{\Omega_N}=\dfrac{18602.13\times 60}{2\pi\times n_N}=59.2\ (\text{N}\cdot\text{m})$

(3) $P_{1N}=U_N I_N=220\times 88.9=19.558(\text{kW})$

$$\eta_N=\frac{P_N}{P_{1N}}\times 100\%=86.9\%$$

(4) $n_0=\dfrac{U_N}{C_e\Phi_N}=\dfrac{U_N n_N}{E_{aN}}=\dfrac{220\times 3000}{212.14}=3111.2(\text{r/min})$

(5) 因为调速前后 $T_e$ 不变，所以 $I_a$ 不变

$E'_a=U_N-I_a(R_a+R)=220-87.688\times(0.0896+0.15)=199(\text{V})$

$n'=\dfrac{n_N}{E_{aN}}E'_a=\dfrac{3000}{212.14}\times 199=2814.2(\text{r/min})$

2.（1）电动机状态额定运行时的励磁电流为

$$I_{fN}=\frac{U_N}{R_f}=\frac{110}{110}=1(\text{A})$$

电枢电流

$$I_{aG}=I_{aN}=I_N-I_{fN}=28-1=27(\text{A})$$

感应电动势

$$E_{aN}=U_N-I_{aN}R_a=110-27\times 0.15=106(\text{V})$$

由于额定电压不变，励磁电流不变，因此主磁通保持不变。故发电机运行时的感应电动势、转速为

$$E_{aG}=U_N+I_{aG}R_a=110+27\times 0.15=114(\text{V})$$

$$n_G=\frac{E_{aG}}{E_{aN}}n_N=\frac{114}{106}\times 1500=1613.2(\text{r/min})$$

发电机运行时输出功率

$$P_2=U_N(I_{aG}-I_{fN})=110\times(27-1)=2.86(\text{kW})$$

（2）发电机向电网输出功率为 0，即此时输出电流为 0，故发电机的电枢电流等于励磁电流

$$I'_{aG}=I_{fN}=1(\text{A})$$

发电机感应电动势为

$$E'_{aG}=U_N+I'_{aG}R_a=110+1\times 0.15=110.15(\text{V})$$

发电机的转速

$$n'_G=\frac{E'_{aG}}{E_{aG}}n_G=\frac{110.15}{114}\times 1613.2=1559(\text{r/min})$$

# 参 考 文 献

[1] 汤蕴璆，罗应立，梁艳萍. 电机学 [M]. 3 版. 北京：机械工业出版社，2008.
[2] 李哲生，刘迪吉，戈宝军. 电机学 [M]. 哈尔滨：哈尔滨工业大学出版社，1997.
[3] 潘再平，章玮，陈敏祥. 电机学 [M]. 杭州：浙江大学出版社，2008.
[4] 李发海. 电机学 [M]. 北京：科学出版社，2001.
[5] 胡虔生，胡敏强. 电机学 [M]. 北京：中国电力出版社，2005.
[6] 汪国梁. 电机学 [M]. 北京：机械工业出版社，2007.
[7] 朱东起，王岩，李发海. 电机学 [M]. 北京：中央广播电视大学出版社，1987.
[8] 冯欣南. 电机学 [M]. 北京：机械工业出版社，1985.
[9] 辜承林，陈乔夫，熊永前. 电机学 [M]. 武汉：华中科技大学出版社，2005.
[10] 刘锦波，张承惠. 电机与拖动 [M]. 北京：清华大学出版社，2006.
[11] 马宏忠，方瑞明，王建辉. 电机学 [M]. 北京：高等教育出版社，2009.
[12] 唐任远. 现代永磁电机理论与设计 [M]. 北京：机械工业出版社，1997.
[13] 王秀和. 永磁电机 [M]. 北京：中国电力出版社，2007.
[14] A. E. Fitzgerald，Charles Kingsley. Electric Machinery (Sixth Edition). McGRAW－HILL Companies，2003.
[15] 范瑜. 电气工程概论 [M]. 北京：高等教育出版社，2006.